AF558442

DIE SUFI-BOTSCHAFT VON

HAZRAT INAYAT KHAN

JUBILÄUMSAUSGABE
BAND 2

DIE MYSTIK DES KLANGS

DIE SUFI-BOTSCHAFT VON

HAZRAT INAYAT KHAN

JUBILÄUMSAUSGABE

BAND 2

DIE MYSTIK DES KLANGS

Die Mystik des Klangs

Musik

Die Macht des Wortes

Die Sprache des Kosmos

VERLAG
HEILBRONN

IMPRESSUM

Titel der englischen Originalausgabe:
„The Sufi Message of Hazrat Inayat Khan“
Centennial Edition Volume II: „The Mysticism of Sound“

Hazrat Inayat Khan
Centennial Edition Band 2: Die Mystik des Klangs
Die Sufi-Botschaft von Hazrat Inayat Khan
Übersetzung: Amaité Anna-Elisabeth Willand
Lektorat: Uta Maria Baur, Susanne Dieminger, Aeoliah Christa Muckenheim
Umschlag: Martina Berge, www.martinaberge.de
Innenlayout: Hauke Jelaluddin Sturm, www.designconsort.de
Olivenbaum-Motiv Titelseite: shutterstock.com
1. Ausgabe 2019

Der Verlag dankt allen Förderern und Unterstützerinnen sowie dem Verein Buch und Mystik e. V.. Durch sie wurde die Herausgabe dieses 2. Bandes der Jubiläumsausgabe ermöglicht.

Verlag Heilbronn
D-82398 Polling
Verkehrsnummer 14894
www.verlag-heilbronn.de
info@verlag-heilbronn.de

Kontakt nach dem Produktsicherheitsgesetz:
Verlag Heilbronn
Kaiser-Heinrich-Straße 37
D-82398 Polling
info@verlag-heilbronn.de

ISBN: ISBN: 978-3-936246-39-1

Gedruckt in Tschechien

INHALT

EINLEITUNG

Musik ist seit Langem ein wichtiger Teil der Kultur und Praxis der Sufis. Eine Überlieferung, die dem Propheten Mohammed zugeschrieben wird, besagt, dass alle Propheten Gottes mit schönen Stimmen ausgestattet waren. Sama' („Zuhören"), die sufische Praxis des spirituellen Hörens, soll ihren Ursprung in der Freude des ersten Schöpfungstages haben, als die Seele durch die Musik der göttlichen Stimme in Ekstase geriet.

Die musikalischen Qualifikationen von Hazrat Inayat Khan sind bekannt. Geboren in der Familie des bedeutenden Musikwissenschaftlers Maula Bakhsh, wurde er schon früh Professor für Musik und erntete in ganz Indien Anerkennung für seine Leistungen als Sänger und Spieler der Saraswati-Vina. In Würdigung seiner außergewöhnlichen künstlerischen Leistungen verlieh ihm der Nizam von Hyderabad den Titel Tansen-uz-Zaman, was bedeutet, dass er in seinem Alter das war, was der Tansen in der Mogulzeit gewesen war: der hellste Stern am musikalischen Firmament. Als der Nizam ihn nach dem Geheimnis seiner Musik fragte, antwortete er:

„Eure Hoheit, da der Klang die höchste Quelle der Manifestation ist, ist er in sich selbst ein Mysterium, und wer das Wissen über den Klang hat, kennt auch das Geheimnis des Universums. Meine Musik spiegelt meine Gedanken wider, und meine Gedanken sind meine Emotionen; je tiefer ich in den Ozean des Gefühls eintauche, desto schöner sind die Perlen, die ich als Melodien hervorbringe. So schafft meine Musik Gefühle in mir, noch bevor andere sie spüren. Meine Musik ist meine Religion; deshalb kann weltlicher Erfolg nie ein angemessener Preis dafür sein, und mein einziges Bestreben in der Musik ist es, Perfektion zu erreichen."[1]

In Hyderabad komponierte Hazrat Inayat Khan sein Hauptwerk der Musiktheorie, „Minqar-i musiqar" („Ein Leitfaden für Musiker"). Dieses einzigartige Handbuch und Liederbuch, das in Urdu geschrieben wurde, hat vor Kurzem dank der ausgezeichneten englischen Übersetzung von

1 Regina Miriam Bloch, „The Confessions of Inayat Khan" (London: The Sufi Publishing Society, 1915), S. 21-22

Dr. Allyn Miner, die 2016 bei Suluk Press erschienen ist, eine internationale Leserschaft erlangt.

Hazrat Inayat Khan reiste 1910 als Musiker und Musikpädagoge in die westliche Welt. Sein Sufi-Lehrer, Sayyid Abu Hashim Madani, hatte ihn gesegnet und gesagt: „Geh in die Welt, mein Kind, und vereinige Ost und West mit der Harmonie deiner Musik".[2]

Auf einer Tournee durch die Vereinigten Staaten und Europa bauten Hazrat Inayat Khan und seine Brüder (zusammen bekannt als „The Royal Musicians of Hindustan") eine musikalische Brücke zwischen Orient und Okzident.

Nachdem Hazrat Inayat Khan 1911 in San Francisco über Musik gesprochen hatte, bat eine Frau namens Ada Martin ihn um spirituelle Unterweisung und wurde zu seiner ersten Sufi-Schülerin (Murid). Als sich der Kreis seiner Schülerschaft im Laufe der Zeit sowohl in Europa als auch in den Vereinigten Staaten erweiterte, stellte Hazrat Inayat Khan schließlich seine musikalischen Aktivitäten ein, um seine volle Aufmerksamkeit dem um ihn herum aufkeimenden Sufi-Orden zu widmen. Er erklärte dazu:

„Ich gab meine Musik auf, weil ich von ihr alles erhalten hatte, was ich erhalten sollte. Um Gott zu dienen, muss man das opfern, was einem am liebsten ist; und so habe ich meine Musik geopfert. Ich hatte Lieder komponiert, ich sang und spielte die Vina, und indem ich diese Musik spielte, erreichte ich eine Ebene, wo ich die Musik der Sphären berührte. Da wurde jede Seele für mich zu einem Ton, und alles Leben wurde Musik. Inspiriert davon, sprach ich mit den Menschen, und diejenigen, die von meinen Worten angezogen wurden, hörten auf diese, anstatt auf meine Lieder zu hören. Wenn ich heute etwas tue, dann stimme ich Seelen statt Instrumente, ich harmonisiere Menschen anstelle von Tönen. Das, was meine Philosophie ausmacht, ist das Gesetz der Harmonie. Das besagt, sich mit sich selbst und anderen in Einklang zu bringen. Ich habe in jedem Wort einen bestimmten musikalischen Ausdruck gefunden, eine Melodie in jedem Gedanken, Harmonie in jedem Gefühl; und ich habe versucht, denjenigen, die früher meine Musik gehört haben, das Gleiche mit klaren und einfachen Worten zu erklären. Ich spielte meine Vina, bis sich mein Herz in genau dieses Instrument verwandelte; dann bot ich dieses Instrument dem göttlichen Musiker an, dem einzig existierenden Musiker. Seitdem bin ich seine Flöte geworden; und wenn er es wünscht, spielt er

2 Ebd. S. 42

seine Musik. Die Leute geben mir die Anerkennung für diese Musik, die in Wirklichkeit nicht mir, sondern dem Musiker zu verdanken ist, der auf seinem eigenen Instrument spielt.“[3]

Die Vorträge in „Die Mystik des Klangs“, „Musik“, „Die Macht des Wortes“ und „Die Sprache des Kosmos“ sind die Essenz aus Hazrat Inayat Khans lebenslanger Kultivierung der verwandelnden Kraft von Musik und Klang – jedenfalls so weit, wie dies in Worte gefasst werden kann. Seit Jahrzehnten inspirieren diese faszinierenden Ausführungen nicht nur Sufi-Praktizierende, sondern auch Musiker und Musikerinnen verschiedener Genres. Wir hoffen, dass diese neue Ausgabe von Hazrat Inayat Khans spiritueller Philosophie der Musik eine neue Generation von Perlentauchern im Ozean des menschlichen Herzens begeistern wird.

Pir Zia Inayat-Khan

3 Hazrat Inayat Khan, „The Sufi Message“ Vol. 2 (London: Barrie and Jenkins, 1973), S.7

„Die Mystik des Klangs“ wurde ursprünglich 1923 durch die Sufi-Bewegung veröffentlicht und in Großbritannien durch „The Camelot Press Ltd.“ London und Southampton gedruckt.

Jede heilige Schrift, jedes heilige Bild und jedes gesprochene Wort erzeugt einen Abdruck seiner Identität auf dem Spiegel der Seele. Musik jedoch steht vor der Seele, ohne irgendeinen Eindruck von Form oder Bezeichnung dieser objektiven Welt zu hinterlassen, und bereitet so die Seele darauf vor, Unendlichkeit zu begreifen.

Hazrat Inayat Khan

DIE MYSTIK DES KLANGS

DAS STILLE LEBEN

Das absolute Leben, aus dem all das hervorging, was fühlbar, sichtbar und wahrnehmbar, und mit dem irgendwann alles wieder eins wird, ist ein stilles, bewegungsloses und ewiges Leben; es wird von den Sufis *zat* genannt. Jede Bewegung, die aus diesem stillen Leben hervorbricht, ist selbst Schwingung und erzeugt ihrerseits Schwingungen. Innerhalb einer Schwingung werden viele weitere Schwingungen erzeugt. So wie Bewegung weitere Bewegungen auslöst, wird auch das stille Leben in einem bestimmten Teil aktiv und produziert jeden Augenblick immer weitere Aktivitäten. Dadurch verliert es den Frieden des ursprünglichen stillen Lebens. Der Grad der Aktivität dieser Schwingungen bedingt die verschiedenen Ebenen der Existenz. Wir stellen uns diese Ebenen als verschieden voneinander vor, aber in Wirklichkeit können sie nicht völlig voneinander gelöst und getrennt betrachtet werden. Die Aktivität der Schwingungen lässt sie immer dichter werden; auf diese Weise wird die Erde aus den Himmeln geboren.

Das Mineral-, Pflanzen-, Tier- und Menschenreich besteht aus graduellen Schwingungsveränderungen; die Schwingungen jeder Ebene unterscheiden sich voneinander in Bezug auf Gewicht, Breite, Länge, Farbe, Wirkung, Klang und Rhythmus. Wir Menschen bestehen nicht nur selbst aus Schwingungen, wir leben und bewegen uns auch in ihnen: Wir sind von ihnen umgeben, wie ein Fisch von Wasser umgeben ist, und sind mit ihnen gefüllt, wie ein Tank mit Wasser gefüllt ist. Unsere verschiedenen Stimmungen, Neigungen, Beschäftigungen, Erfolge und Niederlagen und überhaupt alle Gegebenheiten des Lebens hängen von einer spezifischen Schwingungsaktivität ab, seien dies nun Gedanken, Emotionen oder Gefühle. Für die Unterschiedlichkeit der Dinge und Lebewesen ist die Richtung der Schwingungen verantwortlich. Die Aktivität der Schwingungen ist die Grundlage der Sinneswahrnehmung und die Quelle allen Vergnügens und allen Schmerzes; ihr Stillstand ist das Gegenteil von Sinneswahrnehmung. Alle Sinneswahrnehmungen werden durch jeweils charakteristische Schwingungsfrequenzen hervorgerufen.

Die beiden Aspekte der Schwingung – fein und grob – umfassen jeweils viele Frequenzen. Einige werden von der Seele, einige vom Geist und einige von den Augen wahrgenommen. Die Seele nimmt Gefühle wahr; der Geist erfasst Gedanken; die Augen sehen Schwingungen, die aus ihrem ätherischen Zustand heraus verdichtet wurden und sich in Atome verwandelten. Diese werden in der physischen Welt sichtbar und erzeugen die Elemente Äther, Luft, Feuer, Wasser und Erde. Die feinsten Schwingungen können nicht einmal von der Seele wahrgenommen werden. Aus diesen Schwingungen wird die Seele selbst geformt und durch deren Aktivität wird sie sich ihrer selbst bewusst.

Die Schöpfung beginnt mit der Aktivität des Bewusstseins, die wir auch Schwingung nennen können. Alle Schwingungen, die aus ihrer Urquelle hervorgehen, sind gleich, sie unterscheiden sich nur durch Ton und Rhythmus, verursacht durch mehr oder weniger dahinterstehende Kraft. Auf der Ebene des Klangs lässt diese Schwingung die Mannigfaltigkeit der Töne entstehen, in der Welt der Atome die Vielfalt der Farben. Durch ihre Ansammlung werden die Schwingungen hörbar; je weiter sie zutage treten, desto mehr vervielfachen sie sich, und im Fortschreiten materialisieren sie. Der Klang liefert dem Bewusstsein einen Beweis seiner Existenz, obwohl sich in Wirklichkeit ja der aktive Teil des Bewusstseins selbst in Klang verwandelt. Der Erkennende erkennt sich sozusagen selbst; anders ausgedrückt: Das Bewusstsein erkennt sich durch seine eigene Stimme. Deshalb macht Klang einen so tiefen Eindruck auf Menschen. Da alle Dinge aus Schwingung entstanden sind und bestehen, tragen sie in sich verborgen Klang, so wie der Zündstein Feuer in sich birgt. Jedes Atom im Universum bekennt durch seinen Ton: „Mein Ursprung ist allein der Klang." Wann immer ein fester oder hohler Körper angeschlagen wird, antwortet er: „Ich bin Klang."

Klang hat seine Geburt, seinen Tod, sein Geschlecht, seine Form, seinen Planeten, seinen Gott, seine Farbe, seine Kindheit, seine Jugend und sein Alter; doch jene Lautstärke des Klangs, die im Abstrakten, jenseits der Sphäre des Konkreten liegt, ist die Basis und der Ursprung allen Klangs.

Sowohl Klang als auch Farbe haben gemäß des Gesetzes der Harmonie Wirkung auf die menschliche Seele; eine feine Seele findet Farbe anziehend, eine noch feinere Seele liebt Klang. Da alle Elemente aus unterschiedlichen Schwingungsfrequenzen bestehen, hat jeder Ton, je nach Element, entweder eine wärmende oder kühlende Wirkung. Deshalb kann

Klang sowohl angenehme als auch unangenehme Effekte auf den menschlichen Geist und Körper ausüben. Zudem hat er heilende Wirkung, wenn keine Kräuter oder Drogen zur Verfügung stehen, auch wenn diese selbst gleichermaßen aus Schwingungen entstanden.

Manifestationen werden also aus Schwingungen gebildet. Die Planeten sind die ersten Manifestationen, wobei jeder Planet seinen eigenen Grundton hat; so repräsentiert jede Note einen Planeten. Jedes Individuum hat daher einen eigenen Ton, der dessen Geburtsplaneten entspricht; deshalb spricht ein bestimmter Ton auch eine bestimmte Person an, der dem Grad der Evolution dieser Person entspricht.

Jedes Element hat einen spezifischen Klang; im feineren Element erweitert sich der Wirkungskreis des Klangs, im gröberen Element verengt er sich. Deshalb ist er im ersten deutlich, im zweiten undeutlich.

Das Element Erde beinhaltet verschiedene Aspekte der Schönheit und der Vielfalt ihres Klangs. Ihr Ton liegt an der Oberfläche, die Form ist wie die des zunehmenden Mondes, und ihre Farbe ist gelb. Der Klang von Erde ist dunkel und dumpf und er ruft Erregung, Aktivität und Bewegung im Körper hervor. Alle Instrumente mit Saiten aus Stahl und Darm, sowie alle Schlaginstrumente wie Trommeln und Zimbeln, stellen den Klang von Erde dar.

Der Klang des Wassers ist unergründlich, seine Form wellenförmig, seine Farbe Grün – er kann am besten im Brausen des Meeres gehört werden. Der Klang von fließendem Wasser, von Bergbächen, das Nieseln und Prasseln von Regen, der Klang des Wassers, wenn es aus einem Krug in ein Becken gegossen wird, aus einer Leitung in eine Wanne, aus einer Flasche in ein Glas, alle haben einen weichen und belebenden Effekt, regen die Fantasie an und rufen spontane Einfälle, Träume, Rührung und Emotion hervor. Das Instrument des Wassers wird *jaltarang*[1] genannt. Das ist eine Zusammenstellung von Porzellanschalen oder Gläsern, die der Größe nach angeordnet und, entsprechend der gewünschten Tonleiter, mit Wasser gefüllt werden. Mehr Wasser lässt den Ton tiefer werden, weniger erhöht ihn. Dieses Instrument wirkt auf das Herz sehr berührend.

Der Klang des Feuers ist schrill, seine Form ist gekräuselt und seine Farbe Rot. Wir hören ihn im Blitzschlag, in einem Vulkanausbruch, im Klang des auflodernden Feuers, den Geräuschen von Knallfröschen,

---

1 Jaltarang: Indisches Musikinstrument, was traditionell zur Musiktherapie eingesetzt wird. jal = Wasser; tarang = Welle

Krachern, Gewehren, Pistolen und Kanonen. Alle haben die Tendenz, Furcht zu erzeugen.

Der Klang der Luft ist schwankend, seine Form verläuft im Zickzack und seine Farbe ist Blau. Seine Stimme hören wir in Stürmen, wenn der Wind weht, und im Flüstern der Morgenbrise. Die Wirkung ist aufbrechend, mitreißend und durchdringend. Der Klang der Luft findet in allen Blasinstrumenten aus Holz, Messing und Bambus Ausdruck; er entfacht sanft das Feuer des Herzens, wie Rumi[2] in seinem *Masnavi*[3] über die Flöte schreibt. In Indien wird Krishna immer mit einer Flöte dargestellt. Der Klang der Luft überwältigt alle anderen Klänge, denn er ist lebendig und bewirkt in allen Aspekten seines Einflusses Ekstase.

Der Klang von Äther ruht in sich und beinhaltet alle Formen und Farben. Er ist der Urgrund aller Klänge und der immerwährende Grundton. Sein Instrument ist der menschliche Körper, durch ihn kann er hörbar gemacht werden. Obwohl er alles durchdringt, ist er nicht hörbar. Er verwirklicht sich in uns Menschen, wenn wir unseren Körper von Materiellem reinigen. Der Körper kann sein geeignetes Instrument werden, wenn der innere Raum geöffnet wird und alle Kanäle und Adern in ihm frei sind. Dann wird der Klang, der äußerlich im Raum existiert, auch innerlich manifest. Die Wirkungen dieses Klanges sind Ekstase, Erleuchtung, Ruhe, Furchtlosigkeit, Glückseligkeit, Freude und Offenbarung. In manchen manifestiert er sich von sich aus, in anderen, wenn sie in einem negativen Zustand sind, weil ihr Körper oder Geist schwach ist; für keinen von beiden ist es ein Gewinn, sondern bewirkt, dass sie unnatürlich werden. Dieser Klang erhebt nur jene, die sich durch die heiligen Übungen, die den Mystikern bekannt sind, dafür geöffnet haben.

Der Klang von Erde und Wasser zusammen ist sanft und fein. Der Klang von Erde und Feuer ruft Rauheit hervor. Der Klang von Erde und Luft hat Stärke und Kraft. Der Klang von Wasser und Erde hat eine lebendige und erquickende Wirkung. Der Klang von Wasser und Äther wirkt besänftigend und beruhigend. Der Klang von Feuer und Luft wirkt erschre-

---

2 Jalal ad-Din Muhammad ar-Rumi – kurz Rumi genannt, war ein persischer Sufi-Mystiker, Gelehrter und einer der bedeutendsten persischsprachigen Dichter des Mittelalters. Von seinen Anhängern, insbesondere den Derwischen, erhielt er den Beinamen (türkisch) Mevlana), „unser Herr/Meister". Nach ihm ist der Mevlevi Derwisch-Orden benannt.

3 Masnavi: Das mit 30.000 Doppelversen abgefasste Werk von Jalal ad-Din Rumi heißt Masnawi e Manawi.

ckend und furchterregend. Der Klang von Feuer und Äther hat eine aufbrechende und befreiende Wirkung. Der Klang von Luft und Äther bewirkt Ruhe und Frieden.

SCHWINGUNGEN

Das stille Leben erfährt sich selbst durch Aktivität im Äußeren. Verglichen mit dem aktiven Leben in der äußeren Welt erscheint das stille Leben wie der Tod. Nur Weise empfinden das ewige Leben erstrebenswerter, denn das sterbliche Leben wandelt sich ständig und existiert nur im Augenblick. Das Leben in der äußeren Welt scheint das wirkliche Leben zu sein, weil wir in diesem Leben alle Freude erfahren.

Im stillen Leben gibt es keine Freude, nur Frieden. Das ursprüngliche Wesen der Seele ist Frieden, ihre Natur ist Freude. Die beiden arbeiten gegeneinander. Dies ist die geheime Ursache der ganzen Tragödie des Lebens. Ursprünglich hat die Seele keinerlei Erfahrungen. Sie erlebt alles erst dann, wenn sie ihre Augen für die äußere Ebene öffnet und dann offen hält, um das Leben zu genießen, bis sie satt ist. Dann erst beginnt die Seele ihre Augen für die äußere Welt zu verschließen und unablässig nach dem Frieden zu streben, der ihr ursprünglicher Zustand ist.

Der innere und essenzielle Teil eines jeden Wesens besteht aus feinen, der äußere Teil aus groben Schwingungen. Den feineren Teil nennen wir Geist, den gröberen Materie, wobei der erste dem Wandel und der Zerstörung weniger ausgesetzt ist als der zweite. Alles Lebendige ist Geist und alles Sterbliche ist Materie; alles, was im Geist stirbt, ist Materie, und alles, was in der Materie lebt, ist Geist. Alles, was wir sehen und fühlen können, erscheint uns lebendig, obwohl es dem Tod und der Zerstörung ausgesetzt ist und jeden Moment wieder in sein feineres Element aufgelöst wird. Doch die menschliche Sicht ist durch ihre Aufmerksamkeit für die scheinbare Welt so verblendet, dass der Geist, der tatsächlich lebendig ist, durch die materielle Hülle verdeckt und sein wahres Wesen verborgen wird. Die allmählich sich erhöhende Aktivität bewirkt, dass sich die Schwingungen materialisieren; durch die schrittweise Verringerung der Aktivität verwandeln sie sich wieder in Geist. Wie bereits gesagt, durchlaufen Schwingungen fünf unterschiedliche Phasen, während sie sich vom Feinen ins Grobe wandeln; und die Elemente Äther, Luft, Feuer, Wasser und Erde haben je ihren eigenen Geschmack, ihre eigene Farbe und Form. Der Zyklus der Elemente bringt sie alle zu gegebener Zeit an die Oberfläche. Bei jedem

Schritt ihrer Aktivität verändern sie sich und werden voneinander unterscheidbarer; indem diese Elemente sich zu Gruppen zusammenschließen, bringen sie die Vielfalt der objektiven Welt hervor. Das Gesetz, das sie dazu bringt, sich wieder aufzulösen, nennen wir Zerstörung.

Schwingungen werden zu Atomen, und Atome generieren das, was wir Leben nennen; ihr Zusammenschluss formt durch die natürliche Anziehungskraft ein lebendiges Gebilde. Wenn der Atem sich dann in dieser Form manifestiert, erhält dieser Körper Bewusstsein.

In jedem Einzelwesen sind viele zarte, kleine Wesen verborgen; im Blut, in den Gehirnzellen, in der Haut und auf allen Ebenen unserer Existenz. Wie im Körperwesen eines Individuums viele kleine Keime, die genauso Lebewesen sind, geboren und genährt werden, so gibt es auch auf der Mentalebene viele Wesen, die sogenannten *muwakkals*[1] oder Elementale, noch subtilere Wesenheiten, die unseren eigenen Gedanken entspringen. Und wie die Keime in unserem physischen Körper leben, so bewohnen die Elementale unsere Gedankenwelt. Meist stellen wir uns Gedanken als etwas Lebloses vor. Wir erkennen nicht, dass sie lebendiger sind als die physischen Keime und Geburt, Kindheit, Jugend, Alter und Tod kennen. Je nach ihrer Wesensart wirken sie zu unserem Vorteil oder Nachteil. Sufis erschaffen, gestalten und beherrschen sie. Sufis trainieren und regieren sie ihr ganzes Leben lang. Sie bilden ihre Armee und führen ihre Wünsche aus. Wie Keime unsere Körper bilden und Elementale unsere Gedankenwelt, so formen Engel unser spirituelles Dasein. Sie werden *farishtas* genannt.

In der Regel haben Schwingungen sowohl Länge als auch Breite; manche existieren nur den kleinsten Bruchteil einer Sekunde, manche den größten Teil des Weltzeitalters.

Während sie hervorschnellen und eine Schwingung die nächste erzeugt, erschaffen sie unterschiedliche Formen, Gebilde und Farben; so erwachsen Myriaden von Schwingungen aus einer einzigen. Auf diese Weise entstehen Kreise um Kreise übereinander und untereinander, die gemeinsam das Universum erschaffen. Jede Schwingung kehrt nach ihrer Manifestation wieder in ihre Urquelle zurück.

Die Reichweite der Schwingungen richtet sich nach der Feinheit der Ebene ihres Ausgangspunktes. Um es deutlicher auszudrücken: Das Wort, das die Lippen sprechen, kann nur die Ohren der Zuhörenden erreichen, vom Verstand ausgehende Gedanken hingegen reichen weit hinaus und

1 Muwakkal (arabisch): „Ernannte Hüterin, eingesetzter Bewahrer“, ein Elemental

springen von Geist zu Geist. Gedankenschwingungen sind viel stärker als die der Worte. Innige Empfindungen eines Herzens können die Herzen anderer durchdringen. Sie sprechen lautlos und breiten sich in der Umgebung aus, sodass die Atmosphäre einer Person deren Gedanken und Emotionen kundtut. Am weitreichendsten und mächtigsten sind die Schwingungen der Seele. Sie fließen wie elektrischer Strom von Seele zu Seele.

Alle Dinge und Wesen im Universum sind sichtbar oder unsichtbar miteinander verbunden, durch Schwingungen wird zwischen ihnen eine Kommunikation in allen Ebenen der Existenz aufgebaut.

Ein Beispiel aus dem Alltag: Wenn jemand in einer Versammlung hustet, fangen viele andere an, dasselbe zu tun. Das Gleiche gilt für Gähnen, Lachen, Begeisterung und Niedergeschlagenheit. Dies zeigt, wie Schwingungen die Verfassung eines Wesens auf die anderen übertragen. Auf diesem Weg erkennen die Weisen die Vergangenheit, Gegenwart und Zukunft und nehmen Zustände auf allen Ebenen der Existenz wahr. Schwingungen breiten sich durch das Band der Anteilnahme aus, das zwischen den Menschen und ihrer Umgebung besteht; sie enthüllen vergangene, gegenwärtige und zukünftige Bedingungen. Das erklärt, warum Hundegeheul den Tod ankündigt und das Wiehern von Pferden das Herannahen von Gefahr. Dies kommt jedoch nicht nur bei Tieren vor, sogar Pflanzen beginnen in Zeiten der Trauer abzusterben und Blumen verwelken, während sie in glücklichen Zeiten wachsen und gedeihen. Der Grund dafür, dass Pflanzen und Tiere diese Schwingungen wahrnehmen können und von zukünftigen Ereignissen wissen, während Menschen davon nichts mitbekommen, ist, dass die Menschen durch ihre Selbstbezogenheit erblindet sind.

Der Einfluss der Schwingungen bleibt auf dem Stuhl, auf dem wir sitzen, in dem Bett, in dem wir schlafen, in dem Haus, in dem wir wohnen, in den Kleidern, die wir tragen, im Essen, das wir zu uns nehmen und sogar auf der Straße, die wir entlanggehen.

Jede Emotion entsteht aus der Intensität der Schwingungsaktivität, die, wenn sie in verschiedene Richtungen aktiv ist, verschiedene Emotionen hervorruft. Dabei ist die Aktivität selbst die Hauptursache jeglicher Emotion. Jede Schwingung hebt, während sie aktiv ist, das Bewusstsein bis an die äußerste Oberfläche. Der dadurch verursachte Nebel sammelt sich zu Wolken, die wir Emotionen nennen. Wolken der Emotion verdecken die klare Sicht der Seele. Deshalb wird Leidenschaft blind genannt. Übermäßige Schwingungsaktivität blendet uns nicht nur, sie schwächt auch den Willen, und ein schwacher Wille entkräftet Geist und Körper.

Die Beschaffenheit der Schwingungen, auf die eine Person gestimmt ist, bestimmt die eigene besondere Seelen-Note dieser Person. Die unterschiedlichen Tonstufen dieser Noten bilden eine Vielzahl von Frequenzen, die von den Mystikern in drei verschiedene Klassen eingeteilt werden. Erstens die Stufe, die Kraft und Intelligenz hervorruft und die wir uns wie ein ruhiges Meer vorstellen können. Zweitens eine moderate Aktivität, die alle Dinge in Bewegung hält, die ein Gleichgewicht zwischen Stärke und Schwäche bedeutet und als ein leicht bewegtes Meer beschrieben werden kann. Und drittens die Stufe intensiver Aktivität, die alles zerstört, alle Schwäche und Blindheit verursacht, und die wir uns wie ein stürmisches Meer vorstellen können. Seher können in der Aktivität aller Dinge und Lebewesen die Frequenz erkennen, so wie Musiker die Tonart erkennen, in der ein Musikstück geschrieben wurde. Unsere Atmosphäre erzählt vom Grad der Aktivität unserer Schwingungen.

Wenn die Schwingungsaktivität richtig gesteuert wird, können wir alle Freuden des Lebens genießen und werden doch nicht von ihnen versklavt. Wenn die Aktivität erst einmal begonnen hat und wächst, wird es sehr schwer, sie zu bändigen, denn das ist, als würde man versuchen, ein durchgehendes Pferd zu bändigen. Und doch besteht die ganze Meisterschaft in dieser Steuerung.

Heilige und Weise verbreiten ihren Frieden nicht nur an dem Platz, an dem sie sitzen, sondern auch in der ganzen Umgebung, in der sie sich aufhalten. In der Resonanz mit der Energie der Schwingungen, die von ihrer Seele ausgehen, herrschen Frieden in der Stadt oder dem Land, in denen sie leben. Aus diesem Grund hat die Verbindung mit Gut oder Böse und mit Menschen der Ober- oder Unterschicht einen großen Einfluss auf das Leben und den Charakter eines Menschen. Die Schwingungen der Gedanken und Gefühle erschaffen, beschaffen und bereiten sich selbst alle notwendigen Mittel, um sich im Äußeren zu manifestieren. Eine Person könnte zum Beispiel Fisch essen wollen, und anstatt ihn zu bestellen, denkt sie intensiv an ihn. Die Gedankenwellen dieser Person, die auf diese Weise zu den geistigen Ohren des Kochs sprechen, lösen im Koch denselben Wunsch aus; möglicherweise ziehen die starken Gefühle der Person sogar einen Fischhändler zum Haus hin. Die Gedanken von

Weisen führen so, entsprechend der Festigkeit, Kraft und Reinheit ihres Geistes, deren Bestimmung aus.

Eine bestimmte Menge an Dynamit ist erforderlich, um einen einzelnen Felsen wegzusprengen, eine erheblich größere Menge, um einen Tunnel in einen Berg zu sprengen. Genauso bedarf es auch eines entsprechenden Grades an Gedankenkraft, um ein bestimmtes Ergebnis zu erzielen. Auch die zeitliche Dauer eines Gedankens hat viel mit dessen Umsetzung zu tun, denn Gedankenschwingungen müssen eine gewisse Zeit lang aktiv sein, um ein bestimmtes Ergebnis zu erzielen. Ein Kuchen braucht eine bestimmte Zeit, bis er gebacken ist; wenn wir es übereilen, ist er noch nicht durchgebacken, und zu große Hitze lässt ihn verbrennen. Wenn es denen, die die mentalen Schwingungen aussenden, an Geduld mangelt, wird die Gedankenkraft verschwendet, auch wenn sie auf halbem Weg zu ihrer Bestimmung oder noch näher an einem erfolgreichen Ergebnis wären. Wenn zu große Gedankenkraft in die Ausführung einer Sache gesteckt wird, wird diese bereits in der Vorbereitung zerstört.

Um Gedanken und Gefühle auf andere zu reflektieren, sollten wir dieselben Regeln wie bei Stimme und Wort beachten. Je lauter jemand in einer Versammlung spricht, desto mehr Aufmerksamkeit zieht diese Person auf sich, und alle Anwesenden hören der Person zwangsläufig zu. Auf gleiche Weise treffen Gedanken oder Gefühle, die ein Sufi aussendet, naturgemäß jedes Gemüt, das sie gerade erreichen, mit entsprechend großer Macht und Stärke. So wie eine sanfte Stimme anziehend wirkt, so ist es auch mit der Zartheit von Gedanken und Gefühlen. Gedankenschwingungen, denen das gesprochene Wort hinzugefügt wird, werden in ihrer Kraft verdoppelt, und wenn physischer Kraftaufwand hinzukommt, wird diese verdreifacht.

Vernunft ist wie Feuer: Sie gibt den Gedanken Licht. Aber überhitzte Gedanken verlieren ihre Macht, so wie auch der physische Körper durch Hitze geschwächt werden kann. Der Verstand ruft Zweifel hervor, die die Gedankenkraft zerstören, bevor sie ihr Ziel erreicht hat. Die Stärke der Gedankenkraft beruht auf Vertrauen oder Glauben. Der Verstand verwirrt und Zweifel zerstreuen die Wellen der Gedankenschwingungen, die sich aus Mangel an der verbindenden Kraft verteilen und in verschiedene Richtungen gehen.

Man sollte nie gegen den eigenen Wunsch denken oder sprechen, denn das schwächt die Gedankenschwingungen und führt oft zu entgegengesetzten Ergebnissen. Viele gleichzeitig auftauchende Gedanken schwächen natürlich die Kraft des Geistes, denn keiner von ihnen hat die Chance zu reifen, so wie Zwillinge in der Regel unausgereift sind und Drillinge selten überleben[2]. Disharmonie zwischen unseren Wünschen und unserem Ideal erzeugt im Leben immer große Verwirrung, wirken sie doch beide ständig gegeneinander.

Sprechen oder denken wir von jemandem freundlich oder unfreundlich, so erreicht dies durch die Kraft der Schwingungen, bewusst oder unbewusst, das Wesen des anderen. Fühlen wir uns durch jemanden beleidigt, können unsere Gefühle nicht verborgen bleiben, selbst wenn wir ihnen weder durch Reden noch durch Handlungen Ausdruck verleihen, denn die Schwingungen unserer Gefühle werden die fragliche Person direkt erreichen; sie wird unser Unbehagen spüren, wie entfernt sie auch wohnt. Dies gilt ebenso für unsere Liebe und unsere Freude: Wie sehr wir uns auch bemühen, unsere Gefühle durch unser Sprechen und Handeln zu verheimlichen, sie können nicht verborgen bleiben. Dies macht den alten Ausspruch verständlich, dass selbst Wände Ohren haben: Er besagt im Grunde, dass Gedankenwellen selbst Wände durchdringen können.

Sufis widmen den guten und schlechten Wünschen der Menschen besondere Aufmerksamkeit. Sie streben ständig mit all ihren Fähigkeiten danach, die guten Wünsche der Menschen anzuziehen, seien diese nun angesehen oder nicht.

Intensive Aktivität erzeugt kräftige Schwingungen, die bei den Sufis *jalal*[3] genannt werden. Sanfte Aktivität erzeugt weiche Schwingungen, die *jamal*[4] genannt werden. Die erste Aktivität zeigt sich als Stärke und Kraft, die zweite als Schönheit und Anmut. Der Widerstreit zwischen beiden Kräften heißt *kamal*[5] und ruft nichts als Zerstörung hervor.

Verschiedene Völker, Kulturen, Nationen und Religionen haben unterschiedliche Auffassungen von richtig und falsch und andere Vorstellungen von gut und böse, auch das Konzept von Tugend und Sünde wird unterschiedlich gesehen. Deshalb ist es schwierig, die Regel, die diese Unterschiede bestimmt, herauszuarbeiten. Wenn wir das Gesetz der Schwingungen verstehen, wird es jedoch klar. Alle Dinge und Wesen auf

2 Dieser Kommentar bezieht sich auf die relativ hohe Sterberate bei Mehrfachgeburten in den 1920er-Jahren, als diese Lehrreden gehalten wurden.

3 jalal (arabisch): Kraft

4 jamal (arabisch): Schönheit

5 kamal (arabisch): „vollkommen“, Zustand ohne jegliche Aktivität

der äußeren Ebene der Existenz scheinen voneinander getrennt zu sein, doch sie kommen sich auf jeder Ebene unterhalb der Oberfläche zunehmend näher, und im Innersten werden sie alle eins. Deshalb hat jede Störung des Friedens im kleinsten Teil der Existenz seine Wirkung auf das Ganze. Deshalb ist jeder Gedanke, jedes Wort und jede Handlung, die diesen Frieden stört, falsch, von Übel oder eine Sünde; wenn sie Frieden bewirken, sind sie richtig, gut und eine Tugend. Da das Leben in seinem Widerhallen wie eine Kuppel ist, ist auch sein Wesen kuppelförmig. Jede Störung im kleinsten Teil des Lebens stört das Ganze und kehrt als Unheil zu der Person zurück, die sie verursacht hat. Jeder Friede wiederum, der im Äußeren hervorgerufen wird, tut dem Ganzen gut und kehrt als Friede zum Verursacher zurück.

Das ist die Philosophie von der Belohnung der guten und der Bestrafung der schlechten Taten, die von den Höheren Mächten gegeben werden.

HARMONIE

Harmonie ist die Quelle der Manifestation, die Ursache ihrer Existenz und die Verbindung zwischen Gott und den Menschen.

Der Friede, nach dem jede Seele strebt, und der die wahre Natur Gottes und das höchste Ziel der Menschheit ist, ist einzig das Ergebnis von Harmonie; das zeigt, dass sämtliche Errungenschaften des Lebens ohne ein Gespür für Harmonie nutzlos sind. Wenn wir in Harmonie sind, nennen wir das Himmel, ihre Abwesenheit Hölle. Nur wer sie meistert, versteht das Leben, und diejenigen, denen sie fehlt, sind töricht – trotz all des anderweitig erworbenen Wissens.

Sufis legen großen Wert darauf, Harmonie zu erlangen, denn sie glauben, dass Licht für die Engel und Finsternis für den Teufel ist; für ein menschliches Wesen aber ist Ausgewogenheit notwendig, um das Gleichgewicht im Leben zu halten.

Harmonie hat drei Aspekte: ewig, universell und individuell.

Ewige Harmonie ist die Harmonie des Bewusstseins, das in sich selbst ewig ist. Alle Dinge und Wesen leben und bewegen sich darin, dennoch bleibt sie unnahbar, unberührt und friedvoll. Sie ist der Gott der Gläubigen und der Gott der Wissenden. Alle Schwingungen, von den feinsten bis zu den gröbsten, und auch alle Atome der Erscheinungsformen werden von dieser Harmonie zusammengehalten. Sowohl das Erschaffen als auch die Zerstörung finden statt, um sie aufrechtzuerhalten. Ihre Macht zieht letzten Endes jedes Wesen zurück in den ewigen Frieden.

Die Kraft der Harmonie zieht die Menschen in zwei entgegengesetzte Richtungen: zum Unendlichen und zur Erscheinungswelt. Von der ersten wissen wir weniger als von der zweiten, und wenn wir in die eine Richtung schauen, verlieren wir die andere aus dem Blick. Da das Unendliche der essenzielle Geist in allem ist, zieht es letztendlich alles zu sich heran. Die Sufis messen der Harmonie mit dem Unendlichen größte Bedeutung bei, und erreichen sie durch die Hingabe an den Willen Gottes, des geliebten Wesens.

Die Existenz von Land und Wasser, deren Beziehung zueinander, oder die Anziehung zwischen Himmel und Erde veranschaulichen die universelle Harmonie. Die gegenseitige Anziehung von Sonne und Mond, die kosmische Ordnung der Sterne und Planeten, die alle miteinander verbunden sind, in Beziehung zueinander stehen und einem bestimmten Gesetz folgen; der geregelte Ablauf der Jahreszeiten, die Nacht, die dem Tag folgt, und der Tag, der seinerseits der Nacht Raum gibt; die Abhängigkeit aller Lebewesen voneinander, die Unverwechselbarkeit, Anmut und Integrationskraft der fünf Elemente, all das bekundet die allumfassende Harmonie.

Männliche und weibliche Wesen, Vierbeiner und Vögel, Pflanzen und Felsen, sämtliche Arten von Dingen und Wesen sind miteinander verbunden und werden durch das Band der Harmonie zueinander gezogen. Würde auch nur ein Ding oder Wesen, wie vermeintlich nutzlos es auch sein mag, in diesem Universum der unendlichen Vielfalt fehlen, wäre das so, als würde ein Ton in einem Lied fehlen. „Jedes Wesen wurde für eine bestimmte Aufgabe geboren, und das Licht dieser Aufgabe wurde in dessen Seele entfacht."[1]

Alle Hungersnöte, Seuchen und Katastrophen, wie Stürme, Fluten, Vulkanausbrüche, Kriege und Revolutionen, so schlimm sie den Menschen auch erscheinen mögen, dienen in Wirklichkeit der Aufrechterhaltung dieses allumfassenden Gleichgewichts.

In Indien erzählt man sich die Geschichte, wie sich alle Einwohner eines Dorfes, das unter einer Dürre litt, vor dem Tempel ihres Gottes versammelten und darum beteten, dass in diesem Jahr reichlich Regen fallen möge. Eine Stimme aus dem Unsichtbaren antwortete: „Was immer Wir tun, dient der Verbesserung Unseres Zwecks, ihr habt kein Recht, euch in Unser Werk einzumischen, oh, ihr Menschen!" Doch sie flehten erneut um Gnade, diesmal noch eindringlicher. Schließlich kam die Antwort: „Eure Gebete, euer Fasten und eure Opfer haben Uns dazu bewogen, euch für dieses Jahr so viel Regen zu gewähren, wie ihr wollt." Alle kehrten jubelnd nach Hause zurück. Im Herbst arbeiteten sie eifrig auf ihren Höfen, und nachdem sie die Felder bereitet und die Saat gesät hatten, beteten sie um Regen. Als sie meinten, es habe nun genug geregnet, nahmen sie wieder Zuflucht im Gebet und der Regen hörte auf. Auf diese Weise wurde eine ideale Kornernte erzielt und alle Bewohner des Landes jubelten. In diesem

1 Sa'di aus Shiraz (geboren um 1210, gestorben um 1292), persischer Dichter und Mystiker. Neben lehrhaften Schriften ist er der Autor des Bustan („Duftgarten") und des Golestan („Rosengarten") sowie einer Sammlung von mit Versen durchsetzten Prosaerzählungen (meist „Diwan" genannt).

Jahr war mehr Korn gewachsen als je zuvor. Aber als die Ernte eingefahren war, starben alle, die von dem Korn aßen; es gab viele Opfer. Verstört wendeten sie sich wieder an den Gott, warfen sich vor dem Tempel nieder und riefen: „Warum zeigst Du Dich nach dieser großen Gnade so zornig?" Der Gott antwortete: „Es war nicht Unser Zorn, sondern Eure Torheit, sich in Unser Werk einzumischen. Wir senden manchmal eine Dürre, ein anderes Mal Überschwemmung, sodass ein Teil eurer Ernte zerstört wird; aber Wir haben unsere Gründe dafür, denn auf diese Weise werden auch alle Gifte und alles, was unerwünscht ist, vernichtet, und es bleibt nur das übrig, was für die Erhaltung eures Lebens zuträglich ist." Die Dorfbewohner warfen sich in demütigem Gebet nieder und sagten: „Wir werden nie wieder versuchen, die Angelegenheiten des Universums zu regeln. Du bist der Schöpfer und Du bist der Lenker. Wir sind Deine unwissenden Kinder, nur Du weißt, was das Beste für uns ist." Nur der Schöpfer weiß, wie die Welt des Schöpfers zu lenken ist, was hervorgebracht und was zerstört werden muss.

Individuelle Harmonie hat zwei Aspekte: die Harmonie zwischen Körper und Seele sowie die Harmonie zwischen Einzelwesen.

Die Seele genießt die Freuden, die das äußere Selbst erlebt, doch die Menschheit vertieft sich in diese so sehr, dass die wahre Zufriedenheit der Seele vernachlässigt wird; das lässt die Menschen in all den flüchtigen Vergnügungen, die sie genießen, unbefriedigt zurück. Weil sie dies aber nicht verstehen, schreiben sie die Ursache ihrer Unzufriedenheit irgendwelchen unerfüllten Lebenswünschen zu. Das Ausleben aller irdischen Leidenschaften gibt flüchtige Befriedigung, gleichzeitig erzeugt es jedoch auch den Wunsch nach mehr. In diesem Bemühen übersehen die Menschen, was die Seele zufriedenstellt; immerzu sind sie damit beschäftigt, ihre irdischen Freuden und Vergnügungen zu verfolgen und entziehen damit der Seele ihre wahre Seligkeit. Das wahre Glück der Seele liegt in Liebe, Harmonie und Schönheit, die in Weisheit, Ruhe und Frieden münden. Die Seele ist umso zufriedener, je dauerhafter diese sind.

Würden wir in unserem täglichen Leben jede Handlung prüfen, die ein unerfreuliches Bild unseres Selbstes auf unsere Seele wirft und damit Dunkelheit und Unzufriedenheit bewirkt, und würden wir andererseits jeden Gedanken, jedes Wort und jede Handlung, die Liebe, Harmonie und Schönheit im Innern hervorrufen, bewusst wahrnehmen, und jedes Gefühl, das uns Weisheit, Ruhe und Frieden bringt, so könnten wir ganz leicht verstehen, wie Harmonie zwischen Körper und Seele entsteht. Beiden Seiten des Lebens, der inneren wie der äußeren, wäre damit Genüge getan. Die Zufriedenheit der Seele ist viel wichtiger als die des Körpers, denn sie ist nachhaltiger. Indem wir auf diese Weise Körper und Seele entsprechend einstimmen, können wir Denken, Sprechen und Handeln so ausrichten, dass zuallererst im eigenen Selbst Harmonie erreicht wird.

Der nächste Aspekt der individuellen Harmonie wird im Kontakt mit anderen geübt. Wir alle haben ein individuelles Ego, das durch unsere eigenen Illusionen entsteht. Dieses Ego begrenzt unsere Sicht, die von ihm auf unser Eigeninteresse ausgerichtet wird; wir bewerten also gut und schlecht, hoch und niedrig, richtig und falsch in Bezug auf uns selbst und andere auf der Basis unserer begrenzten Sichtweise, die üblicherweise eher stückhaft und illusionär als wahr ist. Diese Dunkelheit entsteht, weil das äußere Selbst die Seele überschattet. So werden wir ebenso blind für unsere eigenen Unsicherheiten wie für die Leistungen anderer, d. h. das richtige Handeln der anderen werden in unseren Augen falsch und unsere eigenen Fehler erscheinen uns richtig. Dies gilt für die ganze Menschheit, bis der Schleier der Dunkelheit von deren Augen gehoben wird.

Nafs[2], das Ego eines Einzelwesens, bewirkt all die Disharmonie sowohl im eigenen Selbst als auch mit den anderen und zeigt uns so, wie schwer es ist, sie in allen Aspekten des Lebens zu bändigen. Löwen, die Könige der Tiere, sind trotz all ihrer Macht und Würde höchst unwillkommen bei den Bewohnern des Waldes, sie sind sogar unfreundlich zueinander. Zwei Löwen werden sich niemals freundlich begrüßen, da ihre *nafs* so stark ist: Obwohl Löwen die Herrscher aller anderen Tiere sind, so sind sie doch Sklaven ihrer eigenen Leidenschaften, die ihr Leben ruhelos machen. Die *nafs* von Pflanzenfressern wie Schafe und Ziegen ist zahm. Deshalb sind sie ungefährlich füreinander; im Gegenteil: Sie können sogar harmonisch in Herden zusammenleben. Die Harmonie und das Mitgefühl unter ihnen lässt sie an Freud und Leid voneinander teilhaben, jedoch fallen sie leicht den wilden Tieren des Waldes zum Opfer.

Die Meister der früheren Zeiten, wie Moses und Mohammed, liebten es, ihre Herden im Urwald zu hüten, Jesus Christus nannte sich selbst den Guten Hirten, und Johannes der Täufer sprach vom Lamm Gottes: ungefährlich, arglos und opferbereit.

---

2 Nafs (arabisch): Ego, Selbst; auch Seele. Im deutschen Sprachraum gibt es unterschiedliche Schreibweisen: Femininum und Neutrum. Wir verwenden in diesem Band das Femininum.

Die Nafs der Vögel ist noch sanfter, deshalb können auf einem Baum viele, sogar verschiedene Arten wie eine Familie zusammenleben, gemeinsam den Lobgesang Gottes singen und in Schwärmen zu Tausenden herumfliegen.

Bei den Vögeln finden wir jene, die ihre Partner wiedererkennen und harmonisch zusammenleben, gemeinsam ihr Nest für die Jungen bauen, wechselnd auf den Eiern sitzen und ihren Teil zur Aufzucht der gemeinsamen Jungen beitragen. Oft trauern und klagen sie, wenn ihr Partner gestorben ist.

Die Nafs der Insekten ist noch kleiner. Sie krabbeln übereinander, ohne einander wehzutun, und leben zu Millionen als eine Familie zusammen, ohne zwischen Freund und Feind zu unterscheiden. Dies belegt, dass die Nafs bei jedem Schritt der natürlichen Evolution wächst, in der Menschheit ihren Höhepunkt findet und so lange Disharmonie im menschlichen Leben erzeugt, bis sie gebändigt wurde und dadurch Ruhe und Frieden im Selbst erzeugt sowie einen Sinn für Harmonie mit anderen.

Alle Menschen weisen charakteristische Kennzeichen ihrer Nafs auf. Eine ist tigerähnlich, die andere ähnelt einem Hund, während eine dritte eher wie eine Katze ist und eine vierte wie ein Fuchs. Auf diese Weise spiegeln Menschen in Sprache, Gedanken und Gefühlen Vierbeiner und Vögel; die Beschaffenheit der Nafs von Menschen ist also mit dem Wesen der Tiere verwandt, und manchmal ähnelt ihnen selbst die äußere Erscheinung der Person. Unsere Bereitschaft zur Harmonie hängt folglich vom Entwicklungsstand unserer Nafs ab.

Wenn wir anfangen, das menschliche Leben in aller Klarheit zu sehen, beginnt für uns die Welt auszusehen wie ein Wald voller wilder Tiere, die kämpfen, töten und sich gegenseitig ausnutzen.

Es gibt vier verschiedene Kategorien von Menschen, die, entsprechend ihrer unterschiedlichen Entwicklungszustände, miteinander harmonieren. Diese sind: engelsgleich, menschlich, tierisch und teuflisch.

Die Engelhaften streben nach dem Himmel, die Menschen kämpfen sich durch diese Welt. Die Menschen mit animalischen Neigungen schwelgen in irdischen Vergnügungen, während die Diabolischen gern Unheil anrichten und damit sich selbst und anderen die Hölle bereiten. Durch die Entwicklung des Humanen werden Menschen engelsgleich; durch die Entfesselung ihrer tierischen Natur landen sie auf der Stufe des Teufels.

In der Musik besagt das Gesetz der Harmonie, dass die einander zunächstliegenden Töne kein harmonisches Intervall ergeben. Das erklärt das Verbot der Heirat zwischen zwei nahen Verwandten aufgrund der großen Ähnlichkeit ihrer Art und ihres Blutes. In der Regel liegt die Harmonie im Kontrast. Männer kämpfen mit anderen Männern und Frauen streiten untereinander; doch männlich und weiblich harmonieren in der Regel, eine vollendete Einheit erzeugt vollkommene Harmonie. Die fünf Elemente wirken fortwährend in allen Lebewesen und in jedem Individuum ist eines davon dominant. Die Weisen unterscheiden deshalb, entsprechend des vorherrschenden Elements, fünf verschiedene Wesensarten der Menschen. Manchmal sind in einem Menschen zwei oder sogar mehr Elemente unterschiedlich dominant.

Wir können die Harmonie des Lebens genauso erlernen wie die Harmonie der Musik. Das Ohr sollte darin geübt werden, sowohl den Tonfall als auch die Worte und die in ihnen ruhende Bedeutung zu unterscheiden, und sowohl aus der verbalen Bedeutung als auch aus dem Tonfall der Stimme zu erkennen lernen, ob es sich um ein wahres Wort oder einen falschen Ton handelt. Es sollte unterscheiden können zwischen Sarkasmus und Aufrichtigkeit, zwischen scherzhaft gesprochenen Worten und jenen, die ernst gemeint sind, es sollte den Unterschied zwischen echter Anerkennung und Schmeichelei erkennen können, zwischen Bescheidenheit und Demut, Schmunzeln und Spott, Arroganz und Stolz – ob sie nun direkt oder indirekt ausgedrückt werden. Dadurch wird das Ohr allmählich wie in der Musik geschult, und wir wissen genau, ob der eigene Ton und das eigene Wort, aber auch das eines anderen, falsch oder wahr sind. Wir müssen, wie in der Stimmbildung, lernen, in welchem Tonfall und mit welchen Worten wir bestimmte Gedanken oder Gefühle ausdrücken sollten. Es gibt Zeiten, in denen wir laut sprechen sollten, und Zeiten, in denen ein sanfter Tonfall angesagt ist; jedes Wort fordert einen bestimmten Ton und alles Gesprochene eine bestimmte Klangfarbe. Außerdem sollten wir einen erhöhten oder erniedrigten Ton oder einen Ton ohne Vorzeichen entsprechend verwenden und die richtige Tonart bedenken.

Es gibt neun verschiedene Gefühlsaspekte, die alle ihre eigene Ausdrucksweise haben:

1) Fröhlichkeit wird durch einen lebhaften Tonfall ausgedrückt
2) Kummer durch einen klagenden Tonfall
3) Angst durch eine gebrochene Stimme

4) Mitgefühl in einer sanften Stimme
5) Staunen durch einen Ausruf
6) Mut durch einen entschlossenen Tonfall
7) Leichtfertigkeit in einem leichten Tonfall
8) Zuneigung in einem tiefen Tonfall
9) Gleichmut durch die Stimme der Stille

Ungeübte Menschen bringen dies durcheinander und flüstern Worte, die gehört werden sollten, oder sprechen jene laut aus, die besser geheim blieben. Über das eine Thema sollten wir mit gehobener Stimme, über ein anderes mit tiefer Stimme sprechen. Wir sollten den Ort, den Raum, die Anzahl der anwesenden Personen, die Art der Menschen und ihren Entwicklungsstand beachten und im Gleichklang mit den anderen reden, gemäß dem Ausspruch: „Sprecht zu den Menschen in ihrer eigenen Sprache." Mit Kindern sprechen wir kindgerecht, bei jungen Menschen nur für diese angebrachte Worte, und mit den Alten deren Verständnis gemäß. Auch unsere Gedanken sollten wir entsprechend spezifiziert ausdrücken und nicht alle über einen Kamm scheren. Die Menschen unterscheiden sich von den Tieren durch ihre Rücksichtnahme auf andere. Rhythmus ist das Gleichgewicht zwischen Sprache und Aktion. Wir sollten also zur rechten Zeit sprechen, sonst ist Schweigen besser als Reden. Ein mitfühlendes Wort, wenn jemand trauert, und mindestens ein Lächeln, wenn jemand lacht. Wir sollten auf die richtige Gelegenheit achten, um ein Thema in einer Gesellschaft anzusprechen, und in einem Gespräch niemals plötzlich das Thema wechseln, sondern zwei Themen gekonnt durch eine harmonische Überleitung miteinander verweben. Ebenso müssen wir geduldig warten, während andere sprechen, und unsere Sprache im Zaum halten, wenn ein Gedanke unkontrollierbar auftaucht, damit wir ihn taktvoll behandeln und unter Kontrolle halten, bevor er ausgedrückt wird. Die wichtigen Worte sollten wir durch den Gebrauch von starker und schwacher Betonung hervorheben. Um das Tempo zu regulieren und den Rhythmus zu bewahren, ist es notwendig, die richtigen Worte und Ausdrucksweise zu wählen. Manche Menschen fangen langsam an zu sprechen und erhöhen nach und nach die Geschwindigkeit, bis sie nicht mehr zusammenhängend sprechen können. Die oben erwähnten Regeln gelten für alle Aktivitäten des Lebens.

Wie Musikschüler schulen Sufis sowohl die Stimme als auch das Ohr für die Harmonie des Lebens. Das Stimmtraining beinhaltet, jedes gesprochene Wort in Bezug auf Tonfall, Rhythmus, Bedeutung und Angemessenheit der Lage abzuwägen. Trostworte sollten zum Beispiel in langsamem Rhythmus, mit sanfter Stimme und mitfühlendem Tonfall gesprochen werden. Für Anordnungen oder Befehle ist ein lebendiger Rhythmus notwendig und eine kraftvolle, klare Stimme.

Sufis vermeiden taktlose Handlungen, sie lassen den Rhythmus ihrer Stimme von der Geduld leiten, sprechen nicht vor der Zeit und geben keine Antwort, bevor die Frage nicht fertiggestellt wurde. Widerworte betrachten sie als Disharmonie, außer sie werden in einer Diskussion verwendet, und selbst dann versuchen sie, diese in einen harmonischen Akkord aufzulösen. Die Neigung zu widersprechen entwickelt sich schließlich zu einer Leidenschaft; bis dahin, selbst den eigenen Ideen zu widersprechen, wenn sie von jemand anderem vorgetragen werden. Um die Harmonie zu bewahren, modulieren Sufis sogar ihre Sprechweise von einer Tonart in eine andere; anders gesagt: Sie stimmen der Idee einer anderen Person zu, um das Objekt aus dem Blickwinkel der anderen zu betrachten anstatt aus dem eigenen. Sie bilden die Grundlage für jedes Gespräch mit einer entsprechenden Einführung und bereiten die Ohren des Zuhörers für eine ideale Reaktion vor. Sie achten auf jede Bewegung und jeden Ausdruck, bei sich und den anderen, und versuchen so, einen wohlklingenden, harmonischen Akkord zwischen sich und den anderen zu erzeugen. Harmonie im eigenen Leben zu erreichen benötigt ein längeres und sorgfältigeres Studium, als das Ohr zu schulen und die Stimme zu kultivieren, auch wenn sie auf gleiche Weise erlangt wird wie musikalisches Wissen. Für die Ohren der Sufis ist jedes gesprochene Wort wie ein Ton, der richtig ist, wenn er harmonisch klingt, und falsch, wenn er unharmonisch ist. Sie wählen, dem Anlass entsprechend, die Tonart ihrer Sprache entweder in Dur, Moll oder chromatisch, und ihre Worte entweder mit erhöhten oder erniedrigten Tönen oder Tönen ohne Vorzeichen, wie es das Gesetz der Harmonie gerade verlangt.

Die aufrichtige, höfliche und taktvolle Sprache entspricht beispielsweise dem Dur, Moll oder der chromatischen Tonleiter, die für die Sufis Dominanz, Respekt und Gleichmut verkörpern. Sufis verhalten sich auch frei oder gegenläufig, je nach Ermessen, um sich Zeit und Situation allmählich anzupassen. Dazu stimmen sie zu, weichen ab oder widersprechen sogar, und halten dabei doch das Gesetz der Harmonie in der Konversation aufrecht.

Wenn wir zwei Personen als zwei Töne betrachten, so bringt die Harmonie zwischen beiden entweder konsonante oder dissonante Intervalle hervor, vollkommene oder unvollkommene, in Dur oder Moll, verminderte oder übermäßige, wie es den beiden gerade entspricht. Dieses Gesetz wird deutlich im Abstand zwischen den Gesellschaftsklassen, Überzeugungen, Kasten, Ethnien, Nationen oder Religionen sowie auch in den Unterschieden zwischen den Lebensaltern, Entwicklungsstadien oder von verschiedenen und gegenteiligen Interessen.

Weise Menschen können eher in Harmonie mit törichten Dienern leben als mit Halbgebildeten, die sich für unfehlbar halten. Andererseits ist es genauso möglich, dass weise Menschen in der Gesellschaft von Törichten alles andere als glücklich sind und umgekehrt. Stolze Menschen werden mit anderen Stolzen immer streiten; während andere demütige Menschen unterstützen. Stolze Menschen können sich jedoch über eine allgemeine Frage des Stolzes durchaus einig sein, zum Beispiel, was den Stolz der Ethnie oder der Herkunft betrifft.

Manchmal wird das Intervall zwischen zwei unzusammenhängenden Noten durch einen Zwischenton ausgefüllt und es entsteht ein harmonischer Akkord. Beispielsweise könnte ein Kind die Uneinigkeit zwischen einem Mann und einer Frau auflösen oder die Intervention von Vater beziehungsweise Mutter kann die Streitigkeiten zwischen Geschwistern schlichten. Auf diese Weise kann ein intervenierendes Bindeglied Harmonie erzeugen, wie unharmonisch zwei Menschen auch zueinander stehen.

Törichte Menschen sind wie ungeschmeidige Töne, während verständige Menschen anpassungsfähig sind. Die ersten beharren auf ihren Ideen, Vorlieben, Abneigungen und Überzeugungen, was richtig oder falsch sei, während Letztere die Stimmung klar oder gedämpft halten, indem sie Ton und Frequenz erhöhen oder erniedrigen, um sich den Umständen anzupassen.

Der Grundton harmoniert immer mit jeder Note, denn er trägt alle Töne der Tonleiter in sich. So harmonieren auch die Sufis mit allen, ob gut oder schlecht, weise oder töricht, indem sie zum Grundton werden.

Wenn der Grundton, das gemeinsame Interesse, viele Charaktere durch ein einziges Band der Harmonie zusammenhält, werden alle Ethnien,

Nationen, soziale Schichten und Völker wie eine Melodie, der ein Akkord zugrunde liegt.

Sufis lernen und praktizieren das Wesen der Harmonie des Lebens, indem sie es studieren. Sie leben in Übereinstimmung mit dem eigenen Selbst, mit anderen, dem Universum und dem Unendlichen. Sie identifizieren sich mit anderen und sehen sich sozusagen selbst in jedem anderen Lebewesen. Tadel oder Lob kümmern sie nicht, da sie beide als von sich selbst ausgehend betrachten. Wenn wir etwas Schweres fallen lassen und dabei unseren eigenen Fuß verletzen, würden wir doch auch nicht die Hand tadeln, weil sie es fallen ließ, denn wir erkennen uns selbst sowohl in der Hand als auch im Fuß. Auf solche Weise sind auch Sufis nachsichtig, wenn sie von anderen verletzt werden, denn sie denken, dass nur sie selbst sich den Schmerz zugefügt haben. Sie wenden den Kontrapunkt an, indem sie unerwünschtes Gerede von Freunden durchmischen und zu einer Fuge machen.

Die Unzulänglichkeiten anderer übersehen sie, weil sie denken, dass diese es nicht besser wissen. Sufis verbergen die Fehler anderer und verschweigen alle Tatsachen, die Disharmonie erzeugen könnten. Sie kämpfen ständig mit Nafs, der Wurzel aller Disharmonie und dem einzigen Feind der Menschheit. Indem wir diesen Feind niederringen, gewinnen wir Meisterschaft über uns selbst; das heißt, wir gewinnen die Meisterschaft über das ganze Universum, denn die Wand, die zwischen dem Selbst und dem Allmächtigen stand, wurde niedergerissen. Freundlichkeit, Milde, Respekt, Demut, Bescheidenheit, Selbstvergessenheit, Gewissenhaftigkeit, Toleranz und Vergebung werden von den Sufis als die Merkmale angesehen, die sowohl in der eigenen Seele als auch in der Seele anderer Harmonie erzeugen. Arroganz, Zorn, Laster, Verhaftung, Gier und Eifersucht sind die sechs Hauptquellen der Disharmonie. Nafs, die einzige Quelle von Disharmonie, wird umso mächtiger, je besser sie zufriedengestellt wird, je mehr wir ihr zu Diensten sind. Eine bestimmte Zeit lang gibt sie sich zufrieden, wenn ihre Forderungen erfüllt wurden, doch kurz danach fordert sie noch mehr, bis das Leben zu einer Last wird. Die Weisen betrachten diesen Feind als Auslöser sämtlichen Unheils, die übrigen Menschen machen jedoch andere für ihr eigenes Unglück verantwortlich.

NAME

Die Vielfalt der Dinge und Wesen und die Eigenheiten, durch die sie sich voneinander unterscheiden, machen Bezeichnungen notwendig. Der Name erzeugt ein Bild von Form, Gestalt, Farbe, Größe, Qualität, Menge; einen Eindruck und eine Bedeutung von Dingen und Wesen; nicht nur von wahrnehmbaren und verstehbaren, sondern sogar von denen, die unsere Wahrnehmung und unser Verständnis übersteigen. Der Name ist daher bedeutender als die Dinge selbst. In den Namen von Menschen oder Dingen liegt ein großes Geheimnis verborgen, gestaltet er sich doch aus dem Zusammenhang der vergangenen, gegenwärtigen und zukünftigen Bedingungen seines Gegenstandes. Ein echtes Horoskop sagt deshalb etwas über die Lebensbedingungen eines Menschen aus.

Im Namen liegt das ganze Geheimnis verborgen. Alles Wissen über die Dinge beruht zunächst auf der Kenntnis ihrer Namen, kein Wissen ist vollständig, wenn es keinen Namen hat. Meisterschaft beruht auf Wissen. Wir können nichts meistern, das wir nicht kennen. Jeden Segen und alle Wohltaten, die wir von Himmel und Erde erhalten, erwerben wir durch Meisterschaft, die ihrerseits auf Wissen und Erkenntnis beruht – um etwas zu wissen, brauchen wir Begriffe. Wenn wir die Bezeichnung von etwas nicht kennen, sind wir unwissend, und als Unwissende sind wir machtlos, denn wir haben keinen Zugriff auf Dinge, die wir nicht kennen.

Unsere Größe hängt davon ab, wie weit unser Wissen reicht, dessen ganzes Geheimnis darin liegt, dass wir sowohl bei Menschen als auch bei Dingen die Unterschiede identifizieren können. Das erhebt uns nicht nur über alle Wesen dieser Erde, es lässt uns Menschen sogar die Engel, die Himmlischen Heerscharen, überragen. Der Koran erklärt dies so:

„Als dein Herr zu den Engeln sprach: ‚Wir werden einen Stellvertreter auf der Erde einsetzen‘, sagten sie: ‚Willst Du dahin jemanden stellen, der dort Verderben anrichtet und Blut vergießt, wo wir doch Dein Lob singen und Dich heiligen?‘ Gott antwortete: ‚Seht, ich weiß, wovon ihr nichts wisst.‘ Und Er lehrte Adam die Namen aller Dinge. Dann zeigte Er sie den Engeln und sprach: ‚Nennt mir die Namen dieser Dinge, wenn ihr die Wahrheit sagt.‘ Sie antworteten: ‚Lob sei Dir, wir wissen nur von dem, was Du uns gelehrt hast, denn du bist allwissend und weise.‘ Gott sagte:

‚Oh, Adam, nenne ihnen ihre Namen.' Und als Adam kam, nannte er ihre Namen."[1]

Jeder Name enthüllt den Weisen die Vergangenheit, Gegenwart und Zukunft dessen, was er bezeichnet.

Ein Name bezeichnet nicht nur eine Form, sondern auch deren Wesen. Die Bedeutung des Namens spielt eine wichtige Rolle im Leben der Menschen. Der Klang, die Vokale des Namens, der Rhythmus, die Anzahl und das Wesen der Buchstaben, die ihn ausmachen, der mystische Zahlenschlüssel, das Symbol und der Planet sowie seine ursprüngliche Wurzel und seine Wirkung – sie alle enthüllen den Sehenden ihr Geheimnis.

Die Bedeutung eines Namens hat sowohl auf den Träger selbst als auch auf seine Mitmenschen großen Einfluss. Aus dem Klang der Buchstaben und dem Wort, das sie bilden, können Mystiker viel über den Charakter und das Schicksal eines Menschen lesen. Intelligente Menschen können durch den Klang der Buchstaben, die den Namen bilden, eine allgemeine Vorstellung bekommen: Ob er sich schön oder hässlich anhört, sanft oder hart, wohlklingend oder unharmonisch; sie wissen jedoch nicht, wodurch das bewirkt wird. Nur die, die verstehen, wissen warum.

Einzelne oder kombinierte Buchstaben werden entweder leicht oder mit Schwierigkeiten ausgesprochen und haben einen entsprechenden Effekt sowohl auf uns selbst als auch auf andere. Flüssige und weich klingende Namen haben eine sanfte Wirkung auf Sprechende und Zuhörerende, während hart klingende Namen den umgekehrten Effekt haben. Natürlicherweise benennen wir weiche Dinge mit sanften Namen und harte Dinge mit hart klingenden Namen, wie zum Beispiel Blume und Fels, Wolle und Zündstein, und so weiter. Die Ausdrucksweise und insbesondere die Namen kennzeichnen eine Gruppe von Menschen sowie das Wesen von Familien, Gemeinschaften und Ethnien.

Vokale spielen eine große Rolle für die Namen und deren Einfluss. *E* und *i* bezeichnen *jamal,* die weiblichen Qualitäten der Anmut, Weisheit, Schönheit und Empfänglichkeit; *o* und *u* bezeichnen *jalal,* die männlichen Qualitäten der Kraft und des Ausdrucks. *A* weist auf *kamal* hin, welches die Vollkommenheit darstellt, in der diese beiden Qualitäten zusammengefasst sind.

1 Koran 2:13. Vgl. auch Genesis 2:19

Die oben genannten Vokale haben in der Komposition des Namens ihre Wirkung, je nachdem, ob sie am Anfang, in der Mitte oder am Ende der Bezeichnung stehen.

Im Sanskrit wird das Schicksal *karma*[2] genannt, es meint den Rhythmus vergangener Handlungen. Der Einfluss des Rhythmus', den ein Name auslöst, wirkt sich sowohl auf die so benannte Wesenheit aus, als auch auf diejenigen, die das Wesen bei diesem Namen nennen. Ein gleichmäßiger Rhythmus erzeugt Ausgeglichenheit, während ein ungleichmäßiger Rhythmus Unausgeglichenheit bewirkt. Die Schönheit des Rhythmus' verschönert den Charakter eines Menschen.

Rhythmus meint hier, wie ein Name beginnt und wie er endet, ob gleichmäßig oder ungleichmäßig, vor der Betonung oder mit der Betonung. Ob die Betonung auf den Anfang, die Mitte oder das Ende fällt, verändert die Wirkung, und das spielt für die Wesensart und das Schicksal einer Person eine Rolle. Der Rhythmus des Namens deutet auf das Wesentlichste im Leben hin: ausreichende oder mangelnde Ausgeglichenheit. Mangelnde Ausgeglichenheit ist eine Charakterschwäche und führt im Leben zu Schwierigkeiten. Auch die Anzahl der Buchstaben spielt eine große Rolle beim Namen einer Person. Eine gerade Anzahl weist auf Schönheit und Weisheit hin, eine ungerade Anzahl auf Liebe und Kraft.

Zahlen spielen im Leben eine bedeutende Rolle, ganz besonders bei den Namen. Jeder Buchstabe in einem Namen hat einen Zahlenwert. In der orientalischen Wissenschaft heißt dies *jafr*[3]. Nach diesem System werden nicht nur Gebäuden, Gegenständen und Menschen Namen gegeben, die den zeitlichen Ablauf ihres Entstehens und Vergehens offenbaren; vielmehr eröffnet die Kombination dieser Zahlen den Sehenden auch deren mystische Wirkung.

Namen haben auf ihre Träger und sogar auf deren Umgebung eine psychische Wirkung. Die Namen von Elementalen und *Dschinns,* die ehrwürdigen Namen Gottes sowie die heiligen Namen der Propheten und Heiligen werden den Regeln ihres numerischen Wertes entsprechend geschrieben und wirken wie ein magischer Zauber, um verschiedene Dinge im Leben zu erreichen. Wenn sie geschrieben oder ihrer numeri-

2 Karma (Sanskrit): sowohl ausgeführte Handlung als auch die Absicht hinter dem Tun – was nach dem Gesetz von Aktion und Reaktion entsprechend gleichartige Rückwirkungen auf die Ausführenden hat.

3 Jafr (arabisch): Zeichendeuten durch Buchstaben

schen Gestalt entsprechend wiederholt werden, können durch die Kombination solcher Namen Wunder bewirkt werden.

Ein *x* formt zum Beispiel ein Kreuz und das o eine Null; beide haben eine eigene Bedeutung. In den modernen Alphabeten wurden die Originale stark verfälscht. Die alten arabischen und persischen Schriften, die wir auf Torbögen, Wänden, Kleidersäumen, Messingkesseln und Teppichen finden, sind von höchster Vollendung und formschön. Auch im Chinesischen, Japanischen, Sanskrit sowie anderen alten Alphabeten finden wir eine hohe Symbolkraft. Jede Linie, jeder Punkt und jeder Bogen hat eine Bedeutung. Die Alten schrieben die Bezeichnungen nicht mit verschiedenen Buchstaben, sondern als Bild, das bezeichnete, was sie ausdrücken wollten. Das Bild wurde in verschiedene Teile aufgeteilt, wobei jeder Teil einen bestimmten Klang darstellte; auf diese Weise entstanden die Alphabete. Durch diese Teilung ging das ursprüngliche Bild verloren, gewisse Ähnlichkeiten konnten jedoch immer noch gefunden werden. Obwohl wir heute eine sehr abgewandelte Schreibweise haben, können wir aus der Gestalt eines bestimmten Namens, gleich, in welcher Sprache er geschrieben wurde, noch immer das Leben, das Schicksal oder den Charakter eines Menschen lesen.

Beginnt ein Name zum Beispiel mit *i*, kennzeichnet dies ein charakterfestes und rechtschaffenes Ego, Einzigartigkeit, Liebe zu Gott und Wahrheitssuche. *E* kennzeichnet ein scheues, introvertiertes Wesen und Interesse in drei Richtungen. So wie ein einzelner Buchstabe ein Bild darstellt, so bildet auch ein ganzes Wort ein Bild. Die Idee von Allah entstand in den Menschen, und so können wir in der Form unserer Hand das Wort *„Allah"*[4] erkennen.

Der Vorname hat größeren Einfluss als der Nachname. Manchmal hat ein Kosename sogar noch größeren Einfluss, denn die Wirkung des Namens entspricht seiner Verwendung: Je öfter er gebraucht wird, desto größer ist seine Wirkung. Verkürzte Namen wie Mia für Maria oder Willi für Wilhelm verringern die Wirkung des Namens anteilig. Namen, die von Heiligen vergeben werden, haben eine doppelte Wirkung: die des Namens selbst und die des Willens der Heiligen, die ihn gegeben haben. Maula

---

4 Wenn wir alle Finger strecken und den Daumen anwinkeln, können wir sehen, was Hazrat Inayat Khan hier beschreibt. „Allah" wird in arabischen Buchstaben etwa so geschrieben: ﻪﻠﻟا

Bakhsh[5], der größte Musiker Indiens seiner Zeit, bekam diesen Namen durch einen *faqir*[6], der von seiner Musik verzaubert war. Er bedeutet „Gott segnet“. Nachdem er diesen Namen angenommen hatte, war er, wohin auch immer er ging, mit Ehrungen und Erfolg gesegnet, die beide seltene Gaben Gottes sind.

Es gibt viele Beispiele dafür, wie ein Namenswechsel eine völlige Veränderung im Leben von Menschen brachte. In der Bibel lesen wir, dass Jakob mit dem Namen Israel gesegnet wurde, der ihm von den Engeln verliehen wurde.

Im Koran wird Mohammed ständig mit spezifischen Namen bezeichnet, wobei jede Bezeichnung nicht nur Auswirkungen auf das Leben des Propheten hatte, sondern auch auf dessen Anhänger, die diese Bezeichnung verwendeten und seelisch mit ihr arbeiteten. Sufis haben jahrhundertelange Erfahrung mit dem mystischen Wert dieser Namen. Bei den Sufis gibt der *murshid*[7] oder die *murshida* den Schülern die Bezeichnung *talib*[8] oder *murid*[9], damit die Schüler sich mit der Zeit mit der jeweiligen Bezeichnung identifizieren.

5 Maula Bakhsh oder Mawlabakhsh (1833-1896), Großvater von Hazrat Inayat Khan, gründete u. a. eine berühmte Musikakademie in Baroda. Siehe auch: https://wahiduddin.net/mv2/bio/Biography_3.htm

6 Das arabische faqir: „arm“, (auch das Wort „Konzentration“ hat dieselbe Wurzel) wird in Indien für hinduistische oder muslimische meditierende Asketen verwendet, denen oft Wunderkräfte zugeschrieben wurden.

7 Murshid (arabisch): erfahrene Lehrer/innen bzw. Wegbegleiter/innen auf dem spirituellen Weg.

8 Talib (arabisch): Schüler/in

9 Murid (arabisch): Sehnender, Strebender, Schüler/innen, die eine Einweihung empfangen haben.

FORM

Das Licht, aus dem alles Leben kommt, besteht aus drei Varianten: aus Intelligenz, aus abstraktem Licht und aus Sonnenlicht. Die Aktivität dieses einen Lichtes wirkt also in drei verschiedenen Erscheinungsformen. Die erste Form wird durch eine langsame und feierliche Aktivität im ewigen Bewusstsein hervorgerufen, die wir auch Bewusstsein oder Intelligenz nennen können. Intelligenz ist sie, wenn nichts vor ihr erscheint, dessen sie sich bewusst sein könnte. Wenn vor ihr hingegen etwas Erfahrbares erscheint, wird genau diese Intelligenz zu Bewusstsein. Die allgemeine Aktivität im Licht der Intelligenz bewirkt das Licht des Abstrakten, genau dort, wo der abstrakte Klang in Licht übergeht. Dieses Licht wird für Sehende, die zum ewigen Ziel reisen, zur Fackel. Dasselbe Licht wird, wenn seine Aktivität intensiver wird, zur Sonne. Niemand würde so einfach glauben, dass Intelligenz, abstraktes Licht und die Sonne ein und dasselbe sind, doch Sprache kann sich selbst nicht widersprechen, und alle drei wurden von jeher mit der Bezeichnung Licht benannt.

Diese drei Erscheinungsformen des Lichtes sind auch die Vorstellung, die hinter der Glaubenslehre der Dreieinigkeit steht sowie hinter der Lehre der Trimurti[1], die es schon Tausende Jahre vor dem Christentum bei den Hindus gab. Sie beschreibt jeweils die drei Aspekte des Einen – dem Einen, das drei ist. Substanz beginnt sich von einem Atom zu einem Radium zu entwickeln, aber vorher existiert sie als Schwingung. Was wir sehen, akzeptieren wir als etwas Existentes; und was wir nicht sehen können, existiert für uns nicht. Alles, was wir wahrnehmen, sehen und fühlen ist Materie, alles, was Quelle und Ursprung ist, ist Geist.

Die Philosophie der Form kann durch das Studium des Prozesses verstanden werden, durch den sich das unsichtbare Leben im Sichtbaren manifestiert. Während die feinen Schwingungen Klang erzeugen, erzeugen die groben Schwingungen Licht. Indem das unsichtbare, unbegreifbare und nicht wahrnehmbare Leben also zunächst hörbar und dann

---

1 Trimurti (Sanskrit) „tri: drei, „murti“: Gestalt; Brahma, Vishnu und Shiva, die drei Erscheinungsweisen Gottes im Hinduismus.

sichtbar wird, wird es allmählich erkennbar; dies ist der Ursprung und die alleinige Quelle aller Formen.

So ist die Sonne die erste Form, die durch die Augen wahrgenommen werden kann. Sie ist der Ursprung und die Quelle aller Formen der gegenständlichen Welt; und als solche wurde sie auch von den Alten als Gott verehrt. In dieser Mutterreligion können wir den Ursprung aller Religionen finden. Auch in den Worten von Shams-e Tabrizi[2] ist diese Philosophie erkennbar: „Als die Sonne ihr Gesicht zeigte, erschienen die Gesichter und Formen aller Welten. Ihre Schönheit bekundete deren Schönheit; in ihrer Helligkeit begannen sie zu strahlen; durch ihre Strahlen sahen, erkannten und benannten wir die Formen."

All die Myriaden von Farben des Universums sind nichts als unterschiedliche Abstufungen und Schattierungen des Lichts, das alle Elemente erschuf und das die Himmel so wunderbar mit der Sonne, dem Mond, den Planeten und den Sternen geschmückt hat; das Land und Wasser mit all der Schönheit der niederen Sphären erschuf; in manchen Teilen matt und in anderen Teilen strahlend, was die Menschen Schatten und Licht nennen. Die Sonne, der Mond, die Planeten und Sterne, das Leuchten der Elektrizität, die geringere Leuchtkraft des Gases, der Lampe, der Kerze, der Kohle und des Holzes – in allen zeigt sich die Sonne, die in verschiedenen Gestalten auftaucht. Die Sonne reflektiert sich in allen Dingen, ob in matten Kieselsteinen oder funkelnden Diamanten, alles strahlt in dem Ausmaß, wie es reflektieren kann. Das zeigt, dass Licht die eine und einzige Quelle sowie der Ursprung der ganzen Schöpfung ist. „Gott ist das Licht des Himmels und der Erde"[3]. „Und Gott sprach: ‚Es werde Licht', und es ward Licht"[4].

Jede Form wird auf allen Existenzebenen nach dem Gesetz der Anziehung erschaffen. Jedes Atom zieht Atome des eigenen Elements an. Jedes positive Atom zieht das negative Atom des eigenen Elements an, und jedes negative Atom das positive; dennoch ist jede Anziehung unterschiedlich und spezifisch. Die Atome gruppieren sich und bilden eine Form. Auf der abstrakten Ebene fügen sich die Atome zu Lichtgebilden und Farben zusammen; diese und all die verschiedenen Formen der feineren Kräfte des Lebens können von den Weisen gesehen werden. Die Formen der

2 Shams-e Tabrizi: Shams ad-Din Muhammed Tabrizi (gestorben 1248), spiritueller Mentor von Jalal ad-Din Rumi.

3 Koran 24:35

4 Genesis 1:3

Gedankenwelt werden durch die Atome ihrer Ebene gebildet. Sie werden vom geistigen Auge erkannt und Imagination genannt. Auf physischer Ebene können wir diesen Ablauf konkreter erfassen.

Mystiker sehen, wie das eine oder andere Element auf der abstrakten Ebene vorherrscht, sei es nun Äther, Luft, Feuer, Wasser oder Erde. Alle Elemente sind in den feineren Lebenskräften durch ihre Aktivitätsausrichtung und Farbe klar erkennbar. Die verschiedenen Lichtformen weisen unterschiedliche Aktivitätsstärken auf. Heiterkeit wird zu größerer Heiterkeit und Traurigkeit zu tieferer Trauer. So ist es auch mit Vorstellungen: Jeder angenehme Gedanke entfaltet Wohlbefinden und dehnt sich zu noch angenehmeren Gedanken aus, genauso wie auch jede unangenehme Vorstellung wächst und intensiver wird.

Auch auf der physischen Ebene sehen wir nicht nur Menschen, die in Städten und Dörfern zusammenleben, sondern auch Tiere und Vögel, die in Schwärmen und Herden leben. Kohle finden wir in Kohleminen, Gold in Goldminen; der Wald besteht aus Tausenden von Bäumen, doch in der Wüste gibt es nicht einen einzigen. All das bezeugt die Anziehungskraft der gleichen Art, die gleichartige Atome sammelt und ordnet und damit zahlreiche Formen bildet. Dadurch erschafft sie vor dem menschlichen Auge eine Illusion, woraufhin wir Menschen die Eine Quelle dieser erschaffenen Vielfalt vergessen.

Die Richtung, die jedes Element einschlägt, um eine Form zu bilden, hängt von der Art seiner Aktivität ab. Wenn eine Aktivität zum Beispiel geradeaus verläuft, lässt sie das Erdelement erkennen, abwärtsgerichtet das Wasserelement, aufwärtsgerichtet das Feuerelement. Eine Aktivität, die zickzack verläuft, bekundet das Luftelement, und Äther nimmt eine unbestimmte, nebelige Form an. Den Sehenden wird also das Wesen aller Dinge durch deren Form offenbar; durch deren Farbe kann ihr Element bestimmt werden. Gelb ist die Farbe der Erde, Grün die des Wassers, Rot die des Feuers, Blau die des Himmels und Grau die des Äthers. Wenn die Elemente gemischt auftreten, erzeugen sie auch gemischte Farben in zahllosen Schattierungen und Tönen, und so weisen die vielen Farben in der Natur auf das unbegrenzte Leben hin, das ihr zugrunde liegt.

Jede Schwingungsaktivität erzeugt, entsprechend ihres Resonanzkörpers und der Aufnahmefähigkeit der Form, in der sie gestaltet wird, einen eigenen Klang.

Das besagt die alte Hindulehre von *Nada Brahma*, vom „Klang als Schöpfergott". Die unterschiedlichen Formen dieser gegenständlichen Welt gruppieren und verändern sich sowohl nach dem Gesetz von Aufbau und Zerstörung wie auch durch Hinzufügen und Wegnehmen. Wenn wir das ständige Zusammenballen und sich Auflösen der Wolken genauer betrachten, sehen wir in wenigen Minuten viele verschiedene Formen – und das ist ein Schlüssel für alle Prozesse, überall in der Natur. Dieses ganze Aufbauen und Zerstören, Hinzufügen und Wegnehmen der Formen geschieht im Einflussbereich von Raum und Zeit. Jede Form wird nach diesem Gesetz gebildet und verändert, denn die Substanz unterscheidet sich nach Länge, Breite, Tiefe, Höhe, Gestalt und Umriss der Gussform, in der sie modelliert wurde; ihre Besonderheiten bilden sich dann durch die Eindrücke, durch die sie geprägt wurde. Es braucht Zeit, bis ein junges, zartes Blatt grün wird, und dann wieder, bis es sich von Grün in Rot und Gelb verwandelt. Und es ist der Raum, der aus Wasser entweder einen Graben, eine Quelle, einen Teich, einen Bach, einen Fluss oder den Ozean macht.

Die Verschiedenheiten der Merkmale unterschiedlicher Kulturen in den jeweiligen Zeitaltern können dem Gesetz von Raum und Zeit zugeschrieben werden, zusammen mit klimatischen und abstammungsbedingten Ursachen. Die Afghanen ähneln den Einwohnern des Punjab und die Singhalesen dem Volk von Madras. Araber haben Ähnlichkeit mit den Persern und Chinesen sehen ganz ähnlich aus wie Japaner. Tibeter gleichen den Einwohnern von Bhutan und die Burmesen den Siamesen. All dies beweist, dass die Nachbarschaft des Landes, das sie bewohnen, weitgehend die Ursache für die Ähnlichkeit der Merkmale ist. Je weiter die räumliche Entfernung, desto größer ist der Unterschied im Aussehen der Menschen. Die Ähnlichkeiten unter Bakterien, Würmern und Insekten erklären sich auf gleiche Weise. Zwillinge ähneln sich in der Regel stärker als andere Geschwister.

Die Formen werden vor allem durch Spiegelung geprägt. Weil sich die Sonne im Mond reflektiert, erscheint der Mond uns so rund wie die Sonne. Die ganze niedere Schöpfung entfaltet sich nach dem gleichen Gesetz. Manche Tiere, die in menschlicher Umgebung wohnen und täglich Menschen sehen, beginnen Menschen zu ähneln. Menschen, die sich um Tiere kümmern, fangen an, ihnen ähnlich zu werden. Wir sehen, dass der Butler eines Obersts das Verhalten eines Soldaten annimmt und ein Dienstmädchen in einem Nonnenkloster nach einiger Zeit selbst wie eine Nonne wird.

Da alle Dinge dem Wandel unterworfen sind, ist kein Ding genauso wie im Augenblick davor, auch wenn die Veränderung nicht wahrnehmbar ist. Nur sehr ausgeprägte Veränderungen sind wahrnehmbar: Die Blume wandelt sich von der Knospe zur Blüte, die Frucht von unreif zu reif. Selbst Steine verändern sich, von manchen weiß man sogar, dass sie sich innerhalb von vierundzwanzig Stunden wahrnehmbar verändert haben.

Die Zeit hat einen großen Einfluss auf alle Dinge und Lebewesen, wie wir am Wechsel von der Kindheit in die Jugendzeit und vom mittleren Alter zum hohen Alter sehen können. Auf Sanskrit wird daher die Zeit *kala*[5] genannt, was Zerstörung bedeutet, da es ohne Zerstörung keine Veränderung gibt. Anders ausgedrückt kann Zerstörung als Wandel beschrieben werden. Alle natürlichen und künstlichen Dinge, die wir heute sehen, unterscheiden sich in ihrer Form weitestgehend von dem, wie sie vor einigen Tausend Jahren aussahen. Das ist nicht nur so bei Früchten, Blumen, Vögeln und Säugetieren, sondern auch bei der menschlichen Spezies, deren Aussehen ebenfalls verschiedene Wandlungen durchlaufen hat.

Die menschliche Gestalt ist in zwei Teile gegliedert, die beide spezifische Eigenschaften aufweisen: Der Kopf stellt den spirituellen Körper, der untere Teil den materiellen Körper dar. Daher hat der Kopf im Vergleich zum Körper die weitaus größere Bedeutung. Da der Kopf der einzig unverkennbare Teil eines Menschen ist, können wir einander daran erkennen. Das Gesicht drückt unser Wesen und unsere Lebensbedingungen aus und es zeugt auch von unserer Vergangenheit, Gegenwart und Zukunft.

Als der Prophet gefragt wurde, ob auch das Gesicht im Feuer der Hölle brennen würde, antwortete er: „Nein, das Gesicht wird nicht brennen, denn Allah sprach: ‚WIR haben die Menschheit nach unserem Bild erschaffen.'"[6]

Die Ähnlichkeit zwischen Dingen und Lebewesen, aber auch zwischen Vierbeinern und Vögeln oder Tieren und Menschen kann uns viel über das Geheimnis ihres Wesens verraten. Die Wissenschaften der Phrenologie und der Physiologie wurden nicht nur durch die Untersuchung des Lebens von Menschen mit verschiedenen Eigenschaften entdeckt, sondern vor allem indem die Ähnlichkeiten zwischen ihnen und Tieren untersucht

---

5 Kala (Sanskrit): Zerstörung, Zeit (Kali, die Herrin der Zeit)

6 Hadith: Ausspruch oder Handlung Mohammeds, der oder die nicht im Koran steht.

wurden. Zum Beispiel wird eine Person, die die Eigenschaften eines Tigers hat, eine dominante Natur haben, die mit Mut, Wut und Grausamkeit verbunden ist. Eine Person mit dem Gesicht eines Pferdes weist eine eher dienende Natur auf; eine Person mit einem hundeähnlichen Gesicht wird kämpferisch sein, während ein mausähnliches Gesicht Schüchternheit ausweist.

Das menschliche Gesicht und die menschliche Gestalt leiten sich aus vier Quellen ab und diese erklären auch die Veränderungen, die sich in ihnen vollziehen. Es sind die vorgegebenen Eigenschaften unserer Seele, der Einfluss unserer Erbanlage, die Eindrücke aus unserer Umgebung und schließlich die Einwirkung durch uns selbst, durch unsere Gedanken und Handlungen; durch die Kleider, die wir tragen, das Essen, das wir zu uns nehmen, die Luft, die wir atmen sowie durch unsere Lebensweise. Bei der ersten dieser Quellen sind wir machtlos, denn wir haben keine Wahl. Es war nicht der Wunsch des Tigers, ein Tiger zu werden, noch hat der Esel sich ausgesucht, ein Esel zu werden, und das Kind hat sich nicht ausgesucht, als Junge oder Mädchen auf die Welt zu kommen. Das sagt uns, dass die erste Quelle der menschlichen Gestalt von vorgegebenen Eigenschaften abhängt, die die Seele mitbringt. Worte können die Weisheit des Schöpfers niemals angemessen zum Ausdruck bringen, der nicht nur die Welt gestaltet und geformt hat, sondern auch jedem Wesen die Gestalt gab, die dessen Bedürfnissen entspricht. Die Tiere in kalten Gegenden sind mit dickem Fell ausgestattet, das sie gegen die Kälte schützt, und auch den Säugetieren in den tropischen Gebieten wurde eine geeignete Gestalt gegeben. Den Seevögeln wurden Flügel gegeben, die für ein Leben am Meer geeignet sind, und die Vögel des Landes sind mit Flügeln ausgestattet, die für das Leben an Land geeignet sind. Vögel und Säugetiere haben die Gestalt, die mit ihren jeweiligen Lebensgewohnheiten harmoniert. Die Gestalt der Menschen kündet von deren Entwicklungsstand, ihrem Wesen, von Vergangenheit und Gegenwart genauso wie von Kultur, Nation und Umgebung, Charakter und Schicksal.

Zweitens erben wir Menschen unser Aussehen, sei es nun schön oder hässlich, von unseren Ahnen. Zum Dritten schließlich hängt unsere Form davon ab, wie wir sie gestalten. Unsere Körperform beruht auf der Harmonie und Regelmäßigkeit unserer Lebensweise sowie auf den Eindrücken, die wir von der Welt empfangen. Denn gemäß unserer Einstellung zum Leben fügt jeder Gedanke und jede Handlung dem Körper Atome hinzu, entfernt sie oder bewegt sie an einen anderen Platz und bildet so die Umrisse und Muskeln, die Form und Aussehen gestalten. Unser Gesicht drückt zum Beispiel unser Glück, unseren Kummer, unser Vergnügen, unser Unbehagen, unsere Aufrichtigkeit oder Unaufrichtigkeit aus – alles, was wir im Innern entwickelt haben. Unsere Kopfmuskeln erzählen der Phrenologie, in welchem Zustand wir uns befinden. Unsere Gedanken- und Gefühlsformen wirken verschönernd oder machen uns hässlicher. Es liegt in der Natur der Evolution aller Lebewesen, von der untersten bis zur höchsten Ebene der Manifestation, dass sie sich durch die Verbindung mit einer vollkommeneren Form weiterentwickeln. Tiere, die sich in ihrer Entwicklung dem menschlichen Stadium nähern, ähneln primitiven Menschen, genau wie Tiere, die in Kontakt mit Menschen leben, einen Anflug von Menschenähnlichkeit in ihrer Form aufweisen. Wir können dies durch intensive Untersuchungen der charakteristischen Merkmale von Menschen der Vergangenheit sowie den Verfeinerungen, die sie darin entwickelt haben, erkennen.

Sich immer weiter in Richtung Schönheit zu entwickeln, liegt in der Natur der Schöpfung. „Gott ist schön, und Er liebt Schönheit.“[7] Das Wesen des Körpers ist es, sich selbst zu verschönern, das Wesen des denkenden Geistes sind schöne Gedanken, das Herz sehnt sich nach schönen Gefühlen. Natürlicherweise wird deshalb ein Säugling jeden Tag schöner und Unwissenheit strebt nach Intelligenz. Wenn die Entwicklung in umgekehrte Richtung geht, bedeutet das, dass der Einzelne den natürlichen Verlauf der Entwicklung verlassen hat. Es gibt zwei Ausrucksformen der Schönheit, eine natürliche und eine künstliche, wobei die zweite die erste nachahmt.

7 Hadith

RHYTHMUS

Bewegung ist ein zentrales Merkmal von Leben und das Gesetz der Bewegung ist Rhythmus. Rhythmus ist Leben in der Gestalt von Bewegung, und er scheint in jeder Form die Aufmerksamkeit der Menschen auf sich zu ziehen; von den Kindern, die Vergnügen an den Bewegungen einer Rassel finden und durch das Schaukeln der Wiege beruhigt werden, bis zu den Erwachsenen, deren sämtliche Spiele, Sport und Vergnügungen in irgendeiner Form versteckt Rhythmus in sich bergen, sei es Tennis, Kricket, Golf oder Boxen und Ringen. Rhythmus ist auch der wahre Geist und das Leben in den intellektuellen Vergnügungen, ob nun Dichtkunst oder Musik, Gesang oder Instrumentalmusik. Im Sanskrit gibt es die Aussage, Ton sei die Mutter der Natur, Rhythmus ihr Vater.

Wenn einem Baby einmal ein regelmäßiger Zeitrhythmus für seine Mahlzeiten angewöhnt wurde, fordert es diese genau zu dieser Zeit ein, obwohl es keine Zeitvorstellung hat. Das ist so, weil die ursprüngliche Natur des Lebens Rhythmus ist. Ein Baby beginnt das Leben auf der Erde, indem es Arme und Beine bewegt und damit den Rhythmus seines Wesens kundtut. Es belegt damit die Philosophie, dass Rhythmus das Kennzeichen von Leben ist. Wir alle tanzen gern und bezeugen damit die innere Natur der Schönheit, die sich Rhythmus als Ausdrucksform wählt.

Rhythmus führt zu einer unerklärlichen Ekstase, die mit keiner anderen Quelle von Berauschung vergleichbar ist. Tanz ist deshalb sowohl für zivilisierte als auch für sehr einfache Menschen die faszinierendste Freizeitbeschäftigung. Er entzückt Heilige und Sünder gleichermaßen. Kulturen, die sich zu stark akzentuierten Rhythmen hingezogen fühlen, sind naturgemäß sehr lebhaft und stark. Ragtime, der heutzutage[1] sehr populär ist, kam von den Schwarzen. Das Geheimnis seines Charmes liegt in den Synkopen, die dem natürlichen Rhythmus dieser Kultur entsprechen.

1 Diese Vorträge wurden erstmals 1923 veröffentlicht.

Der Rhythmus des Ragtime ruft eine Art Lebendigkeit sowohl bei den Spielern als auch beim Publikum hervor, und weil diese Lebendigkeit so beliebt ist, wurden die Jazz-Bands so berühmt. Bei vielen wilden Stämmen in verschiedenen Teilen der Welt sind die Tänze sehr ausgeprägt rhythmisch, was beweist, dass Rhythmus nicht nur eine Kultur ist, sondern der Natur entspringt.

Unter den Europäern haben die Spanier, Polen, Ungarn und Russen den größten Hang zum Rhythmus. Das Geheimnis des Erfolgs von russischem Ballett und spanischem Tanz liegt in deren exquisiten Rhythmen. Bei den asiatischen Ethnien beruht die Musik der Mongolen hauptsächlich auf Rhythmus, der in ihrer Musik stärker betont ist als die Melodie. Auch in türkischer und persischer Musik tritt der Rhythmus deutlich hervor und bei den Arabern gibt es eine riesige Vielfalt an Rhythmen. In Indien jedoch hat die Kultivierung des Rhythmus‘ Vollendung erreicht.

Erfahrene Musiker in Indien improvisieren eine Melodie und halten dabei während der ganzen Improvisation den gleichen Takt. Um in Indien Meistermusiker zu werden, muss man nicht nur die *ragas,* also die Tonskalen, beherrschen, sondern auch *tala,* den Rhythmus. Als Ethnie sind die Inder naturgemäß dem Rhythmus zugeneigt: Ihr Tanz *tandav nrit*[2], der Tanz des Südens, ist ein Ausdruck des Rhythmus‘ durch Bewegung.

In der hinduistischen Wissenschaft der Musik gibt es fünf verschiedene Rhythmen, die sich hauptsächlich aus Naturbeobachtung herleiten:

1. *Catusra,* der Rhythmus mit vier Schlägen, wurde von Devas[3] und göttlichen Wesen erfunden.
2. *Tisra,* der Rhythmus mit drei Schlägen, wurde von den *rishis*[4] und Heiligen erfunden.
3. *Khanda,* der Rhythmus mit fünf Schlägen, wurde von *rak rhasas*[5] erfunden.
4. *Misra,* der Rhythmus mit sieben Schlägen, wurde von Menschen erfunden.

---

2 Tandav nrit (Sanskrit): Ursprünglich Tanz des Shiva. Siehe auch las nrit

3 Deva (Sanskrit): Engelseele, Gottheit

4 Rishi (Sanskrit): Seher, mythischer Weiser. (Das Wort Darshan ist damit verwandt.) Rishis können Priester, Asketen oder auch Dichter und Komponisten sein, die offenbarte Weisheiten weitergeben.

5 Rak shasa (Sanskrit): mythologisches Wesen

5. *Sankirna,* der Rhythmus mit neun Schlägen, wurde vom Mahadeva[6], dem großen Herrn der Yogis, erfunden. Er war der Tänzer des *tandav nrit* und seine Gefährtin Parvati tanzte den *las nrit.*[7]

In einer heiligen Niederschrift bewahrt die hinduistische Tradition die mystische Legende von Sri Krishna, wie er mit den *gopis*[8] tanzt. Die Geschichte erzählt, wie Krishna, ein bezaubernder junger Herr bei den Hindus, sich bei den Kuhherden aufhielt, und dass jede der jungen Frauen von seiner Schönheit und seinem Charme angezogen wurde und ihn bat, mit ihr zu tanzen. Er versprach jeder Jungfrau, die ihn darum bat, in der nächsten Vollmondnacht mit ihr zu tanzen. In der Vollmondnacht versammelten sich sechzehnhundert *gopis,* und Krishna vollbrachte das Wunder, dass er jeder *gopi* einzeln als Krishna erschien, und alle tanzten zur gleichen Zeit mit ihrem geliebten Herrn.

Es gibt eine Tradition des Islam, in der Musik, Tanz und alle Vergnügungen streng verboten sind. Und doch gab es eine Begebenheit an einem Feiertag, wo der Prophet seine Frau Aysha rief, damit sie dem Tanz zuschauen und der Musik von Straßenmusikern lauschen konnte. Inzwischen kam sein Großkalif[9] zufällig vorbei und entrüstete sich, weil der Prophet gestattete, dass Musik vor seinem Haus gespielt wurde, obwohl er selbst solche Dinge verboten hatte. Als er der Musik der Straßenmusikanten mit dem Hinweis, dass dies das Haus des Propheten sei, ein Ende machte, verlangte Mohammed, dass sie weiterspielen sollten. Er sagte, es sei Feiertag und: „Es gibt kein Herz, das sich nicht rhythmisch bewegt."

In den Traditionen der Sufis geht *raqs,* der heilige Tanz der spirituellen Ekstase, der selbst heute noch bei den Sufis des Ostens verbreitet ist, auf die Zeit zurück, als das Herz von Jalal ad-Din Rumi in der Kontemplation des Schöpfers von der wunderbaren Wirklichkeit Seiner Erscheinung so tief berührt wurde, dass er sich ganz in der vollkommenen und einfachen Essenz der Natur auflöste. Dabei kam er in eine rhythmische Drehung, sodass der Saum seines Gewandes wie auch die Bewegung seiner Hände und seines Halses Kreise bildeten. Der Tanz der *Derwische* feiert das Andenken an diesen Augenblick der Vision. Selbst in der

6 Mahadeva (Sanskrit): anderer Name für Shiva

7 Las nrit (Sanskrit): oder lasya, die weibliche Antwort Parvatis auf den Tandava-Tanz, des Zyklus der Schöpfung, Erhaltung und Auflösung des Lord Shiva.

8 Gopi (Sanskrit): Kuhhirtenmädchen, die der Mythologie nach mit Krishna tanzen.

9 Kalif (arabisch): Stellvertreter (und später auch die Nachfolger) von Mohammed

niederen Schöpfung drücken Säugetiere und Vögel ihre Freude immer in Tanz aus. Ein Vogel wie der Pfau, wenn er seine eigene Schönheit sowie die des Waldes um ihn herum bewusst wahrnimmt, drückt seine Freude im Tanz aus. Tanz ruft Leidenschaft und Emotion in allen Lebewesen hervor.

Im Osten und besonders in Indien, wo das Leben der Menschen seit Jahrhunderten auf psychologischen Prinzipien beruht, wird in den königlichen Prozessionen oder bei Audienzen das Schlagen der Trommeln als Mittel eingesetzt, um den Menschen einen Eindruck königlicher Größe zu vermitteln; das gleiche Schlagen der Trommeln findet bei Hochzeitszeremonien sowie bei den Gottesdiensten in den Tempeln statt.

Um die Emotionen zu wecken, die bei den meisten Menschen schlafen, gibt es bei den Sufis rhythmische Übungen, die Körper und Geist ganzheitlich in rhythmische Schwingungen versetzen. In allen Menschen besteht bewusst oder unbewusst ein Hang zum Rhythmus. Bei den Europäern wird Vergnügen durch Händeklatschen ausgedrückt, und zum Abschied winken sie mit der Hand – auch dies ein Ausdruck von Rhythmus.

Alle Arbeit und alle Mühen, gleich wie hart und schwierig sie sind, werden durch die Macht des Rhythmus‘ auf die eine oder andere Weise leicht gemacht. Diese Beobachtung eröffnet den Denkern eine noch größere Tiefe beim Studium des Lebens.

Rhythmus ist in all seinen Gestalten, sei es nun Spiel, Theater, Spaß, Poesie, Musik oder Tanz, das wahre Wesen unseres ganzen Erscheinungsbildes. Denn der ganze Mechanismus des Körpers arbeitet rhythmisch, sei es der Pulsschlag, der Herzschlag, der Puls des Kopfes, der Blutkreislauf, Hunger und Durst – alles geschieht rhythmisch, und wenn dieser Rhythmus gestört wird, nennen wir das Krankheit. Wenn ein Kind weint und die Mutter weiß nicht, was ihm fehlt, hält sie es in ihren Armen und klopft ihm leicht auf den Rücken. Das bringt den Blutkreislauf, den Puls und den ganzen Körpermechanismus wieder in Takt. Mit anderen Worten: Es bringt den ganzen Körper in Ordnung und beruhigt das Kind. Kinderreime, die in verschiedenen Formen auf der ganzen Welt bekannt sind, muntern das Kind auf, indem sie sein ganzes Wesen in Rhythmus bringen. Deshalb verlassen sich Ärzte auf nichts stärker als auf die Untersuchung des Pulses, sowie des Herzschlags und der Bewegungen der Lunge in Brust und Rücken, um die wahre Natur einer Krankheit zu entdecken.

Rhythmus spielt nicht nur die wichtigste Rolle im Körper, sondern auch im Gemüt. Der Wechsel zwischen Freude und Sorge, das Auftauchen und Vergehen von Gedanken, ja das ganze Wirken des Gemüts weist Rhythmus auf; gleichermaßen scheint jede Verwirrung und Verzweiflung auf einen Mangel an Rhythmus im Gemüt zu beruhen. In alten Zeiten regten die Heiler im Osten, ganz besonders in Indien, die Emotionen der Patienten an, um sie von allen psychischen Beschwerden, wie Besetzungen oder den Auswirkungen von Magie, zu heilen. Sie taten dies durch den einfühlsamen Rhythmus ihres Trommelns und Singens, wobei sie gleichzeitig die Patienten den Kopf im Takt der Musik auf- und abschwingen ließen. Das wühlte die Emotionen der Patienten auf und veranlasste sie, das Geheimnis ihres Leidens mitzuteilen, welches zuvor unter einer Schicht aus Angst, Konvention und gesellschaftlichen Formen verborgen gewesen war. Die Patienten offenbarten unter dem Zauber, den der Rhythmus hervorbrachte, dem Heiler alles, und so konnte der Heiler den Ursprung der Krankheit entschlüsseln.

Die Worte *gedankenvoll* und *gedankenleer* bezeichnen einen rhythmischen oder unrhythmischen Zustand des denkenden Geistes. Auch Ausgeglichenheit, die einzig tragende Kraft im Leben, wird durch Rhythmus erhalten. Die Basis der Atmung, die Geist und Körper zusammenhält und die auch das Gemüt mit der Seele verbindet, beruht darauf, dass sie den Rhythmus in jedem Augenblick des Schlafens und Wachens aufrechterhält. Ein- und Ausatmen können wir mit der Bewegung des Pendels einer Uhr vergleichen. Der Atem hält alle Kraft und Energie aufrecht, und er ist das Anzeichen für Leben, wobei es zu seinem Wesen gehört, abwechselnd rechts und links zu fließen. Dies alles beweist, dass Rhythmus von höchster Bedeutung für das Leben ist. Rhythmus ist uns Menschen angeboren und er erhält unsere Gesundheit. Deshalb hängen alle Dinge des Lebens vom Rhythmus ab. Erfolg und Misserfolg, richtiges und falsches Handeln, sie alle hängen auf die eine oder andere Weise von der Änderung des Rhythmus' ab.

Das Fliegen der Vögel funktioniert durch rhythmische Bewegung der Flügel und in gleicher Weise lassen rhythmische Kontraktionen den Fisch schwimmen und die Schlange gleiten. Gründliche Beobachtung zeigt uns, dass das ganze Universum ein einziger Mechanismus ist, der rhythmusgesteuert funktioniert. Das Heben und Senken der Wellen, Ebbe und Flut der Gezeiten, Zu- und Abnehmen des Mondes, Sonnenaufgang und Sonnenuntergang, der Wechsel der Jahreszeiten, die Bewegungen der Erde und der Planeten, das ganze kosmische System, ja die Zusammensetzung des ganzen Universums, funktionieren alle nach dem Gesetz des Rhythmus'. Rhythmische Zyklen – wobei größere Zyklen und kleinere Zyklen einander durchdringen – erhalten die ganze Schöpfung in ihrer schwingenden Bewegung.

Dies weist auf den Ursprung der Schöpfung hin: Bewegung entstand aus dem stillen Leben und jede Bewegung ist notwendigerweise mit Dualität verbunden. Sobald wir einen Stock bewegen, wird diese eine Bewegung zwei Punkte hervorrufen: dort, wo die Bewegung beginnt und dort, wo sie endet; der eine stark, der andere schwach. Ein Dirigent würde dazu „eins, zwei" zählen. „Eins, zwei" hat einen betonten und einen unbetonten Akzent. Eine Bewegung mit zwei Wirkungen, jede klar unterschieden von der anderen. Dieses Mysterium ist in allen dualen Aspekten, in allen Phasen und Formen des Lebens verborgen. Anlass, Ursprung und Bedeutung allen Lebens liegt im Rhythmus.

Es gibt eine psychologische Auffassung über Rhythmen, die in der Poesie oder Musik verwendet werden, die so erklärt werden kann: Jeder Rhythmus hat eine gewisse Wirkung, nicht nur auf den physischen und mentalen Körper von Dichtern und Musikerinnen und auf diejenigen, für die die Poesie geschrieben wurde oder das Lied gesungen wird, sondern auch auf deren Lebensumstände.

Das heißt, man glaubt, dass die jeweiligen Rhythmen sowohl den Poeten oder Musikerinnen als auch deren Zuhörern Glück oder Unglück bringen. Die Idee ist, dass im Ursprung jeglicher Aktivität konstruktiver oder destruktiver Rhythmus verborgen liegt, sodass das Schicksal aller Angelegenheiten vom Rhythmus der Aktivität abhängt. Ausdrücke der Alltagssprache wie: „Er kam zu spät" oder „es wurde zu früh gemacht" oder „das kam genau rechtzeitig" weisen alle auf den Einfluss von Rhythmus auf die Umstände hin. Begebenheiten wie das Sinken der Titanic oder die erstaunlichen Wandlungen, die während des letzten Krieges[10] stattfanden, können, wenn wir sie genauer betrachten, dem Rhythmus zugeschrieben werden, der sowohl auf der Gedankenebene als auch auf physischer Ebene wirkte.

In Indien gibt es einen Aberglauben, dass, wenn eine Person gähnt, eine andere anwesende Person entweder mit den Fingern schnalzen oder in die Hände klatschen muss. Die verborgene Bedeutung dabei ist, dass Gähnen ein Zeichen ist, dass der Rhythmus langsamer wird; durch das Fingerschnalzen oder Händeklatschen soll der

10 Erster Weltkrieg

Rhythmus wieder in seinen ursprünglichen Zustand gebracht werden. Ein muslimisches Kind bewegt den Kopf nach hinten und vorn, während es den Koran liest. Allgemein wird angenommen, dass dies eine respektvolle Verbeugung vor den heiligen Worten ist, die gelesen werden, aber psychologisch gesehen hilft es dem Kind, den Koran auswendig zu lernen, indem es den Kreislauf reguliert und das Gehirn empfänglich macht, so wie man manchmal eine Flasche schütteln muss, wenn man sie füllt, damit mehr Raum darin entsteht. Das können wir auch beobachten, wenn wir mit dem Kopf nicken, weil wir mit etwas einverstanden sind, oder ihn schütteln, wenn wir etwas nicht akzeptieren können. Alle automatischen Maschinen werden nach den Regeln des Rhythmus' eingerichtet und in Gang gehalten; ein weiterer Beweis für die Tatsache, dass das ganze Universum auf dem Gesetz des Rhythmus' beruht.

MUSIK

Wenn wir auf die Musik der Natur achten, entdecken wir, dass alles hier auf der Erde zu ihrer Harmonie beiträgt. Die Äste der Bäume wehen fröhlich im Takt des Windes. Der Klang des Meeres, das Gesäusel der Brise, das Pfeifen des Windes über die Felsen, Hügel und Berge; der Blitzschlag und der Schall des Donners; die Harmonie der Bewegungen von Sonne und Mond, von Sternen und Planeten; das Blühen der Blumen, das Verwelken der Blätter; der stetige Wechsel von Morgen, Abend, Mittag und Nacht: Die Weisen hören in all dem die Musik der Natur.

Die Insekten veranstalten ihre Konzerte und Ballettaufführungen, die Chöre der Vögel singen vereint ihre Lobeshymnen. Hunde und Katzen feiern ihre Orgien, Füchse und Wölfe haben ihre Abendkonzerte im Wald, während Tiger und Löwen ihre Opern in der Wildnis aufführen. Für Vögel und Vierbeiner ist Musik das einzige Verständigungsmittel. Sie drückt sich in den verschiedenen Tonhöhen, der Lautstärke, der Art der Melodie, der Anzahl der Wiederholungen und der Länge ihrer verschiedenen Laute aus. Diese zeigen ihren Mitgeschöpfen an, wann es Zeit wird, sich der Herde anzuschließen, sie warnen vor Gefahren, fordern zum Kampf heraus, vermitteln das Gefühl der Liebe und des Mitgefühls, der Unzufriedenheit, der Leidenschaft, des Ärgers, der Angst und Eifersucht; es ist eine eigene Sprache.

Der Atem ist ein durchgängiger Laut im Menschen und Herzschlag, Puls und Kopfpuls[1] halten einen stetigen Rhythmus. Noch bevor es sprechen gelernt hat, reagiert ein Kleinkind auf Musik; es bewegt Hände und Füße im Rhythmus und drückt Behagen und Schmerz durch verschiedene Laute aus.

Am Anfang, als der Mensch gerade erschaffen war, gab es keine Sprache, wie wir sie heute kennen, sondern nur Musik. Die Menschen drückten ihre Gedanken und Gefühle zunächst durch tiefe, hohe, langsame und verlängerte Töne aus. Die tiefen Töne zeigten Stärke und Macht, die hohen Töne waren Ausdruck von Liebe und Weisheit. In der Vielfalt

---

1 Cranio-Rhythmus der Zerebralflüssigkeit

ihres musikalischen Ausdrucks vermittelten die Menschen Aufrichtigkeit oder Unaufrichtigkeit, Zuneigung oder Abneigung, Wohlbehagen oder Missfallen.

Dadurch, dass die Zunge verschiedene Punkte im Mund berührte und sich die Lippen auf verschiedene Weise öffneten und schlossen, wurden viele unterschiedliche Töne gebildet. Die Anordnung der Töne formte Worte, die durch verschiedene Ausdrucksweisen unterschiedliche Bedeutungen vermittelten. So wurde Musik allmählich in Sprache verwandelt, auch wenn sich die Sprache nie ganz von der Musik lösen konnte.

Ein und dasselbe Wort kann Unterwürfigkeit anzeigen, wenn es auf die eine Weise ausgesprochen wird, und einen Befehl ausdrücken, wenn es in einem anderen Tonfall gesprochen wird. Ein Wort drückt, in einem bestimmten Tonfall, Freundlichkeit aus, in einem anderen Tonfall geäußert, Kälte. Worte, die in einem bestimmten Rhythmus gesprochen werden, zeigen Bereitschaft an, wobei dieselben Worte in einer anderen Sprechgeschwindigkeit Unwilligkeit ausdrücken. Bis zum heutigen Tag können die alten Sprachen – Sanskrit, Arabisch und Hebräisch – nicht durch einfaches Lernen von Worten, Aussprache und Grammatik beherrscht werden, da ein besonderer rhythmischer und tonaler Ausdruck erforderlich ist. Das Wort an sich reicht oft nicht aus, um eine Bedeutung klar zu vermitteln. Sprachschüler können dies durch intensives Studium entdecken.

Selbst moderne Sprachen sind nur eine Vereinfachung von Musik. In keiner Sprache kann auch nur ein Wort ohne Differenzierung von Klang, Tonhöhe, Rhythmus, Betonung, Pause und Ruhe ausgesprochen werden. Wie einfach eine Sprache auch ist, sie existiert nicht ohne ihre innere Musik; die Musik gibt ihr einen konkreten Ausdruck. Deshalb können wir nur sehr selten eine Fremdsprache perfekt sprechen; wir lernen die Worte, aber ihre Musik beherrschen wir nicht wirklich.

Sprache kann als die Vereinfachung von Musik bezeichnet werden. Musik ist in der Sprache verborgen, so wie die Seele im Körper verborgen ist; bei jeder Stufe der Vereinfachung verlor die Sprache etwas von ihrer Musik. Studieren wir die alten Überlieferungen, erkennen wir, dass die ersten göttlichen Botschaften als Lieder vermittelt wurden – wie die

Psalmen von David[2], das Lied des Salomon[3], die Gathas von Zarathustra[4] und die Gita[5] von Krishna[6].

Als die Sprache komplexer wurde, verschloss sich der Sinn für den Ton – es ist der eine ihrer Flügel, während der andere Flügel, der Sinn für Rhythmus, ausgebreitet blieb. Dies hat dazu geführt, dass die Dichtkunst eine eigene, von der Musik gesonderte Kunstform wurde. In alten Zeiten wurden Religion, Philosophie, Wissenschaft und Kunst in Poesie ausgedrückt. Die Veden[7], Puranas[8], das Ramayana[9], Mahabharata[10], Zend Avesta[11], Kabbala[12] und Bibel[13] sind in Versform geschrieben, wie auch verschiedene Texte der Künste und Wissenschaften in den antiken Sprachen. Von den heiligen Schriften ist nur der Koran[14] in Prosa geschrieben und selbst diesem fehlt die Poesie nicht. Im Osten wurden bis in die jüngste Zeit nicht nur wissenschaftliche Manuskripte, Kunst und Literatur in poetischer Form verfasst, die Gebildeten unterhielten sich sogar in Versen. Auf der nächsten Stufe lösten die Menschen die Sprache vom Rhythmus und machten aus der Poesie Prosa. Doch obwohl die Menschen versucht

---

2 David, biblischer Prophet des Alten Testaments, etwa 1000 v. Chr.

3 Salomon, biblischer Prophet des Alten Testaments im 1. Jahrhundert v. Chr.; Sohn Davids

4 Gatha: Gesang; Zarathustra: Prophet, Religionsgründer in Persien im 1. oder 2. Jahrhundert v. Chr. Er gilt als Gründer des monotheistischen Glaubens der Mazdaräer (Ahura Mazda als Schöpfergott).

5 Bhagavad Gita (Sanskrit): Gita: Gesang, Gedicht; Bhagavan: der Erhabene, Gott. Zentrale Schrift des Hinduismus aus dem 5. bis 2. Jahrhundert v. Chr.

6 Krishna (Sanskrit): „der Schwarze, der Dunkle“ (wg. seiner Hautfarbe): 8. Inkarnation des Hindugottes Vishnu. Vermutlich etwa 3000 v. Chr.

7 Veda (Sanskrit): „Wissen, heilige Lehre“; Veden: eine Sammlung religiöser Texte im Hinduismus

8 Purana (Sanskrit): „alte Geschichte“; Puranas gelten als heilige Schriften des Hinduismus.

9 Ramayana (Sanskrit): „der Gang Ramas“; indisches Nationalepos, das von Rama und Sita erzählt.

10 Mahabharatha: ältestes und wichtigstes indisches Nationalepos, von dem die Bhagavad Gita ein Teil ist.

11 Zend Avesta: Mittelpersische Kommentare und Übersetzungen des Avesta, des heiligen Buchs der Religion Zarathustras

12 Kabbala (hebräisch): „das Überlieferte“; mystische Tradition des Judentums, die die unmittelbare Beziehung zu Gott sucht.

13 Bibel (altgriechisch Biblon): „Papyrus-Rolle“; heilige Schrift der Christen, bestehend aus dem Alten Testament (heilige Überlieferungen der Juden, die oft im Versmaß sind, und dem Neuen Testament, das in Prosa verfasst ist)

14 Koran (arabisch Qur'an): „Lesung“; heilige Schrift des Islam, wörtlich: „Offenbarung Gottes (Allahs) an Prophet Mohammed“

haben, die Sprache aus den Fesseln von Ton und Rhythmus zu lösen, lebt der Geist der Musik darin noch immer. Die Menschen schätzen Gedichte oder gut gelesene Prosa, ein Beweis dafür, dass die Seele sich nach Musik sehnt, selbst im gesprochenen Wort.

Die Mutter beruhigt ihr Baby mit Summen, sodass es schlafen kann; zu lebhafter Musik möchte es tanzen. Der Mut und die Kraft der Soldaten, wenn sie in die Schlacht ziehen, werden durch Musik verdoppelt. Wenn im Osten die Pilgerkarawanen von Ort zu Ort ziehen, singen die Menschen beim Gehen. In Indien singen die Lastenträger bei der Arbeit und die Musik lässt ihnen die härteste Arbeit leicht werden. Eine alte Legende erzählt, wie die Engel auf Geheiß Gottes sangen, um die sich sträubende Seele zu verleiten, in den Körper Adams zu inkarnieren. Die Seele, berauscht vom Engelsgesang, schlüpfte in den Körper, den sie als Gefängnis empfand.

Alle Spiritisten, die wirklich in die Tiefen des Spiritualismus eingetaucht sind, wissen, dass es kein besseres Mittel als Musik gibt, um die Seelen aus der Ebene, in der sie frei sind, in die äußere Welt zu ziehen. Sie verwenden unterschiedliche Instrumente, die für die jeweiligen Seelen anziehend wirken – dabei singen sie Lieder, die eine besondere Wirkung auf die Seele haben, mit der sie kommunizieren wollen. Kein Zauber wirkt auf die menschliche Seele stärker als Musik.

Der Sinn für Musik ist ein dem Menschen angeborener Instinkt, der sich schon beim Säugling bemerkbar macht. Kinder kennen Musik von der Wiege an; wenn sie jedoch dann in dieser Welt der Illusion aufwachsen, wird ihr Gemüt von so vielen verschiedenen Dingen absorbiert, dass sie den Geschmack an der Musik verlieren, die einmal Teil ihrer Seele war. Als Erwachsene genießen und schätzen sie Musik entsprechend ihres Entwicklungsstandes sowie des Zustandes der Umgebung, in die sie hineingeboren wurden und in der sie aufgewachsen sind. Wuchsen sie in der Wildnis auf, singen sie ihre wilden Gesänge, in der Stadt ihre populären Lieder. Je feiner wir werden, desto feinere Musik lieben wir. Der Einfluss unseres Charakters lässt uns entsprechend verwandte Musik lieben. Mit anderen Worten: Die Fröhlichen genießen leichte Musik, die Ernsthaften ziehen Klassik vor; die Intellektuellen erfreuen sich an der Methodik, während die Einfachen mit ihren Trommeln zufrieden sind.

In der Kunst der Musik gibt es fünf verschiedene Richtungen: die volkstümliche, die den Körper in Bewegung bringt; die technische, die den Intellekt zufriedenstellt; die künstlerische, die schön und anmutig ist; die eindringliche, die Eingang in das Herz findet; die erhebende, in der die Seele die Musik der Sphären hört.

Die Wirkung von Musik hängt nicht nur von den Fähigkeiten, sondern auch vom Entwicklungsstand des Künstlers ab. Die Wirkung auf die Zuhörer entspricht deren Entwicklungsstand und Wissen. So unterscheidet sich der Wert der Musik für jeden Einzelnen. Die Selbstzufriedenen allerdings haben keine Chance auf Fortschritt, denn sie bleiben völlig zufrieden bei ihrem Geschmack, der ihrem jeweiligen Entwicklungsstand entspricht. Sie weigern sich, auch nur einen Schritt über ihre momentane Stufe hinaus zu tun. Wer jedoch stetig auf dem Pfad der Musik fortschreitet, wird am Ende höchste Perfektion erreichen. Keine Kunst kann wie die Musik die Persönlichkeit inspirieren und sie sanftmütiger machen; wer Musik liebt, erreicht früher oder später die außergewöhnlichsten Regionen des Denkens.

Indien hat die Mystik von Klang und Gestimmtheit, die von den Ältesten entdeckt wurde, bewahrt; dies wird auch in seiner Musik deutlich.

Die indische Musik basiert auf dem Raga-System[15], was zeigt, dass sie der Natur ähnlich ist. Es vermeidet technische Begrenzungen, indem es eine rein intuitive Herangehensweise vorsieht.

Ragas entstammen fünf verschiedenen Quellen:

1. dem mathematischen Gesetz der Vielfalt
2. der Inspiration der Mystiker
3. der Imagination der Musiker
4. den natürlichen Melodien (Volksliedern), die in verschiedenen Regionen eines Landes gesungen werden
5. der Idealisierung durch die Poeten, die eine Welt von *ragas* erschufen und ihnen Namen gaben wie *rag* (die männliche), *ragini* (die weibliche), *putra* (Söhne) oder *bharja* (Schwiegertöchter)

Ein männliches Thema wird *raga* genannt, weil es kreativ und positiv ist. Ein weibliches Thema heißt wegen seines empfänglichen und feinen Wesens *ragini*. *Putras* werden Themen genannt, die aus einer Mischung von *ragas* und *raginis* entstehen. In ihnen können wir Anklänge an die *raga* und die *ragini* finden, von denen sie abstammen. Bharja ist das

15 Raga-System: Melodisches Konzept der klassischen indischen Musik aus Hunderten von Tonleitern, von denen 30 recht bekannt sind. Die Ragas spiegeln Stimmungen wider.

Thema, das mit *putra* korrespondiert. Es gibt sechs *ragas*, sechsunddreißig Raginis (wobei sechs zu jeder Raga gehören), achtundvierzig Putras und achtundvierzig Bharjas in dieser Familie.

Jeder Raga hat eine eigene Verwaltung, bestehend aus einem Anführer, *mukhya*, dem Grundton; einem König, *wadi*, der Hauptnote; dem Minister, *samwadi*, einer untergeordneten Note, sowie dem Feind, *anwadi*, einer dissonanten Note. Einem Ragaschüler vermittelt dies eine klare Vorstellung davon, wie sie verwendet werden. Jeder Raga hat seine eindeutig unterscheidbare Ausdrucksform, dies bedarf höchster Imaginationskraft.

Die Dichter haben diese Ausdrucksformen der Ragas beschrieben, weil jeder Aspekt des Lebens ein klares Bild in der Vorstellungswelt des Intellekts hinterlässt. Die antiken Götter und Göttinnen sind schlicht Darstellungen der verschiedenen Aspekte des Lebens. Ihre unterschiedlichen Bilder wurden zur Verehrung aller Aspekte der göttlichen Manifestation in den Tempeln aufgestellt, um die Anbetung des immanenten Gottes in der Natur zu lehren. Dieselbe Idee wurde in den Ausdrucksformen der Ragas angewandt, die mit sehr verfeinerter Vorstellungskraft den Typus, die Form, die Ausführung, den Ausdruck und die Wirkung des Ideals nachbilden.

Jede Stunde des Tages und der Nacht, jeder Tag, jede Woche, jeder Monat, jede Jahreszeit hat ihren Einfluss auf die körperliche und psychische Verfassung eines Menschen. Genauso hat jeder Raga einen starken Einfluss auf das Umfeld, das Gemüt und die Gesundheit eines jedes Menschen – die gleiche Wirkung, die die unterschiedlichen Zeiten, dem kosmischen Gesetz folgend, auf das Leben haben. In ihrem Wissen sowohl über die Zeit als auch über die Ragas haben die Weisen beide miteinander verbunden, damit sie zueinander passen. Es gibt Beispiele in den alten Traditionen, wo Vögel und Säugetiere durch die Flöte Krishnas verzaubert wurden, Felsen durch den Gesang des Orpheus schmolzen, und die *dipak* Raga[16] des Tansen alle Fackeln entzündete, während er selbst durch das innere Feuer, das sein Lied entfachte, brannte. Selbst heute noch werden Schlangen durch die *pungi*[17] der Schlangenbeschwörer verzaubert. All das zeigt uns, wie tief die Alten in den höchst geheimnisvollen Ozean der Musik eintauchten.

16 Rag Dipak: Feuer-Raga, die aufgrund dieser Geschichte nicht gern gesungen wird.

17 Pungi: Einfachrohrblasinstrument speziell zur Schlangenbeschwörung, sonst auch als Borduninstrument eingesetzt.

Das Geheimnis des Komponierens liegt darin, den Grundton so stabil und lange wie möglich durch all die verschiedenen Stufen hindurch zu halten. Ein Bruch zerstört sein Leben, seine Anmut, seine Kraft und seinen Magnetismus. Das ist wie beim Atem, der Leben in sich trägt, und alle Anmut, alle Kraft und allen Magnetismus besitzt. Manche Töne brauchen ein längeres Leben als andere, je nach Charakter und Zweck.

In einer echten Komposition erkennen wir eine Miniatur der Musik der Natur. Die Effekte von Donner, Regen und Sturm sowie die Darstellung von Hügeln und Flüssen machen Musik zu einer wahren Kunst. Auch wenn Kunst eine Improvisation über die Natur ist, so ist sie doch nur authentisch, wenn sie naturnah bleibt. Musik, die das Wesen von Einzelmenschen, Nationen oder Ethnien ausdrückt, ist noch höher anzusiedeln. Die höchste und idealste Form der Komposition ist jene, die Leben, Charakter, Emotionen und Gefühle ausdrückt, denn aus ihnen besteht die Innenwelt, die nur mit dem geistigen Auge gesehen werden kann. Ein Genie nutzt Musik als Sprache, um ohne Worte auszudrücken, was auch immer es in die Welt bringen möchte. Denn Musik – als vollkommene und universelle Sprache – kann Gefühle weitaus tiefer und verständlicher ausdrücken, als Sprache es je könnte.

Musik verliert ihre Freiheit, wenn sie den Gesetzen der Technik unterworfen wird. Mystiker jedoch befreien in ihrer heiligen Musik sowohl ihre Kompositionen als auch ihre Improvisationen von den Begrenzungen des Formalen, ohne sich um die Anerkennung der Welt zu kümmern,

Die Kunst der Musik wird im Osten *kala* genannt und hat drei Erscheinungsformen: vokal, instrumental und dynamisch.

Vokalmusik wird als die höchste angesehen, denn sie ist natürlich. Die Wirkung, die durch Instrumente hervorgebracht wird, die ja nur Hilfsmittel sind, ist nicht vergleichbar mit der der menschlichen Stimme. Wie vollendet Saiteninstrumente auch immer sein mögen, sie können doch nicht den gleichen Eindruck auf die Zuhörer haben wie die Stimme, die als Atem direkt der Seele entstammt und durch das Gemüt und die Stimmorgane des Körpers zum Vorschein kommt. Wenn die Seele sich durch die Stimme ausdrücken möchte, verursacht sie zunächst eine Aktivität im Denken und Fühlen. Das Gemüt ruft dann mittels Gedankentätigkeit feinere Schwingungen in der Psyche wach, die sich ihrerseits entwickeln und als Atem durch den Bauch- und Brustraum, durch Mund, Kehle und Nase strömen. Dabei versetzen sie die Luft in

Schwingungen, bis diese sich als Stimme manifestieren. So ist also die Stimme der natürliche Ausdruck des Denkens und Fühlens, egal ob wahr oder falsch, aufrichtig oder nicht.

Die Stimme hat eine Anziehungskraft, die andere Instrumente nicht haben, denn die Stimme ist das vollendete Instrument der Natur, nach deren Vorbild alle anderen Instrumente der Welt gebaut werden.

Die Wirkung des Gesangs hängt von der Tiefe des Gefühls der Singenden ab. Die Stimmen von mitfühlenden Sängern sind sehr verschieden von den Stimmen derer, deren Herz verschlossen ist. Wie künstlerisch gebildet eine Stimme auch ist: Wenn nicht auch das Herz kultiviert ist, wird sie niemals Gefühl, Anmut und Schönheit hervorbringen. Gesang kommt aus zwei interessanten Quellen: aus der Anmut der Musik und der Schönheit der Poesie. Die Wirkung auf die Zuhörer entspricht dem Ausmaß, in dem die Sänger die von ihnen gesungenen Worte auch fühlen. Das Herz der Singenden begleitet sozusagen die Worte.

Auch wenn der Klang eines Instruments nicht mit der Stimme erzeugt werden kann, so sind doch die Instrumente völlig vom Menschen abhängig. Dies veranschaulicht sehr deutlich die Idee, dass die Seele den denkenden und fühlenden Geist nutzt, während der Geist wiederum den Körper regiert; und doch sieht es aus, als würde der Körper arbeiten, nicht der Geist, und die Seele wird ganz außer Acht gelassen. Wenn wir den Klang der Instrumente hören und die Hände der Spieler bei ihrer Arbeit sehen, erkennen wir weder den dahinter wirkenden Geist noch das Phänomen der Seele.

Bei jedem Schritt vom inneren Wesen hin zur äußeren Welt entsteht ein sichtbarer Fortschritt, der immer positiver zu werden scheint; und doch bringt jeder Schritt hin zur Oberfläche Begrenzung und Abhängigkeit mit sich.

Es gibt nichts, das nicht fähig ist, als Medium für Klang zu dienen, auch wenn sich Töne klarer durch einen mitschwingenden, hohlen Klangkörper verwirklichen als durch feste Körper, sind die Erstgenannten doch durchlässig für Schwingungen und die Letzteren verschlossen. Alle Dinge mit einem klaren Klang weisen auf Lebendigkeit hin, während feste Körper, vollgestopft mit Materie, tot zu sein scheinen. Resonanz entsteht, wenn der Ton gehalten wird; anders gesagt: Durch das Aufprallen des Tons wird ein Echo erzeugt. Nach diesem Prinzip sind alle Instrumente gebaut. Der Unterschied liegt in der Qualität und Quantität des Tones, diese wiederum hängen von der Bauart des Instruments ab. Schlaginstrumente wie Trommel und Tabla eignen sich für allgemein anwendbare Musik, während Saiteninstrumente wie Sitar, Violine oder Harfe für künstlerische Musik gedacht sind. Die *vina*[18] ist speziell dafür gebaut, um Schwingungen zu konzentrieren; da sie einen leisen Ton erzeugt, den nur die Spielenden selbst hören können, wird sie zur Meditation verwendet.

Auch die Wirkung von Instrumentalmusik hängt vom Entwicklungsstand der spielenden Person ab, die ihren Reifegrad mit ihren Fingerspitzen auf dem Instrument ausdrückt – das heißt, die Seele spricht durch das Instrument. Die Gemütsverfassung einer Person kann daran abgelesen werden, wie sie sich einem Instrument, gleich welchem, zuwendet, denn wir können die Anmut und Schönheit, die die Herzen berührt, nicht durch reine Kunstfertigkeit vermitteln, wenn unser inneres Fühlen nicht entwickelt ist.

Blasinstrumente wie die Flöte oder die *alghoza*[19] drücken ganz speziell die Qualität des Herzens aus, denn sie werden mit dem Atem, dem Leben selbst, gespielt. Daher entzünden sie das Herzensfeuer.

Saiteninstrumente mit Darmsaiten haben eine lebendige Wirkung, denn sie kommen von einem Lebewesen, das einst ein Herz besaß. Jene mit Stahlsaiten haben eine mitreißende Wirkung und Schlaginstrumente wie die Trommel wirken stimulierend und anregend auf die Menschen.

Nach der Vokal- und Instrumentalmusik kommt die dynamische Musik des Tanzes. Das Wesen der Bewegung ist Schwingung. Jede Bewegung trägt Gedanken und Gefühle in sich. Diese Kunst ist den Menschen angeboren. Das erste Vergnügen des Säuglings in seinem Leben ist, sich an den Bewegungen seiner Hände und Füße zu erfreuen. Ein Kind beginnt sich zu bewegen, wenn es Musik hört. Selbst Säugetiere und Vögel drücken ihre Freude in Bewegung aus. Der Pfau, im Stolz über seine Schönheit, zeigt seine Eitelkeit im Tanz; in gleicher Weise entfaltet die Kobra ihre Halskrause und wiegt ihren Körper, wenn sie die Musik der *pungi* hört. Das macht klar, dass Bewegung das Kennzeichen für Leben ist, und sie bringt, wenn sie durch Musik begleitet wird, sowohl die Vorführenden als auch die Zuschauer in Bewegung.

---

18 Vina: Lautenähnliches Saiteninstrument der klassischen indischen Musik

19 Alghoza: längs geblasene Bambusflöte mit zwei Röhren in der volkstümlichen nordindischen Musik

Die Mystiker haben dies immer als heilige Kunst erachtet. In den hebräischen Schriften können wir lesen, dass David vor dem Herrn tanzte, und die Götter und Göttinnen der Griechen, Ägypter, Buddhisten und Brahmanen werden in unterschiedlichen Körperhaltungen dargestellt, die alle eine bestimmte Bedeutung und Philosophie haben, die mit dem großen kosmischen Tanz zusammenhängt – der Evolution.

Selbst heute noch findet bei den Sufis des Ostens während ihrer Zusammenkünfte, die *sama'*[20], genannt werden, Tanz statt. Die Derwische lassen ihrer Ekstase während der sama' freien Lauf in den *raqs*[21], die von den Anwesenden mit Ehrerbietung und höchstem Respekt betrachtet werden und eine eigene heilige Zeremonie darstellen.

Die Kunst des Tanzes ist stark degeneriert, was ihrem Missbrauch geschuldet ist: Größtenteils tanzen die Menschen für ihr Vergnügen oder als Training und missbrauchen die Kunst dabei für ihre Oberflächlichkeit.

Melodie und Rhythmus haben die Tendenz, in uns den Wunsch zu tanzen zu wecken. Zusammenfassend können wir sagen, dass Tanz ein anmutiger Ausdruck von Denken und Fühlen ohne Worte ist. Er kann auch dazu dienen, die Seele durch Bewegung zu beeindrucken, indem wir durch sie ein Idealbild vor ihr aufbauen. Wenn die Schönheit der Bewegung dazu verwendet wird, das Gottesideal darzustellen, wird der Tanz heilig.

Die Musik des Lebens zeigt ihre Melodie und Harmonie in unseren Alltagserfahrungen. Jedes gesprochene Wort ist in Bezug auf unsere Idealvorstellungen entweder eine richtige oder eine falsche Note. Der Tonfall des einen Charakters ist so hart wie der eines Horns, während der Tonfall einer anderen so weich wie die hohen Töne einer Flöte sind. Die allmähliche Evolution der Schöpfung von einem niederen zu einem höheren Entwicklungsstand und die Verwandlungen ihres Erscheinungsbildes sind der Wechsel einer Melodie von einer Tonart in eine andere, wie beim Transponieren in der Musik. Freundschaft und Feindschaft unter den Menschen, ihre Vorlieben und Abneigungen sind wie Akkorde und Dissonanzen. Die Ausgeglichenheit der menschlichen Natur sowie der menschliche Hang zu Anziehung und Ablehnung sind wie die Effekte konsonanter und dissonanter Intervalle in der Musik.

---

20 Sama'(arabisch): das Hören – Sufipraxis des Zuhörens (meist in Gruppenzusammenkünften mit Gesang und Tanz).

21 Raqs steht heute oft für Bauchtanz, wird aber von Hazrat Inayat Khan für den (Dreh)Tanz der Derwische (Whirling) benutzt.

In der Zärtlichkeit des Herzens wandelt sich der Ton in einen Halbton, und wenn das Herz bricht, bricht der Ton in Mikrotöne auf. Je liebevoller das Herz wird, umso voller wird der Ton; je härter das Herz, desto lebloser klingt es.

Jede Note, jede Tonleiter und jede Melodie endet zu gegebener Stunde. Und so kommt am Ende des Erlebens der Seele auf dieser Welt das Finale. Die Wirkung davon aber bleibt wie ein Konzert im Traum vor dem strahlenden Blick des Bewusstseins bestehen.

Mit der Musik des Absoluten erklingt der Bass als beständiger Unterton; an der Oberfläche des Seins wird dieser Unterton jedoch durch die vielen unterschiedlichen Stimmungen von all den Instrumenten der Musik der Natur verborgen und gedämpft. Jedes Wesen wird durch das Leben an die Oberfläche des Seins getragen und kehrt am Ende wieder dorthin zurück, wo es herkam – denn jeder Ton kehrt wieder zurück in den Ozean des Klangs. Der Unterton dieser Existenz ist der lauteste und der leiseste, der höchste und der tiefste. Er übertönt alle leisen oder lauten, hohen oder tiefen Töne der Instrumente, bis allmählich alle wieder mit ihm zusammenlaufen. Der Unterton erklingt unablässig und wird immer bleiben.

Das Geheimnis des Klangs wird Mystik genannt, die Harmonie des Lebens ist die Religion. Das Wissen über Schwingungen wird als Metaphysik bezeichnet, die Analyse der Atome als Wissenschaft; ihre harmonische Anordnung ist die Kunst. Der Rhythmus der Form ist Poesie und der Rhythmus des Klangs ist Musik. All dies macht deutlich, dass die Musik die Kunst der Künste und die Wissenschaft aller Wissenschaften ist, ihr entspringt die Quelle allen Wissens.

Musik wird als göttliche oder himmlische Kunst bezeichnet, nicht nur weil sie in Religion und Andacht Anwendung findet und sie an sich eine universelle Religion darstellt, sondern aufgrund ihrer Feinheit im Vergleich mit anderen Künsten und Wissenschaften. Jede heilige Schrift, jedes heilige Bild, jedes gesprochene Wort hinterlässt ein Abbild seiner Identität auf dem Spiegel der Seele; einzig Musik steht vor der Seele, ohne irgendeinen Abdruck von Name oder Form dieser Welt der Dinge zu hinterlassen, und bereitet so die Seele darauf vor, das Unendliche zu erkennen.

Die Sufis nennen Musik im Anerkennen dieser Tatsache *ghiza-i ruh:* Seelennahrung. Sie nutzen sie als Quelle spiritueller Vollkommenheit, denn Musik facht das Feuer des Herzens an, und die daraus aufsteigende Flamme erleuchtet die Seele. Musik bereichert die Meditationen der Sufis mehr als irgendetwas sonst. Ihre andächtige und meditative Einstellung macht die Sufis für Musik empfänglich, denn sie unterstützt sie bei ihrer spirituellen Entfaltung. Mithilfe von Musik befreit sich das Bewusstsein zuerst vom Körper und dann auch vom Verstand. Wenn dies erreicht ist, ist es nur noch ein Schritt, um spirituelle Freiheit zu erlangen.

Die Sufis aller Zeitalter, in welchem Land sie auch lebten, hatten reges Interesse an Musik. Besonders Rumi[22] in seiner großen Hingabefähigkeit, wendete diese Kunst an. Er lauschte den Versen der Mystiker über Liebe und Wahrheit, die von den *qawwals*[23], den Musikern, von Flötenklängen begleitet, gesungen wurden.

Sufis visualisieren das Objekt ihrer Anbetung in ihrem Geist, der sich im Spiegel ihrer Seele reflektiert. Wir alle haben ein Herz als Vermittler der Empfindung, auch wenn es nicht bei allen ein lebendiges Herz ist. Die Sufis machen dieses Herz lebendig. Sie geben ihren intensiven Gefühlen in Tränen und Seufzern eine Möglichkeit zu fließen. Deshalb fallen aus den Wolken des *jalal*[24] – der durch ihre psychische Entwicklung angesammelten Kraft – Tränen wie Regentropfen. Der Himmel ihrer Herzen wird dadurch klar und erlaubt der Seele zu strahlen. Diesen Zustand nennen die Sufis heilige Ekstase.

Seit der Zeit von Rumi ist Musik ein Teil der Andacht im Mevlevi-Orden[25] der Sufis. Die Massen im Allgemeinen haben in ihrer engen, orthodoxen Sichtweise die Sufis ausgestoßen und sie wegen ihrer Gedankenfreiheit bekämpft. Sie missinterpretierten dabei die Lehren des Propheten, der den Missbrauch von Musik verbot, nicht die Musik im wahren Sinn des Wortes. Aus diesem Grund entwickelten die Sufis eine Musiksprache, damit nur die Eingeweihten die Bedeutung der Lieder verstehen konnten. Im Osten hören viele diese Lieder und genießen sie, auch wenn sie nicht verstehen, was sie bedeuten.

Ein Zweig dieses Ordens kam in früheren Zeiten nach Indien und wurde dort als die Chishti-Schule der Sufis bekannt. Durch Khwaja Muinuddin Chishti[26], einem der größten Mystiker, den die Welt kennt, stieg sie zu

22 Jalal ad-Din Rumi (1207-1273), persischer Mystiker

23 Qawwal: spiritueller Musiker. Qawwali ist devotionale Sufimusik, ursprünglich aus Persien, heute vor allem in Punjab und Pakistan. Qaul-Allah – das Wort Gottes (offizielle Bezeichnung des Koran).

24 Jalal: maskuline oder Yang-Kraft, Herrlichkeit

25 Mevlevi-Orden: Der Sufiorden, der auf Mevlana Jalal ad-Din Rumi zurückgeht

26 Muinuddin Chishti (1141-1230/36) kam 1193 nach Delhi und ließ sich später in Ajmer nieder.

großem Ruhm auf. Es wäre keine Übertreibung zu sagen, dass er tatsächlich durch Musik lebte, und bis zum heutigen Tag, wo doch sein Körper bereits seit vielen Jahrhunderten in seinem Grab in Ajmer liegt, wird an seinem Schrein von den besten Sängern und Musikern des Landes ständig Musik gespielt. Dies zeigt die Herrlichkeit eines mit Armut geschlagenen Weisen im Vergleich mit der Armut eines herrlichen Königs: Der eine hatte während seines Lebens alle vergänglichen Dinge, die mit dem Tod nichtig wurden; die Herrlichkeit des Weisen hingegen wächst beständig. Bis heute ist Musik in der Chishti-Schule vorherrschend. Die Mitglieder halten dort musikalische Versammlungen ab, die *sama'* oder *qawwali* genannt werden. Dazwischen meditieren sie über das Ideal, das sie lieben und das ihrem Entwicklungsgrad entspricht. Indem sie Musik hören, verstärken sie das Feuer ihrer Hingabe.

Wajd, die heilige Ekstase, die die Sufis regelmäßig in der sama' erleben, könnte man die Vereinigung mit dem Ersehnten nennen. Diese Vereinigung erleben die Sufis in den Stadien ihrer Entwicklung unterschiedlich; sie hat drei Stufen: Zunächst ist da die Vereinigung mit einem verehrten Ideal auf der Erde, das den Liebenden direkt zugänglich ist, entweder aus der Sachwelt oder aus der Gedankenwelt. Das Herz der Liebenden wird beim Hören von Musik fähig, voller Liebe, Bewunderung und Dankbarkeit das Ideal zu visualisieren.

Die zweite Stufe der Ekstase, also ein höherer Aspekt der Ekstase, ist die Vereinigung mit der Schönheit der Wesensart des Ideals, unabhängig von dessen Form. Das Loblied auf das Wesen des Ideals lässt die Liebe der Verehrer hervorsprudeln und überfließen.

Die dritte Stufe der Ekstase ist die Vereinigung mit der oder dem göttlichen Geliebten, dem höchsten Ideal, das über die Begrenzungen von Name und Form, Tugend und Leistung hinausgeht. Diese Vereinigung wurde bereits unaufhörlich in allem erstrebt, nun hat die Seele sie endlich gefunden. Die Freude dabei ist nicht in Worten zu fassen. Wenn die Worte von Seelen, die die Vereinigung mit dem oder der göttlichen Geliebten erreicht haben, für diejenigen gesungen werden, die den Weg der göttlichen Liebe gehen, erkennen diese, dass in den Versen all die Zeichen des Weges beschrieben werden, und das gibt ihnen großen Trost. Die Verherrlichung des Einen, das ihr Ideal, und doch so anders wie das allgemeine Ideal der Welt ist, erfüllt sie mit unaussprechlicher Freude.

Ekstase zeigt sich auf unterschiedliche Weise. Manchmal fließen Tränen, manchmal entsteht ein Seufzer, und manchmal drückt sie sich als raqs, als Bewegung aus. All dies wird von den Anwesenden bei einer Sama'-Versammlung mit Respekt und Ehrerbietung betrachtet, denn Ekstase wird als göttliche Glückseligkeit angesehen. Die Seufzer der Liebenden öffnen ihnen den Weg in die unsichtbare Welt und ihre Tränen waschen die Vergehen ganzer Zeitalter fort. Jede Offenbarung ist eine Folge von Ekstase, und all das Wissen, das nie in einem Buch stehen und das keine Sprache je ausdrücken und das kein Lehrer lehren könnte, kommt von selbst zu ihnen.

ABSTRAKTER KLANG

Abstrakter Klang wird bei den Sufis *sawt-i sarmadi* genannt. Der ganze Raum ist erfüllt von ihm. Die Schwingungen dieses Klangs sind zu fein, um durch unsere physischen Ohren und Augen wahrgenommen zu werden, wo es doch schon schwierig für die Augen ist, auch nur die Formen und Farben der ätherischen Schwingungen auf der äußerlichen Ebene zu erkennen. Es war dieser *sawt-i sarmadi,* der Klang des Abstrakten, den Mohammed in der Höhle Ghar-i Hira[1] hörte, als er in seinem Gottesbild aufging.

Der Koran bezieht sich auf diesen Klang in den Worten „Sei! – und alles wurde".[2] Moses hörte auf dem Berg Sinai in der Kommunion mit Gott[3] genau diesen Klang; auch Christus hörte dieses Wort, als er in der Wüste in seinem Himmlischen Vater aufging. Shiva hörte denselben *anahad nada*[4] im Samadhi in seiner Höhle im Himalaja. Die Flöte Krishnas ist, allegorisch gesehen, ein Symbol für diesen Klang. Dieser Klang ist die Quelle aller Offenbarungen, die den Meistern von innen heraus geschenkt wurde, und deshalb kennen und lehren sie alle ein und dieselbe Wahrheit.

Die Sufis wissen von der Vergangenheit, Gegenwart und Zukunft sowie von allen Dingen des Lebens, weil sie die Richtung des Klangs erkennen können. Jeder Aspekt unseres Wesens, in dem sich Klang manifestiert, hat einen besonderen Effekt auf das Leben, denn die Aktivität der Schwingungen hat in jeder Richtung eine eigene Wirkung. Wer das Geheimnis des Klangs kennt, kennt das Mysterium des ganzen Universums. Alle, die der Melodie dieses Klanges folgten, vergaßen sämtliche irdischen Unterschiede und Unterscheidungen und kamen an dasselbe Ziel – die Wirklichkeit – in der sich alle Seligen Gottes vereinen.

---

1 Ghar-i Hira: Die Höhle, in der Mohammed die ersten Offenbarungen durch den Erzengel Gabriel erhielt, einige Kilometer nordöstlich von Mekka, im Jabal al Nour (Berg des Lichts).

2 Koran 2:117

3 Exodus 3:14

4 Anahad nada: (Hindi): vorewiger ursprünglicher Klang. Er existiert, ohne dass zwei Objekte zusammenstoßen. Der Klang des Kosmos, der Raum und Zeit übersteigt.

Der Raum ist sowohl innerhalb des Körpers als auch um ihn herum. Mit anderen Worten: Der Körper ist im Raum und der Raum ist im Körper. Der abstrakte Klang tönt unaufhörlich in, über und um uns herum. Normalerweise hören wir ihn nicht, weil sich unser Bewusstsein vollständig auf die materielle Existenz ausrichtet. Wir werden von den Erfahrungen durch unseren Körper in der äußeren Welt so absorbiert, dass uns der Raum mit all seinen Licht- und Klangwundern leer erscheint. Das können wir leicht verstehen, wenn wir das Wesen der Farben genauer betrachten: Es gibt viele Farben, die, einzeln betrachtet, sehr klar unterscheidbar sind; werden sie jedoch mit anderen, noch strahlenderen gemischt, werden sie insgesamt dunkler. Selbst strahlende Farben werden, wenn sie mit Gold, Silber, Diamanten oder Perlen bestickt werden, zum bloßen Hintergrund für die schillernde Stickerei. So ist es auch mit dem abstrakten Klang und seiner Beziehung zu den Klängen der äußeren Welt. Die begrenzte Reichweite der irdischen Klänge macht sie so konkret, dass sie den Effekt des abstrakten Klanges auf den Hörsinn dämpft, obwohl die Klänge der Erde im Vergleich dazu wie die einer Flöte zu einer Trommel sind. Wenn der abstrakte Klang hörbar ist, werden alle anderen Klänge für die Mystiker undeutlich.

In den Veden wird der abstrakte Klang *anahad* genannt, was „unbegrenzter Klang" bedeutet. Die Sufis nennen ihn *sarmad*, was auf Berauschung hinweist. Das Wort Berauschung meint hier Erhebung, die Ungebundenheit der Seele an die Erde. Wer *sawt-i sarmadi* hören kann und darauf meditiert, ist von allen Bedenken, Befürchtungen, Sorgen, Ängsten und Krankheiten befreit; die Seele ist frei vom Gefängnis der Sinne im physischen Körper. Die Seele der Lauschenden wird zum allgegenwärtigen Bewusstsein, das innere Wesen zur Energiequelle, die das ganze Universum in Bewegung hält. Manche üben sich darin, den sawt-i sarmadi in der Einsamkeit am Ufer des Meeres oder der Flüsse, auf Hügeln oder in Tälern zu hören. Andere erreichen dies, indem sie in Berghöhlen sitzen oder in dem sie lange Zeit durch Wälder und Wüsten wandern und sich in der Wildnis von der Verfolgung durch die Menschen fernhalten. Yogis und Asketen blasen das *singh* (ein Horn) oder das *shanka* (Muschelhorn), die in ihnen diesen inneren Ton erwecken. Derwische spielen zum gleichen Zweck die *ney* (Bambusflöte) oder *alghoza* (Doppelflöte). Die Glocken und Gongs in den Kirchen und Tempeln sollen die Andächtigen auf denselben heiligen Klang hinweisen und sie so dem inneren Leben näherbringen.

Dieser Klang entfaltet sich in zehn verschiedenen Arten, denn er drückt sich durch zehn verschiedene Kanäle im Körper aus. Er klingt wie Donner, das Brausen des Meeres, Glockenklingeln, fließendes Wasser, Bienensummen, das Tschilpen von Spatzen, der Klang der vina, der Flöte oder des *shankha*, bis er schließlich zum *Hu*[5] wird, dem heiligsten aller Klänge. Hu ist der Anfang und das Ende aller Klänge, ganz gleich, ob sie nun von Menschen, Vögeln, Vierbeinern oder Dingen erzeugt werden. Bei genauerer Untersuchung wird diese Tatsache binnen einer Minute belegt, wenn wir zum Beispiel den Geräuschen einer Dampfmaschine oder einer Fräse zuhören. Der Hall von Glocken und Gongs veranschaulicht den Klang Hu ganz typisch.

Das höchste Sein wurde in den verschiedenen Sprachen unterschiedlich benannt, die Mystiker aber kannten Gott als Hu, dem natürlichen Namen, nicht von Menschen gemacht; der einzige Name des Namenlosen, den die ganze Natur ständig erklingen lässt. Der Laut Hu ist höchst heilig: Er wurde von den Mystikern aller Zeitalter *ism-i'azam*[6], der Name des Allerhöchsten, genannt, denn er ist sowohl der Ursprung als auch das Ende jeden Klanges sowie die Grundlage jeden Wortes. Das Wort Hu ist der Geist aller Klänge und aller Worte und ist in ihnen allen verborgen, wie der Geist im Körper. Hu gehört zu keiner Sprache, aber alle Sprachen gehören zu ihm. Dies allein ist der wahre Name Gottes, ein Name, den kein Volk und keine Religion für sich beanspruchen kann. Dieses Wort wird nicht nur von Menschen ausgesprochen, sondern auch von Säugetieren und Vögeln wiedergegeben. Alle Dinge und Lebewesen rufen diesen Namen des Herrn, denn jede Lebensaktivität drückt diesen Klang hörbar oder unhörbar aus. Es ist das Wort, das in der Bibel erwähnt wird und das schon vor dem Entstehen des Lichtes existierte: „Am Anfang war das Wort, und das Wort war bei Gott, und das Wort war Gott."[7]

Den Sufis, die auf dem Einweihungspfad wandeln, wird das Geheimnis des Hu offenbart. Wahrheit, das Wissen von Gott, wird von den Sufis *haqq* genannt. Wenn wir das Wort *haqq* in zwei Teile teilen, wird es zu *hu aqq*, wobei *hu* „Gott", oder „das Wahre, Wirkliche" bezeichnet und *aqq (ek)* in Hindustani „eins" bedeutet. Beide zusammen bedeuten „ein Gott" und „eine Wirklichkeit". *Haqiqat* bedeutet im Arabischen „essenzielle Wahr-

5 Hu (arabisch): „er" oder „er/sie" = Gott. Der Klang des Atems selbst.
6 Ism-i'azam (arabisch): „großer Name", ein Name Gottes
7 Johannesevangelium 1:1

heit", *hâkim* heißt „Meister", und hakîm heißt „Allwissender". All diese Worte sind Ausdruck der essenziellen Charakteristika des Lebens.

Alakh ist das heilige Wort, das die vairagis, die Adepten Indiens, in ihren heiligen Gesängen ausrufen. Im Wort *Alakh* stecken zwei Worte: Al, was „von" heißt und *haqq,* „die Wahrheit, die Wirklichkeit". Beide Worte zusammen bedeuten: „Gott, die Quelle, der alles entspringt".

Der Laut Hu wird im Wort *ham* begrenzt, denn der Laut *m* verschließt die Lippen. Dieses Wort drückt in Hindustani Begrenzung aus: *Ham* bedeutet „ich" oder „wir"; beide Wörter kennzeichnen das Ego. Das Wort *hamsa* ist das heilige Wort der Yogis, und erleuchtet das Ego mit dem Licht der Wirklichkeit. Im Persischen steht das Wort *huma* für einen legendären Vogel. Es heißt, dass wir dereinst zu Königen werden, wenn der Huma-Vogel einen Moment lang auf unserem Kopf sitzt – dies meint, dass wir zu Königen oder Königinnen werden, wenn unsere Denkweise so fortgeschritten ist, dass sie alle Begrenzungen überwindet. Aufgrund der Begrenzung der Sprache bezeichnen wir das Höchste als König. Die alten Traditionen besagen, dass Zarathustra vom Huma-Baum entsprang. Die Worte der Bibel erklären es so: „Wenn jemand nicht aus Wasser und Geist geboren wird, kann er nicht in das Reich Gottes eingehen."[8]

Im Wort *huma* stellt *hu,* den Geist dar, und das Wort *ma'* bedeutet im Arabischen „Wasser". Im Englischen bezeichnet das Wort human zwei Tatsachen, die für die Menschheit charakteristisch sind: *Hu* bedeutet „Gott", *man* heißt *mind* (Gemüt, Geist). Dieses Wort kommt aus dem Sanskrit *mana.* Mind bezeichnet hier den gewöhnlichen Menschen. Beide Worte zusammen drücken die Idee vom gottesbewussten Menschen aus.

Anders gesagt, *Hu,* Gott, ist in allen Dingen und Wesen. Durch die Menschheit aber wird Gott erkannt. *Human* bedeutet also „Gottesbewusstsein", „Gotterkenntnis" oder „Gott-Mensch". Das Wort *hamd* heißt „Lobpreis", *hamid* „preisens-wert" und *Mohammed* „voller Lobpreis". Der Name des Propheten des Islam drückt seine innere Einstellung zu Gott aus.

Hur heißen auf Arabisch die „Schönheiten des Himmels". Die wahre Bedeutung ist der Ausdruck himmlischer Schönheit. *Zuhur* heißt im Arabischen „Manifestation", besonders diejenige Gottes in der Natur.

Die Zoroastrier kennen Gott unter dem Namen *Ahura Mazda.* Im ersten Wort *Ahur* weist *Hu* auf dasjenige hin, worauf das ganze Wort

8 Johannesevangelium: 3:3-5

beruht. All diese Beispiele weisen auf den Ursprung Gottes im Wort Hu hin sowie auf das Leben Gottes in allem und allen.

Hayy bedeutet auf Arabisch „der oder die Immerwährende“, *hayah* bedeutet „Leben“. Beide Worte weisen auf die ewige Natur Gottes hin. Das Wort *haul* weist auf die Idee der Allgegenwart hin, und *hawa'* ist der Ursprung des Namens „Eva“, der symbolisch für Manifestation steht. Da Adam symbolisch für Leben steht, werden Adam und Eva in Sanskrit Purusha und Prakriti genannt.

Jehova ist eigentlich Yahuva, dessen Ursprung war *Yahu,* wobei *ya* so etwas wie „Oh“ bedeutet und *Hu* für Gott steht. Das *a* stellt die Manifestation dar. Hu ist der ursprüngliche Klang; wenn dieser seine erste Form auf der äußeren Ebene annimmt, wird er zu a. Deshalb werden *Alif*[9] oder *Alpha*[10], als die erste Ausdrucksform von *Hu,* dem ursprünglichen Wort, angesehen. Im Sanskrit beginnen, wie bei allen anderen Sprachen auch, das Alphabet und der Name Gottes mit a. Das Wort a bedeutet im Englischen „ein“ oder „erste/r“; das Zeichen des *Alif* bedeutet sowohl „eins“ als auch „erste/r“. Um den Buchstaben *a* auszusprechen, müssen wir weder Zunge noch Zähne zu Hilfe nehmen, und im Sanskrit heißt *a* immer „ohne“.

Das *a* wird an die Oberfläche gehoben, wenn sich die Zunge aufrichtet und den Gaumen berührt, um den Buchstaben *l (lam)*[11] auszusprechen, wobei dieser Klang im *m (mim)*[12] endet, dessen Aussprache die Lippen verschließt. Diese drei essenziellen Buchstaben des Alphabets bilden daher im Mysterium des Koran das Wort *alm* (‚ilm), was „Wissen“ bedeutet. *‚Alim* hat seinen Ursprung ebenfalls dort und bedeutet „Wissende/r“. Adam bedeutet „Zustand“ oder „Gegebenheit“, also die Existenz, die bekannt ist.

Wenn *alif,* der erste, und *lam,* der mittlere Buchstabe, zusammengebracht werden, bilden sie das Wort *al,* was im Arabischen „von“ bedeutet. Es kann als „das Letztere stammt vom Vorherigen ab“ interpretiert werden. Im Englischen weist *all* (alles) auf die vollständige oder absolute Natur der Existenz hin.

Das Wort *Allah,* das im Arabischen Gott bedeutet, können wir, wenn wir es in drei Teile teilen, so interpretieren: „das Eine, das aus dem Nichts entstand“. *El* oder *Ellah* haben die gleiche Bedeutung wie Allah. Die Worte

9 Alif: erster Buchstabe im arabischen Alphabet
10 Alpha: erster Buchstabe im griechischen Alphabet
11 Lam (arabisch): der Name des Buchstabens l im Alphabet
12 Mim (arabisch): der Name des Buchstabens m im Alphabet

Eloi, Elohim und *halleluja*, die wir in der Bibel finden, sind von *Allah-Hu* abgeleitet.

Die Worte *om, omen, amen* und *amin*, die in allen Gebetshäusern gesprochen werden, haben den gleichen Ursprung. *A* am Anfang eines Wortes drückt etwas Beginnendes aus, *m* in der Mitte bezeichnet das Ende. Das *n* am Ende des Wortes ist ein Echo des m, denn *m* endet ganz natürlich in einem Nasalklang. Seine Bildung weist auf Leben hin.

Das Wort *ahad*, was „Gott, das Einzige Wesen" bedeutet, beinhaltet zwei Bedeutungen. *A* heißt im Sanskrit „ohne"; *had* heißt in Prakrit[13] „Begrenzung". Das Persische Wort *khuda* kommt von *hadd*, was auf „die Grenze und das Ende aller Dinge in Gott" hindeutet. Es kommt von derselben Quelle wie die Worte *wahdat, wahdaniat, hadi, huda* und *hidayat*.

Wahdat heißt „Bewusstheit des Selbstes an sich"; *wahdaniat* ist das „Wissen des Selbst"; *hadi* „der, die Führer/in"; *huda* „anleiten, führen"; *hidayat* bedeutet „Führung".

Je mehr Sufis dem *sawt-i sarmadi*, dem abstrakten Klang lauschen, desto freier wird ihr Bewusstsein von allen Einschränkungen des Lebens. Die Seele schwebt, ohne besondere Anstrengung vonseiten des Menschen, über der physischen und gedanklichen Ebene, was auf ihren ruhigen und friedlichen Zustand hinweist. Die Sufis bekommen träumerische Augen und ihr Gesicht strahlt. Sie erleben die überirdische Freude und die Verzückung des *wajd*, der Ekstase. Wenn die Ekstase sie überwältigt, sind sich die Sufis weder der physischen Existenz noch des Geistigen bewusst. Auf diesen himmlischen Wein beziehen sich alle Sufi-Dichter, er ist gänzlich anders als der momentane Rausch auf dieser sterblichen Ebene. Dann erfasst eine himmlische Seligkeit das Herz der Sufis. Ihr Gemüt ist von der Sünde gereinigt, ebenso wie ihr Körper von allen Unreinheiten, und der Weg in die unsichtbare Welt liegt offen vor ihnen. Sie fangen an, ohne die geringste eigene Anstrengung Inspirationen, Intuitionen, Ahnungen und Offenbarungen zu empfangen. Sie sind nicht länger abhängig von Büchern oder Lehrern, denn die göttliche Weisheit, das Licht der Seele, der Heilige Geist beginnen über ihnen zu leuchten.

„Durch das Licht der Seele erkenne ich, dass die Schönheit der Himmel und die Großartigkeit der Erde der Widerhall Deiner Zauberflöte sind."[14]

---

13 Prakrit (natürlich): alte indische Sprache des Volkes, neben dem Sanskrit (kultiviert), das für heilige Texte verwendet wurde.

14 Sharif: Heiliger Dichter aus Shishunal in Indien (1819-1889), der Hinduismus und Islam unentwirrbar miteinander verband.

MUSIK

MUSIK 1

Musik, in dem Sinn, wie wir das Wort in unserer Sprache verwenden, ist nicht weniger, als das Abbild des Geliebten.[1] Damit stellt sich die Frage: Was ist unser Geliebter? Und, wo ist unsere Geliebte?[2]

Wir lieben Musik, weil sie ein Bild unseres Geliebten ist. Unsere Geliebte ist unser Ursprung und unser Ziel. Die Schönheit, die sich uns offenbart, ist der Teil des Geliebten, der sich unseren irdischen Augen zeigt. Und der Teil unserer Geliebten, der sich nicht unseren Augen offenbart, ist jene innere Form der Schönheit, von der uns unsere Geliebte erzählt. Wenn wir nur der Stimme in all der Schönheit, die uns in jeglicher Form anzieht, lauschten, so würden wir erkennen, dass sie uns in all den Formen erzählt, dass hinter jeder Erscheinungsform der vollkommene Geist, der Geist der Weisheit steht.

Was erkennen wir als den wichtigsten Ausdruck des Lebens in der sichtbaren Schönheit? Sie bewegt sich – in den Umrissen, in der Farbe, im Wechsel der Jahreszeiten, im Auf und Ab der Wellen, im Wind und im Sturm. In all der Schönheit der Natur ist ständig Bewegung. Diese Bewegung ruft Tag und Nacht hervor sowie die Wechsel der Jahreszeiten; es ist diese Bewegung, die uns das erkennen lässt, was wir Zeit nennen, ohne sie gäbe es kein Zeitempfinden, denn Zeit ist Ewigkeit. Dies zeigt uns, dass alles, was wir lieben und verehren, beobachten und verstehen, eigentlich das dahinter verborgene Leben ist; und dieses Leben ist unser eigentliches Sein.

In unserer Begrenztheit können wir nicht das ganze Sein Gottes erkennen; doch alles, was wir in Farbe, Linie, Form oder Persönlichkeit lieben, ist Teil der wahren Schönheit, die die Geliebte von allen ist.

Wenn wir nun in dieser Schönheit dem nachgehen, was uns in all den wahrgenommenen Formen anzieht, werden wir herausfinden, dass es die Bewegung der Schönheit ist, die Musik. Alle Formen der Natur – die

1 Vorlesung, Les Solitudes, Sèvres, Frankreich, 12. August 1922

2 Anmerkung der Übersetzerin: Das Wort „Beloved" im Englischen ist nicht geschlechtsspezifisch. Ich wechsle daher zwischen weiblicher und männlicher Form ab.

Blumen in ihrer vollendeten Form und Farbe, die Planeten und Sterne, die Erde – alle vermitteln uns Harmonie, Musik. Die ganze Natur atmet, nicht nur die Lebewesen, sondern die ganze Natur. Wir neigen nur dazu, das, was uns lebendiger erscheint, mit dem zu vergleichen, was uns weniger lebendig erscheint. Dies lässt uns dann vergessen, dass alle Dinge und Wesen ein vollkommenes Leben leben. Das Lebenszeichen in dieser lebendigen Schönheit ist die Musik.

Was lässt die Seele der Dichter tanzen? Musik. Was lässt Maler schöne Bilder malen und Musiker schöne Lieder singen? Die Inspiration durch die Schönheit. Sufis nennen die Schönheit *saqi,* den göttlichen Mundschenk, der uns allen den Wein des Lebens schenkt. Was ist dieser Wein der Sufis? All die Schönheit in Form, Umriss, Farbe, Vorstellungskraft, Gefühl und Verhalten – in allem sehen sie die eine Schönheit. All diese verschiedenen Formen sind Teil des Geistes der Schönheit, der das Leben in ihnen ist, ein immerwährender Segen.

Nun kommen wir zu dem, was wir in der Alltagssprache Musik nennen. Für mich ist Architektur Musik, Gärtnern ist Musik, Feldarbeit ist Musik, Malen ist Musik, Dichtung ist Musik. In allen Beschäftigungen des Lebens, die von Schönheit inspiriert sind, in die der göttliche Wein gegossen wird, erklingt Musik. Unter all den verschiedenen Künsten wird jedoch besonders die Musik als göttlich angesehen, da sie ein exaktes Abbild des Gesetzes ist, das im ganzen Universum wirkt. Wenn wir uns zum Beispiel selbst erforschen, sehen wir, dass die Puls- und Herzschläge und der Ein- und Ausatem auf Rhythmus beruhen. Unser Leben hängt vom rhythmischen Arbeiten des ganzen Körpermechanismus' ab. Atem drückt sich als Stimme aus, als Wort, als Klang; sein Klang ist immer hörbar – der Klang um uns und in uns, – das ist Musik. Es beweist, dass Musik außerhalb von uns ist und Musik ist in uns.

Musik inspiriert nicht nur die Seele großer Musiker, sondern auch die jeden Säuglings. Sobald ein Säugling auf die Welt kommt, beginnt er seine kleinen Arme und Beine im Rhythmus der Musik zu bewegen. Deshalb ist es keine Übertreibung zu sagen, dass Musik die Sprache der Schönheit ist, die Sprache der Einen, die jede lebendige Seele liebt. Nun können wir verstehen, dass es nur natürlich ist, diese Musik, die wir in der Kunst und im ganzen Universum wahrnehmen, als die göttliche Kunst zu bezeichnen, sobald wir die Vollkommenheit all dieser Schönheit als Gott, als unser Geliebtes Wesen erkennen und achten.

MUSIK 2

Nur Musik besitzt Schönheit, Macht und Zauber und kann gleichzeitig die Seele über die Form hinaus erheben.[1] Deshalb waren in den alten Zeiten die größten Propheten zugleich große Musiker. Unter den Propheten der Hindus finden wir z. B. Narada[2], einen Propheten, der auch Musiker war, und Shiva, einen gottgleichen Propheten, der der Erfinder ihrer heiligen Vina war. Krishna wird immer mit einer Flöte abgebildet.

Es gibt eine bekannte Legende aus dem Leben Mose, die besagt, dass Moses am Berg Sinai einen göttlichen Befehl in den Worten *„Musa ki!“* vernahm – „Moses höre!“ oder „Moses sinniere!“ Die Offenbarung, die er erhielt, kam in Klang und Rhythmus, und er benannte sie mit demselben Namen: „Musake“. Daraus sind Worte wie *Musik* oder *Musiqi*[3] entstanden.

David, dessen Gesang und Dichtkunst seit Ewigkeiten bekannt sind, gab seine Botschaft an die Welt in Form von Musik weiter. Der Orpheus der griechischen Legenden, der das Geheimnis von Klang und Rhythmus kannte, hatte durch das Wissen über Zeit und Rhythmus Macht über die verborgenen Kräfte der Natur. Die Göttin des Lernens und Wissens bei den Hindus, Saraswati, wird immer mit der *vina* abgebildet. Was sagt uns das? Es weist darauf hin, dass alles Lernen seine Essenz in der Musik hat.

Neben ihrem natürlichen Charme besitzt die Musik magische Kraft, eine Kraft, die auch heute noch erlebbar ist. Es scheint, dass die Menschheit viel von der alten Wissenschaft der Magie verloren hat; wenn es jedoch irgendwo Magie gibt, dann in der Musik. Musik ist neben Energie auch Rausch. Wenn sie diejenigen berauscht, die zuhören, um wie viel stärker muss sie diejenigen berauschen, die selbst spielen oder singen! Und um noch wie viel stärker muss sie dann diejenigen berauschen, die Vollkommenheit in ihr erreichen, und diejenigen, die jahrelang mit ihr kontempliert haben. Sie löst in ihnen größere Freude und Erhebung aus, als sie ein König fühlt, wenn er auf seinem Thron sitzt.

---

1 Vortrag in der Rue St. Séverin, Paris, Frankreich, am 19. Dezember 1922

2 Narada (Sanskrit): ist im Hinduismus ein mythischer Weiser. Er zählt zu den sieben großen Rishis und zu den Prajapatis.

3 Musiqi (russisch): Musik

Bei den Denkern des Ostens gibt es vier verschiedene Arten von Rausch: Die Berauschung durch Schönheit, Jugend und Kraft; die Berauschung durch Reichtum; die Berauschung durch Macht, Befehlsgewalt und Regentschaft; die vierte Berauschung aber ist der Rausch des Lernens, der Erkenntnis. All diese vier Arten des Rausches verblassen jedoch wie Sterne vor der Sonne im Rausch, der durch Musik ausgelöst wird. Der Grund dafür ist, dass Musik die tiefsten Bereiche des menschlichen Wesens berührt. Musik reicht tiefer als jeder andere Eindruck der äußeren Welt. Und das Schöne an der Musik ist, dass sie sowohl der Ursprung der Schöpfung ist, als auch das Mittel, sie in sich aufzunehmen. Mit anderen Worten: Die Welt wurde durch Musik erschaffen und es ist Musik, durch die sie wieder in die Quelle, die sie geschaffen hat, zurückgezogen wird. Zur Unterstützung dieses Arguments können wir in der Bibel lesen, dass zuerst das Wort war und das Wort war Gott.[4] Dieses „Wort“ bedeutet Klang und vom Klang her können wir die Idee der Musik verstehen.

Es gibt die jahrhundertealte östliche Legende, die Legende, laut der Gott den Menschen aus Lehm formte und die Seele bat, einzuziehen; die Seele weigerte sich jedoch, in dieses Gefängnis zu gehen. Also befahl Gott den Engeln zu singen, und während die Engel sangen, zog die Seele ein, berauscht von ihrem Lied. Aber auch heute, in dieser wissenschaftlichen und materiellen Welt, sehen wir ein solches Beispiel: Bevor Maschinen oder Apparate laufen, müssen sie zuerst Lärm machen. Zuerst hören wir sie, dann erwachen sie zum Leben. Wir können das an einem Schiff, einem Flugzeug und an einem Auto sehen.

Bevor ein Kind Farbe oder Form bewundern kann, erfreut es sich am Klang. Wenn irgendeine Kunst alte Menschen wirklich erfreut, dann Musik. Wenn es eine Kunst gibt, die die Jugend zur Lebendigkeit und zur Begeisterung, zur Emotion und zur Leidenschaft anregen kann, so ist es Musik. Wenn eine Person ihre Gefühle und Emotionen in einer Kunstform vollkommen zum Ausdruck bringen will, so ist Musik die geeignetste von ihnen. Andererseits gibt sie auch den Menschen jene Kraft und jenen Antrieb, die Soldaten im Takt der Trommelschläge und zum Klang der Trompeten marschieren lässt.

Die Überlieferungen der Vergangenheit sprechen davon, dass am Jüngsten Tag, bevor das Ende der Welt naht, der Klang der Posaunen

4 Johannesevangelium 1:1

erschallen wird. Das zeigt, wie sowohl der Anfang der Schöpfung, als auch ihr Fortbestehen und ihr Ende mit Musik verbunden ist.

Die Mystiker aller Zeiten liebten vor allem anderen Musik. In beinahe allen Kreisen des inneren Kultes, in welchem Teil der Welt auch immer, scheint in den Ritualen Musik eine zentrale Rolle zu spielen. Und jene, die den vollkommenen Frieden erreichen, der *nirvana* genannt wird – oder in der Sprache der Hindus *samadhi* – erreichen diesen leichter durch Musik. Aus diesem Grund verwenden Sufis, besonders jene der alten Chishti-Schule, Musik als Quelle ihrer Meditationen; und indem sie so meditieren, haben sie weit größeren Gewinn davon als jene, die ohne Musik meditieren. Die Wirkung, die sie erleben, ist die Entfaltung der Seele, die Öffnung der intuitiven Fähigkeiten; ihr Herz öffnet sich sozusagen aller inneren und äußeren Schönheit, erhebt sie und vermittelt ihnen gleichzeitig jene Vollkommenheit, nach der sich jede Seele sehnt.

Frage: Die Bedeutung von Chishtiyya?

Antwort: Mir kommen gleich zwei Bedeutungen für dieses Wort in den Sinn. Soweit ich mich erinnere, kommt es aus dem kaukasischen Teil der Welt und bedeutet auf Russisch „rein, klar". Die Arbeit der inneren Kultivierung, die die Sufis betreiben, besteht nämlich darin, das Selbst von dem zu reinigen, was der Seele fremd ist. Daher haben sie das Wort *Sufi* angenommen, das „rein" bedeutet.

Die andere Bedeutung, die mir einfällt, ist, dass es vom Wort *Christia* kommt, denn es ist ein Orden, der die Lehren Christi nicht nur als Tradition oder Schrift bewahrt hat, sondern auch als Lebenspraxis. Ihr Grundsatz war, ein Leben wie Christus zu leben, welche Religion in dem Land, in dem sie lebten, auch vorherrschte. Anders ausgedrückt ist der moralische Grundsatz der Chishtis, Christus nachzuahmen.

DIE MUSIK DER SPHÄREN 1

Mit diesem Titel möchte ich weder Aberglauben noch Ideen fördern, die die Menschen in die Bereiche von Merkwürdigkeiten locken könnten. Mit diesem Thema möchte ich stattdessen die Aufmerksamkeit derjenigen, die nach Wahrheit suchen, auf das Gesetz der Musik lenken, das das ganze Universum durchwirkt und deshalb auch als das Gesetz des Lebens bezeichnet werden könnte – der Sinn für Proportion, das Gesetz der Harmonie, das Gesetz, das Gleichgewicht schafft, das Gesetz, das hinter allen Aspekten des Lebens verborgen ist. Das Gesetz der Musik hält das ganze Universum aufrecht und wirkt seiner Bestimmung gemäß im ganzen Universum, um seine Aufgabe zu erfüllen.[1]

Musik, wie wir sie in unserer Alltagssprache kennen, ist nur eine für unsere Intelligenz begreifbare Miniatur der im Hintergrund wirkenden Musik oder Harmonie des ganzen Universums. Die Musik des Universums ist also der Hintergrund des kleinen Abbildes, das wir Musik nennen.

Unser Sinn für Musik, die Anziehungskraft, die Musik auf uns hat, weist darauf hin, dass in der Tiefe unseres Seins Musik lebt. Musik steht hinter dem Wirken des ganzen Universums. Musik ist nicht nur das Größte im Leben, Musik ist das Leben selbst.

Hafis, unser größter und wunderbarster Dichter aus Persien sagt: „Viele denken, dass das Leben in den menschlichen Körper mithilfe von Musik einzog, aber in Wahrheit ist das Leben selbst Musik." Und ich würde gern darüber sprechen, was ihn dies sagen ließ.

Im Osten gibt es eine mythologische Legende, dass Gott nach seinem Ebenbild eine Statue aus Ton erschuf. Dann bat er die Seele, dort hineinzuschlüpfen, aber die Seele weigerte sich, in dieses Gefängnis einzuziehen, denn es entspricht ihrem Wesen, frei und ungehindert von jeglicher Art von Gefangenschaft zu fliegen. Die Seele hatte überhaupt keine Lust, in dieses Gefängnis zu gehen. So bat Gott die Engel, ihre Musik zu spielen, und durch das Spiel der Engel geriet die Seele in Ekstase, und

1 Vortrag in der Paul Elder Gallery in San Francisco, Kalifornien, am 2. Mai 1923

durch die Ekstase zog sie in diesen Körper ein, um sich diese Musik besser zu erschließen.

Es ist eine schöne Legende, und ihr Geheimnis ist noch viel schöner. Die Interpretation dieser Legende erklärt uns zwei große Gesetze. Zum einen ist das Wesen der Seele Freiheit, und für die Seele besteht die ganze Tragödie des Lebens in der Abwesenheit dieser Freiheit, die zu ihrem ursprünglichen Wesen gehört. Das zweite Mysterium, das diese Legende uns offenbart, ist, dass der einzige Grund, warum die Seele in diesen Körper aus Ton oder Materie einzog, darin besteht, diese Musik des Lebens zu erfahren und sich diese Musik zu erschließen.

Und wenn wir diese beiden großen Geheimnisse zusammenfassen, wird uns das dritte Geheimnis klar, das Geheimnis aller Geheimnisse, nämlich dass unser grenzenloser Anteil sich selbst begrenzt und an die Erde bindet, um dieses Leben, das äußere Leben, besser zu begreifen. Es gibt also sowohl einen Verlust als auch einen Gewinn. Der Verlust ist, die Freiheit zu verlieren, und der Gewinn ist die Erfahrung des Lebens, die erst durch diese Beschränkung des Lebens, das wir individuelles Leben nennen, möglich wird.

Wir fühlen uns von Musik so angezogen, weil unser ganzes Wesen Musik ist. Unser Geist, unser Körper, die Natur, in der wir leben, die Natur, die uns formte, alles, was unter und um uns ist – alles ist Musik. Und da uns die Musik so nah ist, wir in ihr leben und uns bewegen, da wir unser Sein in der Musik haben, interessiert sie uns, zieht sie unsere Aufmerksamkeit auf sich und bereitet uns Freude, denn sie entspricht dem Rhythmus und Klang, der den Mechanismus unseres ganzen Seins aufrechterhält. Was uns an allen Künsten gefällt, sei es nun Zeichnen, Malen, Schnitzen, Architektur oder Bildhauerei, und was uns an Poesie interessiert, ist die Harmonie darin, die Musik. Es ist Musik, die uns die Poesie nahebringt, im Rhythmus oder in der Harmonie der Ideen und des Ausdrucks.

Daneben löst unser Gefühl für Proportion und Harmonie in Zeichnungen und Gemälden all die Freude aus, die wir empfinden, wenn wir Kunst bewundern. Auch die Musik der Natur gefällt uns, wenn wir ihr nahe sind; und die Musik der Natur ist noch vollendeter als die der Kunst. Sie vermittelt uns ein Gefühl der Begeisterung, wenn wir in den Wäldern wandern und auf das Grün schauen, wenn wir in der Nähe von fließendem Wasser stehen, das seinen Rhythmus und Klang hat und in Harmonie ist. Das Singen der Äste des Waldes und das Steigen und Fallen der Wellen, alles hat seine Musik. Und wenn wir erst einmal kontemplieren und eins mit der Natur werden, öffnen sich unsere Herzen ihrer Musik.

Wir sagen: „Ich genieße die Natur." Aber was ist es, das wir an der Natur genießen? Ihre Musik. Etwas in uns wird von den rhythmischen Bewegungen berührt, von der vollendeten Harmonie, von der wir in unserem künstlichen Leben so wenig finden. Sie erhebt uns und gibt uns das Gefühl, dass dies der wahre Tempel, die wahre Religion ist. Ein Augenblick mit offenem Herzen in der Natur ist wie ein ganzes Leben, wenn wir im Einklang mit der Natur sind.

Wenn wir den Kosmos betrachten, die Bewegungen der Sterne und Planeten, die Gesetze der Schwingung und des Rhythmus, alles perfekt und unveränderlich, zeigt es sich, dass das kosmische System nach dem Gesetz der Musik arbeitet, dem Gesetz der Harmonie. Und wenn diese Harmonie im kosmischen System in irgendeiner Weise aus dem Gleichgewicht gerät, ereignen sich Katastrophen in der Welt. Ihr Einfluss zeigt sich in vielen zerstörerischen Kräften, die sich in der Welt manifestieren. Wenn es ein Prinzip gibt, auf dem das gesamte Gesetz der Astrologie und die Wissenschaft der Magie und Mystik dahinter basiert, dann ist es Musik. Also war auch das Leben der erleuchtetsten Seelen dieser Welt, wie die größten aller Propheten Indiens, Musik. Ausgehend von der Miniaturmusik, die wir begreifen können, dehnten sie sich in das ganze Universum der Musik aus und konnten uns auf diese Weise inspirieren. Und es sind diejenigen, die den Schlüssel zur Musik des ganzen Lebensablaufs in Händen halten, die intuitiv werden und Inspiration haben. Sie erhalten Offenbarungen und ihre Sprache wird selbst Musik.

Jeder Mensch, der zu uns kommt, jeder Gegenstand, den wir sehen, offenbart uns etwas, doch in welcher Form? Er erzählt uns von seinem Charakter, seinem Wesen und seinem Geheimnis. Alle sprechen zu uns von ihrer Vergangenheit, Gegenwart und Zukunft, aber auf welche Weise? In welcher Art erklärt uns jede Präsenz, was sie enthält? In Form von Musik, wenn wir sie nur hören können!

Es gibt keine andere Sprache. Sie ist Rhythmus; sie ist Ton. Wir hören sie, aber wir hören sie nicht mit unseren Ohren. Eine freundliche Person ist ausgeglichen, in der Stimme, in den Worten, den Bewegungen und den Manieren. Eine unfreundliche Person zeigt Unausgeglichenheit in allem, in jeder Bewegung, in jedem Blick, im Ausdruck, im Gang – wenn wir es nur sehen können. Früher habe ich mich in Indien mit einem Freund amüsiert, der sehr leicht verärgert wurde. Wenn er zu mir kam, fragte ich ihn: „Bist Du heute ärgerlich?“ Er sagte: „Woher wusstest du, dass ich heute verärgert bin?“ Ich antwortete: „Dein Turban sagt es mir. Die Art und Weise, wie du deinen Turban bindest, hat nichts Harmonisches.“

Jede einzelne Handlung zeigt eine ausgeglichene oder unausgeglichene Grundhaltung. An der Handschrift können wir viele Dinge erkennen, aber das Wichtigste beim Handschriftenlesen ist die harmonische oder unharmonische Linienführung. Sie spricht beinahe zu uns und erzählt uns von der Stimmung, in der diese Person schrieb. Handschriften erzählen uns viele Dinge; den Entwicklungsgrad der Schreiber, ihre Lebenshaltung, ihren Charakter und die Stimmung, in der geschrieben wurde. Dazu müssen wir den Brief nicht lesen. Wenn wir einen Blick dafür haben, müssen wir nur die Handschrift betrachten, denn Linie und Kurvenführung zeigen uns, ob die Person ausgeglichen oder unausgeglichen ist.

Freunde, wir können das in allen Lebewesen erkennen; wenn wir mit offenem Blick in das Wesen der Dinge schauen, können wir es sogar in einem Baum erkennen, einem Baum, der Früchte und Blüten trägt, und in dem wir erkennen, welche Musik er ausdrückt.

Wir können an der Verhaltensweise einer Person erkennen, ob diese Person sich als ein Freund erweisen oder ob sie letztendlich unser Feind sein wird. Wir müssen dazu nicht bis zum Ende warten. Wir können auf den ersten Blick erkennen, ob eine Person geneigt ist, freundlich zu sein oder nicht; denn jeder Mensch ist Musik, immerwährende Musik, die ständig erklingt, Tag und Nacht. Und unsere intuitiven Fähigkeiten können diese Musik hören. Das ist die Ursache dafür, warum uns die eine Person abstößt und eine andere so sehr anzieht. Es liegt an der Musik, die eine Person zum Ausdruck bringt; ihre ganze Atmosphäre ist damit aufgeladen.

Es gibt eine Geschichte über Omar, den bekannten *Kalifen* aus Arabien. Jemand, der Omar schaden wollte, suchte nach ihm, und er hörte, dass Omar nicht in den Palästen lebte, obwohl er der König war. Er verbrachte die meiste Zeit in der Natur. Dieser Mann war sehr froh, denn er dachte, dass er nun jede Gelegenheit haben würde, sein Ziel zu erreichen. Als sich der Mann dem Platz näherte, an dem Omar saß, änderte sich, je näher er kam, seine Haltung – bis er am Ende seinen Dolch senkte und sagte: „Ich kann dich nicht verletzen. Sag mir, welche Macht hält mich davon ab, zu erfüllen, wozu ich kam?“ Omar antwortete: „Ich bin eins mit Gott.“

Zweifellos ist das ein religiöser Begriff, aber was ist dieses Einssein mit Gott? Es bedeutet, im Einklang mit dem Unendlichen zu sein, in Harmonie mit dem ganzen Universum. Einfach ausgedrückt: Omar war Empfänger der Musik des ganzen Universums. Der große Zauber, der von den Persönlichkeiten der Heiligen in allen Zeiten ausging, lag in ihrem Einklang mit der Musik des ganzen Seins. Darin liegt das Geheimnis, wie sie zu Freunden ihrer schlimmsten Feinde werden konnten. Aber diese Kraft besitzen nicht nur die Heiligen. Sie manifestiert sich in uns allen mehr oder weniger stark. Wir sind alle mehr oder weniger harmonisch je nachdem, wie offen wir für die Musik des Universums sind. Je offener wir für alles sind, was schön und harmonisch ist, desto stärker ist unser Leben auf die universelle Harmonie eingestimmt und umso freundlicher begegnen wir allen, die wir treffen. Unsere eigene Atmosphäre erzeugt dann immerwährend Musik.

Der Unterschied zwischen der materiellen und der spirituellen Sichtweise besteht darin, dass die materielle Sichtweise zunächst die Materie sieht, aus der sich dann Intelligenz, Schönheit und alles andere entwickelt. Vom spirituellen Standpunkt aus sehen wir zunächst die Intelligenz und Schönheit, aus denen dann alles hervorgeht, was existiert. Spirituell gesehen ist das Letzte dasselbe wie das Erste. Musik ist daher die Grundlage der Essenz dieses ganzen Daseins, etwa so, wie wir in der Essenz des Rosensamens die Rose selbst erkennen können. Auch wenn ihr Duft, ihre Form und ihre Schönheit im Samen nicht manifest sind, so sind sie doch in der Essenz vorhanden. Wer sich also nicht nur auf das Äußere, sondern auch auf das Innere, auf das Wesen aller Dinge einstellt, bekommt einen Einblick in das Wesen des Ganzen. Wir können dann den Duft und die Blume, die wir als Rose wahrnehmen können, gleichermaßen in deren Samen erkennen und genießen.

Der große Irrtum dieses Zeitalters ist, dass die Aktivität so stark zugenommen hat, dass im Alltag nur noch sehr wenig Spielraum für Stille bleibt. Stille ist jedoch das Geheimnis aller Kontemplation und Meditation: Es ist das Geheimnis, sich auf den Aspekt des Lebens einzustellen, der die Essenz aller Dinge ist. Wenn wir nicht gewohnt sind, uns zu entspannen, erkennen wir nicht, was hinter unserem Wesen steckt. Diesen Zustand erleben wir, indem wir zunächst Körper und Geist durch Reinigung vorbereiten. Indem wir die Sinne verfeinern, werden wir fähig, unsere Seele mit dem ganzen Sein in Einklang zu bringen.

Das erscheint komplex, und doch ist es so einfach. Wenn wir für unsere bewährten Freunde im Leben offen sind, erfahren wir so viel über diese Freunde; es geht dabei nur um die Öffnung des Herzens, nur darum, auf die Freunde eingestimmt zu sein. Wir erkennen dann ihre Schwächen und Stärken. Wir wissen, wie man Freundschaft lebt und genießt. Wo Hass, Vorurteile und Bitterkeit herrschen, geht das Verständnis verloren. Je tiefgründiger die Person, desto mehr Freunde hat sie. Es sind Kleingeistigkeit, Engherzigkeit und Mangel an spiritueller Entwicklung, die Menschen ausgrenzend und distanziert werden lassen, und die sie dazu bringt, sich von anderen abzugrenzen. Dann fühlen sie sich überlegen, größer und besser als andere. Die freundliche Einstellung scheint verloren gegangen zu sein. Auf diese Weise trennen sie sich von anderen, und das ist tragisch. Solche Menschen sind nie glücklich.

Diejenigen, die bereit sind, sich mit allen zu befreunden, gehören zu den Glücklichen. Ihre Lebenseinstellung ist freundlich. Sie gehen nicht nur freundlich mit Menschen um, sondern auch mit Dingen und Bedingungen. Durch die freundschaftliche Einstellung werden wir weit und zerbrechen die Mauern, die unser Gefängnis sind. Durch das Zerbrechen dieser Mauern erfahren wir das Einssein mit dem Absoluten.

Dieses Einssein mit dem Absoluten wird als die Musik der Sphären spürbar, die wir dann überall erleben: in der Schönheit der Natur, in der Farbe der Blumen, in allem, was wir sehen, in allen Menschen, denen wir begegnen. Sowohl in den Stunden der Kontemplation und des Alleinseins, als auch in den Stunden, in denen wir uns inmitten der Welt bewegen, ist Musik; und wir genießen ohne Unterlass ihre Harmonie.

DIE MUSIK DER SPHÄREN 2

Viele auf dieser Welt suchen nach Wundern.[1] Würden wir doch nur wahrnehmen, wie viele Phänomene es auf dieser Welt gibt! Je tiefer unser Einblick ins Leben wird, desto größer wird das Leben selbst, dann wird jeder Augenblick unseres Daseins voller Wunder und Herrlichkeit.

Was die Musik der Sphären betrifft, von der ich Ihnen heute Abend erzählen werde, so möchte ich Folgendes sagen: Was wir in der Alltagssprache Musik nennen, ist nur ein kleines Abbild dessen, was sich dahinter verbirgt und was einmal Quelle und Ursprung der Natur war. Daher haben die Weisen aller Zeiten die Musik als eine heilige Kunst betrachtet, denn in der Musik können sie das Abbild des ganzen Universums erkennen. Die Weisen können das Geheimnis und das Wesen der Funktionsweise des ganzen Universums durch Musik entschlüsseln.

Diese Idee ist nicht neu, und doch ist sie immer neu. Nichts ist so alt wie die Wahrheit und nichts ist so neu wie die Wahrheit. Sowohl das menschliche Bedürfnis nach etwas Traditionellem, Ursprünglichem, als auch der menschliche Wunsch, das Bedürfnis nach Neuem zu befriedigen – beide können im Erkennen der wahren Wirklichkeit erfüllt werden. In allen Religionen, wie zum Beispiel in den Veden der Hindus, lesen wir von *Nada Brahma*, dem Klang als Schöpfer.

In den Schriften der Weisen des alten Indiens finden wir auch zunächst Lieder und erst dann Veden oder Weisheit. In den Ideen, die wir in der Bibel finden, lesen wir, dass zuerst das Wort war, und das Wort war Gott.[2]

Im Koran lesen wir: „Kun, fayakun"[3]. Er sprach das Wort, und alles, was erschaffen wurde, kam in die Existenz. Dies zeigt, dass der Ursprung der gesamten Schöpfung Klang ist. Zweifellos ist das Wort, wie wir es in unserer Alltagssprache verwenden, eine Begrenzung jenes Klangs, von dem diese Schriften sprechen. Sprache besteht aus Vergleichen, und was nicht vergleichbar ist, hat keinen Namen. Die wahre Wirklichkeit ist etwas, das nicht ausgesprochen werden kann – so sprachen denn die Weisen

1 Vortrag in Paris, Frankreich, im Dezember 1922
2 Johannesevangelium 1:1
3 Koran 2:117

aller Zeiten von dem, was sie erkannt hatten, und versuchten es, so gut sie konnten, ein wenig zu verdeutlichen.

Es gibt einen Vers in persischer Sprache von *Hafis*, der besagt, dass es im Orient folgende Überlieferung gibt: „Als Gott der Seele befahl, in den menschlichen Körper aus Ton einzuziehen, weigerte sich die Seele. So wurden die Engel gebeten zu singen. Als die Seele die Engel singen hörte, zog sie in den Körper ein, von dem sie fürchtete, dass er ein Gefängnis sei." Die Philosophie, die in dieser Geschichte in der Beschreibung durch Hafis poetisch ausgedrückt wird, ist, dass die Seele beim Hören eines Liedes in den Körper einzog; in Wirklichkeit jedoch ist die Seele selbst ein Lied.

Was die moderne Wissenschaft betrifft, leugnen diejenigen, die in die Tiefe der Wissenschaft von der Materie vorgedrungen sind, nicht die Tatsache, dass der Ursprung der gesamten Schöpfung in Bewegung, also in den Schwingungen liegt. Es ist dieser ursprüngliche Zustand der Existenz des Lebens, der in den Überlieferungen der Alten Klang oder Wort genannt wird. Die erste Manifestation dieses Klangs ist also hörbar, die folgende Manifestation sichtbar.

Wenn ich das als Ausdruck des Lebens beschreibe, meine ich damit, dass das Leben sich zunächst als Klang und dann als Licht ausgedrückt hat. Diese Aussage wird auch von der Bibel gestützt, wo gesagt wird, dass am Anfang das Wort war, und dann kam das Licht[4]. In einer Sure des Koran wiederum finden wir: „Allahu nur as-samawati wa al-ardi"[5], übersetzt: „Gott ist das Licht des Himmels und der Erde."

Das Wesen der Schöpfung ist die Verdoppelung des Einen. Und dieser Verdoppelungseffekt ist die Ursache aller Dualität des Lebens. Die Doppelnatur zeigt sich in einem Teil positiv, im anderen negativ; einerseits expressiv, andererseits reaktiv. Geist und Natur stehen sich also in dieser dualen Schöpfung gegenüber. Dabei gibt es den ersten Aspekt, den ich Klang nannte, sowie den nächsten, den ich Licht nannte. In der Natur, die dem Geist diametral gegenübersteht, kommt zunächst das Licht zum Ausdruck; das heißt, wir reagieren zunächst auf Licht, erst danach sprechen wir auf Klang an, der uns tiefer berührt.

Der menschliche Körper ist ein Fahrzeug des Geistes, ein vollendetes Fahrzeug, das all die verschiedenen Facetten der Schöpfung erlebt; was natürlich nicht bedeutet, dass all die anderen Formen und Namen, die

4 Genesis 1:3
5 Koran 24:35

teils als Dinge, teils als Lebewesen existieren, nicht ebenfalls Ausdruck des Geistes sind.

Tatsächlich reagieren alle Dinge auf den Geist und dessen Wirken, das in allen Facetten, in allen Namen und Formen des Universums aktiv ist.

Im großen Werk des persischen Dichters und Mystikers Mevlana Rumi lesen wir, dass für die Menschen Erde, Wasser, Feuer und Luft Dinge sind, für Gott aber sind sie Lebewesen. Sie wirken nach den Anweisungen Gottes, so wie nach unserem Verständnis Lebewesen den Anweisungen ihres Meisters folgen.

Die ganze Schöpfung kann also gut so beschrieben werden, dass die verschiedenen Dinge, Namen und Formen nichts anderes sind als der Ausdruck von Klang oder Schwingung, die sich in verschiedenen Facetten manifestieren. Sogar all das, was wir als Materie bezeichnen, alles, was wir als massiv wahrnehmen, und alles, was nicht zu sprechen oder zu hören scheint, ist in Wirklichkeit nur Schwingung.

Und das Besondere an der ganzen Schöpfung ist, dass sie auf zwei Weisen funktioniert: Einerseits drückt sie sich aus, und andererseits hat sie sich selbst in eine Form gebracht, die darauf reagiert. Es gibt zum Beispiel eine Substanz, Materie, die wir berühren, und auch einen Sinn, um Berührung zu spüren. Es gibt einen Klang, und gleichermaßen das Gehör, mit dem wir den Klang hören können. Es gibt Licht, Form und Farben, und auch die Augen, um all dies zu sehen. Das, was wir dann Schönheit nennen, ist die Harmonie in all dem, was wir erleben. Und was ist schließlich Musik? Was wir Musik nennen, ist die Harmonie der hörbaren Töne. In Wirklichkeit ist Musik in Farbe, Musik in Linien, ist Musik im Wald, in der Vielfalt der Bäume und Pflanzen, und wie sie miteinander verbunden sind. Je umfassender wir die Natur betrachten, umso stärker spricht sie die Seele an. Warum? Weil in ihr Musik ist, und je tiefer unser Einblick in das Leben, je umfassender unser Blick auf das Leben wird, umso deutlicher können wir die Musik hören, die im ganzen Universum wirkt. Aber diejenigen, deren Herzen offen sind, brauchen nicht erst in den Wald zu gehen. Sie finden die Musik dieser Zeit inmitten der Menge, in der sich die menschlichen Ideale durch den Materialismus so verändert haben, dass es kaum mehr Persönlichkeitsunterschiede gibt.

Wenn wir auch nur die menschliche Natur betrachten, so könnte ein Klavier mit tausend Oktaven nicht die Vielfalt wiedergeben, die das menschliche Wesen darstellt, worin die Menschen miteinander übereinstimmen oder uneins sind.

Manche werden schon nach kurzer Begegnung augenblicklich zu Freunden, andere können in Tausenden von Jahren keine Freunde werden. Wenn wir nur erkennen könnten, auf welche Tonhöhe die verschiedenen Seelen gestimmt sind, in welchen Oktaven die verschiedenen Menschen sprechen, welch unterschiedliche Maßstäbe Menschen haben, so könnten wir erkennen, dass jeder Einzelne eine andere Note darstellt.

Manchmal sind zwei Menschen unterschiedlicher Meinung, und dann kommt eine dritte Person, und alle sind einig. Ist das nicht das Wesen der Musik? Je tiefer wir die Harmonie der Musik ergründen und dann die menschliche Natur studieren – wie einzelne einander zustimmen, und wie sie uneins sind, wie es Anziehung und Ablehnung gibt – umso deutlicher erkennen wir, dass alles Musik ist.

Nun gilt es aber noch etwas anderes zu verstehen. Im Allgemeinen kennen wir die Welt, die uns umgibt. Nur sehr wenige auf der Welt machen sich die Mühe zu bedenken, dass es auch noch etwas anderes gibt als das, was wir um uns herum wahrnehmen. Für viele ist es nur eine Geschichte, wenn sie hören, dass es zwei Welten gibt. Würden wir aber tief in uns hineinsehen, so sind da nicht nur zwei Welten – es gibt unaussprechlich viele Welten.

Bei den Durchschnittsmenschen ist der Bereich des Seins, der offen und empfänglich ist, meist verschlossen. Was sie kennen, ist in der gleichen Ebene, in der sie sich selbst wahrnehmen, in der sie sich nach außen hin ausdrücken, und von wo aus sie empfangen. Beispielsweise besteht der Unterschied zwischen einer gewöhnlichen und einer tiefsinnigen Person darin, dass die gewöhnliche Person nur mit den Ohren wahrnimmt, während die tiefgründige Person das gleiche Wort bis zu der Tiefe begreift, in die ihr Geist reicht. Nun, deshalb erreicht das gleiche Wort die Ohren der einen und das Herz einer anderen Person. Also erkennen diejenigen, deren Ohren das Wort hörten, nur das Wort selbst; diejenigen, deren Herz das Wort erreichte, begreifen noch tiefer. Wenn dieses einfache Beispiel wahr und sinnvoll ist, kann es also sein, dass eine Person nur in dieser äußeren Welt lebt, eine andere lebt in zwei Welten, und eine dritte lebt in vielen Welten gleichzeitig.

Wir könnten fragen: „Wo sind diese Welten? Ich weiß nicht, sind sie über dem Himmel oder unter der Erde?“ Alle diese Welten sind am selben

Ort. Sie sind, wie es ein Dichter ausdrückt, im menschlichen Herzen. Wenn es erst einmal weit geworden ist, wird es größer als alle Himmel.

Die Denker aller Zeiten hatten deshalb einen Leitfaden, um im Leben zu erwachen – sie haben ihr Selbst leer gemacht. Mit anderen Worten, sie haben sich selbst zu einer immer klareren und vollständigeren Herberge gemacht, um alle Erfahrungen klarer und vollständiger in sich aufnehmen zu können, all die Tragödien, Sorgen und Schmerzen des Lebens, die meist an der Oberfläche des weltlichen Lebens liegen. Wenn wir ganz ins Leben erwacht wären, wenn wir auf das Leben selbst reagieren würden, wenn wir Leben erkennen könnten, bräuchten wir nicht mehr nach Wundern Ausschau halten, nicht mehr mit Geistern kommunizieren, denn jedes Atom dieser Welt ist für Menschen mit offenen Augen ein Wunder.

Nun zu denen, die tief ins Leben eintauchen und die innere Tiefe spüren – was erleben diese? Dazu gibt es einen persischen Vers. Hafis sagte dazu: „Noch ist nicht bekannt, wie weit mein Ziel entfernt ist, doch so viel weiß ich, aus der Ferne erreicht Musik meine Ohren.“ Die Musik der Sphären ist aus Sicht der Mystiker wie ein Leuchtturm im Hafen, den man von der See her sieht. Er zeigt uns, dass wir dem Ziel näherkommen.

Sie mögen nun fragen: „Welche Musik mag das sein?“ Wenn nicht Harmonie in der Essenz des Lebens wäre, dann hätte das Leben keine Harmonie in dieser Welt der Vielfalt geschaffen, und Menschen würden sich nicht nach etwas sehnen, das nicht in ihrem Geist ist. Alles, was in dieser Welt unharmonisch zu sein scheint, deutet im Grunde nur auf die Begrenztheit unserer Sichtweise hin. Je weiter unser Begriffshorizont wird, desto größere Harmonie genießen wir im Leben. Deshalb fließt in der Tiefe des eigenen Seins die Harmonie der Wirkens des ganzen Universums in einer vollendeten Musik zusammen. Die Musik, die die Quelle der Schöpfung ist, ist auch die Musik, die dem Ziel der Schöpfung zugrunde liegt, die Musik der Sphären. Sie wird von denen gehört und genossen, die die Tiefe ihres eigenen Lebens berühren.

ALTE MUSIK

Wenn wir dieses Thema vom östlichen Standpunkt aus betrachten, erkennen wir, dass in der östlichen Vorstellung Musik aus der Intuition entspringt.[1] Die Geschichte jeglicher Kunst, sogar die der Wissenschaft, erzählt uns dasselbe. Erst später beginnt der Mensch, an die äußeren Dinge zu glauben, und vergisst dabei ihren Ursprung, die Intuition. Musik war nach Ansicht der Antike keine mechanische Wissenschaft oder Kunst; Musik war die erste Sprache. Wir können den Beweis dafür bis heute in der Sprache der Tiere und Vögel finden, wenn sie einander ihre Emotionen und Leidenschaften vermitteln. Dabei verwenden sie keine Worte, sondern nur Geräusche. Die verschiedenen Töne von Säugetieren und Vögeln wirken durch ihr Zusammenspiel auch auf die Vielfalt der niederen Schöpfung. So wie Musik das erste Ausdrucksmittel in der niederen Schöpfung war, war sie es auch für die Menschheit; da sie die primäre Äußerung von Emotionen und Leidenschaften des Herzens ist, ist sie auch ihr höchster Ausdruck. Denn was die Bildende Kunst nicht ausdrücken kann, erklärt die Poesie; und was die Poesie nicht erläutern kann, findet seinen Ausdruck in der Musik. Daher steht für Denker die Musik aller Zeiten an allererster Stelle, als das höchste Ausdrucksmittel dessen, was am tiefsten in uns verborgen ist.

Wenn wir die antike Musik mit der modernen vergleichen, entdecken wir zweifellos eine Kluft, die zu weit ist, um sie zu überbrücken. Wenn uns dennoch irgendetwas eine Ahnung von der ursprünglichen Musik der Menschheit vermitteln kann, so ist es die östliche Musik, denn sie birgt noch Spuren der alten Musik in sich. Wäre sie im Osten nur als Musik betrachtet worden, wäre sie vielleicht nicht so intakt erhalten geblieben. Doch sie wurde als Teil der Religion erhalten, und das ist der Grund dafür, weshalb sie seit Jahrtausenden traditionsgemäß weitergegeben wird.

Wir könnten fragen, wie die Musik der Antike so rein erhalten werden konnte, denn die menschliche Natur hatte schon immer eine Tendenz, Dinge zu verändern. Das kommt daher, weil es für die Menschen schon immer schwierig war, die Religion zu wechseln. Alles andere kann geän-

1 Vorlesung an der Sorbonne, Paris, Frankreich am 16. Februar 1924

dert werden, aber eines wurde immer beibehalten – die Religion. Die Religion der Hindus ist der Vedanta[2]. Im Vedanta ist der fünfte Bereich die Musik, die *Sama Veda* genannt wird.

Für die westliche Welt kam eine Zeit, in der die Veden übersetzt wurden, doch dabei konnte ein Teil nicht gefunden werden, der fünfte Veda. Der Grund dafür ist, dass er nicht gut als Sprache angesehen werden kann, besteht er doch aus Musik. Wenn wir aber bei unserem Studium der Musiktraditionen die Musik der Hindus zurückverfolgen, entdecken wir, dass es vor Jahrtausenden eine Zeit gab, in der die Töne bis hin zu Vierteltönen unterschieden werden konnten.

Dabei wurde nicht nur die Tonhöhe des Klangs betrachtet, sondern auch die Art und der Charakter des Klangs ähnlich wie in der Chemie analysiert.

Wir können in den alten Traditionen sehen, dass verschiedene Wirkungen mit verschiedenen Tönen verbunden sind, ob sie Trockenheit oder Feuchtigkeit, Kälte oder Hitze hervorrufen. Zweifellos ist es heute schwieriger zu unterscheiden, welche Klänge diese Wirkungen hervorrufen, denn heute treffen wir die Unterscheidung aufgrund der Klänge von Instrumenten, damals kamen diese Klänge nur aus der Natur.

Und doch ist es sehr interessant zu wissen, dass wir in den Sanskrit-Schriften bis heute verschiedene Tonhöhen finden, die sich bereits in der Antike unterschieden haben. In Abwesenheit von Klavieren oder Stimmgabeln musste die Tonhöhe anhand der Töne verschiedener Säugetiere und Vögel festgelegt werden; außerdem wurden die Klänge in verschiedenen Jahrhunderten unterschiedlich beurteilt.

Dabei ist es aufschlussreich, dass sich die Wissenschaft in gleicher Weise entwickelte wie die Kunst der alten hinduistischen Musik. Vermutlich halten wir es für natürlich, dass sich die Kunst so entwickelte, war sie doch der Natur so nahe. Was jene Zeit betrifft, ist es jedoch wahrscheinlich interessanter zu wissen, dass sich auch die Wissenschaft so entwickelt hat.

Man könnte fragen, auf welche Art und Weise sich diese Kunst, deren Spuren wir noch heute im Osten entdecken können, in den alten Völkern entfaltete. Die Idee war, verschiedene musikalische Themen verschiedenen Jahreszeiten zuzuordnen und verschiedene Musikstile verschiedenen Tages- und Nachtzeiten. Und da es in dieser Welt nichts ohne Grund gibt, war auch dies nicht nur eine Idee oder Fantasie; vielmehr gab es einen logi-

2 Vedanta (Sanskrit): „Ende des Wissens"; der Name für eines der sechs philosophischen Systeme des Hinduismus

schen Grund dafür, bestimmte Melodien bestimmten Zeiten zuzuordnen. Und wenn dies lediglich eine poetische Vorstellung gewesen wäre, hätte sie nur kurze Zeit überdauert und nur einen kleinen Kreis beeinflusst. Es hielt sich aber jahrhundertelang bis heute und hatte Einfluss auf das ganze Land. Diese Vorgehensweise wurde über Jahrtausende hinweg weitergetragen und noch heute wird im Osten oder Westen, Norden oder Süden derselbe Raga zur selben Zeit gesungen. Außerhalb dieser Zeit gesungen, wirkt sie nicht ansprechend.

Vom metaphysischen Standpunkt aus betrachtet, sehen wir, dass die heutige Erkenntnis der Wissenschaft – dass Schwingung die Wurzel der gesamten Schöpfung ist – für die Menschen der Antike eine Gewissheit und die Grundlage ihrer ganzen Wissenschaft darstellte. Und diese Erkenntnis wird auch bleiben. Sie wussten, dass eine einzige Energie alles erschaffen hat und erhält, in ihr ist die ganze Schöpfung, der ganze Kosmos enthalten: die Schwingung. Auch die astrologische Wissenschaft, die sich damit befasst, wie menschliche Wesen und verschiedene Länder beeinflusst werden, ging aus der Wissenschaft der Schwingung hervor. So war auch bekannt, dass Musik als Wissenschaft viel mit dem Einfluss der Planeten zu tun hat; und die ständige Bewegung, das Wirken der Planeten sowie ihr Einfluss auf die Erde wurden zur Basis der Ragas, auf die ihre Musik begründet wurde.

In den Sanskrit-Überlieferungen der Antike finden wir Verse, die sich auf bestimmte Planeten beziehen. Der Spielplan wurde also nach dem Einfluss der Planeten und des Kosmos gestaltet und dieses Programm wurde das ganze Jahr über durchgeführt.

Man könnte meinen, dass die Einflüsse zu schwach seien, um wahrgenommen zu werden, dass man keine Programme nach dem Einfluss der Planeten erstellen könne; und doch hat die Menschheit zu allen Zeiten ihr Leben nach den Einflüssen des Planetensystems gestaltet.

Um die Musik naturgetreu zu halten, war es notwendig, dass die Sänger und Spielerinnen die Freiheit hatten, so zu singen und zu spielen, wie sie es wünschten. Natürlich fehlte es an Einheitlichkeit und es konnte kein standardisiertes System erstellt werden. Musik war daher nie eine Ausbildung, sondern nur eine individuelle Kunst. Die Musik des Altertums hatte dadurch Vorteile und viele Nachteile. Die Vorteile waren, dass Musikerinnen, Sänger und Spielerinnen nie daran gebunden waren, auf eine bestimmte Weise zu singen, um ihre Musik vor den Leuten richtig auszuführen. Sie hatten immer die Freiheit, ihre Musik auf die Art und Weise zu gestalten, die sie zu der entsprechenden Zeit inspirierte.

Sie hatten die volle Freiheit, ihre Emotionen, ihre Leidenschaften auszudrücken, ohne sich irgendwelchen äußerlichen Einschränkungen zu unterwerfen. Zweifellos wurde es notwendig, wenn es mehrere Sängerinnen und Spieler gab, einen bestimmten Standard festzulegen, doch dieser Standard schränkte sie nicht sehr ein.

Diese Norm wurde also als Musik bezeichnet. Das Wort Musik, oder *sangita* in der Sanskrit-Sprache, hat drei Aspekte: Singen, Spielen und Bewegung. Die Hindus haben die Wissenschaft von Bewegung oder Tanz nie als von der Musik getrennt begriffen. Was sie Musik nannten, umfasste immer diese drei Aspekte. Als sich die Musik der östlichen Völker entwickelte, entwickelte sich auch jeder dieser drei Aspekte. Zum Beispiel unterschied sich der Gesang der kultiviertesten Menschen deutlich von dem der Bauern; der Tempelgesang war völlig anders als der der Bühne. Die Unterschiede waren riesig und es gab nicht nur spezifische Richtlinien und Regeln oder eher mechanische Unterschiede, sondern auch einen natürlichen Unterschied.

Das Wichtigste oder Kostbarste, was die Musik der antiken Völker hervorbrachte und der Menschheit solch großen Nutzen bescherte, war Folgendes: Die Menschen damals untersuchten die verschiedenen Aspekte der Musik und erkannten, dass es eine bestimmte Art gab, Ton und Rhythmus zu gestalten, um entweder tiefere Emotionen oder einen größeren Wunsch nach Aktivität hervorzurufen.

In diesem Zusammenhang entdeckten sie auch, dass durch einen bestimmten Einsatz von Zeit und Rhythmus ein größeres inneres Gleichgewicht sowie größere Gelassenheit erzielt wurden. Diese Wissenschaft, die sich mit den vielen Jahren ihrer Anwendung entfaltete, brachte aus sich heraus eine spezielle psychologische Wissenschaft der Kunst hervor, die Yoga genannt wurde. Der Spezialname war *mantra-yoga*. *Yoga* bedeutet „Einheit“ oder „Verbindung“; *mantra-yoga* bezeichnet die heilige Vereinigung des äußeren und des Lebens in der Tiefe. Es wurde nämlich entdeckt, dass es verschiedene psychische Tendenzen gibt. Eine Tendenz des Atems richtet sich nach außen, eine andere nach innen. Diese beiden Richtungen finden wir auch in der Natur, in Ebbe und Flut, in Sonnenaufgang und Sonnenuntergang. Wir finden den Unterschied in uns selbst – die Schwingungen des eigenen Körpers und der eigenen Tatkraft sind morgens ganz anders als abends. Daher regulieren die Yogis den Rhythmus des Kreislaufs, des Herzens und jedes Atemzugs mithilfe von Musik, sowohl von Rhythmus als auch von Ton.

Dies brachte sie von den hörbaren Schwingungen zu den inneren, also vom Klang zum Atem, was in der Sprache der Hindus ein und dasselbe ist. Er heißt *sura:* Der Name steht sowohl für Klang als auch für den Atem, das eine vermischt mit dem anderen, weil sie letztendlich dasselbe sind. Der Atem eines Objekts könnte Klang genannt werden, die Hörbarkeit des Atems Stimme. Also sind Atem und Stimme nicht zwei verschiedene Dinge. Sogar Atem und Klang sind nicht zweierlei, wenn wir davon ausgehen, dass beide die gleiche Basis haben.

Gibt es eine Erklärung dafür, warum Menschen Musik genießen, die für sie gespielt wird, und warum sie von ihr berührt werden – oder ist sie reiner Zeitvertreib und Unterhaltung? Nein, da steckt mehr dahinter. Der Hauptgrund dafür ist, dass in den Menschen selbst ein ständiger Rhythmus pulsiert, der ein Zeichen ihrer Lebendigkeit ist – Rhythmus, der sich im Puls, im Herzschlag, ja sogar im Herzen selbst bemerkbar macht. Unsere Gesundheit hängt von diesem Rhythmus ab, und nicht nur unsere Gesundheit, sondern auch unsere Stimmungen. Daher hat jeder fortlaufende Rhythmus auf alle Menschen eine Wirkung, und diese Wirkung ist bei jeder Person anders.

Es ist amüsant und interessant zu wissen, dass, als der Jazz in Mode kam, alle zu ihren Freunden sagten: „Oh, etwas völlig Verrücktes hat Einzug in unsere Gesellschaft gehalten", und doch hat sich niemand dagegen gewehrt. Er kam immer mehr in Mode. Aber selbst wenn ihn jemand hasst und Vorurteile gegen seinen Namen hat, so bleibt doch jeder wenigstens fünf Minuten lang stehen und hört zu. Warum ist das so? Der Grund dafür ist, dass jegliche Form, in der der Rhythmus des Körpers und des Gemüts verstärkt wird, eine Wirkung auf die Psyche hat.

Ich weiß noch von einer anderen interessanten Begebenheit: Wann immer ein großer persischer Dichter und Mystiker[3] in eine spezielle Stimmung kam, kreiste er um eine Säule in der Mitte seines Hauses und tönte und sprach dabei. Die Leute schrieben auf, was er sagte, denn es war vollendete Poesie. Noch merkwürdiger ist, dass ich einen Rechtsanwalt kannte, der begann sich um sich selbst zu drehen, wenn er bei seiner Arbeit in der Kanzlei nicht die richtigen Argumente fand. Nach einiger Zeit fiel ihm

3 Hier wird wohl auf Jalal ad-Din Rumi hingewiesen

dann die richtige Argumentation ein. Auf der Suche nach dem Geheimnis müssen wir aber nicht auf diese Fälle zurückgreifen. Wenn einer Person nicht der richtige Einfall kommt, klopft sie mit den Fingern auf die Tischplatte und die Idee kommt. Und viele, deren Gedanken sich nicht ordnen wollen, fangen an, im Raum herumzulaufen. Nach zwei oder drei Runden sind die Gedanken klar.

Wenn das stimmt, können wir daraus schließen, dass der menschliche Körper eine Art Mechanismus ist, der auf Regelmäßigkeit basiert. Wenn diese auf irgendeine Art aufhört, kommt auch etwas in Geist und Körper zum Stillstand. Dies führt uns zu der Erkenntnis, dass die Stimmung, die Gesundheit und der Zustand des menschlichen Geistes abhängig vom Rhythmus sind. Nicht nur der Rhythmus, den wir durch Musik erfahren, auch der Rhythmus unseres eigenen Atmens und Gehens hat viel mit unserem Lebensrhythmus zu tun.

Es ist sehr leicht zu erkennen, dass bestimmte Klänge uns irritieren und unseren Nerven nicht guttun. Andere Rhythmen sind beruhigend und heilsam und haben eine wohltuende Wirkung auf unser Gemüt.

Musik ist Klang und Rhythmus, und sobald wir das Wesen und den Charakter sowohl von Klang als auch von Rhythmus erfasst haben, wird Musik nicht mehr zum bloßen Zeitvertreib, sondern eine Quelle der Heilung und Erhebung.

Die Sufis der Antike, die großen Mystiker, entwickelten diese Kunst, um nach ihren Alltagstätigkeiten Gelassenheit in ihr Leben zu bringen. Diese Kunst wird *sama‘* genannt, und sama‘ war für die Sufis das Heiligste, ihre Meditation. Sie meditierten mithilfe von Musik, und dabei spielten sie eine bestimmte Musik, die eine ganz spezifische Wirkung auf die Entwicklung des jeweiligen Menschen hatte. Die großen Dichter, wie Rumi aus Persien, verwendeten in ihrer Meditation Musik, denn mithilfe der Musik ruhten sie und kontrollierten die Aktivität ihres Körpers und ihrer Sinne.

Die immer stärker werdende Nervosität, die wir heutzutage beobachten können, wird durch zu viel Aktivität im Leben hervorgerufen. Das Leben wird täglich künstlicher, und so fehlt uns zunehmend jene Ruhe, die bislang die Zuflucht der Menschheit war. Deshalb ist es für die Förderung und Entfaltung der Menschen dringend notwendig, die Kunst der Ruhe wiederzufinden, die verloren zu sein scheint.

Viele Menschen in der westlichen Welt, die irgendwann einmal die Überlieferungen der Antike lasen, gelangen zu der Ansicht, dass es eine

Kunst gäbe, die verloren zu sein scheint, und dass sie nach Osten gehen müssten, um sie zu finden. Um es denen leicht zu machen, die nach dieser Kunst und Wissenschaft suchen, die für die Evolution der Menschheit am wichtigsten ist, hat die Sufi-Bewegung eine Einrichtung geschaffen, damit diejenigen, die sie studieren und praktizieren wollen, dies hier tun können, anstatt so weit in den Osten reisen zu müssen.

SAMA‘

Einige Sufis, die sich eine bestimmte Methode für den spirituellen Weg zu eigen machen und versuchen, so weit wie möglich von der Welt entfernt zu leben, sind als Derwische bekannt. Sie werden auch oft *fakire* genannt und haben große Kräfte, Wunder zu wirken und Einblick zu nehmen. Sie sind Träumer und Liebende Gottes. Sie verehren Gott in der Natur, besonders in der menschlichen Natur. Zu ihren vielen Herangehensweisen an die spirituelle Entwicklung gehört auch ein ganz besonderer Weg, den sie *sama‘* nennen, das Hören von Musik. In Versammlungen von Eingeweihten hören sie Musik; Uneingeweihte dürfen diesen Versammlungen nicht beiwohnen.

Sie begrüßen sich gegenseitig mit: „Oh König der Könige, oh Herrscher aller Herrscher“, dabei sind sie meist in Flickengewänder oder Lumpen gekleidet. Nie denken sie an morgen; ihr Gedanke gilt nur dem Augenblick, den Durst des Jetzt zu stillen und den momentanen Hunger zu befriedigen. Die Sorge für das Morgen steht morgen an. Wenn sie sich überhaupt mit dem Leben beschäftigen, dann nur mit dem Jetzt. Sie sind diejenigen, die das Privileg haben, die Schönheit der Musik wahrhaft zu genießen, deren Geist und Seele mit offenen Zentren[1] reagiert. Da sie sich selbst zum Medium der Resonanz für die Musik machen, die sie hören, werden sie von Musik anders berührt als irgendjemand sonst. Musik berührt die Tiefe ihres Seins. So von Musik bewegt, kommen sie in verschiedene Zustände, die von den Sufis *„hal“*[2] genannt werden. Jene, die vom Geist bewegt werden, geben ihrer Ekstase, die als *„wajd“* bezeichnet wird, in Tränen, Seufzen oder im Tanz Ausdruck. Daher werden sie von denjenigen, die die Bedeutung ihres Tanzes nicht verstehen, als heulende oder tanzende Derwische bezeichnet.

Das Gold des Himmels ist Staub für den weltlichen Menschen, und das Gold der Erde ist Staub für den Himmelsmenschen. Für beide bedeutet das Gold des anderen nichts anderes als Staub. Ihre Münzen sind nicht

1 Zentren: Zu der Zeit, als Hazrat Inayat Khan in Europa lehrte (1910-1927), war das Wort Chakra noch nicht bekannt; deshalb spricht er von „centers“.

2 Hal (arabisch): Befindlichkeit, vorübergehender Zustand – im Gegensatz zu „Makam“ dauerhafter Zustand, Entwicklungsstufe

austauschbar, daher ist die Glückseligkeit des Derwischs nur für wenige nachvollziehbar.

Wir können dadurch aber etwas über die Grundlagen ihres spirituellen Entfaltungsprozesses erahnen. Indem sie Gott zu ihrem Geliebten machen und Gott in der Erhabenheit der Natur sehen, erschaffen sie eine Gegenwärtigkeit Gottes; und da das tägliche Leben sowohl Freude als auch Schmerz beinhaltet, ist auch das Leben des Derwischs in der Gegenwart Gottes von beidem erfüllt, von Freude und Schmerz. Mithilfe von Konzentration, Poesie und Musik werden Freude und Schmerz tiefer empfunden. Dadurch wird Gott lebendig; Gottes Gegenwart ist für Derwische in jeder Stimmung präsent. Sobald ihr Schmerz in der Sama', der musikalischen Zeremonie, ein Ventil gefunden hat, folgt ihr ein Zustand, in dem tiefere Einsicht ins Leben möglich wird. Alle Gegenstände oder Menschen, auf die sie ihren Blick werfen, enthüllen der Seele der Derwische ihre tiefste Natur, ihre Eigenart und ihr Geheimnis; so liegt das ganze Leben im Lichte Gottes klar vor ihren Augen.

Frage: Was meinen Sie mit Freude und Schmerz in der Gegenwart Gottes? Warum sollte dort Schmerz sein?

Antwort: Wenn es keinen Schmerz gäbe, könnten wir Freude nicht genießen. Schmerz hilft uns, Freude zu erfahren. Alles wird durch sein Gegenteil erkennbar. Wer Schmerz tief empfindet, kann Freude besser erleben. Wenn Sie mich persönlich nach Schmerz fragten, würde ich sagen, dass das Leben für mich sehr uninteressant wäre, gäbe es keine Schmerzen, denn Schmerz durchdringt unser Herz und das Durchleben von Schmerz wird zu noch größerer Freude. Ohne Schmerz hätten die Großen – die großen Musiker, Dichterinnen, Träumer und Denkerinnen – nicht jenes Niveau erreicht, von dem aus sie die Welt bewegt haben. Hätten sie nur Freude gekannt, hätten sie niemals die Tiefe des Lebens berührt. Aber was ist Schmerz? Schmerz ist eigentlich die tiefste Freude. Mit genügend Vorstellungskraft können wir Tragödien mehr genießen als Komödien. Komödien sind für Kinder, Tragödien für Erwachsene. Durch Schmerz wird eine Seele eine erfahrene Seele. Jemand kann jung an Jahren, aber tiefgründiger im Denken sein.

Frage: Sie haben gestern gesagt, dass Selbstaufgabe im rechten Sinn des Wortes heißt: „Ich bin nicht, Du bist." Was ist dann Selbstaufgabe im falschen Sinn des Wortes?

Antwort: Es gibt immer eine richtige Bedeutung und viele falsche Bedeutungen. Unter den vielen falschen Bedeutungen gibt es eine, die von unzähligen Menschen so verstanden wird, dass Selbstaufgabe darin besteht, sich die Freuden und das Glück zu versagen, die die Welt zu bieten hat.

Frage: Nicht an morgen zu denken, im Moment zu leben, wird auch von Christus gelehrt. Kann das aber das Ideal einer Nation sein, deren Leben auf Organisation aufgebaut sein muss?

Antwort: Der Pfad der spirituellen Verwirklichung ist nichts für Nationen. Spiritueller Fortschritt ist individueller Fortschritt. Wir alle haben unsere eigene Richtung, in dieser Hinsicht war auch die Lehre Christi individualistisch.

Frage: Sind Derwische immer in der Chishti-Schule?

Antwort: Nein, nicht unbedingt. Sie sind in verschiedenen Orden, auch wenn die Chishtis besonders großes Interesse an Poesie und Musik haben.

WISSENSCHAFT UND KUNST DER HINDUISTISCHEN MUSIK

Musik, Literatur und Philosophie sind Verwandte unserer Seele, unabhängig von unserem Glauben oder unserer Sichtweise auf das Leben.[1]

Heute Morgen geht es um die Wissenschaft und Kunst der hinduistischen Musik. Indien repräsentiert in der Weltgeschichte ein Land und ein Volk, das sich mithilfe von Musik, Philosophie und Poesie bereits auf die Wahrheitssuche gemacht hatte, als der Rest der Welt damit noch nicht begonnen hatte. Um den Ursprung der Worte zu verstehen, ist es daher unerlässlich, indische Musik, Philosophie und Dichtkunst zu studieren. Heute bestätigen die Sprachwissenschaftler, dass Sanskrit[2] die Wurzel oder die Mutter aller Sprachen ist. Auch der Ursprung der Musikwissenschaft liegt im Sanskrit. Und unbestreitbar hat nicht nur die Kunst, sondern auch die Wissenschaft ihren Ursprung in der Intuition. In jüngster Zeit, wo die Menschheit so sehr mit der Erforschung der Materie beschäftigt ist, scheint dies in Vergessenheit zu geraten. Zweifellos werden auch die Wissenschaftler von der Intuition unterstützt, auch wenn sie diese Tatsache vielleicht nicht anerkennen wollen.

Wissenschaftler und Wissenschaftlerinnen, die in die Tiefe gehen, erkennen, dass Wissenschaft der Quelle der Intuition entspringt. Intuition, die auf die Bedürfnisse von Geist und Körper eingeht, in der Materie Dinge für den täglichen Gebrauch erfindet und sich Wissen über das Wesen und den Charakter der Dinge aneignet, wird Wissenschaft genannt. Als Kunst wird Intuition bezeichnet, wenn sie durch die Schönheit wirkt, welche durch Linie, Farbe und Rhythmus erzeugt wird. Intuition ist demnach die Quelle sowohl von Wissenschaft als auch von Kunst.

Da die Hindus diesen Ursprung erkannten, gründeten sie ihre Musik auf Intuition. Die Ausübung indischer Musik gründete sich schon immer auf die Pflege und Anregung der Intuition sowie auf der Erweckung der

1 Vortrag in der Paul Elder Galerie in San Francisco, Kalifornien, am 28.März 1923
2 Sanskrit: vedische Sprache, die nur für religiöse Zwecke verwendet wurde und wird.

Fähigkeit, Schönheit wertzuschätzen und sie anschließend in schönen Formen auszudrücken.

Die indische Musikwissenschaft kommt aus drei Quellen: Astrologie, Psychologie und Mathematik. Auch von der westlichen Musik wissen wir, dass die gesamte Lehre von Harmonie und Kontrapunkt aus der Mathematik hervorging. So heißt die hinduistische Musik auf Sanskrit *„prastara"*, was „mathematische Anordnung von Rhythmus und Tonarten" bedeutet. Im indischen Musiksystem kommen etwa 500 Tonarten und 300 verschiedene Rhythmen in der Alltagsmusik zur Anwendung. Die Tonarten der indischen Musik werden als Ragas bezeichnet. Es gibt vier Kategorien von Ragas, und jede Kategorie hat sieben Töne, genau wie in der natürlichen Tonleiter der Musik des Westens. Es gibt auch Varianten mit sechs Tönen – wobei ein Ton aus dem siebenteiligen Raga weggelassen wird – , was die Wirkung der Oktave stark verändert und einen anderen Einfluss auf den menschlichen Geist hat.

Des Weiteren gibt es Ragas mit fünf Noten, wobei zwei beliebige Noten der Skala weggelassen werden. In China ist auch eine Tonleiter mit vier Tönen gebräuchlich, nicht aber in Indien. Einige sagen, dass der Ursprung der Tonleiter mit vier oder fünf Tönen aus dem natürlichen Instinkt des Menschen hervorgeht, als sie die Instrumente entdeckten. Das erste Instrument war die Flöte, die stellvertretend für die menschliche Stimme stand. Die Menschen holten ein Stück Schilfrohr aus dem Wald, in dessen Mittelteil sie vier Löcher bohrten, auf die sie ihre Fingerspitzen natürlich auflegen konnten, wobei der Abstand zwischen den Löchern dem Abstand zwischen den Fingerspitzen entsprach. Schließlich wurde noch ein Loch an der Unterseite gebohrt. Es liegt auf der Hand, dass die Menschen dadurch eine Tonleiter mit fünf Tönen erschufen.

Erst später bekamen die Wissenschaftler Kenntnis von anderen Schwingungen. Diese Tonleiter hingegen ergibt sich natürlich, wenn wir unsere Hand auf das Schilfrohr legen, und ihr scheint eine große psychologische Kraft zuzukommen. Sie hat enormen Einfluss auf das menschliche Wesen. Dies verdeutlicht auch, dass alle Dinge, die direkt aus der Natur stammen, weit größere Macht haben als diejenigen, die wir Menschen verändert, verdreht und verwandelt haben, um eine neue, künstliche Form zu schaffen.

Nun zur astrologischen Sichtweise: Die Wissenschaft der Astrologie stützt sich auf die Wissenschaft der kosmischen Schwingung. Alles beruht auf Schwingungszuständen, auch die Position von Sternen und Planeten, die Zustände von Individuen, Nationen, Völkern und Objekten. Ein großer Teil der verborgenen Kraft, die die Hindus in der Musikwissenschaft gefunden haben, ist aus der Wissenschaft der Astrologie abgeleitet. Jeder Ton der indischen Musik gehört zu einem bestimmten Planeten, jeder Ton hat eine bestimmte Farbe, jede Note bezeichnet eine bestimmte Stimmung der Natur, eine bestimmte Frequenz aus der Tierwelt.

Die Wissenschaft der alten Veden war die Wissenschaft der Elemente: Erde, Feuer, Wasser, Luft und Äther. Diese Worte sollten allerdings nicht so verstanden werden wie in der Alltagssprache üblich: Das Element Wasser bedeutet einen flüssigen Zustand; Feuer bedeutet Wärme oder Hitze.

Durch diese Wissenschaft waren die Hindus in der Lage, Ragas oder Modi festzulegen, die zu einer bestimmten Tages- oder Nachtzeit, beziehungsweise zu einer bestimmten Jahreszeit gesungen oder gespielt werden sollten. Nachdem diese Lieder jahrtausendelang gesungen wurden, entwickelte das Volk ein so ausgeprägtes Verständnis für diese ragas, dass selbst normale Menschen auf der Straße es nicht ertragen können, einen Raga der Morgenstimmung am Abend zu hören. Sie mögen vielleicht weder Form noch Töne kennen, aber für ihre Ohren klingt es unerträglich.

Wenn wir sagen, es handelt sich nur um eine Gewohnheit, so stimmt das natürlich auch; ich habe jedoch Experimente mit verschiedenen Ragas gemacht, und ein Raga, der mitten in der Nacht gesungen werden sollte, verliert tatsächlich seine wunderbare Wirkung, wenn wir ihn mittags singen.

Jeder Planet hat einen bestimmten Einfluss, und es gibt jeweils einen geeigneten Raga, um auf ihn zu reagieren. Ist dies nicht der Fall, wird Musik zum bloßen Zeitvertreib und erfüllt nicht die Aufgabe, für die sie konzipiert ist.

Für Inder existiert Musik nicht nur zum Vergnügen oder zur Unterhaltung. Sie ist viel mehr als das. Den Indern ist Musik Nahrung für die Seele, sie erfüllt die tiefste Sehnsucht der Seele. Ein Mensch besteht nicht nur aus dem physischen Körper. Menschen haben einen Geist, und hinter dem Denken und Fühlen steht die Seele. Und nicht nur der Körper hungert nach Nahrung – auch wenn wir uns in der Regel nur um unsere körperlichen Bedürfnisse kümmern und nicht um unser inneres Wesen und dessen Bedürfnisse. Wir erleben momentane Befriedigung und hungern dann wieder, weil wir nicht wissen, dass die Seele die Feinstofflichkeit des Menschen ist; also bleibt das unbewusste Verlangen der Seele bestehen.

Bei weniger Entwickelten führt dieses stille Bedürfnis der Seele dazu, dass sie schlecht gelaunt, unruhig und gereizt werden. Solche Menschen sind mit nichts im Leben zufrieden, sie sind streitlustig und auf Kampf eingestellt. Bei feinsinnigeren Menschen führt dieser Hunger der Seele zu Depressionen und Verzweiflung. Diese Menschen finden in ihrer Liebe für das Lesen und die Kunst eine gewisse Befriedigung.

Die Seele fühlt sich in der äußeren, materiellen Welt begraben. Wird sie von feinen Schwingungen berührt, fühlt sie sich zufrieden und lebendig. Die feinste Materie ist Geist, und der gröbste Geist ist Materie. Da Musik die feinste Kunst ist, hilft sie der Seele, sich über Unterschiede hinwegzusetzen. Sie vereint die Seelen, denn selbst Worte sind nicht mehr notwendig. Musik ist jenseits aller Worte.

Das Wesen der hinduistischen Musikkunst ist einzigartig, denn alle Spielerinnen und Sänger haben vollkommene Freiheit, ihrer Seele in ihrer Kunst Ausdruck zu verleihen. Die Natur der indischen Nation können wir an ihrer individualistischen Wesensart erkennen. Die gesamte Erziehung ist auf Individualismus ausgerichtet, damit sich alle in jeder ihnen möglichen Art und Weise ganz individuell ausdrücken können. Also haben die Menschen dieser Freiheit Ausdruck verliehen, in manchen Fällen zu ihrem Nachteil, in den meisten Fällen aber zu ihrem Vorteil.

Uniformität hat ihre Vorteile, doch sie lähmt oft den Fortschritt in der Kunst. Es gibt zwei Arten des Lebens, Uniformität und Individualismus. Uniformität bewirkt Stärke, Individualismus Schönheit.

Wenn wir Künstlern, die hinduistische Musik singen, zuhören, ist das Erste, was sie tun, ihre *tambura*[3] zu stimmen, um einen Akkord zu geben; und während sie die *tambura* stimmen, stimmen sie gleichzeitig ihre Seele. Das wirkt in einer Art und Weise auf die Zuhörer, dass sie geduldig fünfzehn Minuten lang warten können.

Bis dahin haben sich die Sänger konzentriert und sich auf alle Anwesenden eingestimmt. Die Sänger haben nicht nur ihr Instrument gestimmt, sondern auch das Bedürfnis und die Sehnsucht jeder Seele im Publikum erspürt, ihren Wunsch zu diesem Zeitpunkt. Möglich, dass dies nicht alle Musiker und Musikerinnen können, nur die besten. Dann wird alles zusammengefügt und alles Weitere kommt von selbst. Wenn sie

3 Tambura: ein vier- oder fünfsaitiges Begleitinstrument aus Indien

zu singen beginnen, scheint der Gesang jeden einzelnen Menschen im Publikum zu berühren, denn er ist die Antwort auf die Bedürfnisse ihrer Seelen. Die Sänger haben das Programm für die Musik nicht vorab erstellt und wissen nicht, was sie als Nächstes singen werden. Vielmehr werden sie in jedem Moment neu inspiriert, dieses bestimmte Lied zu singen oder jene bestimmte Weise zu spielen. So werden sie zum Instrument des ganzen Kosmos', eins mit ihrem Publikum und offen für all die Inspirationen, die im Einklang mit dem Akkord der Tambura sind. Sie schenken den Menschen also dieses ganze Wunder, nicht nur Musik.

Die Lieder Indiens bestehen aus Volksliedern und solchen, die von großen Persönlichkeiten komponiert und seit Jahrhunderten von den Eltern an ihre Kinder weitergegeben wurden.

Die Art und Weise, wie Musik gelehrt wird, ist unterschiedlich: Sie wird nicht immer aufgeschrieben, sondern meist durch Nachahmung gelehrt. Die Lehrerenden singen, die Lernenden machen es nach; so werden alle Raffinessen und Feinheiten durch Nachahmung erlernt. Dieser mystische Aspekt war auch das Geheimnis aller Religionen. Die Großen dieser Welt, wie Christus, Buddha und andere, kamen von Zeit zu Zeit, um den Menschen ein Vorbild zu sein und jene Vollkommenheit zu vermitteln, die das Ziel jeder Seele ist. Das Geheimnis all der großen Religionen und des Wirkens dieser Lehrer war, dass durch sie die Menschheit in jene höchste Höhe gelangte, die Vollkommenheit genannt wird.

Von der ersten Stunde an, die die Musiker und Musikerinnen ihren Schülern geben, wird nach demselben Prinzip gelehrt. Die Schüler imitieren nicht nur ihre Lehrpersonen, sondern fokussieren auch ihren Geist auf deren Geist. Damit lernen sie nicht nur, sondern übernehmen gleichzeitig etwas von diesem Geist.

Der Fehler in all dem geistigen Erwachen heutzutage und der Grund, warum so viele Wahrheitssuchende nicht zu einem zufriedenstellenden Ergebnis kommen, ist folgender: Sie suchen immer im Außen, holen das Wissen aus Büchern oder lernen es von Lehrenden. Im Osten war früher, und ist auch heute noch, die Achtung der Kinder vor den Lehrenden, von denen sie lernen wollten, groß. Der Respekt und die Einstellung der Kinder gegenüber den Lehrenden entsprach oder entspricht eher dem Verhältnis zu Priestern. Die Kinder lernen auf diese Weise, Wissen zu schätzen, zu ehren und zu respektieren, und sie lernen nicht nur von den Lehrerinnen, sondern übernehmen auch deren Erfahrung. Es ist wunderbar, über das

Leben der großen Sänger und Sängerinnen Indiens zu lesen, wie sie ihre Lehrer nachahmten und manchmal sogar größer wurden als diese.

Das Ziel der indischen Musik ist die Ausbildung von Geist und Seele, denn Musik ist die beste Art der Konzentration. Wenn wir eine Person auffordern, sich auf ein bestimmtes Objekt zu konzentrieren, macht schon der Versuch, sich zu konzentrieren, den Geist unruhig. Musik, die die Seele anzieht hingegen hält den Geist in der Konzentration. Wir müssen nur wissen, wie wir sie würdigen, wie wir uns ganz auf sie einstellen können und dabei alle anderen Dinge ausblenden, dann entwickeln wir auf ganz natürliche Weise Konzentrationskraft.

Neben der Schönheit der Musik ist da auch noch ihre Zärtlichkeit, die dem Herzen Leben einhaucht. Für feinfühlige Menschen mit liebevollen Gedanken ist das Leben in der Welt eine Herausforderung. Es ist schockierend und manchmal lässt es uns erstarren. Es lässt sozusagen das Herz erfrieren. Dann erleben wir Depressionen und das ganze Leben wird abscheulich. Das Leben, das als Himmel gedacht ist, wird dann zu einem Ort des Leidens.

Wenn wir unser Herz auf Musik fokussieren können, ist das, als würden wir etwas Eingefrorenes erwärmen. Das Herz findet seinen natürlichen Zustand, und der Rhythmus reguliert den Herzschlag, was zur Gesundung von Körper, Geist und Seele beiträgt und sie wieder in ihre natürliche Einstimmung bringt.

Lebensfreude beruht auf der vollendeten Harmonie von Geist und Seele.

DIE VINA

Sie wollen von mir ein Loblied auf die *vina* hören.[1] Dazu möchte ich die Worte eines großen indischen Sanskrit-Dichters zitieren, der zum Lobpreis der *vina* sagte: „Wenn wir dieses Instrument mit Darmsaiten betrachten, berühren und ihm lauschen, werden wir zu freien Menschen – sogar wenn wir einen Brahmanen töten würden –, was als die größte aller Sünden gilt."

Dieses Instrument wurde vom Herrscher der Yogis, Shiva, genannt Mahadeva, erfunden, der der Welt seine lebenslange Yoga-Praxis schenkte. In Indien wird er als Gottheit verehrt und seine Schriften werden als heilig betrachtet. Er war ein Meister der Atmung und ein Asket. In den Bergen, wo er lebte, saß er, atmete die freie Luft des weiten östlichen Horizonts und übte Mantras: Wörter und Sätze, die das Wesen einer Person von Grund auf verändern können. Dort, in den Bergen, wollte er einen Selbstversuch machen, um durch Musik in höhere Ekstase zu kommen. Er schnitt im Wald ein Stück Bambus ab. Dann nahm er zwei Kürbisse, höhlte sie aus und trocknete sie, um sie danach mit dem Bambus zu verbinden. Von den Tieren bekam er Darmsaiten, die er darauf befestigte. So baute er seine erste Vina und übte in der Einsamkeit darauf. Eine Überlieferung besagt: Wenn die Hirsche des Waldes ihn auf der Vina spielen hörten, sagten sie: „Fertige die Darmsaiten aus meinen eigenen Eingeweiden und ziehe sie auf deine Vina, solange ich lebe aber, höre nicht auf zu spielen."

Mahadeva experimentierte mit dem menschlichen Körper und Geist. Er beobachtete deren Zustand am Morgen, am Mittag, am Nachmittag, in der Nacht und beim Aufwachen in der Morgendämmerung. Dabei fand er heraus, dass jede Tages- und Nachtzeit eine besondere Wirkung auf den menschlichen Geist und Körper hat, und dass aus psychologischen und mystischen Gründen ein dieser Zeit gemäßer Rhythmus festgelegt werden muss, um die Seele zu erheben. Also gründete Mahadeva eine psychologische Musikwissenschaft, die Raga genannt wurde, was Emotion bedeutet: Emotion, die bestmöglich beherrscht und eingesetzt wird.

---

1 Vorlesung in San Francisco, Kalifornien, am 10. April 1926

Als seine Gemahlin, Parvati dieses Instrument sah, meinte sie: „Ich muss meine eigene Vina erfinden." Sie nahm also halbe Kürbisse und befestigte darauf einen Rumpf. So erschuf sie eine andere Art der Vina, die *Saraswati-Vina*. Damit gab es also zwei verschiedene Vinas. Die eine wird von Männern gespielt, die andere von Frauen. Auf diesem Instrument können nicht nur Halbtöne, sondern auch Zwischentöne erzeugt werden, und so wird die Musik reich. Diese Mikrotöne zu erzeugen ist allerdings so schwer, dass dazu lebenslange Übung nötig ist. Indische Musiker üben jeden Tag zwölf Stunden, und sie üben die verschiedenen Rhythmen jahrelang, indem sie über sie improvisieren. Schließlich erreichen sie eine psychologische Wirkung, die nicht mehr nur Musik, sondern Magie ist. Musik, die fähig ist, das menschliche Herz zu durchdringen, ist nicht unbedingt laut; sie ist ein Traum, eine Meditation, das Paradies! Wenn wir den Musikern lauschen, sind wir in einer anderen Welt, selbst wenn ihre Musik kaum hörbar ist. Sie spielen nicht vor Tausenden von Menschen, sondern es reichen ein, zwei oder drei Menschen der gleichen Art, derselben Schwingung, mit ähnlichem Wesen, die zusammenkommen und diese Musik voll und ganz genießen. Wenn fremde Elemente anwesend sind, fühlen sich die Musiker nicht inspiriert.

Es wird Sie erheitern, wenn ich Ihnen erzähle, dass einmal ein sehr subtil singender Musiker eingeladen wurde, die Vina zu spielen. Der Musiker kam mit der Vina und wurde begrüßt. Er holte seine Vina hervor, schaute herum, und fühlte sich unwohl und disharmonisch. So packte er seine Vina wieder ein und verabschiedete sich. Unfähig zu spielen, wollte er wieder gehen. Die Anwesenden waren enttäuscht und baten ihn, dennoch zu spielen. Er antwortete: „Lassen Sie mich, ich kann nicht spielen, gleich, was Sie mir dafür bieten. Mir ist nicht nach musizieren zumute." Das ist etwas ganz anderes, als ein Programm monatelang vorauszuplanen. Die Musiker im Westen sind schon sechs Monate im Voraus daran gebunden, ein bestimmtes Programm zu spielen; da sind sie wehrlos. Auf diese Weise ist es jedoch keine Musik, sondern Arbeit; erzwungene, mechanische Arbeit. Können Sie sich vorstellen, dass Sänger im Osten niemals darüber nachdenken, was sie singen und spielen werden, bevor sie damit beginnen? Sie erspüren die Atmosphäre des Ortes und der Zeit, und spielen oder singen, was immer ihnen in den Sinn kommt. Das ist etwas ganz anderes.

Ich will nicht behaupten, dass diese Art Musik weltumfassend sein kann. Sie ist wenigen Menschen an abgelegenen Orten vorbehalten. Heutzutage sterben solche Musiker in Indien wegen zu geringer Anerkennung aus. Es waren die Machthaber, die *Gurus* und die hoch inspirierten Lehrer der Vergangenheit, die diese Musik liebten. Selbst Indien wird nun industrialisiert und zivilisiert, und so stirbt diese Musik aus. Heute gibt es jene Musiker von früher nicht mehr, die all ihre Zuhörer verzauberten. Unter Millionen gibt es vielleicht noch drei oder vier, und auch diese werden in wenigen Jahren verschwunden sein. Vielleicht wird eines Tages die westliche Welt auch für die indische Musik bereit sein, so wie der Westen jetzt schon empfänglich für die Dichtkunst des Ostens wird, wenn die Menschen beginnen, solche Werke zu schätzen wie die von Rabindranath Tagore[2]. Eines Tages wird nach solcher Musik gefragt werden, dann wird sie jedoch nicht mehr auffindbar sein, es wird zu spät sein. Sollte diese Musik, die magische Kraft und eine psychologische Grundlage hat, im Westen eingeführt werden, würde sie all solche Dinge wie Jazz zweifellos verdrängen. Die Menschen scheinen damit ihre Sinne zu beschädigen; diese Musik zerstört die Feinempfindung ihrer Sinne. Jeden Tag tanzen Tausende auf Jazzmusik, aber sie übersehen dabei die Wirkung, die sie auf ihren Geist, ihr Gemüt und ihre feinen Sinne ausübt.

Ich weiß von einem Prinzen von Rampur, der bei einem großen Lehrer Musik studieren wollte. Der Lehrer sagte: „Ich kann Sie nur unter einer Bedingung unterrichten." Er kannte den Charakter des musikliebenden Prinzen und wusste, dass viele Musiker ihm ihr Talent vorführen wollen würden. Also sagte der Lehrer: „Ich möchte nicht, dass Sie jemals Musik anhören, die nicht von einem vollendeten Künstler gespielt wird, denn Ihr Musiksinn darf nicht zerstört werden. Er muss sehr zarter Musik vorbehalten bleiben und fähig sein, die in ihr enthaltenen Feinheiten zu erfassen."

Besonders wenn im Rahmen der öffentlichen Bildung die Feinheit der musikalischen Wahrnehmung zerstört wird, kann nicht verhindert werden, dass wahre Musik nicht mehr gern gehört, sondern Jazz bevorzugt wird. Das ist Rückschritt anstatt Fortschritt. Es ist sehr schade, wenn Musik, als Zentrum der menschlichen Kultur, nicht mehr dazu beiträgt, dass Menschen sich weiterentwickeln.

---

2 Rabindranath Tagore (* 7. Mai 1861 in Kalkutta; † 7. August 1941 ebenda), bengalischer Dichter, Philosoph, Maler, Komponist, Musiker, der 1913 den Nobelpreis für Literatur erhielt und damit der erste asiatische Nobelpreisträger war.

Die Musik der Vina hat Ähnlichkeiten mit der menschlichen Stimme. Wenn wir die Vina hören, würden wir niemals denken, dass sie ein Instrument ist. Das ist nicht vorstellbar. Speziell Grammofon-Aufnahmen von menschlichem Gesang sind künstlich, grob und starr, und die menschliche Stimme verliert ohne ihren Charme dabei den Magnetismus und den Zauber. Die Vina ist dahingegen eher noch anziehender und beeindruckender, denn alle Feinheiten der menschlichen Stimme sowie ihre seidene Struktur finden ihre Vollendung im Klang der Vina.

DIE MANIFESTATION DES KLANGS AUF DER PHYSISCHEN EBENE

Es ist bekannt, und wahrscheinlich erst kürzlich in der modernen Wissenschaft entdeckt worden, dass auf bestimmten Platten[1] der Eindruck des Klangs deutlich sichtbar gemacht werden kann.[2] In Wirklichkeit hinterlassen Klänge auf allen Objekten deutliche Spuren, nur nicht immer sichtbare. Sie bleiben eine gewisse Zeit auf dem Objekt und verschwinden dann wieder. Als die verschiedenen Bilder, die der Klang hervorruft, wissenschaftlich untersucht wurden, wurden klare Formen von Blättern, Pflanzen und anderen Naturstrukturen gefunden – ein Beweis für den Glauben der alten Völker, der im Vedanta durch den bekannten Ausdruck „Nada Brahma" ausgedrückt wird: Klang als Schöpfer, als der Eine. In der Bibel lesen wir, dass zuerst das Wort war, und das Wort war Gott[3]; und an einer anderen Stelle, dass zunächst Klang entstand, und danach Licht.[4] All das besagt, dass die Quelle der Schöpfung Klang war. Anders ausgedrückt: Die schöpferische Quelle wurde im ersten Schritt des Schöpfungsprozesses hörbar und im folgenden sichtbar. Es zeigt auch, dass alle Dinge, alles, was wir in der Formenwelt sehen, durch Klang erzeugt wurden; sie sind Ausdrucksformen von Klang. Wenn wir dieses Thema weiter vertiefen, so hat aus mystischer Sicht jede Silbe eine bestimmte Wirkung. Da die Form jeden Klangs unterschiedlich ist, erzeugt jede Silbe eine bestimmte Wirkung. Deshalb laden jeder Ton und jedes Wort, die zu einem Objekt gesprochen werden, dieses Objekt mit einem bestimmten Magnetismus auf.

Dies erklärt uns die Methode der Heilerinnen, Lehrer und Mystikerinnen, die durch die Macht ihrer Gedanken und durch die Kraft des Klangs ein Objekt mit Heilkraft aufluden. Wenn dann ein solches Objekt, sei es in Form von Wasser oder als Nahrung gegeben wurde, brachte es das gewünschte Ergebnis. Viele Meister der okkulten Wissenschaften haben zudem mit den unsichtbaren Wesen durch die Kraft des Klangs

1 Hazrat Inayat Khan hat 1909 in Kalkutta seine Musik auf Schallplatte aufgenommen.
2 Vortrag in New York, am 21. Juni 1926
3 Siehe Johannesevangelium 1:1
4 Siehe Genesis 1:3

kommuniziert und dabei noch Größeres vollbracht: Sie erschufen durch die Macht des Klangs Wesenheiten. Anders gesagt, gaben sie durch die Macht des Klangs einer Seele oder einem Geist einen Körper und machten ihn dadurch zu einem bestimmten Wesen, das noch kein physisches Wesen, sondern vielmehr ein Wesen höherer Art war. Diese Wesen nannten sie *muwakkals* und setzten sie in allen Lebenssituationen für einen spezifischen Zweck ein.

Die physikalische Wirkung von Klang hat zudem einen großen Einfluss auf den menschlichen Körper. Der gesamte Mechanismus – Muskeln, Blut, Kreislauf, Nerven – wird durch die Kraft von Schwingungen bewegt. Für jeden Klang gibt es eine Resonanz; der Körper, der menschliche Körper, ist für jeden Klang ein lebendiger Resonanzraum. Auch wenn in allen Substanzen, wie zum Beispiel in Messing und Kupfer, Klang oder Resonanz erzeugt werden kann, so ist die Resonanz des Klangs doch nirgendwo größer und lebendiger als im menschlichen Körper. Die Wirkung des Klangs berührt jedes Atom des Körpers, denn jedes Atom klingt mit. Der Klang wirkt auf alle Drüsen, auf den Blutkreislauf und den Puls.

In Indien gibt es jedes Jahr ein Fest, an dem der großen Helden der Vergangenheit gedacht und die Tragödie ihrer Leben betrauert wird. Dabei werden bestimmte Instrumente gespielt, bestimmte Trommeln geschlagen, manchmal sehr schlecht, manchmal von jemandem, der es besser kann. Es gibt dabei immer einige, die durch den Klang dieser Trommeln sofort in Ekstase geraten, da der Klang der Trommel direkt in ihr gesamtes System übergeht und sie in eine Stimmung bringt, in der sie Ekstase erleben. Wenn sie so in Ekstase sind, können sie ins Feuer springen, ohne zu brennen, sie kommen ohne irgendwelche Verbrennungen wieder heraus. Sie verletzen sich selbst mit einem Schwert und sind auf der Stelle geheilt. Das kann jedes Jahr zu gegebener Zeit wieder beobachtet werden. Solch ein Zustand wird hal genannt. Wobei *hal* einfach „Zustand, Befindlichkeit" heißt. Der Ausdruck ist zutreffend, denn beim Hören der Trommel denken sie an diesen Zustand, und auf diese Weise erreichen sie ihn. Um in diese Trance zu geraten, müssen sie nicht besonders gebildet oder fortgeschritten sein. Manchmal sind das ganz gewöhnliche Leute, der Klang hat auf sie jedoch die Wirkung, dass sie in hohe Ekstase geraten.

Nun kommen wir zur Frage, warum Musik überhaupt auf Menschen wirkt. Warum lieben Menschen von Natur aus Musik? Es liegt nicht daran, dass die Menschen darin trainiert werden, auch nicht an einer Gewohnheit, sondern daran, dass es eine natürliche Wirkung von Klang ist, anziehend zu wirken. Als Erstes wirkt er auf die physische Ebene. Die Schlangenbeschwörer im Osten haben Hunderte und Tausende Male bewiesen, dass sie die Schlangen der Umgebung anlocken können, indem sie ihr einfaches Instrument, die *pungi,* spielen. Es hat auf den physischen Körper der Schlange die Wirkung, dass sich Schlangen anders fühlen; dadurch werden sie vom Klang angelockt, selbst wenn es ihr Leben kostet; durch den Beschwörer werden sie vollkommen gefesselt.

Die Weisen sahen den Klang daher als ihre wichtigste Wissenschaft an, die sie in allen Lebenssituationen anwenden konnten: Beim Heilen, beim Lehren, sogar zur Entwicklung, und auch, um alle alltäglichen Dinge zu vollbringen. Auf dieser Grundlage wurde von den Sufis die Wissenschaft des *zikr* entwickelt. Die Yogis machten *mantra shasthra*[5]. Mit *zikr* meine ich keine spezielle Formel. Ich meine mit *zikr* die Wissenschaft der Worte. Neben der Bedeutung, die ein Wort hat, können schon allein die Klangsilben eine gute oder zerstörerische Wirkung haben.

Wer sich darin auskennt, kann Hunderte von Geschichtsereignissen erinnern, bei denen ein Königreich zerstört wurde, weil ein Dichter nicht die richtigen Worte fand, um einen König zu preisen. Und doch, wie wenig wir darüber nachdenken! Wir sagen: „Gut, ich habe es gesagt, aber ich meinte es nicht so." Die Menschen denken, dass sie nichts angerichtet haben, wenn sie etwas sagen, ohne es so zu meinen, doch auch das Aussprechen, ohne es zu meinen, hat eine große Wirkung auf das Leben. Diese Wissenschaft kann in der Erziehung, in der Wirtschaft, in der Industrie, im Handel und in der Politik eingesetzt werden, um die gewünschten Ergebnisse zu erzielen. Aber den größten Nutzen aus der Wissenschaft des Klangs ziehen wir in der spirituellen Entwicklung: Durch die Kraft von Klang und Wort können wir uns spirituell entwickeln und all die verschiedenen Stufen der spirituellen Vervollkommnung erleben.

***

---

5 Mantra Shastra (Sanskrit): Eine Abhandlung über Suktas (Hymnen) und Mantras. Spirituelle Praktiken und ein Studium des Klangs, wie er erzeugt wird und welche Wirkungen er hat. Es wird gelehrt, das Bewusstsein durch Töne in Einheit mit der kosmischen Schwingung zu bringen.

Frage: Ist dann moderne Musik sehr gefährlich, wo sie doch höchst unharmonisch ist?

Antwort: Gefährlich an ihr ist, dass sie zu großem Aufruhr führt. Ich will Ihnen davon erzählen, dass es eines Tages einen Militärempfang in New York im Waldorf Astoria gab, und vom Beginn des Abends an spielte eine Jazzband. Nachdem sie die Jazzband zwei, drei Stunden lang gehört hatten, wurden alle, die dort waren, verrückt, sie rasteten einfach aus. Bis drei oder vier Uhr nachts wurde gekämpft, gestritten und alle waren in großer Aufruhr. Kein Zweifel, dass sie am Morgen danach alle krank waren.

Frage: Aber ist nicht höhere Musik auch unharmonisch und dissonant?

Antwort: Ja, aber wie ich sagte, wir nennen Musik, die nicht der Seele dient, nicht „höhere Musik“. Höhere Musik berührt die Seele.

Frage: Wie findet man den richtigen Klang für einen bestimmten Zweck?

Antwort: Ich werde während dieser Sommerschule einige Vorträge zu diesem Thema halten und mehr dazu sagen.

Frage: Können Sie die subtile Heilung der Schwertschnitte in dieser Ekstase ein wenig mehr erklären? Wie ist das passiert?

Antwort: Nun, dieses Thema wurde von einem Arzt aus San Francisco, Dr. Abrams[6], gestreift. Er wusste intuitiv, obwohl alle Ärzte anderer Meinung waren, dass Krankheiten durch Schwingungen geheilt werden könnten. Dabei versuchte er zu der Zeit allerdings, die Kraft der elektrischen Schwingung zu erkunden, nicht die Macht der Schwingung von Worten. Das Prinzip ist jedoch dasselbe. Das Prinzip ist, dass er die Schwingungsfrequenz des Körpers nahm und die Körperteile mit derselben elektrischen Schwingung behandelte. Er erzielte damit einige gute Resultate. Es ist ein Thema, das mindestens ein Jahrhundert Arbeit erfordert, um verlässliche Ergebnisse zu erbringen.

Ich ging zu dem Institut, um zu sehen, wie weit sie gekommen waren, und fand heraus, dass sie eine Person als Medium einsetzten. Diese Person fühlt in einem bestimmten Teil ihres Körpers die Schwingungen des Bluttropfens, den sie in ihrer Hand hält. Die Schwingungen des Blutstrop-

6 Dr. Albert Abrams (1863-1924)

fens wandern durch ihren Körper und sie spürt sie in einem bestimmten Bereich ihres Körpers. Auf diese Weise finden sie die Schwingungsfrequenz des Blutes. Zweifellos ein riesiges Unterfangen. Es ist nur ein Anfang und daher ist noch kein Ende der Irrtümer abzusehen. Gleichwohl könnte in vielen Jahren etwas daraus entstehen, was von großem Nutzen für die medizinische Welt sein kann, wenn die Leute dabeibleiben. Ich will durch dieses Beispiel sagen: Wenn Menschen sich selbst verletzen und augenblicklich geheilt sind, bedeutet das nur, dass sie durch Klang in ihrem Körper einen Zustand erzeugen können, bei dem sich die Körperschwingungen so ausrichten, dass alle Wunden sofort geheilt werden können. Würde sich diese Person, die sich schneidet, jedoch nicht in diesem Zustand befinden, würde sie nicht durch Schwingung geheilt.

Es muss in einer ganz bestimmten Stimmung geschehen; und die Schwingung muss eine ganz bestimmte Frequenz haben.

Im Osten gibt es eine Sufi-Schule, die sich Rifa'i nennt. Das Hauptthema ihrer Lehre ist, die Macht des Geistes über die Materie zu erhöhen. Es werden Experimente wie Feuer essen, ins Feuer springen oder Schnittverletzungen gemacht, um Herrschaft und Macht über die Materie zu gewinnen. Das Geheimnis des ganzen Phänomens ist, dass sie ihren Körper auf die Schwingungsfrequenz bringen, bei der ihn weder Feuer noch ein Schnitt berühren können, denn die Schwingungen sind genau wie die des Feuers. Deshalb ist das Feuer wirkungslos.

***

Frage: Sind diese Wesen immer noch für unsere Augen sichtbar, wenn sie in einem solchen Zustand sind?

Antwort: Hierher (nach New York) kam ein *fakir und gab Vorstellungen im Theater.*

Frage: Sind diese Töne Luftschwingungen oder sind sie feinere innere Schwingungen, zum Beispiel ätherische Schwingungen?

Antwort: Es sind feinere Schwingungen. Die Luftschwingungen sind gar nichts, denn hinter jedem Wort ist Atem, und der Atem hat eine spirituelle Schwingung. Die Aktion des Atems ist physisch, gleichzeitig ist der Atem jedoch ein elektrischer Strom. Der Atem ist also nicht nur Luft, sondern auch elektrischer Strom, von daher ist er eine innere Schwingung.

Frage: Ist es für eine Seele, für jemanden mit gröberer Schwingung möglich, die eigene Schwingung zu verfeinern?

Antwort: Aber gewiss! Abgesehen von allem anderen: Wer sechs Wochen lang den *zikr* richtig geübt hat, bekommt eine veränderte Körperschwingung. Wer es richtig macht, wird feiner. Bringt die gröbste Person, und lasst sie den *zikr* machen; nach sechs Wochen wird sich die Schwingung dieser Person verändert haben.

Frage: Ist es möglich, während des menschlichen Lebens den tonlosen Ton zu hören?

Antwort: Ja. Die Seelen haben durch das Lauschen auf den tonlosen Ton den höchsten Punkt erreicht und dadurch erst entdeckt, dass es einen tonlosen Ton gibt.

Frage: Murshid, was meinen Sie mit dem tonlosen Ton?

Antwort: Klang wird mit den Ohren gehört, der tonlose Ton ist ohne Ohren hörbar.

Frage: Ist Gleichmut leichter auf der Dschinn-Ebene zu erreichen?

Antwort: Natürlich wird auf der Dschinn-Ebene alles leichter als auf der physischen Ebene. Aber gleichzeitig denke ich, dass wir nicht warten, bis wir auf der Dschinn-Ebene sind, um Gleichmut, Interesse oder irgendetwas anderes der Dschinn-Ebene zu erleben.

Frage: Ist es für diejenigen, die den tonlosen Klang hören können, das Gleiche wie Hellsichtigkeit?

Antwort: Es ist nicht notwendig, dass jemand hellsichtig oder mit der Gabe, den tonlosen Klang zu hören, geboren wird. Wenn jemand damit geboren wird, ist das kein Verdienst dieser Person. Ich denke, das Beste ist, so wie alle anderen zu sein, und doch alles, was nur möglich ist, zu entwickeln und zu erleben, alles, was latent im Menschsein vorhanden ist – und den anderen zu bestätigen, dass wir alle gleich sind. Immer ist alles latent in uns.

Frage: Indem wir uns entwickeln, erreichen wir es?

Antwort: Ja.

Frage: In „Die Seele woher und wohin?"[7] sagen Sie, dass der Geist ein Planet sei. Wie ist das zu verstehen? Ist der Geist irgendwo im Weltall?

Antwort: Wenn wir im Weltall sind, dann ist alles im Weltall. Sind wir nicht im All und ist der Geist nicht unser Selbst? Wenn wir also im All sind, ist es unser Geist auch. Wenn ich nun sagte, dass der Geist ein Planet ist, so wird diese Theorie eines Tages eine Realität werden, und zwar ist es die Realität, die wir das Jenseits nennen. Der Tag, an dem der Geist sich als Planet erweist, an diesem Tag sind wir im Jenseits.

Frage: Einige sagen, dass der Geist größer ist als wir?

Antwort: Ja, der Geist ist für uns im Innen und Außen. Er ist nicht klein genug, um in uns hineinzupassen, und er ist nicht so grob, als dass er nicht in unserem Inneren wäre. Er ist gleichermaßen in uns und außerhalb von uns.

Frage: Aber ist der Geist wirklich so groß, dass er das Universum umfasst?

Antwort: Das hängt davon ab, wie groß unser Geist ist. Der Körper erreicht eine bestimmte Größe und dann wächst er nicht weiter. Er dehnt sich so weit aus, wie es geht, und kann dann nicht weiterwachsen. Der Geist jedoch kann sich dehnen und ausweiten; er kann sich sogar so weit ausdehnen, dass sich das ganze Universum darin spiegeln kann, und er kann sogar noch weiter reichen. Er kann sogar größer als das Universum erscheinen.

---

7 Siehe: Die Sufi-Botschaft von Hazrat Inayat Khan: Centennial Edition, Band 1: Das Innere Leben, Verlag Heilbronn 2018

DIE WIRKUNG VON KLANG AUF DEN PHYSISCHEN KÖRPER

Alle Instrumente haben eine andere und jeweils spezifische Wirkung auf den physischen Körper, seien es nun Blasinstrumente, Saiteninstrumente mit Darm- oder Stahlsaiten oder Schlaginstrumente wie Trommeln oder Zimbeln.[1] Es gab eine Zeit, als die Denker das wussten und Klang zur Heilung und zu spirituellen Zwecken nutzten. Auf diesem Prinzip basierte die indische Musik; die unterschiedlichen Ragas und deren Töne dienten dazu, eine ganz bestimmte erhebende oder heilende Wirkung zu erzeugen.

Wenn wir nun einzelne Klänge und Töne sowie deren Wirkung auf den physischen Körper betrachten, tauchen wir tiefer in das Thema ein. Hauptsächlich in Indien finden wir Schlangenbeschwörer, die Schlangen oder Kobras aus ihrer Umgebung anlocken, indem sie ihr Instrument, ein Blasinstrument namens *pungi,* spielen. Das Experiment wurde schon oft gemacht und jedes Mal wurden alle Arten von Schlangen oder Kobras vom Klang der pungi angelockt. Zunächst kommen sie aus der Höhle, in der sie leben, dann bewegen sie sich immer näher an den Klang der pungi heran. Sie vergessen jenen Instinkt, sich vor den Angriffen von Menschen und anderen Gefahren zu schützen, den wir von allen Lebewesen kennen. In dieser Situation vergessen sie ihn vollständig. Sie sehen nichts und niemanden mehr und geraten in die Art von Ekstase, in der eine Kobra anfängt, ihren Kopf zu heben und ihn nach rechts und links zu bewegen. Solange das Instrument spielt, bewegt sich die Kobra in Ekstase. Das zeigt uns, dass es neben der spirituellen und psychischen Wirkung des Klangs auf die Menschen auch noch einen physischen Effekt gibt.

Aus metaphysischer Sicht ist der Atem der Lebensstrom, *prana,* und dieser Lebensstrom ist auch in anderen Dingen wie Därmen, Sehnen, Haut oder Trommeln. In dem Maß, wie dieser Lebensstrom hörbar wird, wie er lebendige Wesen berührt, vitalisiert er und verstärkt die Lebenskraft. Dies ist der Grund, weshalb die primitivsten Völker, die nur Trommeln

1 Vorlesung in Suresnes, Frankreich, am 12. Juli 1926

oder ein Blasinstrument haben, durch dauerhaftes Trommeln in solche Ekstase geraten.

Der große Erfolg der Musik der Jazzbands heutzutage beruht auf der gleichen Grundlage. Sie gibt dem Gehirn nicht viel über die technische Seite der Musik nachzudenken, sie belastet die Seele nicht mit spirituellen Dingen und beunruhigt das Herz nicht mit tiefen Gefühlen. Ohne das Herz oder die Seele zu belästigen, berührt sie den physischen Körper. Durch die Kontinuität, durch einen bestimmten Rhythmus und Klang erneuert sie die Kraft; sie gibt den Menschen – ich meine damit die Allgemeinheit – mehr Stärke, Vitalität und Interesse als Musik, die den Geist beansprucht. Sie lässt jene in Ruhe, die nicht spirituell erhoben werden wollen oder nicht an spirituelle Dinge glauben, und bewegt alle Anwesenden.

Versuchen wir die menschliche Stimme in Relation zu den Instrumenten zu betrachten, so ist dies unvergleichbar, denn die Stimme ist das Leben selbst. Weder Bewegungen, der Blick oder Berührungen, nicht einmal der Atem, der durch die Nasenlöcher strömt, sind so weitreichend wie die Stimme.

Es gibt drei Intensitätsgrade des Atemstroms. Ein Grad ist der einfache Atem, der durch die Nasenlöcher ein- und ausgeatmet wird. Dieser Strom fließt nach außen und hat eine gewisse Wirkung. Eine größere Intensität hat das Pusten: Wenn ein Mensch durch die Lippen bläst, wird der Atemstrom intensiver gelenkt. Heiler und Heilerinnen, die dieses Prinzip verstanden haben, machen davon Gebrauch. Der Atem hat seine höchste Intensität im Klang, denn der Atem wird vitalisiert, wenn er in Form von Schall auftritt.

Die orthodoxen Christen und Armenier im Nahen Osten verwendeten gewöhnlich in den Kirchen keine Orgel, stattdessen erklang ein Akkord oder Klang. Zehn oder zwölf Leute saßen dort und tönten mit geschlossenen Lippen. Und wenn jemand von Ihnen das gehört hätte, würden Sie ihnen zustimmen: Im Vergleich zu den Stimmen von zehn oder zwölf Menschen mit geschlossenen Lippen ist der Klang der Orgel sehr künstlich. Die Wirkung ist wunderbar und magisch. Sie reicht dermaßen weit und tief in das menschliche Herz und bewirkt ein derart religiöses Gefühl, dass keine Orgel erforderlich ist. Es klingt wie eine natürliche Orgel, die Gott geschaffen hat.

Brahmanen, die die Veden studieren, lernen nach wie vor nicht nur das, was dort geschrieben steht und was es bedeutet, sondern sie lernen auch, wie man jede Silbe, jeden einzelnen Klang ausspricht. Das studieren sie viele, viele Jahre lang. Brahmanen denken nicht, dass sie den Klang gelernt haben, wenn sie ihn einmal mit ihren Ohren gehört haben. Nein, sie glauben, dass tausend Wiederholungen notwendig sind, um Magnetismus aufzubauen, jenen notwendigen Lebensstrom, der nur durch Wiederholung erreicht wird.

Was bewirkt nun dieser Lebensstrom, der mit dem Atem kommt, sich durch die Stimme manifestiert und andere berührt? Auch wenn er über den Hörsinn direkt wahrgenommen wird, so berührt er doch alle fünf Sinne: den Sehsinn, den Hörsinn, den Geruchssinn, den Geschmacksinn und den Tastsinn. Stimmt es denn nicht, dass wir Menschen mit den Ohren hören? Wir Menschen hören mit jeder kleinen Pore unseres Körpers. Der Klang durchdringt das ganze Wesen, und entsprechend seiner spezifischen Wirkung verlangsamt oder beschleunigt er die Blutzirkulation, schwächt oder besänftigt das Nervensystem, erhebt jemanden in hohe Begeisterung oder beruhigt und bringt Frieden. Jeder Klang erzeugt einen ihm eigentümlichen Effekt. Das Wissen um den Klang kann für uns ein magisches Werkzeug werden, mit dem wir anderen helfen können, ihr Leben bestmöglich zu regenerieren, einzustimmen, zu beherrschen und zu nutzen.

Die Sänger im Altertum pflegten die Wirkung ihrer spirituellen Übungen zunächst bei sich selbst wahrzunehmen. Sie sangen eine halbe Stunde lang einen einzigen Ton und beobachteten die Wirkung des Tones auf all die verschiedenen Zentren ihres eigenen Körpers. Sie erkannten, welcher Lebensstrom hervorgerufen wurde, wie er die intuitiven Fähigkeiten anregte, wie er Begeisterung erzeugte, zusätzliche Energie gab, oder wie er beruhigte und heilte. Deshalb war all das für sie keine Theorie, es war Erfahrung. Wenn die Menschen das jedoch nicht richtig verstehen und nur wissen, dass Klang etwas mit dem Körper zu tun hat, meinen sie, sie könnten ihn nutzen; doch anstatt ihn richtig zu verwenden, gebrauchen sie ihn falsch.

Als der Maharadscha von Baroda von dieser Wissenschaft hörte, dachte er, dass er Musik in den Krankenhäusern einführen müsste. So wurden Sänger dorthin gesandt, die noch nie etwas über die Wirkung von Klang oder Gesang gehört hatten. Als die Sänger mit ihren technischen, traditionellen Liedern begannen, forderten die Patienten: „Oh, nehmt sie weg, schickt sie weg! Werft sie in den Fluss!“ Doch sie sangen dort auf den

Befehl des Maharadscha. Nach einer Woche wurden die Patienten kränker, und so musste der Maharadscha wieder einen Befehl erteilen: dass keine Musik mehr gebraucht würde.

Während meiner derzeitigen Reisen beobachtete ich Ähnliches; es gibt Menschen, die glauben, dass Musik eine große Wirkung auf die Gesundheit der Patienten hat. Anstelle der richtigen Musik verwenden sie aber die falsche und machen die Menschen damit kränker.

Klang wird als Strahlung sichtbar. Das zeigt, dass dieselbe Energie, die sich als Klang äußert, vom physischen Körper absorbiert wird, bevor sie sichtbar wird; auf diese Weise erholt sich der Körper und wird mit neuem Magnetismus aufgeladen.

Genaue psychologische Studien zeigen uns, dass Sänger einen größeren Magnetismus aufweisen als durchschnittliche Menschen. Durch ihre eigenen Übungen wirkt ihre Stimme auf sie selbst ein, sie erzeugen in sich selbst Elektrizität. Wann immer sie also üben, werden sie mit neuem Magnetismus aufgeladen. Das ist das Geheimnis des Magnetismus' von Sängern.

In der Frage nun, welches die falsche und welches die richtige Verwendung von Klang ist, hängt alles vom Einzelfall ab. Der Klang, der für den einen Fall richtig ist, mag im anderen falsch sein. Dies kann jedoch an der harmonischen oder unharmonischen Wirkung abgelesen werden, die er hervorruft. Jede Tonhöhe, die der natürlichen Tonlage unserer Stimme entspricht, hat, wenn sie gesungen wird, eine heilsame Wirkung auf uns und andere. Haben wir jedoch den Grundton der eigenen Stimme gefunden, dann haben wir den Schlüssel zu unserem eigenen Leben gefunden. Wir können dann durch den Grundton der eigenen Stimme unser Wesen erneuern, haben den Schlüssel zum eigenen Wesen und können anderen helfen.[2] Und doch gibt es viele Begebenheiten, wo dieses Wissen nicht ausreicht, denn dieses Wissen betrifft nur uns selbst – wir kennen unseren Ton und die natürliche Tonhöhe unserer Stimme.

Der große Schwachpunkt in der Welt des Singens heutzutage ist, dass die Sänger sich durch die Kommerzialisierung weit von dem entfernt haben, was wir eine natürliche Stimme nennen. Es wurden Konzerthallen für hundert und fünfhundert Menschen, schließlich für fünftau-

2 Dieses Verfahren ist bei uns heute als Grundtonbestimmung bekannt, der indische Physiker und Musiker Dr. Vemu Mukunda (1926-2000) hat es entwickelt und in Europa gelehrt.

send Menschen gebaut. Um von fünfhundert Personen gehört zu werden, müssen wir schreien, damit wir Erfolg haben. Dieser Erfolg liegt jedoch in der Kasse, der magische Charme der Stimme aber liegt in der natürlichen Stimme. Alle Menschen sind begabt. Gott hat jedem eine bestimmte Tonhöhe gegeben, einen natürlichen Ton, und wenn sich dieser Ton entwickelt, ist es Magie. Wir könnten Magie bewirken, aber wir denken an den Saal, in dem wir singen und wie laut wir schreien müssen.

Ein Mann aus Indien kam hier nach Paris zu Besuch; er ging zum ersten Mal in seinem Leben in die Oper, um die Musik dort zu hören, und versuchte sehr, sie zu genießen. Zuerst hörte er eine Sopranistin, die ihr Bestes gab; dann kam der Tenor oder Bariton, der mit ihr singen musste. Der Mann wurde sehr aufgebracht und sagte: „Jetzt schau, er ist gekommen, um es zu ruinieren!"

Nun zur Essenz, dem inneren Prinzip des Klangs: Je näher wir der Natur kommen, desto kraftvoller und magischer wird der Klang. Jeder Mann und jede Frau hat eine bestimmte Tonhöhe, und dann sagen die Musikproduzenten: „Also, das ist ein Sopran, das ist ein Bariton oder das ist ein Bass." Sie begrenzen, was nicht begrenzt werden kann. Wie kann es so viele Stimmen geben? Es gibt so viele Stimmen wie Seelen und sie können nicht klassifiziert werden. Sobald ein Sänger oder eine Sängerin klassifiziert ist, ist er oder sie verpflichtet, in dieser Tonhöhe zu singen. Wenn die Tonhöhe darüber ist, wird sie nicht gesungen, denn die Musikproduzenten sagen: Dies ist Sopran und kann nichts anderes sein. Außerdem ist eine Person angewiesen auf das, was die Komponisten geschrieben haben, die die Stimme dieser bestimmten Person nie kennengelernt haben. Die Komponisten haben nur für die gewählte Stimmlage geschrieben, für die eine oder für eine andere. Wenn wir jedoch in der vorgeschriebenen Tonhöhe singen müssen, verlieren wir unsere natürliche Stimmlage.

Abgesehen vom Singen, selbst beim Sprechen finden wir unter hundert Personen nur eine, die mit natürlicher Stimme spricht, und neunundneunzig, die nur nachahmen. Sie imitieren jemand anderen und wissen es nicht. Wir finden das, was wir bei Erwachsenen finden, auch bei kleinen Kindern. Ein kleines Kind hat die Neigung nachzuahmen. Alle fünf oder zehn Tage, jeden Monat verändern Kinder ihre Sprechweise, ihre Stimme, ihre Worte – sie verändern so viele Dinge! Und wo lernen die Kinder das? Von den anderen Kindern in der Schule. Sie sehen ein Kind auf bestimmte Weise gehen, gestikulieren, die Stirn runzeln, oder hören es sprechen.

Die Kinder wissen es nicht, aber sie lernen das und verändern sich weiter. Auf diese Weise verändern wir alle unsere Stimme und dadurch geht die natürliche Stimme verloren. Die eigene, natürliche Stimme zu bewahren ist eine große Stärke, doch es gelingt nicht immer, sie zu bewahren.

Wir müssen keine Sänger sein, um eine größere, eine gute und starke Wirkung von Stimme und Klang zu erzielen. Dazu müssen wir nur den Atem auf verschiede Weisen trainieren. Zunächst müssen wir wissen, wie Atmen geht. Dann müssen wir lernen zu pusten und wie wir ein Wort aussprechen. Wenn wir diese drei Arten üben, aktivieren wir die Kraft, die latent in jeder Seele verborgen ist.

Wenn ich darüber hinaus etwas nicht nur Einzelnen, sondern allen empfehlen möchte, würde ich sagen, dass wir keine Sänger sein müssen, um unsere Stimme zu üben. Es ist für jeden Menschen empfehlenswert, einen Teil des Tages, selbst wenn es nur kurze Zeit ist – fünf, zehn, fünfzehn Minuten – der Entfaltung unserer Stimme zu widmen.

***

Frage: Wie finden wir unseren Grundton, wenn er verloren wurde?

Antwort: Wo wurde er denn verloren? Wir haben ihn nur aus dem Blick verloren, aber er ist nicht gänzlich verloren. Es ist genauso, wie wenn die Leute sagen, sie haben ihre Seele verloren, aber unser Selbst ist unsere Seele. Wie kann da der Grundton verloren sein? Er ist da, wir müssen ihn finden, so wie auch das Selbst da ist; und doch gibt es nur einen unter vielen, der es findet.

Frage: Wie können wir der Neigung, alles nachzuahmen, am besten entkommen?

Antwort: Nun, die Neigung der Nachahmung ist durchaus auch nützlich. Wenn wir nicht nachahmen würden, würden wir die Sprache nicht lernen. Wenn wir nicht imitieren würden, wären wir nicht, wer wir sind. Nachahmung ist also nichts Schlechtes, solange wir es nicht übertreiben. Wir müssen wissen, was nachahmenswert ist und was nicht. Wenn wir blind alles nachahmen, was wir sehen, imitieren wir sowohl richtig als auch falsch.

Frage: Wird die Stimme nicht im *zikr*[3] entwickelt?

Antwort: Das ist das Beste, was wir tun können.

Frage: Wenn Sänger ihre Stimme anstrengen, übertönt sie andere und verdirbt alles; solche Sänger würden schlechte Kritiken bekommen und deshalb keine Engagements mehr.

Antwort: Das ist sehr wahr, und doch heißt eine Stimme zu entwickeln – sagen wir die Entwicklung einer natürlichen Stimme in eine unnatürliche – nicht unbedingt, sie zu strapazieren. Es macht die Stimme nur zu etwas ganz anderem, als ihr von der Natur gegeben wurde. So verliert sie die Magie. Die Natur gab uns eine bestimmte Art von Stimme, und diese repräsentiert den Geist, das Herz, die Seele, alles, was eine Person ausmacht. Unsere Entwicklung kann an unserer Stimme abgelesen werden. Nicht so, wenn unsere Stimme verändert wurde. Ich meinte nicht, dass wir die Stimme anstrengen müssten, um sie unnatürlich werden zu lassen. Es ist sehr leicht, unnatürlich zu werden.

Frage: Welche Art von Training würden Sie empfehlen, wenn jemand gern Sänger oder Sängerin werden möchte?

Antwort: Wenn ich Zeit hätte, würde ich diese Person fragen: „Haben Sie zwölf Jahre, in der Sie mir jeden Augenblick des Tages und auch viele Stunden der Nacht Ihre Aufmerksamkeit schenken würden?"

Frage: Wäre es gut für uns, sorgsam trainierte Chöre zu haben, anstelle einer Orgel für den Universellen Gottesdienst?

Antwort: Wenn wir dies tun würden, wären wir nicht mehr zeitgemäß.

Frage: Wie können wir sicher sein, dass die Note, die wir für unseren Grundton halten, auch wirklich der Grundton ist?

Antwort: Der Glaube ist die erste Wahrheit. Das Vertrauen ist die letzte Wahrheit. Fangen Sie einfach mit der ersten an und enden Sie mit der letzten.

---

3 Zikr: (persisch) wörtlich: „Erinnerung" Die heilige Praxis der Sufis, sich gesungen oder gesprochen, mit Mantras (deren Wortbedeutung mit dem Klang identisch ist) an den Urquell, das ewige Sein zu erinnern.

Frage: Hat nicht jeder Nerv seinen eigenen Klang?

Antwort: Ja, er hat seine eigene Schwingung, und die können wir Klang nennen.

Frage: Hat der Klang, den wir im Radio hören, dieselbe Wirkung wie auf natürlichem Weg?

Antwort: Ja, es ist genauso der natürliche Klang, der durch ein Werkzeug übertragen wird. Dadurch geht einiges verloren, und doch ist es immer noch ein Klang.

Frage: Gibt die Klangfarbe einer Stimme Aufschluss über die Qualität der Seele und ihre spirituelle Entwicklung?

Antwort: Ja.

Frage: Wenn wir spiritueller werden, beginnen wir dann nicht von Natur aus, unseren eigenen Ton zu benutzen?

*Antwort: J*a.

Frage: Ist für die Seher die Stimme nicht eine sichere Indikation für die Entwicklung einer Person?

Antwort: Gewiss.

Frage: Wie können wir unseren Grundton finden?

Antwort: Indem wir versuchen, ihn zu finden.

DIE STIMME

Die Stimme ist nicht nur ein Indikator für den Charakter einer Person, sie ist auch Ausdruck des Geistes dieser Person.[1] Die Stimme ist für diejenigen, die dies erkennen können, nicht nur hörbar, sondern auch sichtbar. In den ätherischen Ebenen hinterlässt die Stimme Spuren – Eindrücke, die wir nicht wirklich hörbar nennen können; sie sind gleichermaßen sichtbar. Die Wissenschaftler, die mit Klang experimentierten und auf bestimmten Platten Klangabdrücke erzeugen konnten, die als Formgebilde erscheinen, werden eines Tages herausfinden, dass die Eindrücke der Stimme in Wirklichkeit noch viel lebendiger sind, tiefer gehen und noch weit größere Wirkung haben. Klang kann lauter, aber nicht lebendiger als die Stimme sein. Weil sie dies wussten, betrachteten die Hindus der Antike Gesang als die erste Kunst, Schauspiel als die zweite Kunst und Tanz als die dritte Kunstform, die zusammen Musik ausmachen.[2] Die Hindus fanden heraus, dass wir durch diese drei Aspekte der Musik viel schneller als durch irgendetwas sonst Spiritualität erlangen. Singen ist der kürzeste Weg zu spirituellen Höhen. Deshalb waren auch die größten Propheten der Hindus Sänger: Narada[3] und Tumbara[4]. Narada inspirierte Valmiki, der die großen Schriften Ramayana[5] und Mahabharata[6] schrieb.

Es gibt drei Hauptarten von Stimmen: Die Jalal-Stimme, die Jamal-Stimme und die Kamal-Stimme. Die Jalal-Stimme weist auf Kraft hin, die

---

1 Vortrag in Suresnes, Frankreich, 28.Juli 1926

2 In Sanskrit heißen diese drei Kunstformen gayan – vadan – nirtan.

3 Narada: Er verkehrt nach hinduistischem Glauben zwischen den Göttern und Menschen und gilt deshalb als Götterbote. Er war der mythische Erfinder der Vina, dem Begriff für die ältesten Saiteninstrumente, und ist der Herr der Gandharven, der himmlischen Musikanten.

4 Tumbara (oder Tumburu): Er gilt als der beste der himmlischen Musiker (Gandharven) und als der beste Sänger.

5 Ramayana: Das nationale Heldenepos der Inder, das die Geschichte von Rama und Sita erzählt.

6 Mahabharata: „Die große Geschichte der Bharatas" ist das bekannteste indische Epos. Man nimmt an, dass es erstmals zwischen 400 v. Chr. und 400 n. Chr. niedergeschrieben wurde, aber auf älteren Traditionen beruht.

Jamal-Stimme auf Schönheit und die Kamal-Stimme auf Weisheit. Wenn Sie das Alltagsleben sorgfältig beobachten, werden sie feststellen, dass Sie manchmal schon ärgerlich werden, bevor jemand einen Satz beendet hat. Das liegt nicht an dem, was die Person sagte, sondern an ihrer Stimme. Sie werden auch bemerken – vielleicht nicht jeden Tag, jedoch manchmal – dass Sie etwas für immer behalten, was Sie jemanden nur einmal sagen hörten. So etwas ist immer mit einem schönen Gefühl verbunden, immer erleichternd, heilsam, erhebend oder inspirierend.

Es kann sein, dass Ärzte ihre Patienten durch ihre Stimme verängstigen, und dass die Patienten durch die unharmonische Stimme des Arztes noch kränker werden. Andere Ärzte können die Patienten durch ihre Stimme behandeln, ihnen geht es dann schon besser, ehe die Medizin eintrifft. Die Ärzte geben Medizin, aber es kommt auf die Stimme an, mit der der Arzt zu den Patienten spricht. Sind in der Weltgeschichte nicht Soldaten Hunderte Meilen mit Kraft und Elan marschiert, obwohl sie nicht wussten, was sie erwartete, nur weil sie die Stimme ihres Kommandanten hörten: „Marsch!" Es schien, als ob alle Furcht und Angst verschwunden sei und ihnen Kraft und Vitalität zuflossen. Vielleicht haben sie auch von der Stimme eines Kommandanten gehört, der „Feuer!" rief, und die Soldaten drehten sich um und feuerten auf ihn? Auch das ist Stimme.

Stimme ist wie Wein. Sie kann der beste Wein oder der schlimmste Fusel sein; sie kann Menschen krank machen oder aufmuntern.

Fünf verschieden Qualitäten der Stimme sind mit dem besonderen Charakter jeder Person verbunden: die Erd-, Wasser-, Feuer-, Luft- und Ätherqualität. Die Erdeigenschaft der Stimme gibt Hoffnung, ermutigt und verführt. Die Wassereigenschaft berauscht, beruhigt, heilt und erhebt. Die Feuereigenschaft beeindruckt, rüttelt auf, erregt, ängstigt und weckt gleichzeitig auf, denn meist werden Warnungen mit einer feurigen Stimme ausgesprochen. Das Neue Testament[7] erzählt mit dem Wort „Feuerzungen" von dieser Stimme, die vor kommenden Gefahren warnte. Sie sollte die Menschen alarmieren, um aus ihrem Schlaf zu einem größeren, einem höheren Bewusstsein zu erwachen. Und dann gibt es da noch die Lufteigenschaft der Stimme, die erhebend und aufstrebend ist, uns weit macht und hoch über die irdische Welt erhebt. Die Äthereigenschaft der Stimme schließlich inspiriert uns, heilt, vermittelt Frieden, gleicht aus, überzeugt, ist anziehend und gleichzeitig höchst berauschend.

---

7 Apostelgeschichte 2:3

In jeder Jalal-Stimme, jeder Jamal-Stimme und jeder Kamal-Stimme ist die eine oder andere dieser fünf Qualitäten dominant und hat eine entsprechende Wirkung.

Das wunderbarste beim Studium der Stimme ist, dass wir an der Stimme den Werdegang und die Entwicklungsstufe eines Menschen ablesen können. Wir müssen dazu die Person nicht sehen. Allein die Stimme sagt uns, wo diese Person steht und wie weit sie entwickelt ist. In der Stimme einer Person wird zweifelsohne ihr Charakter offenkundig, er tritt in ihr sonnenklar zutage.

In der Wissenschaft der Stimme finden wir noch etwas höchst Erstaunliches: Glückliche Menschen haben eine andere Stimme als Menschen, die nicht vom Glück verwöhnt wurden. Wenn wir fünf Personen zusammenbringen, die wirklich vom Glück begünstigt wurden, und ihren Stimmen lauschen, so finden wir einen großen Unterschied zwischen diesen und gewöhnlichen Stimmen.

Auch bei großartigen Menschen, gleich aus welchem Bereich sie kommen, können wir einen Unterschied feststellen, wenn wir ihre Stimmen mit den Stimmen anderer vergleichen – ich meine hier die Sprechstimme. Betrachten wir hingegen das Singen, ist das etwas ganz anderes, denn heute ist die Kunst des Singens so künstlich wie nur irgend möglich geworden. In der Ausbildung geht es nicht darum, das zu entwickeln, was natürlich vorhanden ist. Hauptsächlich geht es darum, der Stimme etwas hinzuzufügen, das ihr nicht natürlicherweise entspricht. Wenn Menschen nach der heutigen Methode singen, haben sie eine fremde Stimme. Eine Person kann großen Erfolg haben und so singen, dass Tausende Menschen sie hören können, aber es hat nichts mit dem Charakter der Person zu tun. Die Person singt nicht mit natürlicher Stimme. Deshalb können wir den Entwicklungsstand dieser Person nicht an ihrer Stimme ablesen; die wahren Charaktereigenschaften einer Person erkennen wir an ihrer Sprechstimme.

Und noch etwas müssen wir verstehen: die leise und die laute Stimme. Manchmal ist die Stimme leiser und manchmal ist die Stimme lauter. Das weist auf den Zustand des Geistes zu dieser bestimmten Zeit hin. Manchmal ist der Geist sanft und die Stimme wird weicher. Manchmal ist der Geist fester und mit der Härte des Geistes wird auch die Stimme härter. Um jemanden zu schelten, müssen Sie Ihre Stimme nicht hart machen, die Stimme wird ganz natürlich härter. Genauso müssen Sie Ihre Stimme nicht sanft machen, um mit einer Person mitzufühlen oder Ihre Dankbarkeit, Ihre Liebe, Ihre Anhänglichkeit oder Ihre Zuneigung auszudrücken. Ihre Stimme wird sanft, noch bevor Sie es fühlen können oder darüber nachdenken. Das zeigt, dass die Stimme ein Ausdruck des Geistes ist. Wenn der Geist sanft ist, wird die Stimme sanft; wenn der Geist hart ist, wird die Stimme hart; wenn der Geist machtvoll ist, hat die Stimme Kraft; wenn der Geist seinen Elan verloren hat, verliert die Stimme ihre Kraft.

Inspiration wählt ihre eigene Stimme. Wenn Sprecher ihre Stimme dem Saal anpassen müssen, in dem sie sprechen, geht die Inspiration verloren, denn die Inspiration fängt an zu fühlen: „Das ist nicht meine Stimme, sie kommt nicht." Deshalb müssen die Sprecher doppelt kämpfen. Einmal kämpfen sie, weil sie ohne Inspiration sprechen müssen, und zum anderen, weil sie für all die Menschen dort hörbar sein müssen. Das geht nicht. Heutzutage haben die Menschen bestimmte Sprechweisen angenommen und nennen sie Vortragstechnik, die neue Methode der Vortragstechnik. Ich hörte einmal an einem Ort einen Sprecher mit dieser Technik. Er schrie so laut, als würden zehn Menschen gleichzeitig im Saal schreien. Alle dachten, wie wunderbar! Aber welchen Eindruck hinterließ er? Keinen.

Heute haben die Menschen vom Funk eine Art Horn konstruiert, das sie in den Bahnhöfen der Vereinigten Staaten benutzen. Jemand nimmt dieses Horn[8] und spricht. Dabei wird die Stimme dieser Person zwanzigfach verstärkt. Das ist für Handel- und Geschäftsangelegenheiten in Ordnung. Es ist jedoch etwas ganz anderes, wenn es um das Leben selbst geht, um Konversation, um Gespräche mit unseren Freunden. Wenn Sie mit einer oder mehreren Personen sprechen, ist das eine sehr psychologische Angelegenheit, denn dann geschieht etwas, was einen Widerhall im Kosmos findet. Kein Wort, das je gesprochen wurde, ist verloren. Es bleibt und schwingt, und es schwingt so wie der Geist, der hineingelegt wurde. Wenn wir unsere Stimme verkünsteln, um Menschen zu beeindrucken, zu überzeugen oder um hörbarer zu sein, heißt das nur, dass wir unserem Geist nicht treu sind. Das darf nicht sein. Es wäre besser, mit Einzelpersonen oder auch mit mehreren natürlich zu sprechen, als zu einer anderen Person zu werden.

Und nun zum Singen: Es gibt bestimmte Dinge, die in der Stimme bewahrt werden müssen, sosehr sich die Stimme auch entwickeln mag,

8 Megafon

so groß das Volumen der Stimme auch sein mag, oder wie weit die Stimme auch tragen mag und durch Übung dazu gebracht werden soll. Wir sollten uns dafür verantwortlich fühlen, in jeder Entwicklungsphase unsere natürliche Stimme zu bewahren, damit sie nicht verletzt wird. Das heißt nicht, dass wir keine tragende Stimme haben oder unsere Stimme kein großes Volumen oder keine Kraft und Flexibilität aufweisen sollte. Alles, was die Stimme aufwertet, ist wichtig. Die Stimme sollte auch durch Übung entwickelt werden – und doch müssen wir im Hinterkopf behalten, dass wir dabei nicht die Natürlichkeit unserer Stimme opfern dürfen. Jeder Mensch sollte wissen, dass keine Stimme ist wie die eigene, und wenn diese Eigenart, die jede Seele in ihrer natürlichen Stimme ausdrückt, verloren geht, dann bleibt darin nichts zurück. Außerdem ist jeder Mensch ein Instrument in dem Orchester, das das ganze Universum ausmacht, und jede Stimme ist die Musik eines der Instrumente. Jedes Instrument ist anders, einzigartig und charakteristisch. Keine andere Stimme kann an die Stelle dieser bestimmten Stimme treten. Würden wir also nicht zulassen, dass jene Musik, die Gott in der Welt mit dem von ihm geschaffenen Instrument spielen will, natürlich gespielt wird, so wäre das grausam gegenüber uns selbst und anderen. Wir tun dies, wenn wir eine Stimme entwickeln, die nicht unsere eigene ist.

Für Menschen auf dem spirituellen Weg – Denker, Studierende und meditative Seelen – ist es von höchster Wichtigkeit, von Zeit zu Zeit ihre Stimme zu befragen, um den Zustand ihres Geistes zu erkennen. Sie ist das Thermometer. Von morgens bis abends können sie daran das Wetter ablesen – das Wetter, das sie selbst erzeugen: warmes oder kaltes Wetter, Frühling oder Winter. Unsere eigene Stimme ist das Barometer, dieses Instrument, das anzeigt, was kommen wird; denn was kommen wird, ist die Reaktion, das Ergebnis dessen, was geschaffen wurde, und die Stimme zeigt es an. Wer noch tiefer in das Thema eintaucht, wird erkennen, wie wir Schritt für Schritt auf dem spirituellen Weg voranschreiten, wenn wir nur unsere Stimme zurate ziehen. Jeder Schritt auf dem spirituellen Weg bringt eine kleine Veränderung mit sich, durch genaues Studium finden wir das bestätigt. Wenn wir dann zurückschauen, erkennen wir an der Veränderung, ob wir weitergekommen sind oder ob wir Rückschritte gemacht haben. Die Stimme wird es uns sagen.

Und es gibt noch einen weiteren wunderbaren Aspekt an der Stimme: Selbst wenn wir sie Monate und Jahre vernachlässigt haben und sie eine andere Form, ein anderes Aussehen angenommen hat, so bleibt doch immer in uns erhalten, was wir einmal entwickelt haben, als wir mit der Stimme arbeiteten, sie kultiviert, vertieft, erweitert und belebt haben. An dem Tag, an dem wir wieder in Berührung damit kommen, wird alles wieder da sein, und es wird nur sehr wenig Zeit brauchen, es zu vollenden. Sollte die Stimme eine spirituelle Eigenschaft entwickelt haben, und wir stellen irgendwann fest, dass diese spirituelle Qualität verloren gegangen ist, dürfen wir nicht entmutigt oder enttäuscht sein. Wir müssen uns nur selbst korrigieren, bedauern, dass wir rückwärts gegangen waren, und wieder nach vorne blicken. Seien Sie nie entmutigt oder ohne Hoffnung, denn alles ist da. Es braucht nur einen kleinen Schubser. Es ist wie bei einer kleinen Kerze, die erloschen ist – sobald wir ein Streichholz anzünden, wird sie neu entfacht. Die Stimme ist das Licht selbst. Wenn das Licht schwach geworden ist, ist es deshalb nicht erloschen, es ist noch da. Das Gleiche gilt für die Stimme. Wenn sie nicht strahlt, heißt das nur, dass sie nicht kultiviert wurde. Wir müssen sie nur wieder kultivieren, damit sie wieder zu strahlen beginnt.

Ich möchte Ihnen auch noch etwas Lustiges zu diesem Thema erzählen. Manchmal kommt jemand zu uns und erzählt uns etwas, und irgendwann sagt diese Person: „hmm, hmm“, dann sagt sie wieder ein Wort und macht wieder dasselbe. Es kann sein, dass sie erkältet ist oder so etwas. Vielleicht hat die Person aber auch keine Erkältung und tut es trotzdem. Warum? Weil diese Person versucht, etwas aus dem Verstand hervorzuholen, und es kommt nicht schnell genug. Der gleiche Zustand, der im Geist herrscht, zeigt sich auch in der Stimme. Die Person möchte es sagen, kann es aber nicht, weil die Stimme nicht funktioniert, wenn der Verstand nicht funktioniert. Wenn im Verstand ein Hindernis, eine Blockade ist, ist diese auch in der Stimme.

***

Frage: Ist es ratsam, die eigene Stimme zu trainieren, auch wenn man nicht viel Stimme hat?

Antwort: Ich frage: Ist es ratsam, sportliche Übungen zu machen, auch wenn wir sehr dünn sind? Wenn wir dünn sind, ist es sogar noch wichtiger, sportliche Übungen zu machen. Also ist es umso wichtiger, die Stimme zu entwickeln, wenn wir keine haben.

Frage: Welche Ebenen werden von der Stimme beeinflusst?

Antwort: Alle Ebenen, jede Ebene.

Frage: Wie sollten Menschen, die keine Sänger sind, ihre Stimme pflegen? Und stimmt es, dass Menschen, die keine Gesangsschüler sind, eine viel weniger kraftvolle Stimme haben?

Antwort: Manchmal haben Menschen, die keine Sänger sind, eine viel kraftvollere Stimme. Sie können Sänger erschrecken!

Frage: Wie können wir unsere Stimme entwickeln?

Antwort: Wir sollten einen Stimmlehrer aufsuchen.

Frage: Verändert sich die Stimme durch die Ehe? Und auf welche Weise?

Antwort: Ja, die Stimme ändert die Tonhöhe in jedem Alter, in der Kindheit, der Jugend und bei jedem Entwicklungsschritt. Das hohe Alter ist ein Ausdruck dessen, was wir erreicht haben, und so ist die Stimme auch ein Indikator für die Leistung einer Person. Wie ich bereits sagte, bewirkt das fortschreitende Alter einer Person zweifellos genauso einen Unterschied in der Stimme wie die spirituelle Entwicklung. Daher ist jede Lebenserfahrung eine Art Einweihung. Selbst im weltlichen Leben ist sie ein Schritt voran, deshalb verändert jede Erfahrung die Stimme eines Menschen.

Frage: Beeinflussen die Worte, die wir in der Vergangenheit gesprochen haben, weiterhin unser Leben?

Antwort: Gewiss, sicherlich!

Frage: Ist nicht auch das Lachen eines Menschen charakteristisch für das Entwicklungsstadium dieses Menschen?

Antwort: Alles: Lachen, Tränen, Lächeln, Stimme, Gehen, Sitzen, Stehen und Bewegungen – alles, was wir tun, ist ein Hinweis auf den spirituellen Entwicklungsstand.

Frage: Würden Sie ein paar Worte über die moderne Kunst der Deklamation oder Rezitation sagen?

Antwort: Dazu ist wenig zu sagen, denn sehr oft denken die Menschen, dass sie eine andere Stimme haben oder zu einem anderen Wesen werden müssen, wenn sie etwas vortragen sollen. Sie wollen nicht bleiben, was sie sind, sie wollen anders sein. Es gibt jedoch nichts Schöneres, nichts Überzeugenderes, Ansprechenderes und Beeindruckenderes, als mit der eigenen natürlichen Stimme vorzutragen.

Frage: Gibt es einen Zusammenhang zwischen der Klangfarbe einer Stimme und den fünf Elementen?

Antwort: Nun, wie ich sagte, wird jedes Element, das in einem Menschen vorherrscht, durch die Stimme ausgedrückt.

Frage: Was ist mächtiger? Etwas mental zu sagen oder es laut auszusprechen?

Antwort: Wenn Sie es mental sagen und nicht aussprechen, ist es machtvoll. Wenn sie es aussprechen und nicht mental sagen, ist es machtlos. Wenn sie es jedoch mental sagen und gleichzeitig aussprechen, ist es am mächtigsten.

Frage: Wie kam es, dass Tansen durch seinen Gesang eine Kerze anzündete?

Antwort: Tansen war ein Yogi. Er war Sänger, aber ein Yogi des Gesangs, und er beherrschte die Klänge. Dadurch wurde der Klang seiner Stimme lebendig. Durch den lebendigen Klang seiner Stimme geschah alles, was er wollte. Nur sehr wenige in dieser Welt wissen, in welchem Ausmaß Phänomene durch die Kraft der Stimme erzeugt werden können. Wenn wir einen echten Hinweis auf Wunder, Phänomene und Erstaunliches finden, dann in der Stimme.

Frage: Wie erklären Sie, dass es Menschen gibt, die kein Gefühl für Musik haben?

Antwort: Ich kann es nur so erklären, dass das Gefühl noch nicht entstanden ist. Sie haben das Gefühl noch nicht ausgebildet. An dem Tag, an dem sie beginnen, das Leben selbst zu spüren, werden sie auch Musik genießen können.

DAS GEHEIMNIS VON KLANG UND FARBE

Die Anziehungskraft von Farbe und Klang wirft die Frage auf, ob sich dahinter ein Geheimnis verbirgt, ob es eine erlernbare Sprache von Farbe und Klang gibt.[1] Die Antwort ist, dass die Sprache von Farbe und Klang die Sprache der Seele ist, doch unsere äußere Sprache verwirrt uns hinsichtlich der Bedeutung dieser inneren Sprache. Farbe und Klang sind die Sprache des Lebens. Auf jeder Ebene der Existenz drückt sich das Leben in Form von Klang und Farbe aus. Doch sind die äußeren Erscheinungsformen des Lebens so starr und dicht, dass das Geheimnis ihrer Natur und Eigenart darunter verborgen wird.

Warum bezeichnen Mystiker die Welt als Illusion? Weil es zum Wesen der Manifestation gehört, ihr eigenes Geheimnis in sich selbst zu bewahren und sich in einer so starren Form zu präsentieren, dass die Feinheit, die Schönheit und das Geheimnis ihres Wesens in ihr verborgen bleiben. Deshalb gehen die Wahrheitssuchenden, die Schüler des Lebens, zwei entgegengesetzte Wege. Die einen wollen von seinem äußeren Erscheinungsbild lernen, die anderen wollen das Geheimnis ergründen, das sich dahinter verbirgt. Wer von außen lernt, erwirbt das Wissen über das Äußere, wir nennen dies Wissenschaft. Mystiker hingegen sind diejenigen, die im Inneren herausfinden, was in dieser Manifestation verborgen ist. Das Wissen, das diese gewinnen, nennen wir Mystik.

Die erste Frage, die intelligenten Menschen in den Sinn kommt, ist: „Was an Farbe und Klang ist so attraktiv für die Menschen?" Meine Antwort: „Es sind Ton und Rhythmus von Klang und Farbe, die den Ton und Rhythmus unseres Wesens beeinflussen." Unser Sein besteht in der Fähigkeit, mit Ton und Rhythmus von Klang und Farbe in Resonanz zu gehen. Diese Fähigkeit ermöglicht es uns, von Klang und Farbe beeinflusst zu werden, sodass einige eine Vorliebe für die eine Farbe entwickeln, andere eine Vorliebe für eine andere Farbe. Was den Klang betrifft, so werden verschiedene Menschen von unterschiedlichen Klangfarben angezogen. Bei den Stimmen werden einige von Bartion- oder Bassstimmen angezogen, andere von Tenor oder Sopran. Manchen gefällt der tiefe Klang des

1 Vortrag in der Paul Elder Gallery, San Francisco, Kalifornien, am 25.April 1925

Cellos, andere interessieren sich für den Klang der Geige, einige können sogar den kräftigen Klang von Horn und Posaune genießen, wieder andere bevorzugen die Flöte. Worauf weist das hin? Es zeigt, dass unsere Herzen, unsere Wesen eine bestimmte Auffassungsgabe haben, und es hängt von dieser besonderen Auffassungsgabe ab, welche Art von Klang uns gefällt.

Genauso hängt es vom Grad unserer Entwicklung, von unserem Charakter, unserem Wesen ab, ob wir grob oder fein sind und auch vom Temperament, ob wir eher praktisch veranlagt sind oder verträumt, ob wir das Drama des Lebens lieben oder uns in die gewöhnlichen Dinge des Lebens vertiefen. Farbe und Klang haben, je nach Zustand, Temperament und Entwicklung eines Menschen, ihre Wirkung auf diese Person. Dass wir so häufig unsere Lieblingsfarben wechseln, ist ein Beweis dafür. Zu einer Zeit schwärmen wir für Rot, in einer anderen sehnen wir uns danach, Lila zu sehen, dann gibt es Zeiten, in denen wir von Malve träumen. Vielleicht kommt eine Zeit, in der wir eine Vorliebe für Blau, Gelb oder Orange entwickeln. Manche mögen dunkle, andere helle Farben. All das hängt von unserem Temperament und Entwicklungsgrad ab.

Jede Art von Musik spricht irgendjemanden an. Die beste oder die schlimmste, es gibt immer solche, die sie lieben. Haben wir nicht beobachtet, wie Kinder sich mit einer kleinen Blechdose und einem Stock vergnügen können? Der Rhythmus entspricht ihrer Genussfähigkeit. Die menschliche Natur ist so beschaffen, dass, wenn wir alles zusammennehmen, sie alles in sich aufnehmen kann – vom Höchsten bis zum Niedrigsten. Ihre Aufnahmefähigkeit ist so groß, dass sie nichts auslässt. Alles hat seinen Platz und alles wird in die menschliche Natur integriert. Und doch sind da auch Aktion und Reaktion. Es ist nicht nur so, dass unsere Entwicklungsstufen unsere Vorlieben für verschiedene Farben und Töne verändern – die Farben und Töne unterstützen uns auch in unserer Entwicklung und verändern unsere Entwicklungsgeschwindigkeit.

Häufig legen Menschen großen Wert auf Farbe und Ton, so sehr, dass sie vergessen, was dahintersteckt, und das führt zu viel Aberglauben, Fantasien und Vorstellungen. Viele Menschen haben einfachere Gemüter getäuscht, indem sie ihnen sagten, welche Farbe oder welche Note zu ihrem Leben gehören würde. Und die Menschen sind nur allzu empfänglich für alles, was sie verwirren kann und ihnen Rätsel aufgibt. Sie sind so leicht bereit, sich täuschen zu lassen. Sie lieben es, wenn ihnen jemand sagt, ihre Farbe sei Gelb oder Grün, oder ihre Note sei ein C, D oder F auf dem Klavier. Es interessiert sie nicht, warum. Es ist, als würden wir jemandem sagen, dass Mittwoch sein Tag sei, und Dienstag ist der Tag eines anderen. Tatsächlich gehören uns alle Tage und auch alle Farben. Die Menschen sind Meister über alle Erscheinungsformen. Es ist an uns, sämtliche Farben und Töne zu verwenden; sie stehen uns zur Verfügung. Wir können sie nutzen und das Beste daraus machen.

Es wäre sehr schade, wenn wir nur einer Farbe oder einem Ton unterworfen wären. Darin wäre kein Leben, sondern eine Form des Todes. Treppen sind für unseren Aufstieg gedacht, nicht, damit wir auf der Stelle treten. Jede Stufe ist unsere Stufe, wir müssen sie nur gehen.

Nun zur mystischen Sichtweise: Die Intelligenz wird sich der Manifestation zunächst als Klang bewusst, dann kommen Licht und Farbe. Beweise dafür finden wir sowohl in der Bibel als auch im Vedanta. Die Bibel sagt: „Am Anfang war das Wort, und das Wort war Gott.“[2] An anderer Stelle heißt es, dass zuerst das Wort war, dann kam das Licht.[3]

Was ist Farbe? Sie ist ein Aspekt des Lichts. Im Vedanta lesen wir dann, dass der erste Aspekt des Schöpfers, der Quelle, aus der die ganze Schöpfung entsprang, Klang war. Im Koran heißt es, dass der erste Befehl ein Klang war, durch den alles manifestiert wurde.[4]

Sämtliche Mystikerinnen, Propheten und großen Denkerinnen der Welt gaben, um die Schöpfungsgeschichte zu erzählen, zu allen Zeiten dem Klang den ersten Platz. Sogar die Wissenschaftler von heute sagen dasselbe. Sie nennen es Radium, Atom oder Elektron, doch nachdem sie alle Atome und Substanzen abgehandelt haben, kommen sie zu etwas, das sie Bewegung nennen. Bewegung ist Schwingung. Und die Wirkung der Schwingung nennen wir Klang. Bewegung spricht, und Sprache nennen wir Klang, weil sie hörbar ist. Wenn wir sie nicht hören, dann nur, weil unsere Wahrnehmungsfähigkeit dafür nicht ausreicht. Die Ursache des Klangs ist Bewegung und Bewegung ist immer da. Das bedeutet, dass die Existenz von Bewegung nicht von unserer Wahrnehmungsfähigkeit abhängt.

Und was ist Farbe? Farbe ist auch Bewegung. Unsere Wahrnehmungsfähigkeit macht Farbe konkret für unser Sehen. Gleichzeitig ist aber jede Farbe für jeden Menschen anders, auch wenn wir sie grün, rot oder gelb

---

2 Johannesevangelium 1:1
3 Genesis 1:3
4 Koran 2:117

nennen. Genauso sehen wir Menschen die feinen Farbabstimmungen nicht in gleicher Weise, da unsere Wahrnehmungsfähigkeit verschieden ist. Der Farbton richtet sich nach unserer Fähigkeit, ihn wahrzunehmen. Mit anderen Worten: Nicht die Töne oder Farben sind in ihrer Wertigkeit verschieden; der Unterschied besteht vielmehr darin, wie wir sie wahrnehmen oder fühlen. Wir unterscheiden sie nur in ihrer Beziehung zu uns.

Das Konzept der fünf Elemente, das die Mystiker und Mystikerinnen seit jeher kennen, lässt sich wissenschaftlich nicht erklären, da die Mystiker ihre eigene Sinngebung haben. Obwohl sie Äther, Wasser, Feuer, Luft und Erde genannt werden können, sollten wir das nicht wörtlich nehmen. Aus Sicht der Mystiker unterscheiden sie sich in ihrem Wesen und Charakter. Weil wir aber spärlich mit Worten ausgestattet sind, können wir diesen Elementen keine anderen Namen geben, auch wenn es im Sanskrit andere Namen für diese Elemente gibt. So ist „Äther" nicht der Äther im wissenschaftlichen Sinn: Er bedeutet Kapazität, Raum. „Wasser" bedeutet nicht Wasser, wie wir es in der Alltagssprache verstehen: Es ist das Flüssige. „Feuer" wird anders verstanden: Es meint Glühen, Hitze, Trockenheit oder Strahlung, alles, was lebt. Alle diese Worte deuten auf mehr hin, als wir mit Erde, Feuer, Wasser und so weiter meinen.

Die Funktionsweise dieser fünf Elemente unterscheidet sich nun durch verschiedene Farben und Klänge. Die fünf Elemente werden durch Klang wiedergegeben. Unter den Tonleitern, die in Indien und China als Ragas bezeichnet werden, gilt der Raga aus fünf Tönen als der reizvollste; auch ich selbst erlebe die Skala aus fünf Tönen als viel anziehender als die Skala mit sieben Tönen. Der Skala mit sieben Tönen fehlt ein entscheidender Einfluss, den die Skala mit fünf Tönen besitzt.[5] In der Antike waren die Tonleitern, mit denen Wunder vollbracht wurden, meist die Skalen mit fünf Tönen.

Wir erkennen nun, dass es einen Zusammenhang zwischen Klang und Farbe gibt. Unsere erste Tendenz ist, die Augen zu öffnen, wenn wir etwas hören, um vielleicht dessen Farbe zu erkennen. So geht das aber nicht. Farbe ist eine Sprache. Leben, das hörbar ist, ist auch sichtbar – aber wo? Es ist im Innern sichtbar. Unser Fehler ist, danach im Äußeren zu

5 Skala oder Tonleiter mit fünf Tönen: Diese wird bei uns Pentatonik genannt. Das ist die Tonart, die jedes Kind als erstes erfindet oder kennenlernt.

suchen. Wenn wir Musik hören, würden wir gern ihre Farbe vor uns sehen. Jede Aktivität der äußeren Welt ist aber eine Art Reaktion, also ein Schatten der Aktivität, die dahintersteckt, die wir nicht sehen. Und es gibt einen Zeitunterschied. Etwas, das zwölf Stunden zuvor geschah, zeigt sich jetzt als Farbe im Äußeren. Das ist auch der Hintergrund für die Frage nach der Wirkung von Träumen auf das Leben. Etwas, das wir in der Nacht im Traum gesehen haben, zeigt seine Wirkung am Morgen vielleicht sogar erst in einer Woche. Dies zeigt uns, dass es etwas gibt, das hinter den Kulissen stattfindet und sich auf das äußere Leben auswirkt – je nachdem, worauf unsere Aktivitäten im äußeren Leben ausgerichtet sind.

Aus diesem Grund können Seher oder Mystikerinnen sehr oft schon im Vorfeld die eigene Verfassung sowie die der anderen erkennen; was kommen wird, was vergangen ist, oder was gerade passiert oder in der Ferne passiert, denn sie kennen die Sprache von Klang und Farbe. Die Frage ist nur, auf welcher Ebene sie die Sprache von Klang und Farbe kennen. Wie zeigt sie sich ihnen? Wir können das nicht auf ein bestimmtes Regelwerk begrenzen, und doch hat es eine gewisse Gesetzmäßigkeit. Sie erkennen sie an ihrem Atem. Die ganze Kultur der spirituellen Entwicklung beruht daher auf der Wissenschaft des Atems. Was ließ die Yogis und Mystiker Ereignisse der Vergangenheit, Gegenwart und Zukunft erkennen? Ein bestimmtes Gesetz, ein feineres System hinter dem Mechanismus. Und wie kann dieses erkannt werden? Indem wir den inneren Blick auf unser Selbst richten.

Nach Ansicht der Mystiker haben wir fünf Kapazitäten, die wir auch fünf *akashas*[6] nennen können. Die eine Kapazität, die jeder kennt und der wir uns bewusst sind, könnten wir das Aufnahmegefäß für Nahrung nennen, unseren Körper. Eine weitere Kapazität, die uns mehr oder weniger bekannt ist, ist das Gefäß der Sinne, das in den Sinnesorganen liegt. Die dritte Kapazität ist das Aufnahmegefäß des Lebens, und diese Fähigkeit ist eine eigene Welt, in der wir uns der feineren Kräfte des Lebens bewusst sind, die in uns wirken. Sie können uns ein Gefühl für Vergangenheit, Gegenwart oder Zukunft vermitteln, weil sie klar vor unserem Blick stehen. Wir sehen sie.

Nun können Sie fragen: „Wie können Mystiker etwas über die Situation anderer erfahren?" Es liegt nicht daran, dass sie mehr über andere wissen, denn wir sind so beschaffen, dass wir am meisten über uns selbst wissen.

6 Akasha (Sanskrit): Raum, Äther, der Urgrund aller Dinge, Himmel

Viele kennen jedoch nicht das dritte Gefäß, das des Lebens. Wer sich des eigenen Lebensgefäßes bewusst ist, kann sich seiner eigenen Eigenschaften entleeren und so dem Leben eines anderen Menschen ermöglichen, sich darin zu spiegeln. Die Mystiker und Mystikerinnen konzentrieren sich dabei auf das Leben des anderen und erkennen dadurch Vergangenheit, Gegenwart und Zukunft. Sie müssen nur die Kamera an die richtige Stelle stellen. Es ist genau wie beim Fotografieren. Da ist die Platte, die durch ihre Fähigkeit, sich ihrer eigenen Eigenschaften zu entleeren, klar wird. Das schwarze Tuch, das die Fotografen über die Kamera und ihren eigenen Kopf legen, ist die Konzentration. Wenn wir die Konzentration beherrschen, werden wir zu Fotografen und können alles Licht auf einen Punkt ausrichten. So verstanden ist es ganz wissenschaftlich. Es wird nur zum Rätsel, wenn es uns als Mysterium dargestellt wird. Alles ist ein Geheimnis, solange wir es nicht kennen; sobald wir es kennen, wird alles einfach. Die echten Wahrheitssuchenden lieben die Einfachheit. Der richtige Weg ist einfach, klar und deutlich. Es ist nichts Unklares dabei.

Je weiter wir diesem Weg der Geheimnisse des Lebens folgen, desto mehr enthüllt sich uns das Leben. Das Leben beginnt sein Geheimnis, sein inneres Wesen zu offenbaren. Was von uns verlangt wird, ist, die Lebensgesetze aufrichtig zu befolgen; nichts auf der Welt ist wichtiger als das Wissen um die menschliche Natur und das Studium des menschlichen Lebens. Dieses Studium bedeutet Selbsterforschung und in Wirklichkeit ist Selbsterforschung die Erforschung Gottes.

DIE SPIRITUELLE BEDEUTUNG VON KLANG UND FARBE

Es scheint, als würde die Wissenschaft endlich begreifen, was die Mystik von Anfang an wusste und was Christus so ausdrückte: „Strebt vor allem nach dem Reich Gottes, dann wird Gott Euch auch alles andere schenken."[1] Wenn wir die gegenwärtigen Entdeckungen über Klang und Farbe aus der Wissenschaft hören, sind wir zunächst erstaunt und sagen: „Was für eine neue Entdeckung, das habe ich noch nie gehört!" Es ist ganz neu – und doch, wenn wir die Bibel öffnen, steht da: „Zuerst war das Wort, und das Wort war Gott"[2]. Und wenn wir die noch älteren Schriften des Vedanta öffnen, lesen wir, dass der Schöpfer dort das Wort oder die Schwingung war. Im Koran schließlich lesen wir, dass da zunächst das Wort „Sei!" war, und es wurde.[3] Die Religionen der Welt, die Propheten und Mystiker wussten dies also schon vor Tausenden von Jahren.

Heute kommt jemand mit einer kleinen Fotografie und sagt: „Hier habe ich ein Foto von Klang. Es zeigt wie bedeutsam Schwingung und ihre Auswirkung auf der Platte sind." Dieser Mensch weiß nicht, dass es etwas ist, was den Wissenden schon immer bekannt war und worüber auch gesprochen wurde, allerdings in spiritueller Sprache. Diese Person bringt es daher nicht mit dem in Verbindung, was da gesagt wurde. Es wird als etwas Neues betrachtet, doch wir können daran erkennen, was Salomon damit meinte, dass es nichts Neues unter der Sonne gebe.[4] Wir erkennen, dass die gleiche Weisheit der Menschheit immer wieder neu offenbart wird, und fangen an, das Leben zu genießen. Ob wir die Wahrheit durch Wissenschaft suchen, durch Religion erstreben, durch Philosophie oder Mystik finden – auf welche Weise wir auch immer nach der Wahrheit streben, wir werden sie am Ende finden.

Es amüsierte mich sehr, als ich einmal in New York einem Wissenschaftler vorgestellt wurde, einem Philosophen. Das Erste, was er über seine Errungenschaften sagte, war: „Ich habe die Seele entdeckt." Ich fand

1 Vortrag in der Schweiz im Januar 1925. Zitat aus Matthäus 6:33
2 Johannesevangelium 1:1
3 Koran 2:117
4 Prediger 1:9

das sehr lustig: Alle Schriften und Propheten erzählen uns davon, und da kommt nun dieser Mann und sagt: „Ich habe die Seele entdeckt." Ich dachte: „Ja, auf diese neue Entdeckung haben wir gewartet, etwas, von dem wir noch nie gehört haben."

Dies ist heute die Geisteshaltung, eine kindische Geisteshaltung! Können wir in die Vergangenheit, Gegenwart und Zukunft schauen, so erkennen wir, dass sie eins und ewig sind, und dass wir nur entdecken können, was schon immer von allen Suchenden entdeckt wurde. Vor allem anderen sind sich jene Menschen aus Philosophie, Wissenschaft, Mystik oder Esoterik, die den Höhepunkt ihres Wissens erreicht haben, in einem Punkt einig: Wenn hinter der ganzen Schöpfung, hinter der ganzen Manifestation, eine subtilere Spur des Lebens zu finden ist, so ist es Bewegung, Aktivität, Schwingung.

Diese Bewegung nun hat zwei Aspekte. Es gibt zwei Aspekte, weil wir die beiden grundlegenden Fähigkeiten des Hörens und des Sehens entwickelt haben. Der eine Aspekt spricht das Hören, der andere das Sehen an. Den Teil der Bewegung oder Schwingung, der unser Gehör anspricht, bezeichnen wir als hörbar und nennen ihn Klang. Den Teil, der unser Sehen anspricht, bezeichnen wir als Licht und Farbe und nennen ihn visuell. Doch was ist tatsächlich der Ursprung all dessen, was sichtbar oder hörbar ist? Es ist Bewegung, Aktivität, Schwingung. Es ist ein und dasselbe, und daher können solche, die sehen können, im Hörbaren, in dem, was Klang genannt wird, Farbe erkennen. Und für die, die hören können, ist selbst der Klang der Farben hörbar.

Gibt es etwas, das diese beiden Dinge verbindet? Ja. Und was ist es? Die Harmonie. Nicht die einzelne Farbe ist harmonisch oder nicht harmonisch. Es ist der Zusammenhang der Farbe, in welchem Rahmen sie auftritt, wie sie angeordnet ist; dementsprechend wirkt sie auf diejenigen, die sie sehen. Genauso ist es mit dem Klang. Es gibt keinen Klang, der harmonisch oder unharmonisch ist, es ist das Verhältnis eines Klangs zu einem anderen Klang, das Harmonie entstehen lässt. Harmonie ist also nicht etwas, auf das wir zeigen könnten und sagen, dass diese bestimmte Sache Harmonie sei. Harmonie ist eine Gegebenheit. Harmonie ist das Ergebnis der Beziehung zwischen Farbe und Farbe, zwischen Klang und Klang und der Beziehung zwischen Farbe und Klang.

Der interessanteste Aspekt dieses Wissens ist, wie verschiedene Personen auf verschiedene Farben ansprechen und wie verschiedene

Menschen die unterschiedlichen Klänge genießen. Je genauer wir dies studieren, desto klarer erkennen wir den Bezug zum jeweiligen Fortschritt der menschlichen Entwicklung, wie wir auch wissen, dass wir zu einem bestimmten Zeitpunkt der eigenen Entwicklung eine bestimmte Farbe geliebt und dann den Kontakt zu dieser Farbe verloren haben. Mit dem Wachstum und der Entwicklung einhergehend, beginnen wir andere Farben zu mögen. Es hängt auch von der Wesensart der Menschen zusammen, ob sie emotional, leidenschaftlich, romantisch, warm oder kalt, mitfühlend oder abwertend sind. Je nach emotionaler Verfassung haben wir unsere Vorlieben und Abneigungen für Farben. Deshalb ist es für Sehende, für Kenner leicht, schon an der Kleidung den Charakter von Menschen zu erkennen, noch bevor sie ihr Gesicht gesehen haben. Ihre Lieblingsfarbe zeigt ihre Vorlieben und wie sie sind. Ob es nun die Vorliebe für bestimmte Blumen, ein bestimmtes Juwel oder einen Edelstein ist, welche Umgebung sie in ihrem Zimmer schaffen, die Wandfarbe – alles deutet darauf hin, wie die Menschen sind, was sie schätzen. Wenn sich die Menschen während des Lebens spirituell entwickeln, ändert sich auch die Wahl ihrer Farben. Mit jedem Entwicklungsschritt ändern sie sich und ihre Einstellung zu Farben. Manche mögen kräftige Farben, andere blasse Farben, denn kräftige Farben haben starke Schwingungen, blasse Farben dagegen weiche, harmonische Schwingungen. Welche der verschieden Farben die Menschen bevorzugen, hängt von ihrem emotionalen Zustand ab.

Das gleiche gilt für Klang. Ob wir es wissen oder nicht, wir haben alle eine Vorliebe für einen bestimmten Klang. Obwohl die meisten Menschen sich nicht mit diesem Thema befassen und die Thematik daher nicht kennen, so haben doch alle eine Vorliebe für einen bestimmten Klang. Daher kommt die Ausdrucksweise, der Glaube unter den Menschen, dass jeder einen bestimmten Ton hat. Tatsächlich hat jeder Mensch einen Klang – einen Klang, der genau der Entwicklung dieses Menschen entspricht. Neben all den Einteilungen, die für Sänger gemacht wurden, wie Tenor und Bass oder Bariton, haben wir alle eine bestimmte Tonhöhe. Wir Menschen haben auch einen besonderen Ton, in dem wir sprechen, und dieser besondere Ton ist Ausdruck unseres Entwicklungszustandes, Ausdruck unserer Seele, des Zustands unserer Gefühle und Gedanken. Außerdem hat das Hören bestimmter Klänge und das Sehen bestimmter Farben nicht nur auf Kinder eine Wirkung, sondern auch auf Tiere. Farben haben große

Wirkung und großen Einfluss auf alle Lebewesen, Säugetiere, Vögel und Menschen. Auch ohne ihr Wissen wirkt der Einfluss von Farben in ihrem Leben und führt sie zu dieser oder jener Einstellung.

Ich besuchte einmal ein Haus, in dem ein bestimmter Klub untergebracht war. Die Leute dort sagten: „Es ist sehr schade. Seit wir in diesem Haus sind, gibt es in unserem Ausschuss immer Meinungsverschiedenheiten." „Kein Wunder", antwortete ich, „ich kann sehen, warum." „Woran sehen Sie das?", wollten sie wissen. Ich antwortete: „Die Wände sind rot, sie bringen Sie dazu, kämpfen zu wollen. Laute Farben von allen Seiten erhöhen die Neigung zu Unstimmigkeiten. Sie beeinflussen die Gefühle und stärken sicherlich jene, die zu Uneinigkeit führen."

Mit diesen Dingen im Blick, wie auch aus psychologischer Sicht, erkennen wir, warum in den alten Bräuchen des Ostens bestimmte Farben, insbesondere bei den Hochzeiten, in der Brautzeit und anderen Festzeiten verwendet wurden. Alles hat eine Bedeutung, hinter allem steckt ein psychologischer Grund.

Da Farbe und Klang unterschiedlich wahrgenommen werden und wir verschiedene Sinne haben, um diese wahrzunehmen, unterscheiden wir zwischen hörbaren und sichtbaren Dingen. In Wirklichkeit jedoch beginnen diejenigen, die meditieren, diejenigen, die sich konzentrieren, die in sich gehen und die den Ursprung des Lebens suchen, zu erkennen, dass hinter diesen äußeren fünf Sinnen ein einziger Sinn verborgen liegt. Dieser Sinn ist fähig, all das wahrzunehmen, was wir zu tun oder zu erleben scheinen.

Es gibt die äußeren fünf Sinne. Weil wir fünf Sinnesorgane kennen, unterscheiden wir fünf Sinne. In Wirklichkeit gibt es nur einen Sinn. Dieser Sinn ist es auch, der das Leben durch diese fünf verschiedenen Organe erfährt und das Leben in fünf verschiedenen Erscheinungsformen voneinander unterscheidet; wir nennen es fünf Sinne, aber es ist nur ein Sinn. Also ist alles, was hörbar ist, und alles, was sichtbar ist, ein und dasselbe. In Sanskrit wird das *purusha* und *prakriti* genannt, bei den Sufis ist es als *zat* und *sifat* bekannt. Seine Manifestation ist *sifat,* die äußere Erscheinung. In seiner Manifestation als *sifat* erkennen wir die Unterschiede oder die Verschiedenartigkeit dessen, was sichtbar und hörbar ist. In ihrem wahren Aspekt des Seins sind sie ein und dasselbe. Die Ebene der Existenz, auf der sie ein und dasselbe sind, wird von den Sufi-Mystikern *zat* genannt, jenes

Gewahrsein der inneren Existenz, in dem wir die Quelle und das Ziel aller Dinge erkennen.

Farbe und Klang sind eine Sprache; eine Sprache, die nicht nur im äußeren Leben, sondern auch im inneren Leben verstanden werden kann. Für Ärzte und Chemiker ist Farbe von großer Bedeutung. Je mehr wir in die Wissenschaft der Medizin oder der Chemie einsteigen, desto deutlicher erkennen wir den Wert von Farbe – dass jedes Element sowie die Entwicklung oder Veränderung jeden Objekts an der Farbveränderung erkennbar ist. Die Ärzte der Antike erkannten Krankheiten an der Farbe von Gesicht und Haut. Auch heute noch gibt es Ärzte, die hauptsächlich durch die Farbe in den Augen, auf der Zunge, den Nägeln oder der Haut die Beschwerden eines Menschen erkennen. Genauso erkennen wir manche der Veränderungen bei Gegenständen an ihren Farben. Psychologen erkennen den Zustand von Dingen, von Objekten am Klang, und von Menschen an der Stimme. An der Stimme kann alles erkannt werden: Ob eine Person stark oder schwach ist, ihr Charakter und ihre Neigungen, ihre Lebenseinstellung und Lebensweise.

Klang und Farbe sind jedoch nicht nur die Sprache, durch die wir mit dem äußeren Leben kommunizieren, sondern auch die Sprache, durch die wir mit dem inneren Leben in Verbindung treten. Wir könnten uns fragen: Wie geht das? Die Antwort geben uns heute einige wissenschaftliche Experimente. Es gibt Leute, die gewisse Platten herstellen, und durch Sprechen in der Nähe der Platte erzeugen sie durch den Schall und dessen Schwingung Spuren auf dieser Platte. Diese Spuren erzeugen harmonische oder unharmonische Formen. Wenn das der Fall ist, dann erzeugen wir alle von morgens bis abends, durch alles, was wir sagen, unsichtbare Formen im Raum. Wir erschaffen um uns herum unsichtbare Schwingungen. Wir schaffen also eine Atmosphäre. Das ist der Grund, warum manche Leute ins Haus kommen, und wir sind ihrer schon überdrüssig und wollen sie loswerden, noch bevor sie etwas sagen. Noch bevor sie irgendetwas gesagt oder getan haben, sind wir fertig mit ihnen und wünschten, dass sie verschwinden würden, denn sie erschaffen diese Atmosphäre, es entsteht ein Geräusch, ein unangenehmer Klang. Mit anderen Menschen hingegen haben wir Mitgefühl, fühlen uns zu ihnen hingezogen, wir schätzen ihre Freundschaft und sehnen uns nach ihrer Gegenwart. Durch sie wird ständig Harmonie erzeugt. Auch das ist Klang.

Wenn das stimmt, dann sind nicht nur die äußeren Zeichen, sondern auch der innere Zustand hör- und sichtbar. Wenn auch nicht sichtbar für die Augen und hörbar für die Ohren, so doch hör- und sichtbar für die Seele. Wir sagen: „Ich spüre die Schwingungen, die Gegenwart der Person"; und entweder: „Ich finde die Person sympathisch", oder „Ich finde sie unsympathisch." Wir haben ein Gefühl, und die Person erzeugt dieses Gefühl, ohne irgendetwas gesagt oder getan zu haben. Eine Person, die in einer ungünstigen Stimmung ist, schafft also, ohne etwas Unrechtes zu tun oder zu sagen, eine schlechte Atmosphäre; und dann finden wir Fehler an der Person.

Es ist höchst amüsant und lustig anzusehen, wenn wir im Leben Menschen treffen, die sich bei uns beschweren: „Ich habe nichts gesagt und nichts getan, und doch mögen mich die Leute nicht und sind gegen mich." Solche Menschen wissen nicht, dass das, was wir sind, lauter spricht als das, was wir sagen oder tun. Das Sein, das Leben selbst, hat seinen Ton, seine Farbe, seine Schwingung. Es spricht laut und wir mögen denken: „Wo ist es, was ist es, und wo finden wir es?" Die Antwort liegt darin, dass das wenige, das die Menschen über sich wissen, nur etwas über ihren Körper ist. Wenn wir sie bitten, uns zu sagen, wo sie sind, zeigen sie auf ihren Arm, die Hand oder den Körper. Sie wissen nicht viel mehr als das. Viele antworten, wenn wir sie fragen: „Aber womit denkst du? Denkt dein Körper?" – „Ja, ich denke mit meinem Gehirn." Sie begrenzen sich auf diese kleine physische Region, die wir als Körper bezeichnen, und machen sich so viel kleiner, als sie tatsächlich sind.

In Wahrheit ist der Mensch ein Individuum mit zwei Enden, so wie eine Linie zwei Enden hat. Betrachten wir die Enden, so sind es zwei, betrachten wir die Linie, so ist es eine. Das eine Ende der Linie ist begrenzt, ist Begrenzung; das andere Ende der Linie ist grenzenlos. Das eine Ende ist Mensch, das andere Gott. Dieses Ende vergessen wir und kennen nur das Ende, dessen wir uns bewusst sind. Nur das Bewusstsein von Begrenzung schränkt uns ein, ohne dieses haben wir einen größeren Spielraum, uns jener Unendlichkeit zu nähern, die in uns selbst ist, die nur das andere Ende derselben Linie ist, der Linie, als die wir uns bezeichnen oder als die wir uns selbst betrachten.

Wenn Mystiker von Selbsterkenntnis sprechen, geht es ihnen nicht darum zu wissen, wie alt sie sind, wie gut oder schlecht sie sind, oder wie echt oder falsch sie sind. Es geht darum, den anderen Teil des eigenen

Seins zu kennen, diesen tieferen, subtileren Aspekt des eigenen Seins. Die Erfüllung des Lebens hängt von der Kenntnis unseres inneren Wesens ab. Wir könnten nun fragen: „Wie können wir ihm näherkommen?“ Es gibt nur einen Weg, den die Wahrheitssuchenden, die Gottessuchenden, diejenigen, die sich selbst erforschten und diejenigen, die mit dem Leben zurechtkommen wollten, fanden: den Weg der Schwingung. Es geht wieder um den gleichen, alten Weg, sich selbst mithilfe von Klang vorzubereiten. Sie belebten mithilfe von Klang die physikalischen Atome, die mit der Zeit abgestorben waren. Wie Zeb-un-Nisa[5] immer sagte: „Der heilige Name wird dich heilig machen.“ Diese Menschen arbeiteten mit der Kraft des Klangs. Die Hindus nannten das *mantra yoga*. Die Sufis nannten es *wazifa*. Die Kraft des Wortes wirkt auf die Atome des Körpers ein, bringt sie zum Klingen und macht sie zum Medium der Kommunikation zwischen dem äußeren und dem inneren Leben.

Als erste Erfahrung in unserer spirituellen Entwicklung fangen wir zunächst an, in Kommunikation mit Lebewesen zu kommen – nicht nur mit Menschen, sondern auch mit Säugetieren, Vögeln, Bäumen und Pflanzen. Dass die Heiligen mit Bäumen und Pflanzen sprachen, ist nicht nur eine alte Geschichte, die sich die Leute erzählen. Wir können auch heute mit ihnen sprechen, wenn wir in Verbindung mit ihnen sind. Nicht nur die alten Zeiten waren gesegnet. Dieser uralte Segen besteht auch heute noch, doch das Alte ist heute nicht alt, es ist neu. Es ist der gleiche Segen, der war, ist und sein wird, denn kein Privileg wurde jemals nur auf eine Periode der Weltgeschichte beschränkt. Wenn sie ihr Privileg erkennen, haben die Menschen auch heute noch das gleiche Anrecht. Verschließen die Menschen ihr Herz, lassen sie sich vom Innen- und Außenleben überwältigen, so schließen sie sich ohne Zweifel aus, sie werden dann von dieser Manifestation abgeschnitten, die ein Ganzes ist und ungeteilt. Die Menschen selbst spalten sich ab; tun sie dies nicht, ist das Leben ungeteilt und unteilbar. Die Öffnung der Kommunikation mit dem Außenleben macht die Menschen weiter.

Wir sagen dann zu unseren Freunden nicht mehr: „Das sind meine Freunde, die ich liebe“, sondern „Ich bin diese selbst, ich liebe sie.“ Erst dann können wir von uns behaupten, dass wir Liebe verwirklichen. Solange wir sagen: „Ich habe Mitleid mit ihnen, weil sie meine Freunde sind“, ist

---

5 Zeb-un-Nisa (1638-1702): Tochter eines Großmoguls, Dichterin (auch von Sufi-Mystik) und Mäzenin, sehr gebildet und zeitweise Beraterin ihres Vaters.

unser Mitgefühl noch nicht ganz erwacht. Das wahre Erwachen des Mitgefühls geschieht an dem Tag, an dem wir unsere Freunde sehen und diese Freunde zu uns selbst werden. Dann ist das Mitgefühl erwacht.

Und dann gibt es da noch die Kommunikation in unserem Innern. Die Menschen verschließen sich nicht nur vor der äußeren Realität, sondern sie verschließen ihr Selbst auch vor der inneren Realität, einem weit wichtigeren Bestandteil unseres Lebens. Auch diese innere Realität besteht aus Klang und Licht. Wenn wir mit diesem Klang und diesem Licht in Berührung kommen, kennen wir die Sprache des Himmels; die Sprache, die Ausdruck von Vergangenheit, Gegenwart und Zukunft ist, die Sprache, die das Geheimnis und das Wesen der Natur offenbart, die Sprache, die jene göttliche Botschaft empfängt und weitergibt, die die Propheten immer wieder versucht haben, zu offenbaren.

DIE PSYCHOLOGISCHE WIRKUNG VON MUSIK

Im Bereich der Musik gibt es viel zu erforschen und die moderne Wissenschaft scheint wenig über die psychologische Wirkung von Musik zu wissen.[1] Die moderne Wissenschaft lehrt uns, dass wir durch Musik oder Klang und Schwingung, die unsere Sinne von außen berühren, beeinflusst werden. Eine Frage aber bleibt offen: Woher kommt diese von innen herrührende Wirkung? Das wahre Geheimnis der psychologischen Wirkung der Musik liegt in der Quelle, aus der der Klang kommt.

Zweifellos ist es klarer und leicht zu verstehen, dass die Stimme einen bestimmten psychologischen Effekt hat. Jede Stimme unterscheidet sich von allen anderen. Sie drückt ihren seelischen Reichtum aus und hat ihre eigene psychologische Kraft. Häufig bekommen wir schon ein Gefühl für die Persönlichkeit von jemandem, der am Telefon aus weiter Ferne zu uns spricht. Sensitive Menschen spüren die Wirkung der bloßen Stimme, ohne den Sprecher zu sehen. Viele verlassen sich weniger auf die Worte als auf die Stimme, die die Worte spricht; ein Hinweis darauf, dass sich die psychologische Entwicklung im Sprechen und vor allem im Singen widerspiegelt.

Im Sanskrit wird der Atem als *prana* bezeichnet, als das Leben selbst. Und was ist Stimme? Stimme ist Atem. Wenn wir im Leben, in der menschlichen Konstitution, irgendetwas lebendig nennen können, dann den Atem. Und Atem manifestiert sich nach außen als *prana*, Klang oder Stimme. Deshalb können wir uns im Singen oder in dem, was wir sagen, am besten ausdrücken. Wenn irgendetwas in dieser Welt dem Geist und den Gefühlen Ausdruck verleihen kann, dann ist es die Stimme. Häufig spricht eine Person über ein Thema in tausend Worten und hat keinen Einfluss damit. Eine andere Person drückt einen Gedanken in drei Worten aus und hinterlässt einen tiefen Eindruck. Das zeigt, dass die Kraft nicht in den Worten liegt, sondern in der Stimme, die aus dem *prana* kommt. Entsprechend ihrer Kraft beeindruckt sie die Zuhörenden.

Das Gleiche gilt für die Fingerspitzen der Geigerinnen und für das, was von den Lippen der Flötenspieler ausgeht. Entsprechend dem Einfluss

1 Vortrag in der Paul Elder Galerie in San Francisco, Kalifornien, am 4. April 1923

ihrer Gedanken erzeugen sie eine Wirkung durch ihre Instrumente. Jemand mag sehr geschickt sein, rufen die Fingerspitzen jedoch kein lebendiges Gefühl hervor, wird diese Person keinen Erfolg haben. Von der Musik, die wir spielen, einmal abgesehen, liegt der eigentliche Reichtum in Prana oder der psychologischen Kraft, die wir dem Spiel verleihen.

In Indien gibt es Vina-Spieler, die keine Symphonie spielen müssen, um Einfluss zu nehmen, um ein Wunder zu bewirken. Dazu müssen sie nur die Vina zur Hand nehmen und einen einzigen Ton anschlagen. Sobald sie diesen Ton anschlagen, geht dieser durch und durch. Nachdem sie ein oder zwei Töne angeschlagen haben, ist das Publikum eingestimmt, da sie ihre Wirkung auf die Nerven aller Anwesenden ausüben. Es ist, als würden sie die Laute spielen, die in jedem Herzen ist. Ihr Instrument wird zur reinen Quelle, auf die die Herzen aller Menschen reagieren, gleich ob Freund oder Feind. Lasst die größten Gegner vor einen echten Vina-Spieler treten, sie können ihre Gegnerschaft nicht aufrechterhalten. Sobald die Töne sie berührt haben, können sie die Schwingungen, die in ihnen entstehen, nicht mehr unterdrücken. Sie können nicht anders, als Freunde zu werden. In Indien werden die Vina-Spieler deshalb nicht Musiker, sondern „Vina-Magier" genannt. Es ist Magie.

Zweifellos hängt die Kraft der Musik vom Grad der spirituellen Evolution ab, den ein Mensch erreicht hat. Es gibt die Geschichte eines Hindu, der als Musiker am Hof eines großen Herrschers tätig war. Der Herrscher fragte ihn: „Sag mir, oh großer Musiker, wer war dein Lehrer?" Er antwortete: „Majestät, mein Lehrer ist ein sehr großer Musiker, aber er ist viel mehr als das. Es ist nicht genug, ihn Musiker zu nennen, ich muss ihn die Musik selbst nennen." Der Herrscher fragte weiter: „Kann ich ihn singen hören?" „Vielleicht", antwortete der Musiker, „ich kann es versuchen. Aber Sie sollten nicht erwarten, ihn hier an den Hof rufen zu können." „Soll ich ihn aufsuchen?", wollte der Herrscher wissen. Der Musiker entgegnete: „Sein Stolz könnte auch dort rebellieren, wenn er denkt, dass er vor einem König singen soll." Der Herrscher schlug vor: „Soll ich als dein Diener gehen?" „Ja, dann gibt es Hoffnung", meinte der Musiker. So reisten beide in den Himalaja, in die hohen Berge, wo der Weise seinen Tempel der Musik in einer Höhle hatte, und in der Natur, im Einklang mit dem Unendlichen lebte. Als sie ankamen, war der Musiker zu Pferd, der Herrscher lief. Der Weise sah, dass der Herrscher sich gedemütigt hatte, um die Musik zu hören, und war bereit, für ihn zu singen. Und als der Weise sich in der Stimmung zu singen fühlte, sang er. Sein Gesang klang so großartig, dass es nichts Geringeres als ein übernatürliches Wunder war. Es schien, als würden alle Bäume und Pflanzen des Waldes vibrieren; das Universum sang. Der tiefe Eindruck, den dies auf den Herrscher und den Musiker machte, war mehr, als sie ertragen konnten. Sie gerieten in einen Zustand der Trance, der Ruhe und des Friedens. Während sie noch in diesem Zustand waren, verließ der Meister die Höhle. Als sie die Augen öffneten, war er nicht mehr da. Der Herrscher rief: „Oh, was für ein Wunder! Aber wohin ist der Meister gegangen?“ Der Musiker antwortete: „Sie werden ihn nie wieder in dieser Höhle sehen, denn wenn Menschen dies einmal gehört haben, werden sie es immer wieder suchen, und koste es ihr Leben. Es ist größer als irgendetwas sonst im Leben.“ Als sie wieder zu Hause waren, fragte der Herrscher den Musiker eines Tages: „Sag mir, welchen Raga, welche Weise hat dein Meister gesungen?“ Der Musiker sagte ihm den Namen des Raga und sang für ihn, doch der Herrscher war nicht zufrieden und meinte: „Ja, es ist die gleiche Musik, aber nicht dieselbe Lebendigkeit. Warum ist das so?“ Der Musiker antwortete: „Während ich vor Euch, dem König dieses Landes, singe, singt mein Meister vor Gott. Das ist der Unterschied.“

Freunde, wenn wir das heutige Leben betrachten, so sehen wir, dass sich der psychologische Aspekt von Musik, Poesie und Kunst nicht so zu entwickeln scheint, wie er sollte, trotz der großen wissenschaftlichen Fortschritte wie Funk, Telefon, Grammofon und all den Wundern dieses Zeitalters. Im Gegenteil, es geht rückwärts. Fragen wir nach dem Grund dafür, so lautet die Antwort, dass aller Fortschritt der Menschheit heute in erster Linie ein mechanischer Fortschritt ist, und das behindert in gewisser Weise den Fortschritt des Individualismus.

Musiker und Musikerinnen müssen sich der Harmonielehre und dem Kontrapunkt unterwerfen; wenn sie einen Schritt anders als die anderen gehen, wird ihre Musik angezweifelt. In Russland fragte ich Tanieff[2], einen sehr großen Musiker und Lehrer von Skriabin, was er von Debussys Musik halte. Seine Antwort lautete: „Ich kann sie nicht verstehen.“ Es scheint, dass uns die Einheitlichkeit einschränkt. Es gibt keinen Spielraum mehr. Das Gleiche finden wir in Medizin und Wissenschaft. Gerade in der Kunst, wo die größte Freiheit vonnöten ist, werden wir durch Vereinheitlichung besonders eingeschränkt. Malerinnen und Musiker finden keine Aner-

2 Sergei Ivanovish Tanieff (1856-1915)

kennung für ihre Arbeit. Sie müssen den Massen nachlaufen, anstatt den großen Seelen zu folgen. Alles, was allgemeingültig ist, ist gewöhnlich, denn die große Masse der Menschheit ist nicht hochkultiviert. Schöne Dinge und guter Geschmack werden nur von wenigen verstanden, genossen und geschätzt, und es gibt keine Möglichkeit für die Künstler, jene Wenigen zu erreichen. Auf diese Weise wurde das, was wir Uniformität nennen, ein Hindernis für die individuelle Entwicklung.

In der Erziehung der Kinder heute ist es wichtig, dass der psychologische Wert der Musik vermittelt wird. Das ist die einzige Hoffnung, der einzige Weg, auf dem wir mit der Zeit Besserung erwarten können: Kinder, die Musik lernen, sollen nicht nur die Musik kennen, sondern müssen auch wissen, was dahintersteckt, wie sie präsentiert werden soll.

Natürlich gibt es zwei Aspekte: die äußeren Bedingungen und die Präsentation der Kunst. Die äußeren Bedingungen können mehr oder weniger hilfreich sein. Ich selbst habe in meinem musikalischen Leben erfahren, dass Musik oder ein Lied, das kongenial, teilnahmsvoll, harmonisch, einfühlsam und sensibel vor zwei oder drei Menschen aufgeführt wird, eine ganz andere Stimmung, eine andere Wirkung hervorruft als die gleiche Musik, die vor fünfhundert Menschen gespielt wird. Was bedeutet das? Es bedeutet, dass einige Menschen wie Instrumente sind. Wenn ihnen gute Musik präsentiert wird, gehen sie in Resonanz, sie werden durch sie gestimmt, werden selbst zu Musik. Sie beteiligen sich an der Musik und so entsteht etwas Neues. Dieses Phänomen kann sogar das höchste Ideal erreichen, das von der Musik zu erwarten ist – die Realisation der Freiheit der Seele, das, was im Osten *nirvana* oder *mukti* genannt wird und in der christlichen Welt Erlösung. Denn nichts auf der Welt kann uns spirituell mehr nützen als Musik. Meditation bereitet uns vor, doch Musik ist das Höchste, um Vollkommenheit zu erreichen.

Ich habe die Wunder der psychologischen Kraft von Musik erlebt, aber nur, wenn es eine geeignete Umgebung gab – fünf oder sechs Menschen, nicht mehr; eine Mondnacht, eine Morgendämmerung, oder einen Sonnenuntergang. Es scheint, als würde die Natur ihre Mithilfe zur Vollendung der Musik anbieten; Musik und Natur verweben sich ineinander, denn sie sind eins.

Wenn nun große Opernsänger oder Violin-Solistinnen vor zehntausend Menschen spielen sollen, können sie trotz all ihres Könnens nicht jede Seele dort erreichen. Es kommt natürlich auf die Größe der Künstler an. Je größer die Künstler, desto mehr Menschen werden erreicht. Aber die Künstler müssen sich überlegen, was dem Publikum gefällt, nicht, was Gott gefällt. Wenn Musik kommerziell werden muss, geht ihre Schönheit verloren. Dadurch verliert sie viel von ihrem Wert.

Es gab eine Zeit im Osten, in der der indische Adel alle Anstrengungen unternahm, um die Kunst der Musik vor der Kommerzialisierung zu bewahren, und sie waren einige Zeit erfolgreich damit. Den Musikern wurde kein festgelegter Geldbetrag ausgezahlt; ihre Bedürfnisse wurden gedeckt, auch wenn diese extravagant waren. Die Musiker wussten, dass sie eine schöne und harmonische Umgebung brauchten. Sie waren großzügig: Ihre Türen waren immer offen für andere. Gleichzeitig waren sie immer verschuldet, doch ihre Schulen wurden von den Königen bezahlt.

Außerdem waren die Musiker nicht durch ein bestimmtes Programm eingeschränkt. Sie erkannten durch ihre Intuition, was die Menschen brauchten. Musiker entscheiden genau zu dem Zeitpunkt, an dem sie das Publikum sehen. Und während die Musiker immer weiterspielen oder -singen, erkennen sie mehr. Die chemische Reaktion des Gemüts der Zuhörer verrät den Musikern, was die Zuhörer brauchen, und so wird daraus schließlich ein spiritueller Hochgenuss.

Das Geheimnis in allem Magnetismus, ob durch Persönlichkeit oder Musik ausgedrückt, ist die innere Lebendigkeit. Das Leben selbst ist das, was bezaubert, was anziehend ist. Wir suchen immerzu nach dem Leben selbst und Mangel an Lebendigkeit kann als Mangel an Magnetismus bezeichnet werden. Musikunterricht, der nach diesem Grundsatz erteilt wird, wird sehr erfolgreich psychologische Ergebnisse erzielen. Die psychologische Kraft der Musik hängt ab von der Gesundheit des physischen Körpers, vom Denken, von der Vorstellungskraft und vom Herzen, das oft kalt und gefroren ist. Dieses Leben fließt durch die Fingerspitzen auf der Geige und durch die Singstimme.

Was die Welt sucht, wonach sich die menschlichen Seelen sehnen, ist dieses Leben, ob es nun durch Musik, Farbe, Linie oder Worte vermittelt wird. Leben ist das, was wir alle ersehnen. Leben ist auch die wahre Quelle der Heilung. Musik kann heilen, wenn Leben in sie hineingegeben wird Das ist kein großes Geheimnis, sofern die Menschen in der Lage sind, die Wahrheit in ihrer Einfachheit zu verstehen.

Wenn eine Person mechanisch spielt und die Finger fast automatisch über das Klavier oder die Geige laufen lässt, kann das zwar einen temporären Effekt erzeugen, aber er geht schnell wieder verloren. Wir hören häufig unangenehme Musik. Zu dem Zeitpunkt erscheint sie vielleicht gar nicht unangenehm, wir erkennen die schlechte Wirkung erst später. Die Wirkung ist aufregend und schroff.

Musik, die die Seele heilt, hat hingegen eine beruhigende Wirkung. Wir können eine beruhigende Wirkung oder eine schroffe Wirkung erreichen, und das hängt nicht nur von den Musikern ab, sondern auch von den Komponisten, von der Stimmung, die die Komponisten inspirierte. Menschen, die auf die psychologische Wirkung von Musik achten, können leicht erkennen, in welcher Stimmung Komponisten waren, als sie schrieben. Jede Seite weist auf die Stimmung und Entwicklung zum Zeitpunkt der Komposition hin. Sie können Leben und Schönheit in ihre Musik einfließen lassen und auch nach tausend Jahren wird sie sich immer noch als schön und lebensspendend erweisen. Ohne Zweifel helfen ihnen Studium und Qualifikation, sich besser auszudrücken; was aber wirklich zählt, ist das innere Leben. Dieses fließt durch ein erweitertes Bewusstsein, das durch das Erkennen des göttlichen Lichtes entsteht, und dieses Licht ist das Geheimnis aller wahren Kunst und die Seele aller Mystik.

***

Frage: Würden Sie bitte erklären, was Sie mit der göttlichen Seele meinen, die sich beinahe selbst vergessen hat?[3]

Antwort: Ich nenne eine musikalische Seele eine, die sich beinahe selbst in der Musik verloren hat; ich nenne eine poetische Seele eine, die sich fast selbst in der Poesie vergessen hat. Ich nenne eine weltliche Seele eine, die sich fast selbst in der Welt verloren hat, und ich nenne eine göttliche Seele eine, die sich beinahe selbst in Gott vergessen hat. All die großen Musiker, wie Beethoven und Wagner, die ein Werk hinterlassen haben, das die Welt immer bewahren wird, hätten diese Arbeit nicht tun können, wenn sie sich nicht selbst vergessen hätten. Sie alle verloren die Idee, selbst jemand zu sein, und auf diese Weise vertieften sie sich in das, was zu bringen sie gekommen waren. Sich selbst zu vergessen ist also der Schlüssel zur Perfektion.

---

3 Unterrichtsstunde, Genf am 11. Oktober 1923

Frage: Würden Sie bitte erklären, was Sie damit meinen, wenn Sie davon sprechen, Musik spirituell zu hören? Können wir gewöhnliche Musik, wie Melodien von der Drehorgel, so hören?[4]

Antwort: Wir sitzen ja nicht auf der Straße und meditieren. Daneben gibt es auch noch eine technische Ebene: Wenn Menschen sich in der Technik, gute Musik zu erkennen, weiterentwickeln, fühlen sie sich von primitiverer Musik gestört. Und dann gibt es noch eine spirituelle Art, die nichts mit Technik zu tun hat. Dabei geht es nur darum, sich durch Musik einzustimmen, und deshalb beachtet ein spiritueller Mensch die unterschiedlichen Grade nicht. Zweifellos ist Musik für spirituelle Menschen umso hilfreicher, je besser sie ist; je höher entwickelt die Musik ist, desto besser. Sie sollten aber auch bedenken, dass es Lamas in Tibet gibt, die sich dabei konzentrieren und meditieren, wenn sie eine Art Rassel bewegen, ein Klang, der nicht besonders melodisch ist. Dennoch kultivieren sie damit jene Hochachtung, die eine Person mithilfe von Schwingungen in höhere Ebenen erhebt. Es gibt ohne Zweifel nichts Besseres als Musik, um die Seele zu erheben.

4 Sommerschule, Suresnes am 28. August 1923

DIE HEILENDE KRAFT DER MUSIK

Die Idee, durch Musik zu heilen, ist in Wirklichkeit der Anfang der Entwicklungsarbeit durch die Kunst der Musik, deren Ziel darin liegt, das zu erreichen, was im Vedanta *samadhi* genannt wird.

Zunächst einmal: Wenn wir alle Medikamente, die wir zu Heilzwecken verwenden, daraufhin untersuchen, was hinter ihnen steckt – wenn wir fragen, was in ihnen heilt –, werden wir feststellen, dass es die verschiedenen Elemente sind, aus denen unsere physische Existenz besteht. Die Medikamente enthalten dieselben Elemente, und wir holen uns von ihnen das, woran es uns mangelt. Auf diese Weise bewirken diese Medikamente das in unserem Körper, was bewirkt werden soll. Ihre Kraft erzeugt die Schwingung, in die unser Körper gebracht werden soll; indem unser Blutkreislauf in einen bestimmten Rhythmus und eine bestimmte Geschwindigkeit gebracht wird, wird der Rhythmus erzeugt, den wir zur Heilung brauchen. Auch die Intensität der Schwingung, die für unsere Gesundheit notwendig ist, wird durch die Medikamente erzeugt.

Daran sehen wir, dass Gesundheit ein vollendeter Zustand aus Rhythmus und Ton ist. Und was ist Musik? Musik ist Rhythmus und Ton. Ist der Körper nicht in Ordnung, so heißt das, dass seine Musik nicht in Ordnung ist. Die Musik in uns stimmt nicht mehr. Um uns also wieder in einen Zustand von Harmonie und Rhythmus zu bringen, brauchen wir zuallererst Harmonie und Rhythmus. Wir können den Weg der Heilung studieren und verstehen, indem wir die Musik unseres eigenen Lebens erforschen, das heißt, wir untersuchen den Rhythmus des Pulses, den Rhythmus des Herzschlags und den Rhythmus des Kopfes. Ärzte und Ärztinnen, die ein Gespür für Rhythmus haben, bestimmen den Zustand der Patienten, indem sie den Rhythmus des Pulses, das Schlagen des Herzens und den Rhythmus des Blutkreislaufs untersuchen. Die Ärzte sind mit all ihrem materiellen Wissen auf ihre Intuition und den Einsatz ihrer musikalischen Qualitäten angewiesen, um die eigentliche Beschwerde finden zu können.

Im Altertum und im Osten auch heute noch haben wir zwei Haupt-Schulen in der Medizin: Die eine kommt aus der alten griechischen Schule durch Persien, die andere kommt von den Veden und hat ihre Wurzeln in der Mystik. Und was ist Mystik? Das Gesetz der Schwingung.

Einwandfreie Gesundheit erhalten wir, wenn wir anhand von Rhythmus und Ton(us), die wir im menschlichen Körper wahrnehmen können, das Wesen einer Beschwerde verstehen und den Körper durch Rhythmus und Ton neu ausrichten, soweit wir ihre Proportionen empfinden.

Es gibt auch noch eine andere Art, dies zu betrachten. Jede Krankheit hat scheinbar ihre eigene Ursache, aber in Wirklichkeit haben alle Krankheiten einen Grund oder eine Ursache oder einen ursächlichen Zustand: einen Mangel an oder gar das Fehlen von Leben. Leben ist Gesundheit. Seine Abwesenheit ist Krankheit, die in dem gipfelt, was wir Tod nennen.

Leben in seiner physischen Form, wie es durch den Körper wahrgenommen wird, heißt im Sanskrit Prana.

Durch Nahrung oder Medizin wird dieses Leben hinzugefügt, oder der Körper wird durch eine bestimmte Nahrung oder Medizin darauf vorbereitet, dieses Leben selbst einzuatmen, um gesünder zu werden oder sogar vollkommene Gesundheit zu erfahren. Dieses Prana, also der Atem, der zentrale Atem zieht all die verschiedenen Elemente, die im Raum sind, an. Die Kräuter, Pflanzen, Blumen und Früchte ziehen dasselbe Element, das sie bereits enthalten, aus dem Raum an, wobei es der Atem ist, durch den alle Elemente herbeigezogen werden. Deshalb war für die großen Mystiker, ob aus Griechenland, Persien oder Indien, die Grundlage der geistigen Entfaltung immer das Kultivieren des Atems, die Wissenschaft des Atems. Auch die Quelle aller Heilung ist die Wissenschaft vom Atem. Sogar bis heute können wir im Osten Heiler sehen, die das Wasser, die Nahrung oder die Atmosphäre magnetisieren. Worin liegt das Geheimnis dieses Magnetismus? In ihrem Atem – in der Wirkung ihres Atems im Wasser oder in der Nahrung.

Die religiösen Menschen in Indien haben eine Zeremonie, so etwas wie ein Sakrament, das einem leidenden Menschen von einer heiligen Person gegeben wird; es hilft den Leidenden. Dies geschieht durch die Kraft des Atems, der so ausgeglichen, gereinigt und entwickelt ist, dass er sämtliche Elemente herbeizieht – all das, was wir auch von Kräutern, Blumen oder Früchten bekommen könnten, und noch mehr. Was also Medizin erreichen kann, kann der Atem noch tausendfach stärker bewirken. Im Osten gibt es Heiler, die dazu ein paar spirituelle Worte flüstern, aber was ist Flüstern? Auch das ist Atem, Atem, durch den Worte geleitet werden.

Es gab einen Arzt in Delhi, der bei seinen Patienten hauptsächlich seine Heilkraft einsetzte, und eines Tages kam ein skeptischer Freund zu ihm. Der Arzt flüsterte ein paar heilige Worte in Gegenwart des Patienten und sagte dann: „Nun können Sie gehen." Dieser Skeptiker sagte, er könne nicht verstehen, wie solch eine Methode irgendeinen Einfluss auf seine Gesundheit haben solle. Da tat der Arzt etwas für ihn sehr Untypisches – er beleidigte den Mann, indem er ihn sehr scharf anfuhr. Der Mann wurde sehr aufgebracht: „Wie können Sie als Arzt mir solche Worte an den Kopf werfen!" Der Arzt antwortete: „Gewöhnlich mache ich so etwas nie, ich tat es nur, um Ihnen etwas zu beweisen. Wenn meine Worte Sie wütend und krank machen können, dann können sie auch jemanden gesund machen. Wenn Worte Menschen krank und wütend machen können, beinhalten sie auch die Kraft, Patienten in Harmonie zu bringen und in einen guten Zustand zu versetzen."

Was ist nun Musik? Nach Ansicht der Sanskrit-Gelehrten gibt es drei Aspekte der Musik: Singen, Spielen und Tanzen. Alle drei sind rhythmisch und alle drei sind Ton in der einen oder anderen Form. Und was ist die Wirkung von Musik? Die Wirkung der Musik besteht darin, den Rhythmus einer anderen Person zu ordnen und sie auf die Musik einzustimmen, die gerade gespielt wird. Welches Geheimnis verbirgt sich in der Musik, die alle anzieht, die sie hören? Es ist der durch sie geschaffene Rhythmus. Es ist der Klang dieser Musik. Beide stimmen die Seele neu und erheben sie über die Depressionen und Verzweiflung des Alltagslebens in dieser Welt.

Wenn wir wüssten, welchen Rhythmus wir für ein bestimmtes Wesen in Not und Verzweiflung brauchen, welchen Ton wir benötigen und in welche Stimmung die Seele dieses Menschen erhoben werden soll, dann könnten wir die Menschen mit Musik heilen. Einst wurde in Indien Musik zur Heilung genutzt. Sie bewirkt Heilung für den Geist, den Charakter, die Seele. Die Gesundheit der Seele bringt dem Körper Gesundheit; die Heilung des physischen Körpers hilft hingegen der Seele nicht immer. Deshalb kann die naturwissenschaftliche Medizin eine Zeit lang Gutes tun, reicht aber nicht ganz aus, um den Bedürfnissen der Patienten gerecht zu werden. Damit meine ich nicht, dass äußerliche Behandlung völlig sinnlos ist. Nichts in dieser Welt ist nutzlos, wenn wir nur wissen, wie wir damit umgehen müssen. Alles auf dieser Welt ist notwendig, alles hat seinen Nutzen und seine Verwendung, wenn wir nur wissen, wie wir es richtig einsetzen können. Wenn nach außen hin Heilung herbeigeführt wird, während die Krankheit im Innern bleibt, wird die Krankheit, die auf diese Weise im Körper nur vergraben wird, früher oder später wieder ausbrechen und sich zeigen.

Einmal traf ich eine Person, die mir erzählte, dass sie wegen ihrer Neuritis bei vielen Ärzten gewesen war und jeweils für den Augenblick geheilt schien, doch die Krankheit kam immer wieder zurück. Die Person wollte von mir wissen: „Können Sie mir sagen, was mir helfen kann?“ „Gibt es jemanden auf der Welt“, fragte ich, „den Sie nicht mögen, den Sie hassen oder dessen Handeln Ihren Geist beunruhigt?“ Sie erwiderte: „Ja, es gibt viele Menschen, die ich nicht mag, und ganz besonders eine Person, der ich nicht verzeihen kann.“ „Nun“, sagte ich, „das ist Neuritis, das ist die Ursache der Krankheit. Nach außen ist es ein körperlicher Schmerz, innerlich ist sie im Herzen begründet.“

Oft ist die Ursache der Krankheit innerlich, wenn auch zweifellos viele Dinge äußerlich ausgelöst werden. Keine Regel deckt alles ab. Ohne Zweifel haben sich die Dinge verändert, und der Materialismus, der sich in der ganzen Welt verbreitet hat, beeinflusst nicht nur die Dinge im Westen, sondern auch im Osten. Der in der Antike weit verbreitete Einsatz von Musik zur spirituellen Verwirklichung und Heilung der Seele ist heute nicht mehr in gleichem Maße vorhanden. Musik wurde zum Zeitvertreib, zum Mittel, um Gott zu vergessen, anstatt um Gott zu erkennen. Und es ist die Verwendung der Dinge, die sie zu Fehlern oder Tugenden macht.

Die Erinnerung an die alte Verwendung von Musik bleibt jedoch bei den Armen erhalten. Unter den Armen in Indien gibt es Heiler, die ihr spezielles Heilinstrument spielen, und die Leute suchen sie zur Heilung auf. Wenn die Heiler dieses Instrument spielen, wecken sie das bestimmte Gefühl, das kalt geworden war, und dann beginnt dieses tiefe vergrabene Gefühl hervorzukommen. Tatsächlich ist es die ursprüngliche Art der Psychoanalyse. Die Musik hilft dieser Person, den bis dahin verborgenen Einfluss zum Ausdruck zu bringen, und auf diese Weise wird vielen Menschen geholfen, ohne dass sie zu einem Arzt gehen. Dies ist jedoch ohne Zweifel eine grobe und gewöhnliche Form der Heilung.

Ein Adeliger, der wusste, dass Heilung durch Musik erreicht werden kann, führte Konzerte in Krankenhäusern ein; lustigerweise mit dem Ergebnis, dass alle, die litten, anfingen zu schreien: „Um Himmels willen, seid still, geht weg!“ Es war keine Musik, die sie beruhigte, sie ließ sie im Gegenteil noch mehr leiden. Es war, als hätte man ihnen Steine anstatt Brot gegeben.

Um durch Musik zu heilen, müssen wir untersuchen, was gebraucht wird, was gewünscht ist. Zunächst müssen wir erforschen, worum es bei der Erkrankung geht: welche Elemente fehlen, was ihre symbolische Bedeutung ist, welche Geisteshaltung hinter der Krankheit steckt. Nach genauen Untersuchungen können wir dann den Patienten durch Musik sehr viel Gutes tun.

Selbst wenn Musik nicht als Verschreibung gegen eine bestimmte Krankheit verwendet würde, kann doch die Macht der Krankheit, die eine Last für das menschliche Herz ist, geschmälert werden, indem das Herz gehoben und das Denken verändert wird. Krankheit entsteht mehr durch die Idee der Krankheit als durch die Krankheit selbst. Körperliche Krankheiten können wir ohne Zweifel als einen Schatten der eigentlichen Krankheit ansehen, welche wir in unserem Geist tragen. Durch die Kraft der Musik kann der Geist so erhoben werden, dass er sich über die Gedanken an die Krankheit erhebt; dann wird die Krankheit vergessen.

Nun werden Sie fragen: „Welche Musik kann heilen? Welche Art der Musik? Ist es Gesang oder Spiel oder Tanz?“ Singen ist am machtvollsten, denn Singen ist Leben. Es ist *prana*, das Leben selbst, es ist Stimme. Natürlich wirkt das Leben über die Berührung auch durch ein Instrument. Beim Singen ist es jedoch das direkte Leben, der Atem, der das Herz der Zuhörenden berührt. Nun zur Idee, was hinter dieser Stimme stehen muss: Es muss ein Herz sein, das durch die Quelle der Energie, die gebraucht wird, vorbereitet wurde. Und was ist diese Energie? Diese Energiequelle ist das, was wir Liebe und Mitgefühl nennen, die größte Macht überhaupt.

Materialisten, die von morgens bis abends für sich selbst kämpfen, nach ihrem eigenen Vorteil suchen, die voller Probleme und bitter sind, die mitten im Kampf stehen, kämpfen auch dann. Sie können nicht heilen. Heilende müssen frei sein, frei mitzufühlen, frei, ihre Mitmenschen noch bedingungsloser zu lieben als sich selbst.

Was lehrt uns diese Liebe? Wo können wir sie erlernen? Woher bekommen wir sie? Der Schlüssel zu diesem Liebeselement ist Gott. Wenn wir das heutige Leben mit all seinem Fortschritt betrachten, was fehlt darin? Gott. Gott ist der Schlüssel zu jenem unbegrenzten Vorrat an Liebe, der sich im menschlichen Herzen befindet.

Einmal war ich sehr amüsiert und überrascht über eine Antwort. Ein sehr gottesfürchtiges und gutmütiges Dienstmädchen, das im Haus arbeitete, konnte nicht so schnell auf ein Klopfen an der Tür reagieren, wie es sein sollte, und die Besucherin, die an der Tür wartete, wurde sehr ungeduldig und sprach äußerst ärgerlich mit dem Dienstmädchen. Ich fragte das Dienstmädchen, was passiert sei. Sie selbst war überhaupt nicht verärgert. Sie lächelte und sagte: „Ja, ja, ja, diese Dame war sehr wütend auf mich." Ich fragte: „Nun, was war denn mit ihr los? Was machte sie so ärgerlich? Was war der Grund?" Und dieses Dienstmädchen antworte mit reiner Unschuld im Gesicht: „Der Grund? Da war kein Gott." Eine wunderbare Antwort: Wo es an Gott fehlt, gibt es keine Liebe. Wo immer Liebe ist, ist auch Gott. Wo immer Gott ist, ist auch Liebe. Wenn wir es richtig durchdenken: Was verursacht Schmerz und Leiden? Ein Mangel an Leben. Was ist Leben? Es ist Liebe. Und was ist Liebe? Sie ist Gott.

Gott ist das, was jeder Einzelne, und was die ganze Welt braucht. In Musik, Harmonie und Ton, in der Wissenschaft der richtigen Einstimmung, beim Leben für das Gute, bei allem, was wir erreichen müssen, ist Gott alles, was wir brauchen, um unser Leben zu segnen. Das ist das zentrale Leitmotiv bei allem Guten.

SPIRITUELLE VERWIRKLICHUNG MITHILFE VON MUSIK

Ich möchte zunächst erklären, was das Wort *spirituell* meint. Kann Güte als spirituell bezeichnet werden, oder ein großes Wunderwerk, die Kraft von Wundern, oder enorme intellektuelle Stärke?[1] Die Antwort ist Nein. Das Leben ist, zusammengefügt aus all seinen Aspekten, eine einzige Musik, und sich in die Harmonie dieser vollkommenen Musik einzustimmen, ist die eigentliche spirituelle Verwirklichung.

Sie fragen mich vielleicht: „Was hält uns Menschen von spiritueller Verwirklichung ab?" Die Antwort darauf ist, dass es an der Dichte dieser materiellen Existenz liegt und daran, dass wir uns unseres eigenen geistigen Wesens nicht bewusst sind. Diese Begrenzungen verhindern den freien Fluss und die freie Bewegung, die Natur und Charakter des eigentlichen Lebens sind.

Was meine ich beispielsweise mit dieser Dichte? Da ist dieser Stein, mit dem wir einen Klang erzeugen wollen. Er gibt keine Resonanz, keine Antwort auf unseren Wunsch, Klang zu erzeugen. Saiten oder Drähte werden unserem Wunsch nach Ton dagegen eine Antwort geben. Du zupfst sie, und sie antworten. Es gibt Gegenstände, die dem Klang Resonanz verleihen. Wir wollen durch sie Klang erzeugen und sie klingen; sie vervollständigen unsere Musik. So ist es auch mit der menschlichen Natur. Manche Menschen sind schwerfällig und dumpf; wir erzählen ihnen etwas und sie können es nicht verstehen; wir sprechen zu ihnen und sie hören nicht. Sie reagieren nicht auf Musik, Schönheit oder Kunst. Warum? Wegen ihrer Dichte. Andere sind in der Lage, Musik, Poesie oder Schönheit in jeder Form zu schätzen und zu verstehen. Solche Menschen würdigen die Schönheit in jedem Wesen, jeder Beschaffenheit und in jeder Form. Dies ist das Erwachen der Seele, der lebendige Zustand des Herzens, die wahre spirituelle Verwirklichung. Spirituelle Verwirklichung bedeutet, den Geist leben zu lassen, bewusst zu werden. Wenn wir uns unserer Seele und unseres Geistes nicht bewusst sind, wenn wir nur das materielle Wesen kennen, sind wir beschränkt, fernab vom Geist.

1 Vortrag in der Paul Elder Galerie in San Francisco, Kalifornien, am 18. April 1923

Sie könnten fragen: „Was ist Geist und was ist Materie?“ Der Unterschied zwischen Geist und Materie ist wie derjenige zwischen Wasser und Schnee: Gefrorenes Wasser ist Schnee und geschmolzener Schnee ist Wasser. Geist nennen wir in seiner Verdichtung Materie, Materie kann in ihrer subtilen Form Geist genannt werden. Ein Materialist sagte einmal zu mir: „Ich glaube nicht an einen Geist oder eine Seele oder ein Jenseits. Ich glaube an die ewige Materie.“ Ich erwiderte ihm: „Ihr Glaube unterscheidet sich nicht sehr von meinem; das, was Sie als ewige Materie bezeichnen, nenne ich Geist. Es ist nur ein Unterschied der Bezeichnungen. Darüber müssen wir uns nicht streiten, denn wir glauben beide an die Ewigkeit. Solange wir uns in der Ewigkeit treffen, was macht es da für einen Unterschied, wenn der eine es Materie nennt und der andere Geist? Es ist von A bis Z dasselbe Leben.“

Schönheit entsteht durch Harmonie. Was ist Harmonie? Harmonie ist die richtige Proportion, mit anderen Worten, der richtige Rhythmus. Und was ist Leben? Leben ist die Folge von Harmonie. Hinter der ganzen Schöpfung steht Harmonie, das ganze Geheimnis der Schöpfung ist Harmonie. Intelligenz an sich strebt nach vollendeter Harmonie. Was die Menschen Glück, Wohlergehen oder Gewinn und Nutzen nennen, alles, wonach sie streben und was sie sich wünschen, ist Harmonie in größerem oder kleinerem Umfang, die Sehnsucht nach Harmonie. Selbst wenn wir ganz weltliche Dinge erreichen wollen, wünschen wir uns immer Harmonie; nur wenden wir sehr oft nicht die richtigen Methoden an. Häufig sind die Methoden falsch. Das Ziel, das wir sowohl durch richtige als auch durch falsche Methoden erreichen wollen, ist dasselbe. Es ist der Weg, auf dem wir es zu erreichen versuchen, was es falsch oder richtig macht. Nicht das gewünschte Objekt ist falsch, sondern die Art und Weise, wie wir es erreichen. Niemand, gleich in welcher Lebenssituation, wünscht sich Disharmonie, denn alles Leid, aller Schmerz, alle Schwierigkeiten sind Disharmonie.

Spiritualität zu erlangen bedeutet zu erkennen, dass das ganze Universum eine Sinfonie ist. Darin ist jeder Einzelne ein Ton, und das Glück jedes Einzelnen liegt darin, vollkommen im Einklang mit der Harmonie des Universums zu sein. Wir werden nicht spirituell, indem wir einer bestimmten Religion folgen, einen besonderen Glauben haben, ein Ideal fanatisch verfolgen, oder indem wir zu gut für diese Welt werden. Es gibt viele gute Menschen, die nicht einmal verstehen, was Spiritualität bedeutet.

Sie sind sehr gut, wissen aber noch nicht, was letztendlich gut ist. Das höchste Gut ist die Harmonie selbst. So entspringen zum Beispiel all die verschiedenen Prinzipien und Überzeugungen der Religionen dieser Welt, die von Priesterinnen oder Lehrern gelehrt und verkündet werden, aber nicht immer von Menschen befolgt und ausgedrückt werden können, ganz natürlich aus dem Herzen eines Menschen, der sich auf den Rhythmus des Universums einstimmt. Alle Handlungen, alle gesprochenen Worte, alle Gefühle, die wir haben oder ausdrücken, sind dann harmonisch; sind alle Tugenden und bilden die Religion. Es geht nicht darum, einer Religion anzugehören. Wir müssen Religion leben, unser Leben selbst zu einer Religion machen.

Musik ist die Miniatur der Harmonie des Universums, denn die Harmonie des Universums ist selbst Musik. Und die Menschen als Miniaturuniversen müssen die gleiche Harmonie aufweisen. In ihrem Puls, ihren Herzschlägen und in ihren Schwingungen sind Rhythmus und Ton, harmonische oder unharmonische Akkorde. Ihre Gesundheit oder Krankheit, Freude oder Unbehagen, alle weisen auf die Musik oder den Mangel an Musik in ihrem Leben hin.

Und was lehrt die Musik uns? Musik hilft uns, uns auf die eine oder andere Weise in Harmonie zu üben. Darin liegen Magie und Geheimnis der Musik. Wenn wir Musik hören, die wir genießen, stimmt sie uns ein und bringt uns in Harmonie mit dem Leben. Deshalb brauchen wir Musik, sehnen uns nach Musik. Viele sagen, dass sie sich nichts aus Musik machen – dann haben sie aber noch nie Musik gehört. Wenn sie wirklich Musik hören, berührt diese ihre Seelen, und sie können ganz sicher nicht anders, als sie zu lieben. Wenn nicht, bedeutet das nur, dass sie die Musik nicht entsprechend gehört haben, sie haben ihr Herz nicht ruhig und still gemacht, um sie zu hören, zu genießen und zu schätzen. Außerdem entwickelt die Musik die Fähigkeit der Wertschätzung, durch die wir lernen, alles Gute und Schöne in Form von Kunst und Wissenschaft, in Form von Musik und Poesie zu genießen. Wir können uns dann an allen Facetten der Schönheit erfreuen.

Was uns all die Schönheit um uns herum nimmt, ist unsere Körper- oder Herzensschwere.

Wir werden auf die Erde heruntergezogen und dadurch wird alles begrenzt. Wenn wir diese Schwere abschütteln und uns freuen, fühlen wir uns wieder leicht. All die guten Anlagen, wie Sanftmut und Toleranz,

Vergebung, Liebe und Wertschätzung, all diese schönen Eigenschaften kommen durch Leichtigkeit: Leichtigkeit im Geist, in der Seele und im Körper.

Woher kommt Musik? Woher kommt Tanz? Sie entspringen dem natürlichen spirituellen Leben im Innern. Wenn dieses spirituelle Leben hervorbricht, macht es alle Bürden, die wir tragen, leicht. Es lässt unser Leben, das auf dem Ozean des Lebens treibt, geschmeidig werden. Die Fähigkeit zur Wertschätzung macht uns leicht. Das Leben ist wie ein Ozean. Wenn wir keine Wertschätzung und keine Aufnahmebereitschaft kennen, sinken wir wie ein Stück Eisen oder Stein auf den Meeresboden; wir können dann nicht schwimmen wie ein Boot, das leer und aufnahmebereit ist.

Die Schwierigkeit auf dem spirituellen Weg kommt immer durch uns selbst. Wir mögen es nicht, Schüler und Schülerinnen zu sein, wir wollen Lehrer und Lehrerinnen sein. Wüssten wir doch nur von den Großen, die von Zeit zu Zeit in diese Welt gekommen sind, dass ihre Größe und Vollkommenheit in ihrer Schülerschaft und nicht in ihrem Unterricht lag. Je größer sie als Lehrer waren, umso bessere Schüler und Schülerinnen waren sie. Sie lernten von allen: von Großen und Geringen, von Weisen und Dummen, von Alten und Jungen. Sie lernten von ihrem Leben und untersuchten die menschliche Natur in all ihren Facetten.

Wer lernt, den spirituellen Weg zu gehen, muss zu einem leeren Becher werden, damit der Wein der Musik und der Harmonie in das Herz gegossen werden kann. Sie könnten fragen: „Wie kann ich eine leerere Tasse werden?“ Ich werde Ihnen sagen, wie sich Tassen als gefüllt und nicht leer erweisen. Oft kommen Menschen zu mir und bitten: „Hier bin ich, können Sie mir spirituell helfen?“ „Ja,“ sage ich, doch die Person beginnt: „Zuerst will ich wissen, was halten Sie von Leben und Tod, von Anfang und Ende?“ Dann frage ich mich natürlich, wie wohl die Haltung dieser Person sein wird, wenn ihre vorgefasste Meinung nicht mit meiner übereinstimmt? So jemand will lernen, aber nicht leer sein; das ist, als würde man zum Fluss gehen, sein Glas zuhalten und zugleich Wasser wollen. Doch das Glas ist verschlossen; verschlossen mit vorgefassten Meinungen. Und woher kamen diese vorgefassten Meinungen? Wir können keine Idee als die eigene bezeichnen. Alle Ideen wurden aus der einen oder anderen Quelle gelernt, doch nach einiger Zeit beschließen wir, dass sie unsere eigene wäre. Mit diesen Vorstellungen argumentieren wir und streiten um sie. Obwohl sie nicht vollständig befriedigend sind, werden sie doch zum

Schlachtfeld dieses Menschen, und die ganze Zeit über hält diese Person ihr Glas geschlossen.

Die Mystiker haben daher einen anderen Weg eingeschlagen. Sie haben einen anderen Ansatz gewählt, und dieser Ansatz ist die Entwöhnung, oder mit anderen Worten, das Verlernen des Gelernten. Deshalb sagen sie im Osten, dass wir zuallererst lernen müssen, zu begreifen, wie wir Schüler werden. Sie lernen nicht zuerst, was Gott oder was Leben ist. Das Erste, was gelernt werden muss, ist, wie man Schüler wird. Wir glauben vielleicht, dass wir auf diese Weise unsere Individualität verlieren. Was aber ist Individualität? Besteht sie nicht aus dem, was wir angesammelt haben? Unsere Vorstellungen und Meinungen – was genau sind sie? Angesammeltes Wissen. Das sollten wir verlernen. Wie verlernen wir? Sie werden sagen, das, was wir lernen, was in uns eingraviert wird, sei das Wesen des Geistes. Wie also können wir es verlernen?

Verlernen bedeutet, das Wissen zu vervollständigen. Jemanden zu sehen und zu sagen: „Diese Person ist böse“, bedeutet zu lernen. Darüber hinauszusehen und etwas Gutes in dieser Person zu erkennen, das ist verlernen. Wenn wir die Güte in jemandem sehen, den wir als böse bezeichneten, haben wir verlernt. Wir haben diesen Knoten gelöst. Zuerst lernen wir mit einem Auge zu sehen, dann lernen wir mit zwei Augen zu sehen. Erst das macht vollständiges Sehen möglich. Einst sagten wir: „Ich hasse diese Person.“ Das ist lernen. Nun sagen wir: „Oh, nein, ich kann diese Person mögen oder ich kann Mitleid mit ihr haben.“ Wenn wir dies sagen, haben wir gelernt, diese Person mit beiden Augen zu sehen. Alles, was wir in der Welt gelernt haben, ist ein Teilwissen; erst wenn dieses von einem anderen Standpunkt aus aufgelöst wird, wissen wir vollständig. Das wird Mystik genannt. Warum nennen wir das Mystik? Weil es sich nicht in Worte fassen lässt. Worte können uns die eine Seite veranschaulichen, doch die andere Seite ist jenseits von Worten.

Alle Manifestation ist Dualität, jene Dualität, die uns intelligent macht; und hinter der Dualität ist die Einheit. Wenn wir uns nicht über die Dualität erheben und in Richtung Einheit gehen, erreichen wir die Vollkommenheit nicht, die Spiritualität genannt wird.

Das bedeutet nicht, dass unser Lernen nutzlos ist. Es ist von großem Nutzen. Es gibt uns die Macht der Differenzierung, die Macht, Dinge voneinander zu unterscheiden. Es schärft die Intelligenz und klärt den Blick, damit wir den Wert der Dinge und ihre Bedeutung verstehen. All das ist ein Teil der menschlichen Entwicklung und alles ist sinnvoll. Wir müssen also zunächst lernen und danach verlernen. Wir schauen nicht zuerst zum Himmel, wenn wir auf der Erde stehen. Betrachten Sie zuerst die Erde und erkennen Sie, was sie uns zu lernen und zu beobachten bietet. Denken Sie aber nicht, dass Sie den Zweck Ihres Lebens erfüllen, wenn Sie nur auf die Erde schauen. Die Erfüllung des Lebensziels liegt darin, in den Himmel zu schauen.

Das Wunderbare an der Musik ist, dass sie uns hilft, uns zu konzentrieren oder unabhängig von Gedanken zu meditieren; und so scheint die Musik die Kluft zwischen der Form und dem Formlosen zu überbrücken. Wenn es irgendetwas gibt, das intelligent und wirkungsvoll ist und gleichzeitig formlos, dann die Musik. Dichtung suggeriert Form, Linie und Farbe suggerieren Form, nur Musik suggeriert keine Form. Und außerdem ist da dieser Klang, der durch unser ganzes Wesen schwingt. Unser ganzes Wesen gerät in eine Resonanz, die unsere Gedanken über die Dichte der Materie erhebt, die Materie beinahe in Geist verwandelt, in ihren Urzustand, indem die Harmonie der Schwingungen jedes Atom unseres Wesens berühren.

Die Schönheit von Linie und Farbe geht bis zu einem gewissen Punkt und nicht weiter; die Freude am Duft geht noch ein bisschen weiter. Musik berührt das innerste Wesen und schafft auf diese Weise neues Leben, ein Leben, das das ganze Wesen verzückt und dadurch in jene Vollkommenheit erhebt, die die Vollendung des menschlichen Lebens ist.

DIE MACHT DES WORTES

DIE MACHT DES WORTES 1

In der Bibel finden wir die Worte „Am Anfang war das Wort, und das Wort war Gott“; und wir finden dort auch, dass das Wort Licht war[1] und die ganze Schöpfung entstand, als dieses Licht anbrach.[2] Das sind nicht einfach religiöse Verse; für Mystiker und Sehende enthalten sie die höchste Offenbarung. Es ist eine Idee, über die wir immer neu inspiriert, jahrelang nachdenken können. Es lehrt uns, dass das erste Zeichen, als sich das Leben manifestierte, hörbar, also Klang war. Das ist das Wort.

Wenn wir diese Interpretation mit der Philosophie des Vedanta vergleichen, stellen wir fest, dass beide identisch sind. Durch alle Jahrhunderte haben die Yogis und Seher Indiens den Wort- oder Klang-Gott verehrt. Die ganze Klang- und Sprachmystik dreht sich um diese Idee. Nicht nur den Hindus war die große Bedeutung des Wortes bekannt, sondern auch den Weisen der semitischen und hebräischen Völker. Der heilige Name, das heilige Wort, wurde in der jüdischen Religion immer sehr hoch angesehen. Auch im Islam, jener großen Religion, deren Mystik sich gerade erst im Westen zu verbreiten beginnt, finden wir die Lehre des Ismatismus, der „Lehre des mystischen Wortes“. Die Zoroastrier[3], die ihre Religion lange vor der Zeit von Buddha oder Christus erhielten, verloren viele ihrer Lehren durch die Veränderungen im Laufe der Zeit und durch die Umstände; die heiligen Worte jedoch blieben immer erhalten. Es ist wohlbekannt, dass Sanskrit heute eine tote Sprache ist, lange gestorben und vergessen; doch in den indischen Meditationen, die sich *yogas* nennen, werden wegen der Kraft des Klangs und der Schwingung, die sie enthalten, noch immer Sanskritworte verwendet. Je tiefer wir in das Mysterium des Lebens eintauchen, desto klarer erkennen wir, dass das ganze Geheimnis in dem verborgen ist, was wir Wort nennen. Alle okkulten Wissenschaften, alle mystischen Praktiken basieren auf der Wissenschaft von Wort oder Klang. Wir Menschen sind in allen Aspekten unseres Seins ein Geheimnis, nicht nur was Geist und Seele, sondern auch was den Organismus betrifft, den wir unseren

1 Johannesevangelium 1:1, siehe auch Genesis 1:3
2 Vortrag im Musée Guimet, Paris, am 22. November 1925
3 Zoroastrier: Anhänger der Religion Zarathustras (2.-1. Jahrtausend v. Chr. im heutigen Iran)

Körper nennen. Es ist dieser Körper, von dem die Sufis sagen, dass er der Tempel Gottes ist. Und das ist nicht nur eine Redewendung oder ein Glaube, denn wenn wir unseren Körper aus mystischer Sicht betrachten, stellen wir fest, dass er viel feiner und weitreichender ist und in der Lage, viel mehr zu tun, zu verstehen und zu fühlen, als wir vermuten.

Es gibt Fähigkeiten der Seele, die ihren Ausdruck durch ein bestimmtes Zentrum im menschlichen Körper finden. Genauso wie es Landstriche gibt, in die das Wasser nie gelangt und die deshalb nie zu fruchtbarem Boden werden, so ist es bei diesen Zentren, wenn der Atem sie nie erreicht. Sie sind intuitiv, sie sind voller Frieden und Ausgeglichenheit, sie sind die Zentren der Erleuchtung, aber sie sind nie erwacht, denn die Menschen haben nur in den Bereich ihres Körpers geatmet, mit dem sie essen, leben und handeln können. Wenn man ihre Existenz mit der Fülle des Lebens vergleicht, die durch spirituelle Entwicklung erreicht werden kann, sind sie nur halb lebendig. Wir könnten es mit dem Leben in einer großen Stadt vergleichen, von der wir nicht wissen, dass es in ihr viele schöne Dinge gibt, die wir noch nie gesehen haben.

Wie es viele Menschen gibt, die in ferne Länder reisen, ihr eigenes Land jedoch nicht kennen, so ist es auch hier. Sie sind an allem interessiert, was Schönheit und Freude bringt, doch sie kennen die Quelle all dieser Dinge in sich selbst nicht. Die Menschen atmen, aber sie atmen nicht richtig. Wie der Regen, der kleine Pflanzen wachsen lässt, auf den Boden fällt und ihn fruchtbar macht, so fällt auch der Atem, die Essenz aller Energie, als Regen auf alle Teile des Körpers. Dies geschieht auch im Falle des Geistes; den Teil des Atems, der den Geist beflügelt, können wir jedoch nicht wahrnehmen. Wir können nur den Anteil, der im Körper zu spüren ist, wahrnehmen. Für den Durchschnittsmenschen ist er jedoch nicht einmal im Körper wahrnehmbar. Sie kennen vom Atem nur das, was in Form von Einatmung und Ausatmung durch die Nasenlöcher geschieht. Wenn wir vom Atem sprechen, ist damit im Allgemeinen nur das gemeint. Das Erste, was wir bemerken, wenn wir die Wissenschaft des Atems studieren, ist, dass der Atem hörbar ist. Er ist ein Wort an sich, denn das, was wir ein Wort nennen, ist nur eine ausgeprägtere Äußerung des Atems, der durch den Mund und die Zunge geformt wird. Im Mund wird der Atem zur Stimme, also ist der ursprüngliche Zustand eines Wortes der Atem. Wenn wir also sagen würden: „Zuerst war der Atem“, wäre das dasselbe wie: „Am Anfang war das Wort.“

Das erste Leben, das existierte, war das Leben Gottes, und von dort aus entfalteten sich alle Erscheinungsformen. Sie sind vielfältiger Ausdruck des einen Lebens: Eine Blume blüht mit vielen Blütenblättern, ein Atemzug drückt sich in vielen Worten aus. Die heilige Idee, die mit der Lotusblume verbunden ist, ist Ausdruck derselben Philosophie. Sie symbolisiert die vielen Leben in dem Einen Gott, die in der Bibel mit den Worten „In Gott leben und bewegen wir uns und haben unser Sein"[4] ausgedrückt wird. Wenn Menschen in ihrer Vorstellung von Gott getrennt sind, nützt ihnen ihr Glaube nichts und ihre Anbetung macht nur wenig Sinn, denn alle Formen der Anbetung oder des Glaubens sollten uns näher zu Gott führen. Was uns von Gott trennt, hat keinen Wert.

Nun stellt sich die Frage: „Was macht ein Wort heilig oder bedeutsam? Ist nicht jedes Wort so heilig und wichtig wie das andere?" Das ist wahr, aber für wen ist es heilig? Für die reinen und erhabenen Seelen, denen jedes Wort den Namen Gottes vermittelt, nicht aber für die Durchschnittsmenschen. Es gibt Seelen, die sich in einem Entwicklungsstadium befinden, in dem jedes Wort ein heiliger Name ist. Geben Lehrende jedoch eine Lehre, so wird sie nicht den erhabenen Seelen, sondern den Anfängern gegeben; deshalb werden Worte ausgewählt und den Lernenden von einem Guru[5] oder Lehrer gegeben, so wie eine Ärztin ein Rezept verschreiben würde, weil sie weiß, für welche Beschwerden und, zu welchem Zweck die Worte gegeben werden. Hafis spricht: „Nimm jede Anweisung an, die dein Lehrer dir gibt, denn er weiß, was dein Weg und wo dein Glück ist."

Die Mystiker legen großen Wert auf die Anzahl der Wiederholungen, denn Zahlen sind eine Wissenschaft und jede Anzahl von Wiederholungen hat einen eigenen Wert. Eine Wiederholung bedeutet das Eine, mehrere dagegen etwas ganz anderes, so wie in der Medizin ein Körnchen eines Medikaments heilen kann, während zehn das Leben zerstören können. Als Christus aufforderte, auf unnötige Wiederholungen[6] zu verzichten, bezog er sich nicht, wie oft angenommen, auf die heiligen Namen, wie sie im Gottesdienst oder in religiösen Praktiken verwendet werden. Unter den semitischen Völkern gab es den Brauch, der auch heute noch im Osten existiert, nämlich den Namen Gottes ständig auf der Straße oder auf dem Marktplatz zu verwenden. Die Menschen benutzten ihn immerzu

4 Apostelgeschichte 17:28
5 Guru: spiritueller Lehrer oder Lehrerin
6 Matthäusevangelium 6:7

in Handel oder Gewerbe, in Auseinandersetzungen und Streitigkeiten; Christus wandte sich gegen diesen Missbrauch des heiligsten Namens. In den Wiederholungen liegt das Geheimnis der Macht, deshalb ist es ein großer Fehler, wenn Menschen die Wege der spirituellen Kultur als Alltagsinteresse, als kleines Hobby auf die leichte Schulter nehmen und aus einem Buch oder einer einfachen Anleitung lernen. Wenn sie versuchen, nur mit diesem Wissen zu praktizieren, riskieren sie ihr Leben. Stellen Sie sich ein Energiezentrum vor, das erst zu einem bestimmten Zeitpunkt der Evolution geweckt werden sollte, und das vor Erreichen dieser Zeit geweckt wird. Eine Katastrophe!

Bestimmte Worte holen einen speziellen Segen ins Leben. Einige ziehen Macht an, andere bringen Befreiung von Schwierigkeiten, wieder andere geben Mut und Stärke. Es gibt Worte, die heilen können, andere, die Trost und Leichtigkeit geben, und wieder andere, die noch größere Wirkung haben. Wenn nun ein Mensch, der Frieden und Ruhe braucht, Worte benutzt, die Mut und Kraft bringen, wird er noch unruhiger werden. Es ist, als würde man ein Stärkungsmittel geben, um hohes Fieber zu senken.

Nun stellt sich noch eine andere Frage: Was macht ein Wort mächtig? Ist es die Bedeutung, die Schwingung, die Art und Weise, wie es verwendet wird, oder das Wissen der Lehrenden, die den Lernenden beibringen, es zu wiederholen? Die Antwort auf diese Frage ist, dass einige Wörter wegen ihrer Bedeutung Macht haben, andere wegen der Schwingungen, die sie erzeugen, wieder andere wegen ihres Einflusses auf die verschiedenen Zentren. Außerdem gibt es einige Worte, die von Gott inspiriert wurden und durch Heilige, Weise und Propheten weitergegeben wurden. In ihnen liegt nicht nur der volle Segen, sondern auch das Geheimnis, mit dem wir das erreichen, was die Seele im Leben begehrt. Wenn es ein Phänomen oder Wunder gibt, so liegt es in der Macht der Worte, aber diejenigen, die diese Macht kennen und besitzen, werden sie anderen nie offen zeigen. Spirituelle Verwirklichung ist nichts, was den Menschen vorgeführt werden sollte, um zu beweisen, dass sie real ist, oder als eine Art Show.

Was real ist, ist sich selbst Beweis genug. Was jenseits von Preis und Wert liegt, aus dem muss vor den Menschen nicht viel Aufhebens gemacht werden. Was real ist, ist real, und das Kostbare ist kostbar an sich; es bedarf keiner Erklärung oder Anerkennung. Die größte Lektion der Mystik ist, alles zu wissen, alles zu gewinnen, alles zu erlangen, alle Dinge zu erreichen – und zu schweigen. Je mehr die Schüler erreichen, desto demütiger werden sie; und wer dies zu einem Mittel macht, sich selbst in irgendeiner Weise anderen überlegen zu zeigen, erbringt den Beweis dafür, dass er selbst es nicht wirklich besitzt. Diese Person kann einen Funken im Inneren haben, aber die Fackel ist noch nicht entzündet. Es gibt ein Sprichwort bei den Hindus, dass sich der Baum, der viel Frucht trägt, tief beugt.

Wörter haben die Kraft, in verschiedenen Teilen des menschlichen Körpers zu schwingen. Es gibt Worte, die im Herzen widerhallen, und es gibt andere, die dies im Kopf tun. Wieder andere haben Macht über den ganzen Körper. Durch bestimmte Worte können gewisse Emotionen beschleunigt oder beruhigt werden. Es gibt auch eine Wissenschaft der Silben, die ihre eigene spezifische Wirkung haben. Wagner[7] wiederholt nur die Lehre der Mystiker des Ostens, wenn er sagt: „Wer das Gesetz der Schwingungen kennt, kennt das ganze Geheimnis des Lebens."

7 Richard Wagner: Deutscher Komponist (1813-1883)

DIE MACHT DES WORTES 2

Das Wort an sich ist in jeder Hinsicht ein tiefes Mysterium; jede Heilige Schrift hat das Geheimnis des Wortes, verglichen mit allen anderen Geheimnissen des Lebens, als das tiefgründigste betrachtet.[1] In der Schrift, die in der westlichen Welt am bekanntesten ist, lesen wir, dass zuerst das Wort war, und das Wort war Gott.[2] Und weiter lesen wir, dass zuerst das Wort existierte und dann zu Licht wurde.[3] Diese beiden Sätze vermitteln uns zwei Dinge: Der erste Satz erklärt uns, dass, wenn überhaupt irgendetwas existiert und dieses Bestehende beschreibbar ist, wir es nur mit dem Begriff „Wort" ausdrücken können. Und der zweite Satz erklärt eine weitere Phase des Mysteriums: Dass zuallererst das Wort notwendig war, damit die Seele, umgeben von der Dunkelheit dieser Welt der Illusionen, ans Licht kommen konnte. Dies bedeutet, dass der Ursprungsgeist im Mysterium des Wortes enthalten ist, und durch das Mysterium des Wortes kann das Mysterium des reinen Geistes entdeckt werden.

Aus den vedischen Schriften, die es schon vor vielen Tausend Jahren gab, erfahren wir das Gleiche. Zum Beispiel gibt es in Sanskrit den Begriff Nada Brahma, der besagt „das Geheimnis der Schöpfung war in *nada*", das heißt „im Wort". Im Koran lesen wir auf Arabisch die Worte *Kun fayakun:* „Zuerst war der Ausruf ‚Sei!', und es wurde."[4]

Das Wesen, das „Sei!" sagte, damit etwas entstand, war kein sterbliches Wesen. Das Eine war und ist und wird alles Leben sein, das es gibt. Ist dies richtig, so ist das Wort nicht ein Mysterium der Vergangenheit, es ist vielmehr ein fortwährendes und ewiges Mysterium. In unserer Zeit, in der sich die Menschheit mit den materiellen Phänomenen auseinandersetzt und – im Vergleich zur Vergangenheit – in Industrie und Handel sehr weit fortgeschritten ist, ist die Entdeckung der Macht, die im Wort liegt, jedoch noch weitestgehend unerforscht.

Mystiker und Mystikerinnen, die den Wert des Wortes kennen, finden dieses Wort zunächst vor allem in sich selbst, denn das Geheimnis allen

---

1 Vorlesung in Rom, Italien, am 13. November 1923
2 Johannesevangelium 1:1
3 Genesis 1:3
4 Koran 2:117

Wissens, das wir in der Welt erwerben – sei es weltliches Wissen oder geistiges Wissen –, ist das Wissen über das Selbst. Beispielsweise wird Musik in der Außenwelt gespielt, doch wo wird sie wahrgenommen? Sie wird im Inneren realisiert. Ein gutes oder ein schlechtes Wort wird äußerlich gesprochen, aber wo wird es wahrgenommen? Es wird im Inneren verarbeitet. Wo verwirklicht sich also diese ganzen Manifestation, diese ganze Schöpfung, die in all ihren Aspekten vor uns liegt? Ihre Verwirklichung liegt im Inneren. Dennoch hält sich der menschliche Irrtum hartnäckig: Anstatt im Inneren zu suchen, wollen wir es immer im Außen finden. Es ist, als würden wir den Mond sehen wollen und am Boden nach ihm suchen. Auch wenn wir tausend Jahre nach ihm Ausschau halten würden: Wenn wir auf der Erde nach ihm suchen, werden wir ihn niemals sehen. Dazu müssen wir unseren Kopf heben und zum Himmel hinaufschauen. Genauso ist es, wenn wir im Äußeren nach dem Mysterium des Lebens suchen: Wir werden es dort niemals finden, denn das Mysterium des Lebens wird im Innern entdeckt. Dort liegen Quelle und Ziel, und dort werden wir finden, wenn wir suchen.

Was ist Klang? Ist der Klang außen oder innen? Selbst der äußere Klang wird zu einem hörbaren Geräusch, indem sich der Schall im Inneren fortsetzt. An dem Tag, an dem der Klang im Inneren ausgeschaltet wird, ist dieser Körper nicht mehr in der Lage, den Außenklang zu hören.

Die heutigen Menschen, die ein Leben im Außen führen, haben sich so sehr an das äußerliche Leben gewöhnt, dass sie nur selten daran denken, allein zu sitzen. Und wenn sie allein sind, beschäftigen sie sich mit einer Zeitung oder mit irgendetwas. Weil sie nun ständig im äußeren Leben arbeiten, sich also mit dem äußeren Leben beschäftigen, verlieren sie ihre Anbindung an das innere Leben. Dadurch wird ihr Leben oberflächlich. Daraus entsteht nichts als Enttäuschung, denn nichts auf der Welt ist unter all den hörbaren und sichtbaren Formen so attraktiv wie der innere Klang. Alles, was die Sinne berühren kann, und alles, was dem menschlichen Geist verständlich ist, hat nämlich seine Grenzen. Alles wird durch seine Wirkungsweise und durch die Zeit begrenzt, denn der menschliche Geist bringt nicht mehr zustande, als ihm gegeben ist.

Das Geheimnis liegt im Atem. Atem und Puls arbeiten kontinuierlich und halten den Mechanismus des Körpers am Laufen. Es scheint, als wussten die Menschen des Altertums mehr über dieses Mysterium als die Menschen heute, denn wofür steht die Laute des Orpheus? Sie meint den menschlichen Körper: Er ist die Laute, auf der gespielt werden sollte. Wenn diese Laute nicht realisiert wird, wenn sie nicht verstanden wird, wenn sie nicht für ihren eigentlichen Zweck genutzt wird, bleibt sie ohne den vorgesehenen Nutzen, denn dann erfüllt sie nicht den Zweck, für den sie gemacht wurde.

Der Atem reicht nicht nur so weit, wie die Naturwissenschaftler, also Menschen, die nur die Schwingungen der aus- und einströmenden Luft kennen und nicht weiter sehen, davon wissen. Außerdem denken wir nur selten darüber nach, was von all den Dingen abhängt, die einen Rhythmus haben – vom Pulsieren des Atems, dem Pochen des Herzens und des Kopfes, vom Pulsschlag. Davon hängt das ganze Leben ab. Darüber hinaus ist dieser Atem, den wir atmen, ein Mysterium an sich. Er ist nicht nur irgendein Geheimnis, sondern Ausdruck des großen Mysteriums. Auf ihm beruht die Psychologie des Lebens.

Seit Jahrtausenden verlässt sich die Medizinwissenschaft teilweise darauf, den körperlichen Zustand anhand von Rhythmus und Atem zu ermitteln. Die antike Medizin wusste, dass Gesundheit von Schwingungen abhängt, und jetzt kommt wieder eine Zeit, in der die Ärzte in der westlichen Welt bestrebt sind, das Gesetz der Schwingungen, von denen die Gesundheit abhängt, zu erforschen. Doch die in das materielle Leben absorbierte Menschheit kommt nur bis zu einem gewissen Punkt und nicht weiter.

Das Geheimnis der Schwingungen betrifft nicht nur die materielle Ebene, sondern geht darüber hinaus. Wenn der menschliche Körper eine Laute ist, dann hat jedes Wort, das wir sprechen, jedes Wort, das wir hören, eine Wirkung auf unseren Körper. Es wirkt nicht nur auf den Körper, sondern auch auf den Geist. Wenn Menschen zum Beispiel wiederholt hören oder sich selbst sagen, sie seien „dumm“, werden sie mit der Zeit dumm werden, selbst wenn sie zuvor weise waren. Und das stimmt natürlich auch für jene, die einfältig sind. Nennt sie weise, und mit der Zeit werden sie weise werden. Die Wirkung des Namens, den eine Person trägt, hat viel mit dem Leben dieser Person zu tun. Oft wird deutlich, dass der Name einen Einfluss auf das Leben und die Karriere hat. Der Grund dafür ist, dass wir jeden Tag häufig bei diesem Namen gerufen werden. Ist es nicht so, dass wir vor Lachen prusten, wenn wir etwas Lustiges sagen und wenn wir etwas Trauriges sagen, in Tränen ausbrechen? Wenn das stimmt, was für eine Wirkung hat dann wohl jedes Wort, das wir im Alltag sprechen, auf uns und unsere Umgebung?

Wir können erkennen, dass der uralte Aberglaube, kein Unglückswort, kein unschönes Wort zu sagen, einen Grund hat. Im Osten wurden die Kinder schon immer dazu erzogen, nachzudenken, bevor sie etwas äußern, denn Worte haben eine psychologische Bedeutung und Wirkung. Oft werden Menschen, die ein Gedicht lesen oder mit großer Inbrunst ein Lied singen, etwa ein Lied voll Trauer oder Tragik, tief davon berührt; und nicht selten nimmt ihr Leben an dieser Stelle eine Wendung, es wird von diesem Lied beeinflusst. Wer von seiner Krankheit spricht, nährt die Krankheit durch die eigenen Worte. Schon oft habe ich Leute sagen hören, dass ein vorliegendes Leiden eine Realität sei, und wie kann man dem widersprechen? Es ist so faszinierend, sie das sagen zu hören, denn die Realität ist so weit weg davon, doch in unserem Alltag tun wir von morgens bis abends nichts anderes, als die Realität zu leugnen. Wenn wir nur wüssten, wo die Wahrheit liegt, wenn wir nur wüssten, was die Realität ist – wenn wir sie nur erkennen und sehen würden, würden wir verstehen, dass alles andere in Wirklichkeit nicht existiert. Wenn wir diese Idee in der Tiefe erforschen, so müssen wir die Macht des Wortes eingestehen; dabei geht es dann jedoch um die Wissenschaft der Metaphysik, die es zu ergründen gilt.

Auch die Intensität der Worte jedes Menschen ist sehr variabel. Denken Sie, dass, wenn ein Mensch hundert Worte an einem Tag gesprochen hat, jedes Wort die gleiche Kraft hatte? Nein, die Macht und Wirkung jedes Wortes hängen vom Zustand ab, in dem sich diese Person befindet. Sie hängen davon ab, aus welcher Tiefe das Wort aufsteigt. Darauf beruhen die Kraft und das Licht dieses Wortes. Wir werden beispielsweise bei Menschen, die gewohnheitsmäßig lügen, die unehrlich sind, feststellen, dass sie Worte ohne Kraft fallen lassen. Wenn wir mit Überzeugung sprechen, aufrichtig sind und die Wahrheit sagen, haben unsere Worte Kraft. Sie sind lichtvoll und eindringlich. Manchmal kommt durch einen sehr traurigen Menschen mit gebrochenem Herzen eine Stimme, ein Wort, das ganz wahrhaftig ist; es hat die Kraft, uns tief zu durchdringen. Es hat solch eine Wirkung auf die Zuhörer! Eine andere Person wieder ist leichtfertig, sie ist nicht tief, nicht ernsthaft genug in ihrem Leben. Alles, was diese Person sagt und tut, bleibt stets oberflächlich; niemand wird dadurch mit Zuversicht inspiriert, denn diese Person hat kein Selbstvertrauen.

Darüber hinaus bezieht das Wort seine Macht entsprechend der Erleuchtung der Seele, da dann das Wort nicht (mehr) aus dem menschlichen Geist kommt. Dann kommt das Wort aus der Tiefe, aus dem, was dahinter steht; ein solches Wort kommt aus jenem geheimnisvollen Bereich, der dem menschlichen Verstand verborgen ist. Über solche Worte lesen wir in der Bibel, sie seien Worte wie „Flammenschwerter"[5] oder „Flammenzungen"[6]. Ob nun durch einen Dichter oder Propheten: Wenn ein solches Wort aus einem brennenden Herzen kam, stieg es empor wie eine Flamme. Das Wort verfügt durch seine Verbindung mit dem göttlichen Geist über Macht, Leben und Weisheit.

Denken wir an die lebendigen Worte aus alten Zeiten, denken wir an die lebendigen Worte, die wir in heiligen Schriften lesen, die lebendigen Worte der Heiligen und Erleuchteten! Sie sind lebendig und werden ewig leben. Sie sind Musik, die wir magisch nennen dürfen, ewige Magie. Wann immer solche Worte wiederholt werden, tragen sie in sich diese Magie, diese Kraft.

Die Menschen, die Lernenden aller Zeitalter, bewahrten die von den Weisen gesprochenen Worte. In welchem Teil der Welt auch immer sie geboren wurden oder gelebt haben, die Worte, die sie hinterließen, wurden als echte Perlen in den Schriften bewahrt. Überall im Osten verwenden die Anhänger verschiedener Religionen deshalb die Worte der Erleuchteten und sie brauchen sie nicht in ihre eigene Sprache zu übersetzen. Wir wissen, dass auf diese Weise die Worte, die die Großen sprachen, über die Jahrhunderte hinweg bewahrt wurden, um sie für die Meditation zu nutzen.

Darüber hinaus gibt es ein noch wissenschaftlicheres und größeres Mysterium des Wortes. Nicht nur die Bedeutung eines Wortes, nicht nur, wer das Wort aussprach, auch das Wort selbst trägt in sich eine dynamische Kraft. Die Mystikerinnen, Weisen und Suchenden aller Zeiten waren immer auf der Suche nach dem heiligen Wort, da sie sein Geheimnis kennen. Das ganze meditative Leben der Sufis ist auf dem Mysterium des Wortes aufgebaut. Eingeweihte sagen, dass das Wort Sufi von *Sophia,* also „Weisheit" kommt – aber keine Weisheit im äußerlichen Sinn des Wortes, denn weltliche Klugheit kann keine Weisheit sein. Der Intellekt, der oft mit Weisheit verwechselt wird, ist nur eine Illusion von Weisheit. Weisheit wird von innen her gelernt, und Intellekt ist das, was von außen erworben wird. Die Quelle der Weisheit ist oben, die Quelle des Intellekts ist unten. Daher wenden wir nicht die gleiche Methode, nicht denselben Weg an, um Weisheit zu erlangen, wie um intellektuelle Fähigkeiten zu erwerben. Kurz gesagt, wird Weisheit von verschiedenen Menschen auf unterschiedliche Weise erlangt, wobei das eigentliche Geheimnis zur Erlangung göttlicher Weisheit im Mysterium des Wortes liegt.

---

5 Genesis 3:24
6 Apostelgeschichte 2:3

DIE MACHT DES WORTES 3

Das Wissen um die Kraft des Wortes ist so alt wie die Veden der Hindus. Heute wird es nun durch das, was wir Psychologie nennen, auch von der modernen Welt entdeckt.[1] Das Interesse für Psychologie ermöglicht uns, diesen uralten psychologischen Schatz zu erforschen, den die Wahrheitssuchenden im Osten bereits vor Tausenden von Jahren entwickelt haben. Viele von Ihnen wissen, andere interessiert es vielleicht, dass sich das Volk, das sich in diesem tropischen Land namens Hindustan niederließ, um dort zu leben, damit beschäftigte, alle weltlichen Dinge zurückzulassen, um die menschliche Natur und ihren Ursprung zu erforschen. Heute betrachtet die Menschheit Psychologie als eine Nebensache, die die Medizin unterstützen kann. Doch der Tag wird kommen, und er wird ganz sicher kommen, an dem die Menschheit die Wissenschaft der Psychologie in dieser modernen Welt auf die gleiche Weise betrachten wird, wie die Menschen im Osten sie gesehen haben: als den Kern der Religion, als spirituell.

Sie haben sicher aus verschiedenen Kreisen von einer neuen Idee gehört, die unter unterschiedlichen Namen auftaucht. Diese Idee ist, dass die Wiederholung oder Anrufung eines bestimmten Wortes oder Satzes sehr wirksam ist, um sich von einigen Krankheiten zu heilen. Das ist deshalb neu, weil die Psychologie in der westlichen Welt sie heute wiederentdeckt. Doch was ist mit den Buddhisten, die schon seit vielen Tausend Jahren in ihren Tempeln sitzen und ihre verschiedenen Mantras zweitausend, dreitausend Mal am Tag wiederholen? Und wie steht es mit den alten Hindus, die ihre heiligen Mantras und Gesänge seit Tausenden Jahren bewahren? Selbst als sich die Sprache wandelte, bewahrten sie ihre Gesänge bis heute. Was ist mit dem alten jüdischen Volk, das noch immer die heiligen Gesänge kennt, die es von den Propheten Beni Israels[2] ererbt haben? Und was ist mit den Muslimen die seit Ewigkeiten jeden Tag viele Stunden lang den Koran repetieren, das gleiche Buch, beziehungsweise die Verse dieses Buches immer noch jeden Tag wiederholen? Welches

1 Vorlesung im Musée Guimet in Paris, Frankreich, am 22. November 1925

2 Hazrat Inayat Khan meint mit Beni Israel das gesamte Volk Israel und dessen Söhne.

Geheimnis steckt hinter den Wiederholungen der Propheten und der katholischen Mystiker? Was ist mit den Zoroastriern oder Parsen, deren Volk und Religion schon vor achttausend Jahren existierten? Sie haben bis heute ihre heiligen Worte beibehalten, sie singen ihre Gebete viele Male am Tag und wiederholen dabei immer dasselbe.

Denken die Menschen, die heute eine Zeitung lesen und sie morgen wegwerfen, um eine neue Zeitung zu verlangen, darüber nach, ob die Millionen und Abermillionen von Menschen etwas Wertvolles zu bieten haben, die an diesen Mantras festhalten, sie wiederholen und nie müde werden, sie womöglich ihr ganzes Leben lang Tag für Tag zu wiederholen?

Sollten sie das religiösen Fanatismus nennen, so hatte doch kein Fanatismus je Bestand, denn kein Rausch kann länger dauern, als seine Wirkung anhält; danach verschwindet er und wir sind enttäuscht. All das zeigt uns, dass hinter dieser Wiederholung von Worten ein Geheimnis steckt. Wir werden jeden Tag, an dem wir versuchen, dieses Geheimnis zu ergründen, ein weiteres Geheimnis des Lebens entdecken. Es gibt einen Ausspruch im Vedanta: Nada Brahma, was bedeutet, dass das „Wort der Schöpfer" war. Dieser Spruch aus dem Vedanta existiert seit vielen, vielen Jahren und wurde von all den Intellektuellen und Weisen der verschiedenen Zeitalter in Indien verinnerlicht.

Im Koran lesen wir, dass Er sagte: „Sei!" – und es wurde.[3] Auch das deutet darauf hin, dass es ein Wort gab, durch das die Manifestation stattfand. Lesen wir die Bibel, so gibt es dort ein oder zwei Stellen, an denen diese Idee zum Ausdruck kommt: Dort steht, dass zuerst das Wort war, und das Wort war Gott.[4] An einer anderen Stelle können wir lesen: Zuerst war das Wort und dann das Licht.[5]

Wenden wir uns nun, neben all den Religionen, der Naturwissenschaft zu, so werden dort Menschen, die wirklich den Gipfel der Wissenschaft erreicht haben, niemals auch nur einen Moment lang leugnen, dass, wenn es ein Geheimnis hinter dieser ganzen Manifestation zu entdecken gibt, dieses Geheimnis die Bewegung ist. Nennen Sie diese Bewegung „Schwingung" oder bei einem religiösen Namen, wie auch immer Sie wollen. Wollte ich das Konzept der Schwingungen nun erörtern, würde das vermutlich zwanzig Vorträge füllen.[6] Und selbst dann würde ich dieses

3 Koran 2:117
4 Johannesevangelium 1:1
5 Genesis 1:3
6 Diese Vorträge sind unter anderem in Band 4 – „Mentale Reinigung" zu finden.

Thema wahrscheinlich nicht zum Abschluss bringen. Deshalb gehe ich nun etwas darüber hinweg und lege Ihnen nur die Kerngedanken dar, die ich zu diesem Thema erläutern will.

Um die eine Seite des Geheimnisses der Macht des Wortes zu verstehen, müssen wir wissen: So wie wir einen kugelförmigen Reflektor[7] brauchen, um Licht voll erstrahlen zu lassen, so brauchen wir auch einen Reflektor für die Stimme. Das wissen alle, die mit der Stimme arbeiten. Sprecherzieher werden ihren Schülern stets Übungen geben und diese immer und immer wiederholen lassen, damit dieser Reflektor, der Resonanzkörper, in den richtigen Zustand gebracht wird, um alle Möglichkeiten für die Erzeugung einer vollen Stimme zu gewährleisten. Das ist die materielle Seite des Themas.

Wenn wir nun zur psychologischen Seite der Frage kommen, haben wir da nicht nur die Organe des physischen Körpers, also diesen Reflektor, vielmehr können auch der Geist oder das, was wir Gefühl nennen, Reflektoren sein. Wir untersuchen diese Thematik nur selten und handeln sie immer nur kurz ab, wenn wir mit ihr konfrontiert werden. Wenn eine Person eine Lüge erzählt, ist es nur natürlich, dass die Lüge schwach ist. Wir können sie nicht ohne Weiteres glauben, so laut die Stimme der Person auch sein mag und wie heftig die Lüge auch immer vorgetragen wird. Sie ist schwach, weil es sich um eine Lüge handelt, denn die Kraft des denkenden und fühlenden Geistes muss als Reflektor wirken, und diese wirkt in dieser Situation nicht, weil der Geist nicht hinter ihr steht.

Auch wenn an einem Tag zehn Personen so gewöhnliche Worte wie „Dankeschön“, „Ich bin sehr dankbar“ zu uns sagen, so übermittelt sie doch jede Person mit einer anderen Kraft. Denn wenn der Reflektor im Hintergrund keine Kraft gibt, kann eine Person tausendmal sagen: „Ich bin Ihnen so dankbar“, es bleibt ohne Wirkung.

Wir können auch noch anders auf diese Frage schauen: Die eine Person sagt uns etwas, und wir sind sofort bereit, es zu glauben. Eine andere sagt uns das Gleiche vielleicht fünfzigmal, und wir sind nicht geneigt, ihr zu glauben. Was zeigt das? Es weist darauf hin, dass wir uns darauf vorbereiten sollten, etwas zu sagen. Es geht ja nicht immer darum, was wir sagen, sondern auch wie wir uns dabei fühlen, wie wir es ausdrücken. Aber welche Kraft verbirgt sich hinter unserer Ausdrucksweise? Welche Kraft lässt das Wort bis tief ins menschliche Herz dringen? Mit diesem

7 Gemeint ist vermutlich die Glühbirne oder der Lampenschirm

Gedanken ist noch eine weitere Überlegung verbunden: Wie können wir uns darauf vorbereiten, ein bestimmtes Wort mit der gewünschten Wirkung zu sprechen? Symbolisch würde ich es so erklären: Die eine Person sagt etwas hundertmal zu den Menschen, das ist ein eisernes Wort. Eine andere Person sagt es vielleicht fünfzigmal, es ist ein kupfernes Wort. Eine weitere Person sagt es zwanzigmal, das ist ein silbernes Wort. Und eine Person sagt es vielleicht nur ein einziges Mal, doch es ist Gold. Jemand redet beispielsweise, und redet, und redet, und redet, um uns zu überzeugen, er streitet, diskutiert und argumentiert und führt tausend Beispiele an, um uns zu überzeugen. Doch je stärker diese Person uns zu überzeugen versucht, desto stärker stößt sie uns ab. Eine andere Person sagt etwas vielleicht nur ein einziges Mal, und uns bleibt nichts, als zuzugeben: „Ja, das glaube ich, das verstehe ich, ich bin überzeugt."

Doch wie bereiten wir uns vor? Wie rüsten wir die Reflektoren aus, damit sie das Wort wirksam werden lassen? Yogis und Sufis entwickelten bestimmte Übungen, durch die eine Art seelische Entwicklung erreicht wird. Die Menschen werden auf natürliche Weise immer aufrichtiger und gewissenhafter, so wird alles, was sie sagen, interessant und kraftvoll. Vielleicht haben diese Übungen für die Wissenschaft der Sprachförderung keinen Wert, doch aus psychologischer Sicht haben sie einen immensen Wert. Wir bezeichnen diese Übungen als Konzentration, Kontemplation, Meditation und Verwirklichung.

Nun kommen wir zu den uralten Worten. Alle, die alte Sprachen studieren, stellen fest, dass die verschiedenen Sprachen auf die gleiche Quelle zurückgeführt werden können. Je weiter wir uns den alten Sprachen nähern, desto mehr psychologische Aussagekraft finden wir in ihnen. Die heutigen Sprachen erscheinen dann wie Verstümmelungen, die aus ihnen hervorgegangen sind. Wenn ich Ihnen die Herleitungen aufzeigen würde, wären Sie überrascht, wie viele Wörter in der französischen Sprache, in der englischen Sprache und in vielen anderen Sprachen, die heute von den Menschen gesprochen werden, aus den alten Sprachen stammen, und häufig haben sie noch die gleiche Bedeutung. Es wäre keine Übertreibung, wenn ich sagen würde, dass wir unter zehn Namen, die Menschen tragen, mindestens vier oder fünf finden, die sich aus den alten Sprachen ableiten lassen. In den antiken Sprachen wurden die Worte durch Intuition empfangen. Die modernen Sprachen entstammen der Grammatik, die wir gelernt haben. Eine Sprache, deren Worte der reinen Intuition entstammen, und die aus Aktionen und Reaktionen der menschlichen Lebenserfahrungen gebildet wurde, verfügt sicherlich über kraftvollere Worte als die Sprachen, die wir heute sprechen. Daher verleihen ihre Worte große Kraft, wenn wir sie wiederholen, und wenn ein Mensch sie unter Anleitung von jemandem erlernt, der diesen Weg kennt, entsteht ein großes Wunder. Es gibt einen Ausspruch von Wagner[8], dass jeder, der die Wissenschaft des Klangs versteht, das Geheimnis des Lebens kennt.

Alle Vokale, wie a, e oder o, haben ihre psychologische Bedeutung. Infolgedessen ist jedes Wort mit einer chemisch-psychologischen Aussagekraft ausgestattet. Vielleicht haben Sie gehört, wie von Yogis erzählt wird, die bestimmte Worte morgens oder abends wiederholen, und indem sie diese Worte dermaßen oft wiederholen, erlangen sie eine gewisse Erleuchtung, oder sie erreichen einen Zustand der Ekstase. Genau diese Wissenschaft wird von den Sufis der Antike als *zikr* bezeichnet – die Wissenschaft, die durch Anrufungen der richtigen Worte oder Phrasen wünschenswerte Ergebnisse erzielt. Apotheker können alle Medikamente haben; gingen die Menschen jedoch her und nähmen die Medikamente, wie es ihnen gerade in den Sinn kommt, so könnten sie sich damit sowohl heilen als auch umbringen. Spezifische psychologische Worte oder Sätze als Repetitionen anzuwenden, ist noch schwieriger und verantwortungsvoller.

Es liegt in der Verantwortung der Ärzte, jeder Person die angemessene Medizin zu verabreichen, die der Zustand und die Aufgabe der Person erfordern. Im Osten sind Menschen gesucht, die erfahren in psychologischen Verordnungen sind. Solche Menschen sind sehr gefragt, und was sie verschreiben, wird von den Menschen als Anweisung verstanden. Sie haben vielleicht gelesen oder gehört, dass solche Personen Guru genannt werden; bei den Sufis werden Lehrende Murshid genannt – Menschen, die zunächst eine Diagnose des Zustands einer Person erstellen und dann dementsprechend eine Übung verschreiben, um durch deren wiederholte Anrufung das gewünschte Ziel zu erreichen.

Es ist sehr interessant zu sehen, dass es in der Wissenschaft eine große Tendenz gibt, in diese Richtung zu erwachen: in Richtung der Schwingungen und ihrer Phänomene. Bei meinem letzten Besuch in den Vereinigten Staaten war ich sehr neugierig auf ein neues System, das als das System von Dr. Abrams[9] herauskommt. Die Grundlage dieses Systems,

8 Richard Wagner, Deutscher Komponist (1813-1883)
9 Dr. Albert Abrams, (1863-1924)

das noch nicht sehr weit entwickelt ist, beruht auf dem gleichen Prinzip: Sogar im physischen Körper den Zustand der Schwingungen herauszufinden, um diesen Zustand entsprechend behandeln zu können.

Wenn wir nun diese Tendenz mit dem bereits entdeckten System der antiken Mystikerinnen und Okkultisten vergleichen, das seit Jahrtausenden erprobt ist und das von unzähligen Menschen zum Teil ein ganzes Leben lang angewendet wurde, dann ist sichergestellt, dass dieses System zu einem befriedigenden Ergebnis führen und der Menschheit einen Schatz geben wird, der von den Wahrheitssuchenden jahrhundertelang als heiliger Schatz bewahrt werden wird.

Die Sufi-Bewegung hat daher eine Möglichkeit für die Menschen im Westen geschaffen, um denjenigen, die diesen Schatz, diese Quelle, durch gründliches Studium und eine sorgfältige Praxis des Sufismus erreichen wollen, einige Einblicke in jene Wahrheit geben zu können, welche die alten Mystiker besessen haben.

DIE MACHT DES WORTES 4

Um unser Bewusstsein zu heben, gibt es nichts wirkungsvolleres, als die Wiederholung des richtigen Wortes.[1] Deshalb lesen wir in der Bibel, dass zunächst das Wort war, und das Wort war Gott.[2] Nichts kann nutzbringender und wichtiger auf dem spirituellen Weg sein als die ständige Wiederholung eines Wortes. Betrachten wir die Traditionen, so sehen wir, dass heilige Worte bereits seit der Zeit der großen alten Hindu-Lehrer, die viele Tausend Jahre vor Christus lebten, praktiziert wurden. Wir finden das auch in all den großen Zeiten, in denen für ein Land eine religiöse Reform anbrach. Der Macht des Wortes wurde sowohl in der Zeit, als die jüdische Religion entstand, als auch zu Beginn der christlichen Religion immense Wichtigkeit beigemessen.

Ein Missverständnis bestimmter Aussagen von Christus verwirrte viele Anhänger der christlichen Religion in Bezug auf die Wichtigkeit des Wortes. Wenn zum Beispiel gesagt wird, wir sollten uns von leeren Wiederholungen fernhalten[3], so lesen Menschen in der westlichen Welt „Wiederholungen" als wörtliche Übersetzung und verstehen nicht, was damit wirklich gemeint ist. Damals wurde das Wort „Gott" so häufig in Alltagsdingen benutzt, dass die Leute dieses Wort verwendeten, wann immer sie jemand von etwas überzeugen wollten – gleich, ob etwas wahr oder gelogen war. Wenn sie etwas kaufen oder verkaufen wollten, verknüpften sie den Namen Gottes damit, um den anderen von der eigenen Idee zu überzeugen. Wollte jemand etwas nicht glauben, war es gebräuchlich auszurufen: „In Gottes Namen, es ist wahr!" Deshalb wurde gesagt: „Wiederholt den heiligen Namen nicht missbräuchlich; er ist zu heilig, um in Handel und Geschäften verwendet zu werden." Diejenigen, die die Idee dahinter nicht verstehen konnten, behaupteten dann, dass Christus keine Wiederholungen wollte. Wenn sie nur sehen könnten, dass der Meister selbst in

1 Vorlesung für Murids, Paris, Frankreich, am 7. März 1924
2 Johannesevangelium 1:1
3 Matthäusevangelium 6:7

seinem letzten Moment den heiligen Namen wiederholte.[4] Genau solche heiligen Worte werden seit uralten Zeiten bis heute von Lehrern an die Schüler weitervermittelt.

Mystische Worte mögen in verschiedenen Sprachen verwendet werden, aber sie gehören keiner Sprache. Einigen von Ihnen wurde beispielsweise der *zikr* als Übung aufgegeben. Heute finden wir ihn gewöhnlich in arabischer Sprache; man könnte also denken, er käme aus Arabien. Doch der *zikr* wird auch in der persischen Sprache benutzt. Wenn die Menschen nicht wissen, dass er in Arabien existiert, könnten sie meinen, er käme aus Persien. Genauso existiert er in der hinduistischen Sprache; wer nichts von seiner Existenz in den beiden Sprachen weiß, meint vielleicht, er sei hinduistisch. Er existiert ebenfalls auf Hebräisch. Er ist genau das, was Christus selbst als seine letzten Worte wiederholte. Aber auch Menschen vor Christus, Mystiker, deren Quelle in den alten ägyptischen Schulen lag, wiederholten dieselben Worte. Es gibt genügend Beweise, dass die Worte in der Zeit Abrahams, der in die ägyptische Mysterienschule eingeweiht war, verwendet wurden.

Was die buddhistischen und vedantischen Religionen und Philosophien angeht, so sehen wir, dass dieselben Worte, die viele Tausend Jahre lang verwendet wurden, auch heute noch Anwendung finden. Bei den Hindus war es eine Art Wissenschaft, die sie *mantra-yoga* nannten, die Wissenschaft vom Wort, von der dynamischen, vitalen Kraft, die in der Wiederholung bestimmter Worte liegt. Ich habe darüber in „Die Mystik des Klangs"[5] gesprochen, doch es ist nie genug; es gibt so vieles, was zu diesem Thema gesagt werden kann.

Heute beginnt die moderne Psychologie, dieselben Gedanken zu verfolgen, auch wenn sie noch in der Dunkelheit tappt und das eigentliche Geheimnis noch nicht entdeckt hat. Wie wenig sie im Moment noch wahrnimmt, wenn sie an die Kraft des Wortes und seiner Wiederholungen glaubt, lässt das hoffen, dass sie eines Tage zur gleichen Erkenntnis gelangt wie schon die Menschen des Altertums.

Die Aufgabe des Sufi-Ordens ist daher, eine Kombination aus der mystischen Übertragungslinie der Hebräer sowie derjenigen der Hindus zu vermitteln. Mit hebräisch meine ich nicht nur die Übertragungslinie

4 Matthäusevangelium 27:46: „Um die neunte Stunde rief Jesus mit lauter Stimme: Eli, Eli, lema sabachtani?, das heißt: Mein Gott, mein Gott, warum hast du mich verlassen?"

5 Siehe den 1. Teil dieses Bandes

durch Moses, da ist auch Christus mit einbezogen. Doch es gibt zwei klar unterschiedene mystische Linien und die beiden unterschiedlichen Übertragungslinien bilden zusammen das, was wir die Sufi-Botschaft nennen. Außerdem liegt die Aufgabe der Botschaft darin, dies in eine zeitgemäße Form zu bringen.

Nun wollen Sie vielleicht wissen, was am Wort so hilfreich ist, wodurch es hilft? Darauf möchte ich antworten, dass es keinen vitaleren Ausdruck des Lebens gibt als Worte, da die Stimme eine Ausdrucksform des Atems, und der Atem das Leben selbst ist. Deshalb wirkt ein gesprochenes Wort nicht nur auf andere Menschen, es wirkt auch auf uns selbst. Jedes gesprochene Wort hat sowohl eine Wirkung auf unseren Körper als auch auf unser Gemüt und unser innerstes Wesen. Eine taktlose Äußerung verletzt nicht nur die anderen, ein töricht geäußertes Wort kann sich auch als großer Nachteil für uns selbst erweisen.

Oft wünschen sich Menschen in einer pessimistischen Stimmung, in einer Art verstörten Verfassung vielleicht den Tod, oder sie wünschen sich Versagen oder dass irgendetwas passieren möge. Wenn sie nur wüssten, welche Wirkung das hat – sie wären entsetzt. Ich würde ihnen raten, sogar wenn sie Schmerzen hätten, davon abzusehen, zu sagen: „Ich habe Schmerzen." Das würde ihnen sehr guttun. Es wäre großartig, würden wir nicht einmal sagen: „Ich habe großes Pech", wenn uns ein Unglück ereilt. Sobald wir nämlich etwas bekräftigen, das wir nicht wollen, geben wir ihm nur noch mehr Lebenskraft. Gleichermaßen geben wir den Dingen mehr Lebenskraft, die wir wünschen, wenn wir sie würdigen. Sagen wir: „Oh, ich habe schon so lange gewartet. Mein Schiff wird niemals kommen!", so halten wir das Schiff auf See zurück, es wird niemals im Hafen ankommen. Wenn wir es jedoch nicht einmal sehen, aber sagen: „Es kommt! Es kommt!", rufen wir es herbei; es wird kommen.

Dies ist nur ein Teil der Bedeutung des Wortes, von der ich sprach; mystische Worte jedoch haben weit größere Kraft als Worte der Alltagssprache. Denn mystische Worte haben drei unterschiedliche Ursprünge: einen wissenschaftlichen, einen astronomischen und einen intuitiven. Intuitive Worte kamen als spontane Äußerungen durch gottrealisierte Seelen. Worte oder Aussprüche, die aus dem Mund einer Seele kommen, die mit dem ganzen Universum in Einklang ist, haben weit größere Macht, als Worte, die irgendjemand sagt. Doch einmal abgesehen von spirituellen Menschen, kennen Sie nicht auch unter Ihren Freunden und Bekannten

Menschen, deren Wort Gewicht und Macht hat? Andere Menschen sagen vielleicht tausend Worte, die zu einem Ohr hinein- und zum anderen wieder hinausgehen. Denn bei einem Menschen spricht der Mund, bei einem anderen das Herz, und beim dritten spricht die Seele. Das macht einen großen Unterschied.

Wir könnten nun fragen: „Wie kann eine spirituelle Person intuitiv solche machtvollen Worte vermitteln?“ Die Antwort darauf ist, dass es einer Seele möglich ist, so in Einklang mit dem ganzen Universum zu kommen, dass diese Person sozusagen die Stimme der Sphären hört. Dadurch wird das, was sie spricht, zum Echo des ganzen Universums. Warum sollte beispielsweise nicht jedes kleine Ding hier wie ein Funkgerät funktionieren; wozu brauchen wir Funkgeräte? Jemand, der auf das Universum eingestimmt ist, kann zu solch einem Funkgerät werden; durch eine solche Person wird die Stimme des Universums vermittelt.

Wenn wir nun den persönlichen Aspekt beiseite lassen und zu den wissenschaftlichen und astronomischen Ursprüngen kommen, möchte ich darauf hinweisen, dass uns ein gründliches Studium der menschlichen Anatomie klarmacht, dass wir sehr feine Nervenzentren besitzen, die nur durch bestimmte Schwingungen beeinflussbar sind. Von der Ausgeglichenheit dieser Zentren hängt die Gesundheit unseres Körpers und unseres Geistes ab. Durch die Verwendung jener wissenschaftlichen Worte wurden Menschen sogar häufig von Krankheiten geheilt, da dadurch diese Zentren mit der entsprechenden Schwingung versorgt und so die notwendige Lebenskraft erzeugt wurde. Steigen wir tiefer in die Wissenschaft der Worte ein, dann erkennen wir, dass jeder Konsonant und jeder Vokal einen spezifischen Effekt auf Geist und Körper hat. Häufig bekommen wir schon einen Eindruck von einer Person, noch bevor wir sie sehen, nur weil wir ihren Namen kennen. Das alles beweist, welch großen Einfluss der Name auf den Charakter einer Person hat.

Wenn wir nun zum astronomischen Aspekt kommen, so ist das ein riesiges Feld, das Bezüge zu allen existierenden Kunst- und Wissenschaftsformen hat; auch Vokale und Worte haben ihre Verbindung zur Astronomie. Indem wir ein bestimmtes Wort anrufen, rufen wir einen bestimmten Planeten an, entweder um seinen Einfluss zu verringern, wenn dieser unerwünscht ist, oder, wenn er erwünscht ist, um ihn zu verstärken. In der Astronomie der Hindus wird deshalb jedem Menschen der Name in Übereinstimmung mit dem astronomischen Wissen gegeben.

Der mystische Pfad ist ein geheimer Weg, und so wird den Murids umso mehr anvertraut, je stärker sie sich des Vertrauens würdig erweisen und die Kraft entwickeln, ein Geheimnis zu bewahren. Denn auch wenn die Lehrer und Lehrerinnen jeden Wunsch haben, den Schülern zu helfen, so können sie doch nicht viel tun, wenn diese keine Tiefe in sich selbst aufweisen. Also gibt es zwei notwendige Qualifikationen, die wir entwickeln müssen: alle vermittelten Lehren geheim zu halten und jeden Tag noch ernsthafter den Weg zu gehen. Wie ich schon immer sagte, gehört die Wahrheit den Ernsthaften.

DIE MACHT DES WORTES 5

Zur Macht des Wortes möchte ich zunächst erwähnen, dass ein Thema, an das heute so wenig gedacht wird, in der Bibel an erster Stelle steht.[1] Dort heißt es: „Zuerst war das Wort, und das Wort war Gott."[2] An anderer Stelle lesen wir in derselben Bibel, dass aus dem ersten Wort das Licht entstand.[3] Wir lernen daraus, dass der Ursprung und die Quelle des Lichts im Wort zu finden sind.

Wenn wir nun einige Tausend Jahre, bevor die Bibel existiert hat, in die ältesten Schriften der Hindus zurückschauen, so lesen wir auch dort, dass das Wort Brahma war; mit anderen Worten, dass der Schöpfer in der Form des Wortes existierte. Der Schöpfer erschuf durch die Kraft des Wortes. Kommen wir nun zur jüngsten heiligen Schrift, die direkt oder indirekt die ganze Menschheit beeinflusste, so besagt diese Schrift, der Koran, dass Gott das Wort „Sei!" sprach, und es wurde.[4] Es sind nicht nur diese drei, sondern noch viele andere Schriften, die alle von der Macht des Wortes zeugen. Wohin ist nun aber etwas verschwunden, das den Propheten aller Zeitalter so bekannt war? Wo ist dieses Wissen geblieben? Dieses Wissen ging den Blicken der Allgemeinheit verloren. Der Grund hierfür ist, dass sich die Menschen mit der Erde und dem Wissen um materielle Dinge beschäftigen und dadurch diese uralte Kunst verloren. Was hat die Seele jedoch durch den Verlust dieses großen Wissensgebietes, dieses mystischen Geheimnisses erreicht? Die Seele wurde zunehmend taub und diese zunehmende Taubheit setzte sich mit der Vorherrschaft des materiellen Lebens durch. Und doch gab es zu allen Zeiten einige Denker und Diener Gottes, die, wissentlich oder unwissentlich, in allen Epochen wirkten. Sie bekannten immer, dass das Wort verloren gegangen war. Sie selbst hatten es nicht verloren, nur der Allgemeinheit war das Wort abhandengekommen. Mit dem Verlust des Wortes ist gemeint, dass das Geheimnis des ganzen Lebens verloren gegangen war. Das ist jedoch übertrieben ausgedrückt. Das Wort selbst kann nicht verloren gehen, nur

1 Vortrag in Brüssel am 15. Dezember 1923
2 Johannesevangelium 1:1
3 Genesis 1:3
4 Koran 2:117

die Menschheit verlor ihre Fähigkeit, dieses Wort zu erkennen und zu hören.

Abgesehen davon hörte die Menschheit dieses Wort nicht vom Himmel, sondern von der Erde, woraus der große Fortschritt und das Erwachen der Naturwissenschaften erwuchsen. All diese großartigen Erfindungen, die gleichsam die Wunder unserer Zeit sind, entstanden durch jene großen Geister, die sozusagen mit der Materie kommunizierten; man könnte sagen, die Materie sprach von Angesicht zu Angesicht mit ihnen. All die großen Erfindungen sind die Antworten der Erde auf deren Kommunikation mit der Materie. So gesehen ging nicht das Wort verloren, nur die Richtung der Kommunikation änderte sich.

Die Menschen lernten von der Objektwelt unablässig über die Dinge, die sie berühren und verständlich machen können, und leugneten hartnäckig Dinge, die nicht greifbar sind. Auf diese Weise entfernten sie sich weit vom Kernbereich des Lebensmysteriums. Gleichwohl entdeckten die Menschen das Mysterium des Lebens immer dann, wenn sie, zu welcher Zeit der Weltgeschichte auch immer, die Tiefe des Lebens ausloteten, indem sie mit dem inneren Leben, mit den Himmeln auf künstlerische Weise kommunizierten. Und wodurch geschieht diese Kommunikation? Durch das Wort.

Nun zu den alten Gebräuchen: Die Zarathustrier, die bereits vor der jüdischen und christlichen Religion existierten und deren Religion auch heute noch eine begrenzte Anzahl von Menschen folgt, wiederholen ihre Gebete und Sprüche in derselben Sprache, in der sie ihnen zu ihrer Zeit gegeben wurden. Die Hindus bewahrten auch nach Tausenden Jahren des Fortschritts dieselben Worte des Vedanta in den Weisheitslehren für ihre Meditationen. Aus ihnen entstand die Wissenschaft des *mantra-yoga*. Bei den Hindus gibt es viele Yogas, aber keines kann sich mit dem *mantra-yoga* vergleichen.

Wir wenden uns nun den Muslimen zu, deren Religion modern war, als der Prophet Mohammed spürte, dass ihm etwas mitgeteilt werden sollte. Also ging er aus der Stadt hinaus in die Einsamkeit auf einen Berggipfel. Manchmal fastete er im Stehen und verharrte so zwei bis drei Tage lang, Tag und Nacht, und was fand er schließlich? Er erlebte, wie eine Stimme zu ihm zu sprechen begann, eine Stimme, die den Ruf seiner Seele beantwortete. Seine Seele durchdrang sozusagen alle Ebenen der Existenz und rührte an die Quelle aller Dinge. Wie aber kam diese

Antwort, in welcher Form? Die Antwort kam von allem: durch den Wind, das Wasser, die Atmosphäre, die Luft – alles brachte die gleiche Antwort. So etwas ist jedoch nicht auf eine bestimmte Person oder eine bestimmte Zeit beschränkt. In unserem alltäglichen Leben gibt es Zeiten der Trauer, und es scheint uns, alles auf der Welt, selbst die Stimmen der Vierbeiner und Vögel, würde diese Trauer verstärken. Dann erleben wir wieder Zeiten tiefster Freude. In solchen Zeiten hilft selbst die Sonne, uns zu erfreuen, und sogar die Wolken, die die Sonne verhüllen, tragen zur Freude bei; Kälte, Hitze, Freunde, Feinde – alle tragen zu dieser Freude bei.

Mystiker sehen diese Welt als eine Kuppel, eine Kuppel, in der alles widerhallt, was in ihr gesprochen wird. Was von den Lippen gesprochen wird, erreicht nur die Ohren, was jedoch vom Herzen gesprochen wird, erreicht das Herz. Das Wort reicht so weit, wie von wo es gekommen ist, je nachdem, aus welcher Quelle es entsprang, aus welcher Tiefe es aufstieg. Die Sufis aller Zeitalter haben daher dem Wort die größte Wichtigkeit beigemessen, denn sie wussten, dass das Wort der Schlüssel zum Mysterium des ganzen Lebens ist, zum Mysterium aller Existenzebenen. Es gibt nichts, was durch die Macht des Wortes nicht erreicht oder erkannt werden könnte. Daher ist das Wort für die Esoterik oder Mystik das grundlegende und zentrale Thema.

Was ist nun das Wort? Ist das Wort einfach das, was wir sagen? Nein, das ist das oberflächliche Wort. Unser Gedanke ist Wort, unser Gefühl ist Wort, unsere Stimme, unsere Atmosphäre ist Wort. Es gibt den Ausspruch: „Was du bist, spricht lauter als das, was du sagst." Das bedeutet, dass nicht allein die Menschen sprechen, sondern auch ihre Seele. Und nicht nur das. Wie erkennen Wahrsager die Zukunft? Sie hören sie. Sie behaupten, dass sie sie aus den Handlinien oder der Astrologie lesen. Sie sagen, dass sie sie aus den Handlungen einer Person erkennen können. Was aber ist das alles? All das ist Sprache, denn „Sprache" bedeutet Ausdruck: Ausdruck in Stimme, in Wort, Form, Farbe, Linie, Bewegung.

Wir erkennen hier, dass alles in eins zusammenläuft: das ist die esoterische Seite der Mystik. Viele Menschen im Westen sagen: „Für uns ist es sehr schwer, in all der Aktivität der westlichen Welt ein meditatives Leben zu führen. Wir haben so viele Verantwortlichkeiten und Tätigkeitsfelder." Meine Antwort darauf ist, dass sie genau deshalb mehr Meditation brauchen. Dann antworten die Menschen mir: „Ich habe Schwächen zu überwinden und andere Dinge zu tun. Wie kann ich in ein meditatives Leben eintreten?" Doch die Antwort darauf ist, dass wir den meditativen Prozess durchlaufen müssen, um unsere Schwächen zu überwinden. Daneben sagt schon die reine Vernunft, dass es besser ist zu meditieren, wenn wir viele Verantwortlichkeiten im Leben haben, um diese leichter nehmen zu können. Uns Sorgen wegen unserer Verantwortungen zu machen, hilft uns nicht weiter. Es geht darum, verantwortlich und gleichzeitig stark genug zu sein, die Verantwortung leicht zu tragen.

Es gibt Worte, Worte, von denen Mystiker wissen, Worte, die keiner Sprache angehören, auch wenn die Worte vieler Sprachen diesen mystischen Worten entsprungen zu sein scheinen. Mithilfe dieser Worte entwickeln wir zwei Fähigkeiten: das Sehen und das Hören. Mit Sehen meine ich nicht das Sehen, wie es alle mit ihren Augen tun. Mit Sehen meine ich Durchdringen; es ist diese durchdringende Eigenschaft des Sehens, die die Sehenden ausmacht, und das ist in Wirklichkeit mit dem Wort „Hellsichtigkeit" gemeint. Mittlerweile haben die Menschen natürlich diesen Begriff so oft verwendet, dass wir ihn gar nicht mehr gebrauchen wollen. Die Menschen haben jedoch kein Wort auf dieser Welt unmissbraucht gelassen. Wenn wir so sensibel im Umgang mit Worten wären, müssten wir die Sprache ganz aufgeben.

Und dann ist da noch das Hören. Mit Hören meine ich nicht zuhören. Ich meine damit, zu reagieren, auf den Himmel oder die Erde zu reagieren, auf alle Einflüsse zu antworten, die der Seele helfen, sich zu entfalten. Solches Reaktionsvermögen und solches Durchdringen gewinnen wir durch die Macht des Wortes. Am Ende erreichen wir das Ziel – das Ziel, nach dem sich unsere Seele sehnt.

***

Frage: Was sollen wir tun, wenn wir den Wunsch haben, uns mit diesen Dingen zu beschäftigen, aber unser Leben zu geschäftig ist?[5]

Antwort: Ich habe von vielen gehört, dass sie die größte Sehnsucht haben, ihre Zeit und ihre Gedanken spirituellen Themen zu widmen. Weil sie jedoch noch keinen Lebensstil entwickelt haben, durch den ihr Denken in der Lage ist, solche Dinge zu verinnerlichen, meinen sie, sie könnten noch nichts Spirituelles aufnehmen. Ich erkenne den Grund für ihre Argumente an: Es ist ganz richtig, dass es in der heutigen Welt schwierig ist, ohne

5 Aus einem Vortrag im Sufi-Zentrum San Francisco, am 22. Februar 1926

Geld zu leben. Abgesehen von den materiellen Dingen, kann man auch spirituelle Dinge nicht ohne Geld tun. Wenn ich diese Vorlesung nicht in einem Raum halten würde, würde niemand kommen. Ohne die Anzeigen in der Zeitung, die gedruckten Handzettel hätten Sie nichts davon gewusst; vielleicht hätten mir zwei oder drei Menschen zugehört. Es ist also ganz natürlich, dass die Menschen so denken, und das ist keine Schande. Aus einem anderen Blickwinkel erkennen wir aber auch, dass jeder Moment, den wir mit unserer spirituellen Verwirklichung warten, der größtmögliche Verlust ist. Wir könnten zudem denken: „Eines Tages werde ich mein Leben ändern und etwas Höherem, Spirituellem zustreben", doch dieser Tag wird niemals kommen. Ich möchte betonen, dass wir es heute, genau jetzt tun müssen, anstatt zu sagen: „Morgen werde ich es tun." Wenn nicht, bereuen wir es.

Das Leben absorbiert uns, die Zeit vergeht. Stunden, Monate, Jahre vergehen, bevor wir bemerken, dass sie vergangen sind. Für jene, die den Wert der Zeit verstehen, ist spirituelle Verwirklichung vorrangig. Wie Christus sagte: „Suchet zunächst das Königreich Gottes, so werden Euch alle Dinge gegeben."[6] Ich sage nicht, dass Sie alle Dinge aufgeben müssen, um Spiritualität anzustreben. Doch spirituelle Verwirklichung hält einen auch nicht von materiellen Erfolgen ab. Wir müssen nur zunächst die spirituellen Dinge klar im Blick haben; dann kommt das andere von selbst. Um spirituell zu werden, ist es auch nicht notwendig, alle weltlichen Dinge und all das, was aus materieller Sicht gut, schön und wertvoll ist, aufzugeben. Salomon war mit all seinem Reichtum nicht weniger weise. Sie müssen nicht alles aufgeben, um spirituell zu werden. Wenn Sie das denken, ist es sehr schade, wenn Sie deswegen warten, und sagen: „Ich warte, bis meine Zeit kommt. Dann werde ich spirituell."

Wer weiß schon, wann die Zeit kommen wird? Es ist nie zu spät, den spirituellen Pfad zu betreten, und nie zu früh. Der beste Moment ist also der, wenn Sie denken: „Es ist schon so spät, ich muss anfangen." Dann beginnen Sie und gehen durch alle Schwierigkeiten und Prüfungen dieses Wegs, voller Vertrauen, dass es nichts gibt, was nicht erreichbar ist, wenn der spirituelle Weg einmal beschritten ist.

6 Matthäusevangelium 6:33

DIE MACHT DES HEILIGEN WORTES

Gegenwärtig kommt eine Zeit, in der sowohl materialistisch als auch spirituell eingestellte Menschen die Macht des Wortes erkennen.[1] Sowohl spirituelle als auch materialistische Menschen sprechen zum Beispiel über den Couéismus.[2] Sie fangen an zu erkennen, was das Wort bewirken kann. Gehen wir noch einen Schritt weiter, so entdecken wir, dass das heilige Wort eine noch weit größere Tragweite hat und viel mächtiger ist. Wer eine neue Idee entdeckt, fühlt sich erst einmal als ihr Entdecker. Wenn wir allerdings zurückblicken, erkennen wir, dass es das in der Weltgeschichte schon vorher gab; hier erkennen und verstehen wir den Ausspruch Salomos, dass es nichts Neues unter der Sonne gibt.[3]

Es gab eine Zeit, Jahrtausende vor Christus, als die Brahmanen, also die Hindus, Yoga mithilfe von Worten praktizierten. Sie kannten unterschiedliche Arten von Stille, verschiedene Arten der Konzentration und Meditation; doch hauptsächlich bestand der Weg darin, die Entwicklung durch das Wort zu fördern. Jesus Christus bezog sich auf dessen Bedeutung, und auch alle anderen Propheten Israels würdigten die Macht des Wortes. Die Bibel sagt, dass zunächst das Wort war, und das Wort war Gott.[4] Es gibt jedoch nur sehr wenige Menschen auf der Welt, selbst wenn sie die Bibel recht häufig lesen, die bei diesen Worten innehalten, um über die Bedeutung dieses Satzes nachzudenken. Andererseits sind auch nur wenige geneigt, sich an die Worte der Bibel zu halten, die uns auffordern, auf leere Wiederholungen und Anrufungen zu verzichten.[5] Viele glauben allerdings eher solche Aussagen, als der Macht des Wortes zu vertrauen. Deshalb sollten jene, die die Bibel auslegen, erst einmal die Bedeutung der Terminologie kennen, die im Osten zu jener Zeit gebräuchlich war.

Es gab Zeiten, in denen die Menschen im syrischen Palästina den Namen Gottes gern in jeder kleinen Konversation gebrauchten. Sie wollten jede

1 Vorlesung in Lausanne, Schweiz, am 20. Januar 1925
2 Die Idee der Autosuggestion, die von Émile Coué (1857-1926) gelehrt wurde.
3 Prediger 1:9
4 Johannesevangelium 1:1
5 Matthäusevangelium 6:7

Zeile, die sie sprachen, mit dem Namen Gottes bekräftigen. Diese leeren Anrufungen wurden verboten, nicht der Name Gottes selbst. Wie ein großer persischer Dichter ausführt, fügt die ständige Wiederholung eines heiligen Namens nicht Heiligkeit als Sache hinzu, sondern lässt die eigene Seele heilig werden. Diejenigen, die aus psychologischer Sicht den Wert der Autosuggestion erkennen, den Wert davon, etwas sehr häufig zu wiederholen, und wie es auf Körper und Geist wirkt, beginnen den elementaren Wert davon zu begreifen. Vor ihnen liegt jedoch noch eine weite Welt aus Klang und Mysterium, die ihnen verschlossen ist, denn sie wissen nicht, dass die Wiederholung eines Wortes oder einer Sache nicht nur zu dem gewünschten Ergebnis führen kann, sondern dass sie anderem auch gleichzeitig schaden könnte.

Nun komme ich zur Frage des Mysteriums der Sprache. Hinter all den verschiedenen Sprachen, die wir heute in der Welt finden, scheint eine zentrale Sprache zu stecken, die sich als Mutter aller Sprachen zurückverfolgen lässt. Zweifellos ist es schwierig, diese Sprache als solche zu benennen, doch die Beziehungen der Sprachen zueinander beweisen, dass die Menschheit zu Beginn eine einzige Sprache hatte. Viele Linguisten behaupten, dies sei Sanskrit gewesen. Andere sagen, dass es vor dem Sanskrit noch eine andere Sprache gegeben hätte. Die Historiker werden immer verschiedene Meinungen haben, die Metaphysik lehrt uns nur: Es gab eine Sprache, die die eine Sprache der Menschheit war, und aus ihr gingen viele Sprachen hervor. Historiker wären nicht Historiker, ohne eine bestimmte Sprache als erste Sprache zu benennen. Für Metaphysiker spielt dies jedoch keine Rolle. Sie verstehen und wissen nur, dass es eine einzige Sprache gab. Es macht ihnen nichts aus, wenn sie den Namen dieser Sprache nicht kennen.

Von dieser Sprache wissen wir auch, dass sie, verglichen mit den heutigen, äußerst komplexen Sprachen, natürlicher war. Die Sprachen von Vögeln und Vierbeinern sind zum Beispiel nicht auf Grammatik aufgebaut, es sind keine technischen Sprachen. Sie bestehen aus natürlichen Äußerungen echter Gefühle und echter Bedürfnisse. Durch diese natürlichen Äußerungen erkennen andere Tiere der gleichen Art die Aufforderung, sich in Bewegung zu setzen, die Warnung, sich selbst in Sicherheit zu bringen, den Ort zu verlassen, die Warnung vor Tod oder Gefahr oder vor einem Wetterwechsel, vor aufkommendem Sturm oder Regen. Sie haben eine bestimmte Art, ihre Zuneigung, ihre Leidenschaft, ihre Wut und ihren momentanen Ärger auszudrücken, was jedoch keine technische Sprache darstellt. Es sind natürliche Äußerungen, eine natürliche Sprache.

Die primitive Sprache der Menschheit war demnach eine Gefühlssprache mit natürlichem Ausdruck, genau wie bei primitiven Zeichen. Wenn wir Tausende Jahre zurückgehen, finden wir Darstellungen; die Namen aller Objekte wurden als eine Art Bild geschrieben, das dieses Objekt andeutete. Heute, Tausende Jahre später, haben sich diese Zeichen und Formen gewandelt, auch die Worte der primitiven Sprache veränderten sich, und doch können diejenigen, die Einblick in das Leben haben, zumindest einige Formen sowie einige Töne und Worte, die von den Anfängen der Menschheit her stammen, zurückverfolgen.

Die ursprüngliche Sprache der Menschheit war so beschaffen, dass jedes gesprochene Wort, jeder Ton nicht nur dem Geist der Person, die es aussprach, eine Bedeutung vermittelte, sondern auch in denen, die es hörten, eine Empfindung erzeugte: eine klar umrissene Sinneswahrnehmung, ein spezielles Gefühl oder eine besondere Stimmung. Durch die Kultivierung dieser Sparte der Wissenschaft lernten die Menschen des Altertums, dass der Klang, der als Stimme bezeichnet wird, ein Hauptmerkmal im menschlichen Leben ist. Die menschliche Stimme zeigt uns, ob eine Person hart oder sanft ist, willensstark oder willensschwach; alle Charaktereigenschaften eines Menschen können an der Stimme abgelesen werden.

An der Stimme können wir die Entwicklungsstufe, die Veranlagung und den momentanen Zustand einer Person ablesen. Das macht klar, warum ein Wort ein Gefühl oder eine Verfassung besser ausdrücken kann als Gesichtsausdruck, Ausstrahlung oder Bewegung. Es wird deutlich, dass unser wahres Wesen, das Zentrum unseres Lebens, im Atem liegt, denn die Stimme ist ja nur Ausdruck des Atems. Die Stimme wiederum wird nach außen hin durch das Wort moduliert. Sie hat auch eine Art innere Rückkoppelung, die auf das Gemüt der Person einwirkt, auf ihren Körper und ihre Seele. Unser Körper hat bestimmte Regionen, denen wir Wahrnehmungsfunktionen für unsere inneren Sinne beimessen können. Wenn diese durch die Stimme, das Wort, den Atem aktiviert und belebt werden, erleben wir das Leben vollständiger. Künstlerinnen, Musiker, Schriftstellerinnen oder Genies, sie alle können ihre Kunst oder Wissenschaft maximal zum Ausdruck bringen, wenn sie alle natürlichen inneren und äußeren Fähigkeiten kultivieren.

Ausgehend von diesem Geheimnis entwickelten die Völker des Altertums die Wissenschaft, die sie Yoga nannten. Durch Wiederholung bestimmter Vokale, bestimmter Worte und einer besonderen Art der Atmung aktivierten sie die Zentren in sich, die mit den intuitiven Fähigkeiten verbunden sind. Und das nicht nur in der Vergangenheit. Die Lehre der Sufis, die ihren Ursprung in der alten Schule Ägyptens hat, in die auch Abraham eingeweiht war, existiert noch immer, und wir verwenden Worte, die ihre eigene Art der Macht haben. Andererseits machten diese Schulen diese heilige Erkenntnis nicht zum Allgemeingut. Sie verbreiteten sie nicht unter Menschen, die sie nur missbraucht hätten, denn würden wir ein scharfes Schwert in die Hände eines Kindes geben, wären die Folgen fatal. Würden wir einer Person, die noch nicht über Wut und Leidenschaft erhaben ist, die Gier, Stolz und Eigendünkel noch nicht überwunden hat, alle erdenkliche Macht geben, wie würde sie diese wohl nutzen? Was würde so jemand damit tun? Daher haben die Schulen dafür gesorgt, dass den Menschen zunächst die Werte einer ethischen Haltung sowie die entsprechende Einstellung im Umgang mit ihren Mitmenschen vermittelt werden. Denn alle Macht, die jemals erreicht wird – so glaubten sie, und glauben es noch heute – darf nur einem Zweck dienen: Gott immer näher zu kommen. Geht es nicht um dieses Ziel, sondern um egoistische Ziele, so ist es besser, die Menschen bleiben ohne Macht. Deshalb gab es in den alten Schulen, die aus einer Tradition hervorgingen und der Menschheit zu diesem Zweck dienen sollen, Einweihungen.

Ich komme nun zur Frage der Einweihung. Was bedeutet Einweihung? Einweihung setzt Vertrauen seitens der Lehrenden und Vertrauen seitens der Lernenden voraus. Niemand wird eingeweiht, der nur neugierig ist, die Lehrenden testen möchte oder kommt, um herauszufinden, ob in dieser speziellen Tradition, in diesem Kult Wahrheit zu finden ist oder nicht. Wenn so jemand zufällig eine Einweihung erhalten hat, wird er das Ganze durchlaufen und durch die gleiche Tür wieder zurückkehren, durch die er gekommen war, ohne irgendetwas gefunden zu haben. Denn diese riesige Schatzkammer, die selbst so unendlich wertvoll ist, ist ein magisches Haus, in dem es jeden erdenklichen Schatz gibt; und doch können Diebe ihn nicht finden. Diebe können durch das ganze Haus gehen, überallhin, und doch nichts erkennen und schließlich kehren sie mit leeren Händen zurück. Denn die wahre Wirklichkeit ist den Aufrichtigen vorbehalten. Den Hungrigen soll Nahrung gegeben werden, den Durstigen Wasser.

Nahrung ist nicht gut für die, die nicht hungrig sind; und denen, die nicht durstig sind, wird Wasser nicht helfen.

Wenn Menschen diese Dinge kennenlernen wollen, um sich selbst zu verbessern, um Anziehungskraft zu entwickeln, ihren eigenen Weg zu verfolgen, Macht oder Ansehen zu erlangen oder mehr Dinge zu bekommen, als sie sonst im Alltagsleben erhalten könnten, so ist das sinnlos. Denn das Wort, insbesondere das heilige Wort, ist der Schlüssel. Wenn es in der Bibel heißt, dass das Wort der Anfang war, so ist auch der letzte Schlüssel das Wort. Das Wort war der Ausgangspunkt der Schöpfung und das Wort eröffnet auch das Mysterium der Schöpfung.

Die verschiedenen Zentren der Intuition, Inspiration und Entfaltung werden durch heilige Worte berührt. Heute haben sie in der Wissenschaft herausgefunden, wie Funkwellen den Raum durchdringen können, ohne dazu ein Medium zu brauchen. Eines Tages werden sie die Wahrheit herausfinden, die den Mystikern schon seit Jahrtausenden bekannt ist: dass die Menschen selbst solche Instrumente sind, Empfänger und Sender von Funkwellen, die höher als alle anderen Funkwellen sind. Die Drahtlosverbindung kann uns sehr gut über Möglichkeiten aufklären, die sonst nur schwer zu verstehen sind, denn sie lässt uns erkennen, dass kein gesprochenes Wort je verloren geht. Es ist da und kann aufgefangen werden. Das untermauert die Erklärung, die ich Ihnen heute über das heilige Wort gegeben habe, das eine solche Macht hat, dass nichts, weder Entfernung noch Raum, weder Luft noch Meer es davon abhalten kann, anzukommen. Es erreicht und durchdringt die Herzen, die es empfangen können. Der Unterschied besteht darin, dass die Drahtlosübertragung denen bekannt ist, die von einem Land zum anderen untereinander kommunizieren; das Geheimnis des Wortes ist hingegen jenen bekannt, für die die Kommunikation in der Welt nichts bedeutet und nur die Kommunikation zwischen dieser und der anderen Welt zählt. Als das Wort das Erste und der Anfang war, gab es nicht dieses oder jenes Wort, es gab nur ein Leben, eine Existenz; denn in Wirklichkeit gibt es nur ein Leben, eine Existenz.

Wir nennen es diese und jene Welt, weil es uns zweckmäßig erscheint. Es ist unsere Betrachtungsweise, unsere Art und Weise, zwischen verschiedenen Dimensionen zu unterscheiden. Was ist in Wirklichkeit eine Dimension? Eine Dimension ist eine Vorstellung. Andernfalls ist sie einfach Existenz. Es ist wie bei der Zeit. So etwas wie Zeit gibt es nicht, wir jedoch machen uns eine bestimmte Vorstellung von Zeit. Wenn wir diese weglassen, ist Zeit einfach Existenz, ein ewiges Fortbestehen von Leben. In gleicher Weise ist diese und jene Welt nur eine Frage unserer Wahrnehmungsfähigkeit all dessen, was sich in der anderen Welt vor den physischen Augen verbirgt, mit denen wir gewohnt sind, das Leben zu betrachten. Es gibt nur eine Existenz, nur ein ewiges und andauerndes Leben. Kurz gesagt: Wenn ein Wort drahtlos von einem Ort zum anderen übertragen werden kann, ist das ein Beweis dafür, dass es nur eine Existenz gibt, weil es auch nur ein einziges Leben gibt. In dieser oder jener Welt, hier oder im Jenseits, ist also Verständigung nur dadurch möglich, dass wir uns selbst eingestimmt und in einen Zustand versetzt haben, in dem wir vollständig leben.

Da es in der äußeren Welt so viel Unechtes gibt, wird alles Gute imitiert und alles Geschriebene verfälscht. Da alle Menschen ein so großes Bedürfnis in ihrem Herzen tragen, etwas über die Wirklichkeit zu erfahren, scheint es, als würden viele verschiedene Vereinigungen und Gruppen versuchen, über Dinge zu sprechen, die sie selbst nicht verstehen. Wenn wir heute nachzählen, zählen wir Hunderte Institutionen, die dabei helfen wollen, an Gott zu glauben, indem sie etwas lehren, was sie Kommunikation mit der „geistigen Welt" nennen. Indem sie das tun, beschädigen sie jedoch diese heilige Wissenschaft und jenes größte aller Wunder, das im Erreichen des Reiches Gottes erkannt wird. Ohne vorzugeben, irgendeine wundertätige Macht zu vermitteln oder den Wunsch nach Wundern zu stärken, hilft die Sufi-Bewegung einfach denjenigen, die Wirklichkeit zu finden, die nach Wahrheit suchen, indem sie nach dem Königreich Gottes Ausschau halten.

DAS WORT, DAS VERLOREN GING

„Das Wort, das verloren ging“ ist ein symbolischer Ausdruck, ein Paradoxon der Mystiker, das die Weisen im Osten seit Jahrhunderten kennen.[1] Von spirituellen oder mystischen Sekten wurden viele Lehren ausgearbeitet, die dieses besondere Thema untersuchen. Die Situation ist jedoch wie folgt: Wer das Problem lösen will, kann nach seiner Beantwortung nur sehr wenig darüber sagen.

Im Osten erzählt man sich die alte Geschichte von einer mysteriösen, uralten Mauer. Die Überlieferung sagt, dass, wann immer jemand diese Mauer hochgeklettert war, um auf die andere Seite zu schauen, derjenige anstatt zurückzukommen nur lächelte, auf die andere Seite sprang, und nie wieder kam. So begannen die Menschen in diesem Land immer neugieriger zu werden, welches Geheimnis wohl hinter dieser Mauer verborgen war. Sie dachten sich aus, die nächste Person zurückzuziehen, die auf die andere Seite der Mauer schauen wollte, indem sie ihr die Füße an Ketten bänden; wenn die Person dann dorthin springen wollte, würden sie sie zurückziehen. Schließlich gab es wieder einmal jemanden, der versuchte, an der Wand hochzuklettern, neugierig, was auf der anderen Seite ist. Als die Leute ihn klettern sahen, legten sie ihm sieben Ketten an die Füße, die ihn zurückhalten sollten, damit er nicht auf die andere Seite der Mauer gelangen konnte. Er blickte auf die andere Seite, war fasziniert von dem, was er sah, und lächelte. Diejenigen, die auf dieser Seite der Mauer standen, zogen ihn zurück, gespannt darauf, was er zu berichten hätte. Doch als er zurückkam, hatte er zu ihrer großen Enttäuschung seine Sprache verloren.

Das Mysterium des Lebens besitzt großen Charme. Alle Seelen sind daran interessiert. Wollen wir das Geheimnis des Lebens jedoch erklären, reichen unsere Worte nicht aus. Für diese Sprachlosigkeit, dieses Schweigen gibt es viele Gründe. Der erste ist, dass diejenigen, die die andere Seite der Mauer gesehen haben, sich danach unter Kindern wiederfinden. All den Dingen, denen andere Menschen große Bedeutung und Wert beimessen, scheinen denen, die die andere Seite der Mauer gesehen haben, nichts mehr zu bedeuten. Für sie sind Wirklichkeit und Tatsache

1 Vortrag in Paris, Frankreich, Dezember 1922

zwei verschiedene Dinge. Für alle anderen sind Tatsache und Wirklichkeit gleich. Die Anhänger unterschiedlicher Glaubenssysteme, Religionen, Meinungen und Ideen streiten, argumentieren und grenzen sich voneinander ab. Streiten sie und unterscheiden sie sich dabei in der Erkenntnis der Wahrheit? Nein. Bei allen Unterschieden und Streitigkeiten geht es um die Kenntnis verschiedener Fakten, die sich voneinander unterscheiden. Es gibt viele Fakten, aber nur eine Wirklichkeit. Es gibt viele Sterne, aber nur eine Sonne. Wenn die Sonne aufgegangen ist, verblassen die Sterne. Denjenigen, denen die Sonne aufgegangen ist, wurde die Wahrheit offenbart; für sie machen Tatsachen wenig Unterschied. Das Licht der Wahrheit, das auf Fakten fällt, lässt diese verschwinden.

Es ist interessant zu beobachten, dass viele gleichzeitig taub und stumm sind. Dies weist darauf hin, dass Taubheit und Stummheit eine Verbindung haben. Von einem bestimmten Blickwinkel aus ist es das Gleiche, taub oder stumm zu sein. Das ist wie die zwei Enden einer Linie. Wenn wir auf die beiden Enden schauen, können wir sagen, taub und stumm. Wenn wir die Linie ansehen, sind beide eins. In gleicher Weise sind Wahrnehmung und Ausdruck die beiden Enden einer Linie. Anders ausgedrückt: Die Fähigkeiten zu sprechen und zu hören sind gleich. Wenn die eine verloren geht, ist die andere auch verloren.

Der Unterschied zwischen Wissenschaft und Mystik ist sehr gering. Er liegt darin, dass die eine bis zu einem bestimmten Punkt geht, die andere darüber hinaus. Betrachten wir die Idee der Schöpfung aus materieller Sicht, erkennen die Wissenschaftler mittlerweile, dass es bestimmte Elemente gibt, die die Schöpfung verursachen und in ihr verschiedene Objekte ausformen. Gehen sie noch weiter, erkennen sie Atome, Strahlung, Moleküle und Elektronen; schließlich kommen sie zu den Schwingungen – und da hört es auf. Nach Ansicht der Wissenschaft ist die Grundlage der gesamten Schöpfung Bewegung; der feinste Aspekt der Bewegung wird Schwingung genannt.

Was die Mystiker betrifft, so sagt der Vedanta, der seit Jahrtausenden existiert, dass Nada Brahma, das Wort, der Klang oder die Schwingung der schöpferische Aspekt Gottes ist. Das ist nicht viel anders als die Aussage der Wissenschaftler, die sagen, dass Bewegung die Grundlage der gesamten Schöpfung ist. Wir lesen in der Bibel, dass zuerst das Wort war, und dass das Wort Gott war.[2] Wir lesen im Koran *„Kun fayakun"*[3] – dass die Schöpfung folgte, als sich das Wort manifestierte. Hier sehen wir die Ähnlichkeit der Vorstellungen der heutigen Wissenschaftler und der Mystikerinnen sowie der Lehrer des Altertums und stimmen Salomon zu, dass es nichts Neues unter der Sonne gibt.[4] Der Unterschied besteht darin, dass die Menschen der Antike an diesem Ende, das als Bewegung oder Schwingung bezeichnet wird, nicht haltmachten, sondern deren Quelle bis in den göttlichen Geist zurückverfolgten.

Dem Standpunkt der Mystiker zufolge existierte vor der Schöpfung das Vollkommene Sein – nicht vollkommen in dem Sinne, wie das Wort üblicherweise gebraucht wird, sondern im ursprünglichen Wortsinn. In der Alltagssprache wird „vollkommen" für viele Dinge verwendet, die begrenzt sind. Die eigentliche Bedeutung von Vollkommenheit liegt jedoch jenseits von Worten.

„Göttliche Vollkommenheit" wird von den Mystikern für vollkommene Weisheit und Kraft, für vollkommene Liebe und vollkommenen Frieden gebraucht. Andererseits muss es auch ein Objekt der Betrachtung geben, wenn es Augen gibt. Erst dadurch bekommen die Augen ihren Sinn. Wenn es Ohren gibt, muss es einen Klang geben, damit sie die Schönheit des Klangs hören und genießen können; so erfüllen die Ohren ihren Daseinszweck. Aus diesem Grund war es notwendig, dass das Vollkommene Sein seine Vollkommenheit verwirklichte, indem es eine begrenzte Vollkommenheit seines eigenen Wesens erschuf. Das wird dadurch erreicht, dass sich das Eine Sein in drei Aspekte unterteilt, das eigentliche Geheimnis hinter der Idee der Trinität: der oder die Sehende, das Gesehene und das Sehen.

Zweifellos ist es die Aufgabe der Biologen, die schrittweise Entwicklung der Schöpfung im Detail zu erklären. Der Überblick, den die Mystikerinnen und Mystiker aller Zeiten erarbeiteten, ist jedoch, dass zuerst die Erschaffung des Mineralreichs stattfand, dann die Erschaffung des Pflanzenreichs, des Tierreichs, schließlich die Erschaffung der Menschheit. Durch diesen ganzen Entwicklungsprozess wird ein gewisser Zweck verfolgt, der die Schöpfung zur Verwirklichung eines bestimmten Ziels führt. Untersucht man den gesamten Entstehungsprozess – den des

2 Johannesevangelium 1:1
3 Koran 2:117
4 Prediger 1:9

Mineralreichs, des Pflanzenreichs, des Tierreichs und der Menschheit, so findet man jeweils etwas, das fehlte und dann im weiteren Verlauf der Entwicklung auftaucht. Und was fehlte? Es waren Ausdruck und Wahrnehmung, die fehlten, und darauf wiesen die Mystiker durch ihren symbolischen Ausspruch „das Wort, das verloren gegangen ist" hin. Sie sagen deshalb, dass das Wort verloren gegangen ist, weil es am Anfang diese Bewegung, diese Schwingung gab; das Bewusstsein des Vollkommenen Seins. Die Gesteine entstanden auch aus wissenschaftlicher Sicht nicht, bevor Schwingungen auftraten. Zuerst kam die Schwingung und dann folgten die Felsen. Der einzige Unterschied zwischen dem mystischen und dem wissenschaftlichen Standpunkt ist folgender: Nach Ansicht der Wissenschaftler entwickelte sich aus dem Fels die Intelligenz, während die Mystiker sagen: „Nein, der Fels ist nur ein Intelligenzgrad. Die Intelligenz war zuerst da – der Fels kam später."

Der gesamte Prozess der Manifestation deutet darauf hin, dass er auf ein Ziel hinführt, und dieses Ziel ist dasselbe für alles und jedes. Ja, es gibt zwei Gesichtspunkte, die es zu berücksichtigen gilt. Wir können sagen, dass ein Berg eines Tages zu einem Vulkan wird, oder ein Baum eines Tages Früchte tragen wird, und darin sei das Ziel seines Seins erfüllt. Doch auch hier gibt es einen anderen, vielleicht umfassenderen Standpunkt: nämlich dass alle Steine und Bäume, alle Tiere und Menschen auf ein Ziel hin ausgerichtet sind, der gesamte Prozess der Schöpfung also auf dieses Ziel hinarbeitet. Und was ist das Ziel, auf das jeder Aspekt dieser Schöpfung hinarbeitet? Worauf warten die stillen Berge in der Wildnis? Worauf warten die Wälder, die Bäume, schweigend – auf welchen Moment, welche Erfüllung? Und wonach suchen, neben ihrer Nahrung, alle Tiere und halten Ausschau? Was verleiht jeder Aktivität einer Person Bedeutung, und was regt sie nach der Verwirklichung dieser Aktivität, nach jeder Handlung, zur nächsten an? Es ist das eine Ziel, das jedoch von vielen Formen überdeckt wird. Es ist die Suche nach diesem Wort, dem Wort, das verloren gegangen ist.

Je weiter sich die Schöpfung entwickelt, desto mehr sehnt sie sich nach diesem Wort. Doch so wie es einen schrittweisen Übergang vom mineralischen zum menschlichen Königreich gibt, so gibt es auch einen schrittweisen Verlauf von einem bestimmten Zustand der menschlichen Evolution hin zu einem perfekten Zustand menschlicher Vollkommenheit. Was lässt uns so gern ein Wort der Bewunderung hören, ein Wort des Lobes, das uns zufriedenstellt? Was gefällt uns, wenn wir die Stimme, das Wort unserer Freunde hören? Was in der Musik, in der Poesie verzaubert uns, und bereitet uns Freude? Es ist genau dieses Wort, das verloren gegangen ist und in verschiedenen Formen auftritt. Es scheint, dass die materielle Schöpfung zu Beginn taub und stumm ist. Und wer empfindet diesen Schmerz, taub und stumm zu sein? Der Geist der Vollkommenheit, der einst in der Wahrnehmung und im Ausdruck vollständig war. Die Erklärung der Seele, die Jalal ad-Din Rumi, der große Dichter, in seinem Masnavi[5] gibt, erklärt diese Idee in poetischer Form. Er sagt: „Die Seele ist wie ein Vogel in einem Käfig, der der Freiheit und der Freude beraubt ist, an die er gewöhnt war." Dies erklärt auch die grundlegende Tragödie des Lebens. Jeder Mensch, jede Seele hat bis zu einem gewissen Grad Schmerzen, und die Ursache dieser Schmerzen wird jede Seele anders beschreiben. Aber hinter den verschiedenen Ursachen steckt eine einzige Ursache: die Gefangenschaft der Seele – anders gesagt, dass das Wort verloren gegangen ist.

Obwohl Seelen verschiedener Evolutionsstufen sich nach dem Wort sehnen, das hinter der Form, in der sie normalerweise suchen, verloren ging, wurden die Wege, die für die Suche nach diesem Wort geschaffen wurden, zu den richtigen und den falschen Wegen, zu Sünden und Tugenden erklärt. Die Weisen sind daher allen gegenüber tolerant, denn sie verstehen, dass jede Seele ihren eigenen Weg zu gehen hat, ihren eigenen Zweck zu erfüllen. Doch hinter der Erfüllung jeden Zwecks liegt das eine Ziel, das Wort, das verloren gegangen ist. Keine Seele kann zufrieden sein, wenn sie nicht die Vollkommenheit berührt, die in der Bibel erwähnt wird: „Sei du vollkommen wie dein Vater, der im Himmel ist."[6]

Dies bedeutet kurz gesagt, dass der Geist Gottes selbst verschiedene Phasen durchlaufen hat, um diese Vollkommenheit zu verwirklichen, die, obwohl sie begrenzt ist, die Vollkommenheit des eigentlichen Seins Gottes ist, und dennoch begreifbar, und darin liegt die Zufriedenheit der Seele.

Nun können Sie fragen: „Wie wollen Sie diese Vollkommenheit erklären? Was ist das? Wie erleben wir sie?" Diese Vollkommenheit ist etwas, das Worte nie erklären können, es sei denn, die Augen der Seele werden geöffnet, woraufhin von allen Seiten das Wort, das verloren gegangen ist, in die Ohren der Seele dringt.

---

5 Masnavi: Berühmtestes Werk in 30.000 Doppelversen von Mevlana Jalal ad-Din Rumi (grundsätzlich: romantisch-poetische Literaturgattung in Doppelversen)

6 Matthäusevangelium 5:48

Die Dichter des Ostens haben das in wundervollen Bildern in Geschichten wie der von Rama und Sita dargestellt. Das Glück dieser Vollkommenheit wurde als ein Liebhaber dargestellt, der seine Geliebte verloren und sie wiedergefunden hat. Aber ich muss sagen, dass diese Idee von keinem Bild besser erklärt werden kann als von diesem: dass jemand, der seine Seele verloren hat, sie wieder gefunden hat.

Weisheit kann nicht als Wahrheit bezeichnet werden. Weisheit ist eine Art und Weise, wie Seelen die Welt und das Leben für sich selbst erkennen oder versuchen, sie wahrzunehmen und zu deuten. Diese Weisheit wird in der griechischen Sprache Sophia, im Persischen Sufi genannt. Weisheit ist die Lebenseinstellung von jemandem, dessen Sichtweise auf das Leben durch das Sehen im Sonnenlicht anders geworden ist. Mit der Sufi-Botschaft ist die Botschaft dieser Weisheit gemeint. Sie ist eher ein Blickwinkel als eine Lehre, als Dogmen oder Zeremonien. Natürlich gelangt man zu diesem Standpunkt nicht durch Studium allein, sondern vor allem durch die Verbindung mit Menschen, die diesen speziellen Blickwinkel haben. Daneben kommen wir durch tiefes Eintauchen in das Leben selbst zur Verwirklichung der Wahrheit. Und es gibt einen Weg oder eine Vorgehensweise, wie wir tief ins Leben eintauchen können. Mit etwas Anstrengung und Gelassenheit können wir sicher einen Ort, den wir in einer Stadt suchen, finden; wenn wir jedoch jemanden fragen, der ihn kennt, finden wir ihn meist schneller. Die Sufi-Bewegung gibt deshalb allen die Möglichkeit zu lernen, mit Menschen des gleichen Blickwinkels in Kontakt zu kommen und zu erfahren, auf welche Weise wir zu der Verwirklichung gelangen, die auf dem Weg notwendig ist.

Die Inhalte von „Die Sprache des Kosmos" stammen aus einer Reihe von Vorträgen, die während der Sommerschule 1924 in Suresnes, Frankreich, vom 13. Juni bis 12. September gehalten wurden, wobei das letzte Kapitel „Inspiration" ein Vortrag an der Sorbonne in Paris, Frankreich, am 22. Dezember desselben Jahres ist. Diese Vorträge wurden in ihrer authentischsten Form in „The Complete Works of Pir-o-Murshid Hazrat Inayat Khan" veröffentlicht: Originaltexte: Vorträge über den Sufismus 1924 II: 10. Juni bis Ende Dezember.

DIE SPRACHE DES KOSMOS

STIMMEN 1

Die gesamte Manifestation ist in all ihren Facetten wie eine Schallplatte, auf die eine Stimme übertragen wurde. Diese Stimme ist das menschliche Denken. Es gibt auf der ganzen Welt keinen Ort – sei es Wüste, Wald, Berg oder Haus, Stadt oder Gemeinde – wo nicht fortwährend eine Stimme ertönt, die dem Ort irgendwann einmal aufgeprägt wurde und die seither weiterklingt. Natürlich ist jede derartige Stimme zeitlich begrenzt. Die eine kann Jahrtausende andauern, eine andere Stimme mehrere Monate, wieder eine andere besteht einige Tage, Stunden oder nur Momente. Denn alles, was absichtlich oder unabsichtlich erschaffen wurde, lebt; es hat seine Geburt und seinen Tod, also einen Anfang und ein Ende. In der Atmosphäre verschiedener Orte können wir dies wahrnehmen. Wenn wir auf den Felsen der Berge sitzen, können wir oft die Schwingungen derjenigen wahrnehmen, die dort vorher gesessen haben. Im Wald und in der Wildnis spüren wir die Geschichte des Platzes. Vielleicht gab es dort einmal eine Stadt oder ein Haus; es lebten dort Menschen, doch jetzt ist Wildnis daraus geworden. Wir fangen an, die Geschichte des ganzen Ortes zu fühlen, er kommuniziert mit uns. Jede Stadt hat sozusagen ihre eigene Stimme, die laut davon erzählt: Wer lebte in dieser Stadt, und wie lebten sie? Wie war ihr Schicksal, ihr Entwicklungsgrad? Die Stimme spricht von deren Taten, von den Folgen ihrer Handlungen. Viele Menschen nehmen die Schwingungen von Spukhäusern wahr. Das liegt daran, dass die Atmosphäre dort aufgewirbelt ist, denn sie ist sehr stark und daher deutlich wahrnehmbar. Doch es gibt keine Häuser, keine Orte, die nicht ihre eigene Stimme hätten. Damit meine ich die Stimme, die ihnen aufgeprägt wurde, und die zur Wiedergabe der Aufzeichnung dessen wird, was ihnen bewusst oder unbewusst zugefügt wurde.

Als Abraham nach seiner Einweihung in die Geheimnisse des Lebens aus Ägypten zurückkehrte, kam er nach Mekka, wo zum Gedenken an die Einweihung, die er gerade durch die alte esoterische Schule Ägyptens erhalten hatte, ein Gedenkstein gesetzt wurde. Die Stimme, die von der singenden Seele Abrahams auf ihn übertragen wurde, setzte sich fort und wurde für all jene, die hören konnten, hörbar. Seitdem pilgern die

Propheten und Wahrheitssuchenden zu diesem Stein der Ka‘ba. Sie tönte weiter und ist immer noch dort.

Ein Ort wie Mekka – mitten in der Wüste mit nichts Interessantem, weder fruchtbarem Boden noch besonders fortschrittlichen Menschen, keiner florierenden Wirtschaft oder Industrie, keiner entwickelten Wissenschaft oder Kunst – bekam eine Anziehungskraft für Millionen von Menschen, die nur mit einem Ziel hierherkamen: der Pilgerfahrt. Was ist da los? Worum geht es? Es ist jene Stimme, die dem Ort gegeben wurde, die dem Stein eingeprägt wurde. Der Stein wurde zum Sprechen gebracht, er spricht zu denen, deren Ohren hören können. Jeder Ort, an dem eine Person sitzt und über etwas nachdenkt, nimmt diese menschlichen Gedanken auf. Er zeichnet auf, was gesprochen wurde, sodass niemand die eigenen Gedanken oder Gefühle verbergen kann. Sie werden sogar von dem Sitzplatz aufgezeichnet, auf dem wir saßen und nachgedacht haben. Und viele andere, die spüren können, fühlen sie, wenn sie dort sitzen. Manchmal ist die Wirkung ganz unerwartet. Wir können, wenn wir an einem bestimmten Platz sitzen, einen uns ganz fremden Gedanken spüren, ein Gefühl, das nicht zu uns gehört, denn auf diesem Platz schwingt der frühere Gedanke weiter. Weil ein Platz Gedankenschwingungen viel länger bewahren kann als Wärme oder Kälte, verbleibt ein Eindruck an jedem Ort, an dem wir sitzen, wo wir leben, an dem wir denken oder fühlen, wo wir uns freuen oder wo wir jammern. Und diese Stimme besteht dort unvergleichlich viel länger als das Leben der Person, die dort sprach.

* * *

Frage: Gäbe das nicht ein großes Durcheinander von Stimmen? Ist es dort, wo Menschen schon lange sind, eine Frage der Dominanz, eines vorherrschenden Tons oder einer Einzelperson?

Antwort: Es gibt eine dominante Stimme, die deutlicher hervortritt als andere Stimmen. So, wie wir spüren können, was Komponisten durch eine ganze Komposition vermitteln wollen, die sie mit all den verschiedenen Instrumenten komponieren, so ergeben auch die verschiedenen ineinandergreifenden Stimmen ein Gesamtbild, das ein sensibler Mensch wie eine Sinfonie wahrnimmt. In einer Stadt, einer neuen Metropole tritt der kollektive Gedanke besonders hervor. Er ist wie eine Art Stimme aus der Vergangenheit und Gegenwart, die Stimme aller als eine einzige Musik, die eine einzigartige und besondere Wirkung hat. Als ich Deutschland nach dem Krieg[1] besuchte, war für mich der Unterschied zwischen der Stimmung und dem Klang, die vorher dort herrschten, und dem Klang, der jetzt von den Menschen dort ausgeht, eine besondere Erfahrung. Es war, als hätte es einen See oder Fluss gegeben, der heute verlandet ist. Das fließende Wasser des Lebens war völlig unfruchtbar geworden. Heute ist es von Erde bedeckt; und doch ist das Wasser darunter noch wahrnehmbar. Man hat jedoch das Gefühl, auf festem Grund zu gehen. Vielleicht war dort vorher Wasser? Wir sehen daran, wie sich die Stimmung eines ganzen Landes mit den sich wandelnden Verhältnissen verändern kann.

Frage: Die Stimmungen von London und Paris sind völlig verschieden. Hat das etwas mit der Kultur zu tun?

Antwort: Deren gesamte Geschichte teilt sich in der Stimmung mit. Wenn wir es hören können, nehmen wir deutlich wahr, wie eine Stadt von ihrer Vergangenheit und Gegenwart erzählt.

Frage: Die Ausstellung des britischen Königreichs ... Eines Abends war ich um sechs Uhr dort. Es herrschte ein Gefühl der Angst und Qual, das Gefühl einer Katastrophe. Wie kann man das erklären? Ist das meine Vorstellung oder eine Art Enttäuschung?

Antwort: Es ist durchaus möglich, dass dieser Schmerz unter dem Ort, an dem Sie standen oder saßen, war. Es mag seltsam erscheinen, aber es gibt Häuser, in denen es vielleicht schon lange immer wieder Streitigkeiten gibt, und wo Teller, Untertassen und Gläser ohne Grund zerbrechen.

Frage: An abgelegenen Orten, an denen keine oder nur wenige menschliche Ereignisse stattgefunden haben – was ist der Charakter in Wüsten oder hohen Bergen, die für die Menschen oft sehr attraktiv sind? Liegt das daran, dass es dort keine Stimmen gibt, die ablenken?

Antwort: Ja, an abgelegenen Orten sind die Stimmen manchmal leise geworden, und es gibt dort eine Art sehr sanften und beruhigenden Oberton, denn die Stimmen sind verschwunden und die Schwingungen sind als Atmosphäre geblieben. Ein Ort, der schon immer eine Einöde war, ist noch erhebender, weil er seine eigene Stimme und Schwingung hat.

1 Erster Weltkrieg

Selbst wenn einige Reisende durchgezogen sind und wir deren Stimme dort hören können, so ist es doch viel schöner als die Stimmung, die wir in Metropolen und Städten wahrnehmen und empfinden – auch, weil wir in der Natur ganz andere Menschen sind. Je näher wir der Natur kommen, desto weniger künstlich ist unser Leben und desto freier werden wir vom oberflächlichen Treiben. Daher kommt dort unsere Veranlagung zum Vorschein, die natürlich, schön und gütig ist, und unser Leben wird eine Art Traum, Romanze, wird Poesie. Selbst unsere ureigensten menschlichen Gedanken werden dort durch die Natur zum Singen gebracht.

Frage: Würde im Falle eines individuellen Abdrucks, wie der von Abraham auf dem Ka'ba-Stein, die Dauer dieses Eindrucks von der Intensität abhängen, mit der er eingeprägt wurde, oder auch von der Heiligkeit der Gedanken?

Antwort: Ja, der Gedanke einer hoch entwickelten Person hat eine größere Macht als der Gedanke an sich, als das, was der Gedanke selbst beinhaltet, denn die Person ist die Lebenskraft des Gedankens. Der Gedanke ist die Hülle über dieser Lebendigkeit. Vielleicht hätte Abraham keinen zweiten Stein mit jener Kraft segnen können, die er in diesem Moment, mit dem frischen Eindruck seiner Einweihung hatte. Womöglich hat er in seinem ganzen Leben nur diesen einen Akt vollbracht, dessen Kraft weit über seine Zeit hinausging. Denn er sagte: „Ich setze diesen Stein zum Andenken an die Einweihung, als Zeichen jenes Gottes, der als ein Gott erkannt wird, und er wird für immer als ein von mir geschaffener Tempel bestehen bleiben." Er war ein Tempel Abrahams. Abraham war weder ein König noch ein reicher Mann. Er konnte nur diesen einen Stein setzen, der viele Jahre Bestand haben sollte, viel länger als die meisten Tempel, die zu einem solchen Zweck erbaut wurden. Der Prophet Mohammed zettelte einen Aufstand an, um die ganze Ka'ba von all ihren Göttern zu befreien, doch nichts konnte ihn dazu bewegen, diesen Stein zu entfernen. Nachdem er alle Götzen weggefegt hatte, rührte er diesen Stein, den Abraham gesetzt hatte, nicht an. Er hatte vor, alle Steine zu entfernen, doch er tat es nicht. Wenn Abraham noch am Leben gewesen wäre, hätte dieser den Stein schützen können, so verteidigte der Stein sich selbst. Dies ist nur ein Beispiel, doch es gibt unzählige Beispiele: die Atmosphäre von Benares oder die Schwingung von Ajmer, wo Khwaja Muinuddin

Chishti[2] lebte, meditierte und starb. Dort ist das Grab des Heiligen, vor allem aber eine ständige Stimme, eine Stimme, die so stark ist, dass meditative Menschen dort sitzen können und für immer dort sitzen bleiben wollen. Es liegt mitten in der Stadt, und doch fühlt es sich nach Wildnis an, denn an diesem Ort saß der Heilige und meditierte über die kosmische Musik, *sawt-i sarmadi*[3]; und weil er dort ständig kosmische Musik hörte, erzeugte er dort kosmische Musik.

Frage: Setzen sich nicht die Gedanken der Menschen dort nach diesem Ereignis durch?

Antwort: Nein, ich denke, dass sie hinzukommen. Wie beispielsweise bei einem Flötensolo das Orchester hinzukommt; doch dieser eine Gedanke bleibt bestehen. Zu Lebzeiten dieses Heiligen gab es eine großartige Begegnung. Ein anderer Seher, eine sehr fortgeschrittene Seele, kam aus Bagdad, um den großen Meister zu besuchen. Es war ein höchst bemerkenswertes Treffen in Ajmer. Derjenige, der kam, war jedoch sehr streng in seinen religiösen Vorschriften, und die religiösen Menschen jener Zeit hatten keine Musik. Um dessen Glauben und Lebensweise zu respektieren, musste dieser große Weise also seine tägliche musikalische Praxis opfern. Doch als es an der Zeit war, begann die Sinfonie von selbst, und alle staunten. Der große Weise war ein großer Musiker. Die Musik dauerte an, auch ohne dass er spielte, selbst als die religiösen Behörden es verbieten wollten, so „... gilt das für andere, nicht für Dich."

Frage: Bewahrt ein Grab die Stimme?

Antwort: Nicht das Grab des Menschen an sich. In den alten Zeiten setzten die Menschen dort eine Markierung, wo ein heiliger Mensch gelebt hatte – sie errichteten dort das Grab, wo die Schwingung dieser Person aufgezeichnet worden war. Meistens wurden die alten Gräber an den Orten errichtet, an denen die Heiligen saßen, meditierten und nachdachten. Das Grab ist in diesem Fall nur die Ausrede, nur ein Zeichen, dass sie hier saßen. In Indien, wo Einäscherung stattfindet, stellen sie als Wahrzeichen der Meditation dort, wo die Heiligen ihre Schwingung hinterließen, einen Sitzplatz her.

---

2 Khwaja Muinuddin Chishti (1141-1230), berühmtester Scheich des Chishtiyya-Ordens, der ihn bekannt machte. Die Chishtiyya ist eine der Hauptlinien, in die Hazrat Inayat Khan eingeweiht war.

3 Der absolute Klang hinter allen Klängen

STIMMEN 2

Dem Geheimnis des spürbaren Segens, der an heiligen Orten zu finden ist, liegt die Idee zugrunde, dass der heilige Ort nicht mehr nur ein Platz ist, sondern zu einem Lebewesen wurde. Die Propheten, die seit Jahrhunderten den Namen Gottes und das Gesetz des göttlichen Wesens im Heiligen Land verkündet haben, machen dieses Land bis heute auf eine Weise lebendig, die die ganze Welt anzieht. Man sagt, dass auf dem Grab von Sa'di seit Ewigkeiten Rosen blühen, die dort einfach auftauchen, und dass sein Grab nie ohne Rosen war. Ich kann es glauben – „Der Rosengarten" wurde im Bewusstsein der Schönheit geschrieben. Obwohl der sterbliche Körper von Sa'di verfallen ist, setzt sich die Schönheit seines einst geäußerten Denkens weiter fort; wenn diese also an seiner Begräbnisstätte jahrhundertelang Rosen erblühen lässt, ist das nicht verwunderlich.

Oft fragten sich die Menschen, warum die Hindus mit einem derart großen philosophischen Bewusstsein, mit ihrem tiefen Einblick in die Mystik an so etwas wie einen heiligen Fluss glauben können. Es ist richtig, dass das symbolisch zu verstehen ist, doch es hat noch eine weitere Bedeutung. Die großen Mahatmas[1] sitzen auf den Bergen des Himalaja, wo Ganges und Yamuna entspringen, die sich später in zwei Ströme teilen, bis sie schließlich wieder zusammenfließen und eins werden. Das ist im wahrsten Sinne des Wortes ein Phänomen, sowohl in seiner Symbolik als auch in seiner tatsächlichen Erscheinung. Symbolisch gesehen beginnen die beiden Ströme als ein Fluss und verwandeln sich dann in die Dualität. Und nachdem die beiden Flüsse kilometerlang getrennt waren, werden sie voneinander angezogen und treffen sich schließlich in Allahabad an einem Ort, der Sangam[2] genannt wird und ein Pilgerort ist. Die Deutung dieser Symbolik weist auf das Grundprinzip der gesamten Manifestation hin, die am Anfang eins ist, dual in ihrer Manifestation wird und sich am Ende wieder vereint.

---

1 Mahatma (Sanskrit): große Seele, geistig hochstehender Mensch

2 Sangam (Sanskrit): Zusammenfluss, Gemeinschaft; Zusammenfluss zweier Flüsse

Darüber hinaus flossen die Gedanken der großen Mahatmas in das Wasser des lebendigen Stromes Brahmaputra, und dieser nahm die Schwingungen der Großen mit sich in die Welt; der Fluss sprach zu denen, die es hören konnten, mit der Stimme des Friedens, des Erwachens, des Segens, der Reinheit und der Einheit. Doch auch die, die sich dessen nicht bewusst waren, wurden durch das Bad im heiligen Fluss gesegnet. Denn dieser bestand nicht nur aus Wasser, sondern auch aus Gedanken; den kraftvollsten Gedanken überhaupt, voller Energie und Lebendigkeit. Wer sehen konnte, erkannte sein Geheimnis. In vielen Gedichten auf Sanskrit lesen wir daher, wie in den Wellen von Ganges und Yamuna die Seher die Stimme der entwickelten Seelen hörten und die Atmosphäre spürten, die das Wasser wie der Atemstrom jener fortgeschrittenen Seelen durchzog. In Mekka gibt es eine Zisterne, einen Behälter, aus dem die Propheten aller Zeiten Wasser getrunken haben. Diese Zisterne heißt Zemzem. Sie tranken nicht nur Wasser, sie erhielten auch das, was darin enthalten war, und dann luden sie es mit dem auf, was sie ihm zu geben hatten. Noch bis heute gehen die Pilger dorthin und erhalten dieses Wasser als Segnung. Eine Geschichte in den Puranas[3] des Mahabharata[4] erzählt von den fünf Pandavas[5], von denen jeder eine besondere Gabe hatte. Einmal waren sie auf Reisen und kamen an einen Ort, an dem sie alle ihre besonderen Fähigkeiten verloren.

Sie waren verwirrt und entmutigt und suchten nach dem Grund dieses Erlebens. Die weisesten unter ihnen fanden durch Kontemplation schließlich heraus, dass es die Wirkung des Ortes war. Der Ort hatte seine Lebenskraft verloren. Es war ein toter Ort, und alle, die dorthin kamen, fühlten sich, als hätten sie kein Leben mehr in sich. Das innere Leben entschwand. Wir kennen so etwas von einem Stück Land, das viele Tausend Jahre lang genutzt wurde und schließlich seine Kraft, die Vitalität der Erde, verloren hat. Wenn der Boden seine Kraft äußerlich verlieren kann, dann können auch im Inneren die Schwingungen, der Atem verloren gehen. Oft fühlen

---

3 Purana (Sanskrit): ist der Name einer Literaturgattung, deren Texte zu den klassischen heiligen Schriften der Smriti zählen. Diese beschreiben das Wirken eines persönlichen Gottes (Ishwara) auf Erden und die Liebe zu ihm (Bhakti)

4 Mahabharata (Sanskrit): „Die große Geschichte der Bharata-Dynastie" ist neben dem Ramayana das bekannteste indische Epos. Die Bhagavad-Gita ist eine ihrer Epen.

5 Die fünf Pandavas sind im Mahabharata die fünf Söhne des Königs Pandu, der zeugungsunfähig war, und deshalb wurden verschiedene Götter deren Väter, deren besondere Eigenschaften sie erbten.

wir uns an einem Ort besonders inspiriert, an einem anderen sehr deprimiert; an einem Ort verwirrt, und wiederum an einem anderen Ort fühlt sich der Kopf dumpf an, er findet nichts Interessantes, nichts, was ihn fasziniert. Vielleicht denken wir dann, es sei die Wirkung des Wetters, doch es gibt wirklich Orte, die äußerlich in wunderschöner Natur sind, mit wunderbarem Wetter, und doch fühlen wir uns nicht inspiriert.

Da ist die amüsante Geschichte, dass ich während meiner Reise nach Indien einmal an einen Ort kam, an dem sich das Grab einer sehr mächtigen verstorbenen Person befand, und als ich davon hörte, fand ich heraus, dass die Besucher dieses Grabes oft Fieber bekamen. Ich fragte verwundert: „Was ist der Grund dafür?" Es wurde erzählt, dass diese große Persönlichkeit sehr aufbrausend gewesen sei. Obwohl dieser Mann sehr spirituell gewesen war, konnte er niemanden leiden. Er hielt jeden auf Abstand, und so bekamen jetzt alle, die sich seinem Grab näherten, Fieber. Ich dachte aus der Ferne, dass ich mich wohl besser verbeugen und gehen sollte.

Ich fand auch einen Platz, an dem ein großer Heiler sein ganzes Leben lang zu sitzen pflegte und Tausende von Patienten heilte. Viele wurden spontan geheilt. An dieser Stelle wurde auch sein Grab errichtet und bis heute fühlen sich die Menschen zu seinem Grab hingezogen. Wer den Ort berührt, wird sofort geheilt.

Dabei geht es um etwas, was Jalal ad-Din Rumi vor Jahrhunderten sagte: Für die Menschen sind Feuer, Wasser, Erde und Luft Objekte; für Gott sind sie Lebewesen, die seinen Anweisungen folgen. Die Erklärung für das, was Rumi sagte, ist, dass alle Objekte, alle Orte wie fonografische Aufzeichnungen sind: Was in sie eingraviert wurde, geben sie wieder. Entsprechend unserer Entwicklung hört es entweder unsere Seele oder unser Verstand. Es scheint, als würden die Menschen beginnen, an etwas zu glauben, das sie Psychometrie nennen. Worum geht es da? Was ist das? Es ist das Erlernen der sogenannten Objektsprache, die Erkenntnis, dass es außer Farbe und Form des Objekts noch etwas gibt, das zu uns spricht. Es kommt entweder vom Gegenstand selbst oder von jemandem, der den Gegenstand benutzte, aber es ist da. Manchmal bringen wir ein Objekt in unser Haus, und von dem Moment an zerbrechen andere Dinge; solange das Objekt anwesend ist, geht ständig etwas verloren oder kaputt. Ein Objekt kann Disharmonie erzeugen. Ein Gegenstand kann Krankheit hervorrufen und Unglück bringen. Deshalb vermeiden es diejenigen, die die psychologische Wirkung von Gegenständen kennen, grundsätzlich, alte Objekte zu erwerben, wie schön und kostbar sie auch sind. Für ihren persönlichen Gebrauch kaufen sie nur neue Dinge.

Natürlich können wir das nicht mit Juwelen machen; diese müssen alt sein. Und Juwelen beeinflussen die Menschen meistens – ihren Charakter, die Lebenskraft, die Angelegenheiten, die Umwelt – stärker als alles andere. Wir können ein Schmuckstück erwerben, das von dem Moment an, wo es eintrifft, Glück jeglicher Art bringt; es kann allerdings auch den gegenteiligen Effekt haben. Häufig denken die Menschen nicht darüber nach, und doch ist die Wirkung dieselbe; und sie dauert an. Daneben hat alles, was wir tragen, eine Wirkung auf unsere Gesundheit, unseren Geisteszustand und unsere Gefühlslage. Wenn es sich um ein Juwel handelt, kann es die Stimme von Jahrtausenden bewahren. Je älter ein Juwel ist, desto mehr Überlieferungen stecken in ihm. Dies erklärt alles. Intuitive, sensitive und spürige Menschen können die Schwingungen alter Steine leicht wahrnehmen. Es scheint, als würden sie mit ihnen sprechen.

Außerdem geben wir alles, was wir einander in Form von Essen, Süßigkeiten, Getränken, Früchten oder Blumen schenken, immer zusammen mit unseren Gedanken und Gefühlen. Und das hat eine Wirkung. Die Sufis im Osten haben einen Brauch: Sie geben jemandem ein Stück Stoff oder eine Blume, eine Frucht oder ein paar Körner Mais, und das heißt, dass darin eine Bedeutung liegt. Es geht nicht um das, was gegeben wird, sondern um das, was darin mitgegeben wird.

Wie wenig begreifen wir, wenn wir sagen: „Ich glaube an das, was ich sehe." Es ist so wunderbar, wenn wir erkennen können, wie die Einflüsse wirken, wie Gedanken und Gefühle sprechen, wie die Gegenstände daran teilhaben und sich gegenseitig beeinflussen; wie Gedanken, Gefühle, Leben und Einflüsse durch ein Objekt vermittelt werden.

* * *

Frage: Pferde sollen extrem komplizierte mathematische Probleme gelöst haben?

Antwort: Es handelt sich dabei um die Reflexion des Geistes des Lehrers, der auf den Geist des Pferdes projiziert wird, denn ein Pferd ist nicht in der Lage, und kann es auch nicht sein, eine mathematische Berechnung durchzuführen. In einer Art medialem Prozess wird auf den Geist des Pferdes eine mathematische Idee projiziert. Es ist möglich, dass selbst die Person, die es ausführt, dies nicht weiß, doch die bloße Anstrengung dieser Person, das Pferd dazu zu bringen, führte zum Erfolg.

Frage: Wie können wir unseren inneren Spiegel klarer und präziser werden lassen?

Antwort: Indem wir ein Leben voller Güte führen.

Frage: Ist dieser Spiegel in der Kindheit klar?

Antwort: Er ist klarer in der Kindheit. Da ist er noch klar, doch während wir aufwachsen, wird er verzerrt. Später muss er wieder gereinigt werden.

Frage: Ich war bei einer Ausstellung von Tieren, Schafen usw.. Die Schafhirten hatten Schafsgesichter, die Hirten hatten Gesichtszüge, die denen der Schafen ähneln.

Antwort: Das ist natürlich.

Frage: Können Künstler, die in einem toten Land geboren werden, ihr Talent dort entwickeln?

Antwort: Sicherlich nicht. Dort wird ihr Talent nicht genährt. Der künstlerische Impuls wird gelähmt. Keine Pflanze genügt sich selbst. Sie braucht Luft, Sonne und Wasser.

Frage: Können Künstler eine tote Stadt inspirieren, einfach indem sie dort durchreisen?

Antwort: Die Antwort findet sich in den ersten vier Zeilen des Gayan.[6]

Frage: Kann ein Ding mit guten Schwingungen aufgeladen werden, wenn es an sich schon ein schlechtes Zeichen ist?

---

6 Gemeint ist das Werk: „Gayan, Vadan, Nirtan“ von Hazrat Inayat Khan (Deutsche Ausgabe 1996, Verlag Heilbronn), wo steht:
„Ist ein Schimmer Unseres Bildes im Menschen eingefangen,
wird nach Himmel und Erde im Menschen gesucht,
was gibt es dann in der Welt, das nicht im Menschen ist?
Erforsche man ihn nur, gar vieles ist im Menschen.“

Antwort: Es gibt manche bitteren Dinge, die versüßt werden können. Trotzdem bleibt das Bittere bestehen. Manchen Lebensmitteln fügen wir etwas hinzu, um einen bestimmten Geruch zu vertreiben, und doch bleibt er vorhanden.

Frage: Liegt es in der Macht des Menschen, die Wirkung eines Objekts zu ändern?

Antwort: Auch auf diese Frage können die ersten vier Zeilen des Gayan Antwort geben.

Frage: Können schlechte Einflüsse, die an Orten und Dingen haften, beseitigt und in etwas Gutes verwandelt werden?

Antwort: Sicherlich, denn in der Tiefe sind alle Dinge und Wesen gut.

SPUREN

An vielen alten Orten finden wir Fels- und Holzgravuren mit künstlerischen Motiven. Manchmal stehen da Buchstaben geschrieben, Buchstaben, die heute niemand mehr lesen kann. Sie sind auf die Felsen der Berge in Stein eingraviert, und doch können Menschen mit intuitiver Gabe sie aus der Schwingung der Atmosphäre dort lesen. Äußerlich sind sie eingraviert; innerlich sind sie eine fortwährende gesprochene Aufzeichnung, die beständig wiedergibt, was zu finden ist. Reisende mit entwickelten intuitiven Fähigkeiten werden die Tatsache nicht leugnen, dass sie in Ländern mit alten Traditionen zahllose Orte gesehen haben, die ihre Vergangenheit gleichsam singen. Genauso nehmen sie auch die Atmosphäre von Bäumen im Wald oder in Gärten wahr, die die Vergangenheit und die Eindrücke, die die dort sitzenden Menschen hinterließen, widerspiegeln. Menschen haben oft Aberglauben bezüglich verwunschener Bäume, was wir besonders häufig im Osten finden. Einfach ausgedrückt, wurde von Menschen, die dort lebten, unter einem solchen Baum Zuflucht fanden oder über bestimmte Gedanken und Gefühle sinnierten, bewusst oder unbewusst eine Schwingung erzeugt, die der Baum aufgenommen hat und nun wiedergibt. Die Menschen selbst haben sie vielleicht schon vergessen; doch der Baum wiederholt immer weiter die Gedanken, die ihm zugetragen wurden.

Als in der Vergangenheit in den tropischen Ländern die Menschen zu Fuß durch Wald und Flur reisten und unter bestimmten Bäumen Unterschlupf fanden, nahmen diese Bäume alles auf, was diese dachten und fühlten. Intuitiv Begabte hören das klarer als irgendjemand es von einer lebenden Person hören könnte, denn ein Baum kann die Stimme, die ihm eingeprägt wurde, deutlicher wiedergeben als ein Fels.

Das Gleiche finden wir auch bei Tieren, speziell bei Haustieren, die durch den menschlichen Kontakt an deren Denken und Fühlen teilhaben. Speziell bei Pferden gibt es ein altes Wissen. Menschen, die ein Pferd kaufen wollen, sind dabei sehr wählerisch, denn sie wissen, dass ein Pferd neben Gesundheit und Herkunft auch gute Schwingungen haben muss. Häufig erweist sich ein Pferd von sehr guter Herkunft und vollkommener Gesundheit als Unglück, weil die Enttäuschung einer Person, die auf ihm geritten ist, im Herzen des Pferdes aufgenommen wurde. Der Zustand dieser Person mag sich längst verändert haben, doch das, was das Pferd aufgenommen hat, besteht weiter.

Ich selbst war in Nepal von einem Pferd und einem Elefanten sehr beeindruckt, die nur der Maharadscha von Nepal reiten durfte. Die beiden Tiere schienen sich ihres Reiters bewusst zu sein. Man konnte an ihrer Würde erkennen, dass sie wussten, dass sie dem Maharadscha gehörten. In jeder Bewegung des Pferdes, in jedem Blick des Elefanten konnte man die Gegenwart des Maharadscha spüren. Und nicht nur das, sondern alles, was den Maharadscha ausmachte, wie Schmerz oder Freude, Leben und Erfahrungen, schienen von diesem Pferd und diesem Elefanten aufgezeichnet worden zu sein. Das Überraschendste dabei ist, dass der Elefant nicht etwa größer als andere Elefanten war, er war sogar kleiner. Meistens ist es die Größe, die einem Elefanten Würde verleiht, genau wie bei den Pferden, aber die Größe zählte hier nicht. Es war das innere Wesen, eine Art von Lebendigkeit, die man diesen Tieren ansehen konnte, und die dem Gefühl Ausdruck gab, das diese Tiere in ihrem Herzen trugen.

Das bringt uns zu einem anderen Denkansatz: Was Beziehungen in einer Person hervorrufen können – die Beziehung zu einer traurigen oder einer glücklichen Person, einer törichten oder einer weisen Person, die Verbindung mit einer edlen oder einer einfachen Person. Partner, die mit einer Person verbunden sind, schwingen mit ihr, wir können sie fast in der Atmosphäre der verbundenen Menschen hören, in deren Ausdrucksweise, ihren Gedanken, ihrer Sprache und ihren Handlungen. Eine Person, so glücklich sie auch sein mag, trägt eine Melodie der Unglückseligkeit in sich, nachdem sie mit einer unglücklichen Person in Verbindung gebracht worden ist; diese Melodie setzt sich fort und singt ihr Lied, getrennt von der großen Sinfonie. Unglück hat seinen ganz eigenen Klang, den wir überall heraushören können. Weise Menschen, die mit törichten Menschen in Verbindung gekommen sind, behalten eine Melodie davon bei. Es ist eine ganz andere Melodie, eine andere Tonart und eine völlig andere Tonhöhe als das eigentliche Lied des weisen Menschen. Diejenigen, die sich mit einem edel gesinnten Menschen, mit einem Menschen von hoher Qualität verbunden haben, werden trotz all ihrer Unzulänglichkeiten eine signifikante Melodie erkennen, die für lauschende Herzen deutlich hörbar ist.

Es ist wichtig, auf unsere Beziehungen zu achten. Aus psychologischer Sicht ist es sogar sehr wichtig. Dies ist von entscheidender Bedeutung, denn eine weise Person ist nicht immer gut zu einer törichten, und ein guter Mensch nicht immer gut zu einem bösartigen. Positive Menschen sind nicht immer positiv; es gibt Zeiten, in denen sie zum Ausgleich einmal negativ sein müssen. Eine Beziehung verbindet uns also mit dem, was wir durch den Kontakt empfangen; daher liegt große Weisheit darin, wenn gesagt wird, dass Menschen an denen erkannt werden können, mit denen sie sich umgeben.[1] Im Osten wurde viel darüber nachgedacht, besonders aus spiritueller Sicht. Für die, die nach spiritueller Wahrheit suchen, ist die Verbindung mit Freunden auf dem gleichen Weg wertvoller als alles andere auf der Welt. Alles andere kommt danach, und die Gemeinschaft wird als das Wichtigste angesehen.

Jemand erzählte mir einst: „Einmal war ich zum Fällen eines Baumes eingeladen. Es war das erste Mal in meinem Leben. Als die Männer ihre Arbeit begannen, hörte ich den Baum klagen. Zum ersten Mal in meinem Leben wurde ich ohnmächtig. Ich konnte den ganzen Tag nicht ausgehen."

* * *

Frage: Ist es für die Toten nicht schmerzhaft zu wissen, dass ihre Lieben, die zurückgelassen wurden, als Zeichen der Trauer schwarz gekleidet sind?

Antwort: Es kommt darauf an, wie wir es betrachten. Es ist richtig, dass dieser Eindruck schlecht ist, und doch ist da auch das Gefühl, dass so viele mit einem fühlen. Das ist eine Freude. Es gab einen großen Denker, der in seinem Haus saß, als das Dienstmädchen zu ihm kam und sagte: „Ich sah einen Trauerzug vorbeigehen; dieser Mensch wird sicherlich im Himmel empfangen werden." Das amüsierte den Denker: Wie konnte sie ihn im Himmel sehen? So fragte er: „Wie hast du ihn im Himmel gesehen und weißt, dass er dort empfangen wird?" Sie antwortete: „Ich habe ihn nicht im Himmel gesehen, aber ich sah jemanden im Trauerzug, der seine Augen mit einem Taschentuch abwischte. Deshalb meine ich, dass er im Himmel empfangen werden wird." Wir können daraus lernen, dass, wenn wir ein Leben lebten, in dem wir die Sympathie einiger weniger gewinnen

1 „Zeig mir, wer deine Freunde sind, und ich sage dir, wer du bist."

konnten, wir sicher etwas Gutes an uns hatten und im Himmel empfangen werden.

Frage: Wie können wir in unserer Umgebung unangenehme Schwingungen von Menschen, mit denen wir täglich leben müssen, überwinden?

Antwort: Indem wir positiv sind. Es ist jedoch richtig, dass wir nicht immer positiv sein können. In solchen Zeiten können wir uns von deren Gesellschaft zurückziehen, wir müssen sie nicht ständig sehen. Sie können Ihr Tagesprogramm immer umstellen. Gleichzeitig wird jedoch, indem Sie sich entwickeln, Ihr innerer Kontakt stärker als der Einfluss der anderen Person. So wird der Nutzen, den die andere Person von Ihnen hat, größer als der Schaden, den Sie abbekommen. Außerdem ist es in Ordnung, wenn wir durch ein wenig eigenen Schaden mehr Gutes für eine andere Person tun können. Es ist eine Frage der Selbstdisziplin, und Liebe überwindet alles. In allen Menschen, wie niederträchtig sie auch sein mögen, schlummert etwas Gutes. Nochmals, wir müssen nur wissen, wo wir es finden. Wenn wir stets daran denken, können wir immer das Beste der Menschen ansprechen und das andere übersehen. Doch es ist ein Kampf.

Frage: Der künstlerische Verstand visualisiert leicht. Ist mentale Kommunikation für diejenigen, die mentale Bilder nicht leicht visualisieren oder halten können, schwieriger?

Antwort: Ja, für sie ist es schwierig, ihre Gedanken zu projizieren, aber nicht schwierig, Gedanken zu reflektieren.

Frage: Können wir unseren Geist auf einen unempfänglichen, entfernten Geist konzentrieren?

Antwort: Empfänglich oder unempfänglich, wer den eigenen Geist fokussieren kann, kann es. Natürlich empfangen die Empfänglichen schneller und mit weniger Schwierigkeiten.

Frage: Kann Besessenheit nur durch tote oder auch durch lebende Menschen verursacht werden?

Antwort: Durch beide, nur wird sie im ersten Fall als Besessenheit bezeichnet, im letzteren Fall als Prägung.

Frage: Wie können wir uns vor der Beziehung mit einer niederträchtigen Person schützen?

Antwort: Um dies zu beantworten, müssen wir uns das Gesetz der Harmonie anschauen. Wir harmonieren mit zweierlei Menschen: Wir harmonieren mit Unseresgleichen und wir harmonieren mit unserem Gegenteil. Weise Menschen können mit nachdenklichen Personen harmonieren und mit dummen Menschen. Weniger weise Menschen hingegen sind mühsamer, denn Halbweisheit bildet eine Barriere. Dumme Personen sind offen. Daher kann sofort Harmonie hergestellt werden. Es ist deshalb nicht verwunderlich, dass häufig zwei Personen zu harmonischen und guten Freunden werden, die in ihrer Entwicklung so unterschiedlich sind, dass wir nicht verstehen, wie das möglich sein kann. Meist stellen wir dann fest, dass dies der Grund dafür ist. Doch wie ich bereits sagte, muss die Verbindung eine Wechselwirkung haben, weise oder dumm. Und egal wie achtsam und weise eine Person auch sein mag, das Denken und die Weisheit dieser Person können durch eine solche Verbindung überschattet werden. Vielleicht kann die Wolke mit der Zeit aufgelöst werden, doch sie kann das Licht der Sonne abdunkeln. Die Wolke ist viel kleiner als die Sonne, und doch kann sie die ganze Sonne vor unserem Blick verdecken. Der Einfluss eines niederträchtigen Menschen kann das Licht einer guten Person verhüllen, und das kann so bleiben, bis die Wolken aufgelöst wurden.

Frage: Hinterlassen wir unseren Eindruck auf Haushunde und beschleunigt das die Entwicklung des Hundes?

Antwort: Ja, das tut es sicherlich. Ich habe allerdings so meine Zweifel, was unsere eigene Entwicklung betrifft.

DER MAGNETISMUS VON WESEN UND DINGEN

Immer wenn wir etwas zubereiten, geben wir nicht nur unseren eigenen Magnetismus hinein, sogar die Stimme der eigenen Seele erklingt in dem, was wir zubereiten. Für intuitive Menschen ist es zum Beispiel nicht schwer, in den Speisen, die ihnen gebracht werden, die Gedanken des Kochs oder der Köchin wahrzunehmen. Es geht dabei nicht nur um die Entwicklungsstufe, auf der der Koch oder die Köchin ist, vielmehr wird darin auch das wiedergegeben, was sie zu diesem bestimmten Zeitpunkt denken. Ob die Köchin beim Kochen gereizt ist, ob der Koch nörgelt und stöhnt, ob die Köchin unglücklich und niedergeschlagen ist – alles wird mit in das Essen gekocht, das uns vorgesetzt wird. Das Wissen um diese Tatsache veranlasste die Hindus dazu, nur Brahmanen aus der höchsten Kaste als Köche zu engagieren, deren Entwicklung fortgeschritten, deren Leben rein und deren Gedanken erhaben waren. Nur solche Menschen wurden als Köche ausgewählt. Diesen Brauch gab es nicht nur in der Vergangenheit, es gibt ihn auch heute noch. Brahmanen, die manchmal die Gurus, die Lehrer anderer Kasten sind, sind auch Köche. Außerdem wurden im Altertum, als die Psychologie des Menschen bei allem, was man tat, sehr genau in Betracht gezogen wurde, alle Menschen, unabhängig von ihrem Rang oder ihrer Position, darin ausgebildet, für sich selbst und ihre Freunde zu kochen und Speisen zuzubereiten. Und Menschen, die in ihrem Haus Verwandte oder Freunde dazu einluden, eigenhändig zubereitete Speisen zu sich zu nehmen, zeigten ihnen damit ihre große Wertschätzung und Zuneigung. Es ging dabei nicht um das Essen, sondern um die Gedanken, die mit hineingegeben wurden.

Heute scheint das Leben viele psychologische Gesichtspunkte zu vernachlässigen. Aber sowohl im Osten wie im Westen gab es eine Zeit, in der jedes kleine Mädchen Kleidung stricken und weben konnte, und es war üblich, seinen Brüdern, Schwestern, Geliebten oder Verwandten etwas Selbstgemachtes zu geben. Jetzt können wir es leicht im Laden kaufen, doch niemand weiß, wer es wie hergestellt hat – ob widerwillig oder mürrisch oder wie auch immer. Besonders derzeit, wo die Arbeiter in

Aufruhr sind, stellt sich die Frage, was sie in das Werkstück, das sie für uns hergestellt haben, eingebracht haben.

Wenn wir für eine geliebte Person etwas nähen, wird jeder Stich ganz natürlich von einem Gedanken begleitet. Und wenn es mit Liebe und Zuneigung geschieht, wird jeder Stich ständig von Gedanken begleitet, die die lebendige Idee des Liebe-Schenkens abrunden, jener großen inneren Unterstützung, die jede Seele braucht.

Aber auch die Wagen, die gebaut werden, die Waggons und Schiffe, deren Benutzung selbst schon eine Gefahr für das menschliche Leben darstellt, von wem werden sie hergestellt? Kennen wir den Gemütszustand der Erbauer der Titanic? Gab es einen Friedensstifter, der ihnen beibrachte, während der Herstellung einen bestimmten Rhythmus des Geistes einzuhalten? Alles, was hergestellt wird, birgt magische Einflüsse in sich. Wird es mit Gedanken gebaut, die seinem Verwendungszweck völlig entgegengesetzt sind, bedeutet das nur Gefahren, die auf das Schiff, den Zug, das Fahrzeug oder Auto warten. Wie oft sehen wir ein Schiff ohne ersichtlichen Grund in Seenot geraten, weil irgendetwas ohne triftigen Grund kaputtgeht? Grund dafür sind destruktive Gedanken, die bei seiner Herstellung mit einflossen, die durch es hindurch weiter wirken und lebendiger sind als das Objekt selbst. Das Gleiche gilt, wenn ein Haus gebaut wird. Welche Gedanken wurden durch den Bauherrn und denjenigen, die an ihm bauten, mit eingebracht? Alles zählt. Kurz gesagt, wir erkennen daran, dass an allen Dingen, die entweder durch einen Einzelmenschen oder eine Gemeinschaft hergestellt wurden, Gedanken hängen, die entsprechend wirken.

Gott ist in allen Dingen, aber das Objekt ist das Werkzeug, und der Mensch ist das Leben selbst. Der Mensch haucht dem Objekt Leben ein. Zu der Zeit, in der etwas hergestellt wird, gibt die Person Leben hinein, das in ihm fortbesteht wie der Atem im Körper.

Dies ist auch ein Hinweis darauf, dass, wenn wir Blumen mit heilsamen Gedanken zu Patienten bringen, die Blumen die Idee der Heilung in sich tragen. Wenn die Patienten die Blumen dann anschauen, bekommen sie durch die Blumen die Heilenergie, die in sie hineingegeben wurde. Dies bedeutet für alles, was wir Freunden mit liebevollen Gedanken bringen, wie Lebensmittel oder Süßigkeiten, dass ihre Verwendung harmonisierend und glückbringend wirken wird. Jede Kleinigkeit, die in Liebe und mit harmonischem und wohlwollendem Denken gegeben und empfangen wird, hat deshalb einen größeren Wert als die Sache selbst. Es geht dabei nämlich nicht um das Objekt, sondern um das, was dahintersteht. Lehrt uns das nicht, dass es nicht darum geht, Dinge in unserem Leben zu tun und herzustellen, sondern darum, sowohl in die Dinge als auch in unsere Lebensführung harmonische und konstruktive Gedanken zu weben, um unser Wirken tausend Mal wirkungsvoller und wertvoller werden zu lassen?

Es lehrt uns auch, dass wir Großes erreichen könnten, wenn wir kleine Dinge mit dieser Einstellung dahinter tun würden: dass wir einen Gegenstand nicht nur herstellen, sondern ihn auch lebendig werden lassen. Eröffnet uns das nicht ein weites Wirkungsfeld, das wir ohne großen Aufwand und leicht bewältigen könnten? Im Resultat könnte diese Arbeit von weitaus größerer Bedeutung sein, als wir es uns vorstellen können. Ist es nicht auch ein großer Segen, etwas bedeutungsvoller zu machen, ohne dabei etwas vortäuschen zu müssen? Schon beim Schreiben eines Briefes geben wir Menschen manchmal etwas in den Brief, das Worte nicht erklären können, und doch vermittelt er es. Es kann ein Wort sein, das mit lebendigen Gedanken geschrieben wurde, und dieses Wort wird eine größere Wirkung haben als tausend Seiten. Fühlen wir nicht jedes Mal, dass ein Brief spricht? Nicht immer ist es das, was darin geschrieben steht. Er bringt uns die Person nahe, ihre Stimmung, ihren Entwicklungsstand, ihre Freude, ihren Unmut, ihr Glück oder ihre Trauer. Ein Brief vermittelt mehr als das, was in ihm geschrieben steht.

Die großen Seelen kamen zu verschiedenen Zeiten auf die Erde. Die Umstände stellten sich gegen sie, und sie begegneten bei jedem Schritt Hindernissen, das zu tun, wofür sie gekommen waren. Und doch haben sie eine Stimme in die Welt gebracht, eine lebendige Stimme. Diese Stimme blieb lange, nachdem sie gegangen waren, erhalten, verbreitete sich mit der Zeit im ganzen Universum und vollendete das, was sie sich einst gewünscht hatten: diese eine Idee, deren Wirkung vielleicht Jahrhunderte brauchte, um etwas aufzubauen – etwas höchst wertvolles, jenseits des menschlichen Verstehens.

Wenn wir wüssten, was Geist ist, könnten wir die Menschen viel mehr achten, als wir es jetzt tun. Wir vertrauen anderen so wenig, wir glauben so wenig an sie, respektieren sie so wenig und schätzen ihre Möglichkeiten so gering ein. Wenn wir nur wüssten, was hinter jeder starken oder schwachen Seele steckt, wüssten wir, dass alle Möglichkeiten offen sind, und wir würden nie wieder andere unterschätzen oder trotz all ihrer möglichen Schwächen keinen Respekt vor ihnen haben. Wir würden erkennen, dass es der Schöpfer ist, der durch all die verschiedenen Formen erschafft. Doch es ist ein und derselbe Schöpfer, und alles wird durch dieses Eine Sein, das durch diese Welt der Vielfalt wirkt, produziert, zubereitet, hergestellt und komponiert.

***

Frage: Kann man, wie die Astrologen behaupten, wirklich für ein Haus oder Ähnliches ein Horoskop aufstellen? Dann wäre der Geisteszustand der Erbauer nur eine Konsequenz der Sterne.

Antwort: Diese spezielle Ansprache, die ich gerade gab, steht im Gegensatz zu dieser Idee, denn sie zeigt die Kraft des Geistes, die Kraft des Denkens. Sobald wir die Astrologie betrachten, ist die Gedankenkraft vergessen und die Welt wird in eine Maschine verwandelt. Aber bitte machen Sie nicht den Fehler und glauben, dass Murshid, weil er das sagt, gegen Astrologie ist, denn vielleicht werden Sie mich ein anderes Mal hören, wie ich die Astrologie verteidige.

Frage: Nimmt der vom Menschen in die Dinge eingebrachte lebendige Einfluss mit der Zeit ab oder bleibt er immer gleich?

Antwort: Seine Lebensdauer richtet sich nach der Intensität, mit der Sie den Ton anschlagen. Sie können das Klavier mit einer gewissen Intensität anschlagen, und der Ton wird entsprechend lange fortdauern; mit weniger Intensität weniger lang. Gleichzeitig kommt es auf die Saite und das Instrument an, das Sie anschlagen. Bei dem einen Instrument erklingt die Saite viel länger, bei einem anderen wird sie bald zur Ruhe kommen. Es geht also um den gewählten Ton und um den Anschlag; die Wirkung ist dementsprechend.

Frage: Müssen wir uns diese an die Dinge gebundenen Gedanken wie eine ihnen gegebene Schwingungsenergie vorstellen?

Antwort: Ich würde sie Lebenskraft nennen; um sie jedoch genauer zu definieren, würde ich sie Schwingungsenergie nennen. Aus mystischer Sicht können Schwingungen in drei Aspekten wahrgenommen werden: hörbar, sichtbar und fühlbar. Wahrnehmbar wofür? Für die Intuition des

Menschen. Meine ich damit nun, dass diejenigen, denen die Intuition fehlt, sie nicht wahrnehmen? Sie nehmen sie auch wahr, aber unbewusst.

Frage: Die Praxis der Hindus, die Einäscherung, betrachtet die Bibel als Verbrechen, als ein Hindernis für menschliche Evolution. Auch fortgeschrittene Wissenschaftler kommen zu dem Schluss, dass Einäscherung die Evolution durch Zerstörung bestimmter Zellen behindert, weil dadurch mit der Zeit die Evolution der Materie zerstört wird. Wer hat recht?

Antwort: Zunächst einmal habe ich das noch nicht gelesen. Es mag in der Bibel einen Grund gegen die Einäscherung geben, aber ich habe ihn noch nicht gelesen, also weiß ich nicht, ob die Bibel dagegen ist. Die Wissenschaftler beginnen das zu unterstützen. Ich möchte meine persönliche Vorstellung davon, jenseits der Bibel, darlegen. Hindus, Wissenschaftler und so weiter waren der Meinung, dass die Einäscherung einen Vorteil habe, und sprachen ihr keinen wissenschaftlichen Nachteil zu. Ich betrachte es so, dass die Menschen schon immer eine Art Horror vor dem Verbrennen hatten. In kalten Ländern versuchen wir natürlich näher ans Feuer heranzurücken, aber in den tropischen Ländern bleibt man ihm fern, außer wenn man Essen kocht. Religiöse Beschreibungen von Qualen wurden schon immer mit Feuer dargestellt. Sie können auch durch Feuer dargestellt werden, denn es ist eine uns bekannte schreckliche Erfahrung: Wir wissen, was wir fühlen, wenn wir uns am Feuer verbrannt haben, wie schmerzhaft das ist. Auch die Schmerzen und Qualen durch eine Wunde können mit Feuer verglichen werden. Ich will damit nicht sagen, dass es nicht gut für jemanden sein kann, sich sozusagen durch den schlimmsten Feind, das Feuer, zu reinigen, denn wer weiß, wie man die Dinge nutzt, kann von allem profitieren, selbst von der schlimmsten Sache der Welt. Für durchschnittliche Menschen kann ich mir jedoch vorstellen, dass ihnen allein der Gedanke einen großen Schrecken einjagen würde, dass dieser Körper, den wir das ganze Leben über geliebt haben, durch Feuer verbrannt werden soll. Selbst wenn der Körper die Torturen vielleicht nicht erlebt, so würde doch der verbleibende Teil des Wesens dieser Menschen schon beim Gedanken daran einen schrecklichen Schock erfahren.

Es gibt noch eine andere Sichtweise, nämlich diejenige, wenn Jesus Christus sagt: „Gebt dem Kaiser, was dem Kaiser gehört und Gott, was Gott gehört."[1] Wir sollen alles seinem Ursprung zurückgeben. Feuer ist

1 Siehe Markusevangelium 12:17

für uns Hitze und geht in die Welt der Hitze ein. Der Anteil der Luft geht nach dem Tod von allein in das Luftelement über. Das Bewusstsein der höchsten Ebenen geht in die Ebene ein, wohin es gehört. Was bleibt, ist dieser Körper aus dem Lehm der Erde, von ihm sagt Omar Khayyam[2]: Wenn er in den Armen der Erde versinkt, kehrt alles, was die Seele sich während ihrer Manifestation geliehen hat, zurück zu seinem Ursprung. Es ist also natürlich, dass der physische Körper der Erde gehört. Und wenn er der Erde zurückgegeben wird, ist es, als würde man das Kind in die Arme der Mutter geben. Mir scheint dies ein ganz natürlicher Prozess zu sein. Vielleicht spricht auch vieles dagegen, aber es scheint ein sehr harmonischer Gedanke zu sein.

2 Omar Khayyam, Der Rubaiyyat, 44-45

DER EINFLUSS VON KUNSTWERKEN

In Kunstwerken liegt neben all der Geschicklichkeit, mit der sie gefertigt wurden, und den Ideen, die sie uns vermitteln, eine Emotion, die hinter ihnen steht. Als ich Berlin besuchte, entdeckte ich rund um den Kaiserpalast überall Statuen, Kunstwerke, die Schrecken, Panik und Zerstörung abbildeten. Als ich sie sah, dachte ich: Kein Wunder, dass dies[1] passierte, es wurde schon im Vorfeld erschaffen.

Ein Kunstwerk mag schön aussehen und kann ein hohes Maß an Kunstfertigkeit aufweisen, doch wirkt auch der Geist der Künstler durch es hindurch. So ist die Wirkung des Bildes nicht das, was es nach außen hin vorgibt, sondern was es laut als Stimme seines Herzens verkündet. Wir können in jedem Bild, in jeder Statue, in jeder künstlerischen Gestaltung erkennen, dass in ihr eine Stimme verborgen ist, die ständig vom eigentlichen Zweck spricht, für den diese Kunst geschaffen wurde. Manchmal sind sich die Künstler nicht bewusst, was sie erschaffen, sie folgen einfach ihrer Fantasie. Dabei arbeiten sie vielleicht sogar gegen ihr eigenes Kunstwerk. Sie können eine Wirkung hervorrufen, die sie weder für sich noch für die Person, für die das Kunstwerk bestimmt ist, gewünscht haben.

Einmal ging ich in einen Tempel. Obwohl der Tempel wunderbar und in seiner Art einzigartig war, konnte ich ihn nicht als schön bezeichnen. Kaum fielen meine Augen auf die Farbgebung und die Bilder, die dort im Mittelpunkt standen, dachte ich überrascht: „Wie konnte ein solcher Tempel so lange halten? Er müsste längst zerstört worden sein." Nicht lange danach hörte ich, dass der Tempel zerstört worden war.[2] Es kann

1 Der Erste Weltkrieg

2 Hazrat Inayat Khan bezieht sich hier aller Wahrscheinlichkeit nach auf einen Besuch in Rudolph Steiners ursprünglichem Goetheanum in Dornach bei Basel, Schweiz. Der ursprüngliche Tempel wurde aus Holz gebaut und enthielt runde Formen und ein geätztes Glasfenster, das Christus an der Seite Luzifers und Ahrimans darstellt, über dessen Symbolik Hazrat Inayat Khan anderswo sagt, dass er sie für destruktiv hielt. Es brannte 1922, kurz nach dem Besuch von Hazrat Inayat Khan, nieder, woraufhin Rudolph Steiner einen Neubau im expressionistischen Stil aus Stahlbeton entwarf, der noch heute steht.

Gesamtwerk von Pir-o-Murshid Hazrat Inayat Khan, 1924, Band II, S. 217.

davon ausgegangen werden, dass der Erbauer des Tempels so sehr in sein Konzept vertieft war, auf dem sein Plan beruhte, dass er nicht mehr auf die Ausgewogenheit in seiner Theorie achtete – was schließlich zum Scheitern führte.

Einst nahm mich eine Freundin mit, um mir die Fotos zu zeigen, die ihr Mann gemacht hatte. Kaum hatte ich sie gesehen, wurde mir die ganze Geschichte dieses Menschen offenbar – wie seine Seele durch das Leben gegangen war, die Qualen, die sie durchlitten hatte. Es war alles in den Bildern ausgedrückt. Und in welchem Zustand war der Besitzer gewesen? Nichts als Trauer und Depressionen.

So ist es auch bei der Poesie. Bei den Hindus gibt es eine Psychologie der Dichtkunst, die Dichtern beigebracht wurde, bevor sie Gedichte schreiben durften, denn es geht nicht nur um den Rhythmus und die Bewegungen des Gemüts und des Denkens, die ausgedrückt werden sollen. Poesie zu schreiben bedeutet vielmehr, etwas zu konstruieren, etwas zu erschaffen, etwas zu verdeutlichen. Bisweilen hat Poesie Auswirkungen auf den Erfolg oder Niedergang großer Menschen, zu deren Lobpreis die Dichtung geschaffen wurde. Eine ganze Wissenschaft ist damit verbunden. Wir können in der Dichtkunst eine Persönlichkeit hoch loben, und doch können die Formulierungen und die Gedanken dahinter belastend sein. Sie schaden nicht nur der Person, für die sie gedacht waren, sondern fallen manchmal, wenn diese Persönlichkeit stark ist, auch auf den Dichter zurück und zerstören ihn für immer.

Das Gleiche gilt für die Musik. Es ist sehr schön für Musiker, eine Art Fantasie auszudrücken, z. B. wie die Flut kam und die Stadt mit allen, die dort lebten, versank. Für den Augenblick mag es für die Musiker ein Spaß, eine bizarre Vorstellung sein, doch sie zeigt ihre Wirkung.[3] Es ist höchst interessant, dass durch Kunst, Poesie, Musik oder durch tänzerische Bewegungen ein Gedanke, ein Gefühl gebildet wird, deren Wirkung das Resultat dieser ganzen Aktion ist. Die Kunst ist sozusagen die Verkleidung.

Wie wunderbar ist es, zu entdecken, dass Kunst in all ihren Facetten etwas Lebendiges ist, das entweder Gutes oder Böses ausdrückt. Sie ist

3 Claude Debussy komponierte zwischen Dezember 1909 und Februar 1910 ein Buch mit zwölf Präludien. „La Cathédrale engloutie“ (Die versunkene Kathedrale) war die zehnte dieser Präludien und basierte auf der Legende vom versunkenen Land Ys. Da das Buch der Präludien im Februar 1910 veröffentlicht wurde, könnte das zehnte Präludium im Januar 1910 oder davor komponiert worden sein, wobei Debussys Heimatstadt Paris in diesem Monat eine katastrophale Flut erlebte.

jedoch nicht ohne Bedeutung. Die Fresken an den alten Häusern in Italien und die Bildhauerei der Antike erzählen uns beinahe die vorausgegangene Geschichte. Sie erzählen uns von denen, die sie geschaffen haben, von ihrem Entwicklungsstand, ihren Vorstellungen, ihrer Seele und dem Geist jener Zeit. Das lehrt uns, dass unser Denken und Fühlen unbewusst auf alle Dinge übertragen wird, die wir gebrauchen – einen Ort, einen Stein, einen Baum, einen Sessel, auf Dinge, die wir zubereiten – in der Kunst jedoch vollenden die Künstler die Musik ihrer Seele, ihres Geistes. Das geschieht nicht automatisch; es ist eine bewusste Anstrengung, die meist eine ganz bestimmte Wirkung erzielt. Dies verdeutlicht, dass es nicht genug, nicht ausreichend für uns ist, eine Kunst zu erlernen oder auszuüben; um die Kunst zu vollenden, müssen wir ihre Psychologie verstehen, wodurch wir den Zweck unseres Lebens verwirklichen.

* * *

Frage: Werden die Künstler denn nun keine Angst haben, etwas Schlechtes zu bewirken?

Antwort: Es wäre besser, die Künstler hätten Angst, damit sie vorsichtig sind. Ja, und wenn sie etwas nicht wissen, werden sie versuchen, es zu lernen. Eines Tages war ich sehr belustigt. Eine Person brachte mir eine Schallplatte und machte sich die Mühe, mir ihre Musik zu erläutern. Ich sollte sie verstehen. Das war so interessant, dass ich die Person bitten musste: „Bitte, spielen Sie mir etwas anderes." In Abwesenheit des Magiers kam der Schüler zur Arbeit und rief die Wasserkräfte, und er konnte die Flut nicht aufhalten. Danach kam der Lehrer und stoppte die Flut.[4] Diese Idee war auf der Scheibe. Ich sagte: „Das ist eine schöne Idee, aber bitte spielen Sie sie nicht ab." Es ist sehr einfach, eine malerische Idee zu genießen, aber wir vergessen dabei, dass es nicht nur die Idee ist, sondern auch deren Folgen. Ist diese Idee konstruktiv oder destruktiv?

Auf den Schiffen, besonders im Kanal[5] von Le Havre, gibt es eine Neuerung. Das Erste, was wir in der Kabine sehen, ist das Bild einer Person, die ertrinkt. Das ist das erste Omen, das wir zu Gesicht bekommen. Natürlich können wir sagen, dass es lehrreich ist, nur psychologisch gesehen ist es

---

4 „Der Zauberlehrling" basiert auf einem Gedicht von Johann Wolfgang von Goethe und wurde 1897 vom französischen Komponisten Paul Dukas vertont.

5 „Kanal" bezieht sich auf den Ärmelkanal.

nicht hilfreich. Sollte ein solcher Hinweis erforderlich sein, hätten sie das Bild später verteilen sollen, dann wäre es von Nutzen. Ein Schiff sinkt nicht sofort nach dem Start. Selbst wenn niemand ertrinken würde, ist dieser Eindruck kein guter Eindruck.

Frage: Ist es nicht unklug, einen Schulungsraum oder eine Kapelle mit Todesszenen auch von Heiligen und Meistern zu füllen?

Antwort: Es ist mehr als unklug. Ich würde gern ein anderes Wort dafür verwenden, besonders wenn es in Verbindung mit Heiligen und Meistern steht, die nie sterben.

Frage: Wie lernen wir die innere Bedeutung eines bestimmten Musikstücks kennen?

Antwort: Wenn Sie „Die Seele, woher und wohin"[6] gelesen haben, fangen Sie an zu fühlen, dass in jeder Ebene die Hülle dieser bestimmten Ebene notwendig ist, um das Leben darin zu erfahren; so ist Musik eine Welt, Poesie eine Welt und Kunst eine Welt. Jene, die in der Welt der Kunst leben, schätzen Kunst. Und jene, die in der Welt der Musik leben, kennen die Musik, sie leben in ihr. Um Einsicht in die Musik zu bekommen, müssen wir in ihr leben und sie sehr genau studieren. Anders gesagt, reicht es nicht, musikalisch zu sein und Herz und Seele mit Musik zu beschäftigen, wir müssen auch unsere Intuition entwickeln, um Musik sehr klar zu erkennen.

Frage: Ist es so, dass Drama und tragische Poesie mehr Schaden anrichten als ...?

Antwort: Sie geben uns tiefen Einblick in das Leben ... Das Lesen oder Hören von Werken von Shakespeare und Dante, das Hören von Beethoven tut uns weh. Es gibt viele Dinge, die uns wehtun; doch viele Dinge, die uns schmerzen, sind auch sehr interessant. Außerdem gibt es Gemüter, die durch nichts stärker angezogen werden als von Tragik. Das ist natürlich, denn es ist eine Wunde, und diese Wunde fühlt sich im Augenblick lebendig an; ein Gefühl, das womöglich angenehm ist. Es mag Schmerz genannt werden, doch wenn die Wunde gekratzt wird, ist es ein annehm-

6 „Die Seele, woher und wohin" ist in: Die Sufi-Botschaft von Hazrat Inayat Khan, Centennial Edition, Band I, 2018: „Das innere Leben" enthalten.

barer Schmerz. Tragödie hat diese Wirkung. Natürlich ist zu viel Tragödie für niemanden von Vorteil; ein künstlerischer Geist jedoch, ein Mensch, der Poesie liebt, findet in der Tragödie so einiges. Wir würden uns einer großen Freude berauben, wenn wir Shakespeare nicht lesen würden. Schreiben Menschen jedoch Poesie in Bezug auf Personen, einen König, einen Herrscher oder Ähnliches, hat dies einen unmittelbaren Effekt. Die Dichtung von Shakespeare ist allgemein gehalten, jedes Stück hat eine Wirkung – sogar eine sehr ernsthafte Wirkung. Es kommt auf den psychologischen Blickwinkel an. Ich möchte nicht sagen, es ist Sufismus, auch wenn Sufis sehr poetisch sind und ihre Leidenschaft für Poesie manchmal sehr weit geht. Doch selbst diese Dichtung hat keine gute Wirkung auf die Seele; aus psychologischer Sicht ist es nicht passend.

Frage: Hängt am Ende die Idee von Schönheit und Hässlichkeit von der konstruktiven oder destruktiven Natur des Kunstwerks ab?

Antwort: Gewiss. Harmonie ist Schönheit und Mangel an Harmonie ist Hässlichkeit. Harmonie ist konstruktiv und Disharmonie ist destruktiv.

Frage: Ist es nicht ein großer Fehler der modernen Künstler, irdische Dinge zum Thema zu machen, anstatt, wie Wagner[1] es ausdrückt … zu erschaffen, indem wir die höheren Welten nachahmen?

Antwort: Nun, wenn sie sie erreichen würden, würden sie das auch heute tun. Die Voraussetzung dafür ist, sie zu erreichen. Es ist heute der gleiche alte Wein wie früher. Die Frage ist, ob wir, wenn wir ihn trinken, die gleiche Trunkenheit erleben, wie es die Menschen früher taten. Wenn Menschen erdhafter werden, ist nicht der Himmel dafür verantwortlich. Die Vergangenheit enthielt keine Glückseligkeit, die in der Gegenwart nicht zu finden wäre. Die kostbarste Glückseligkeit ist ewig, sie ist immer da. Es liegt an uns, uns bereit zu machen, sie zu erlangen.

1 Richard Wagner: Deutscher Komponist (1813-1883)

DAS LEBEN DER GEDANKEN

Gott ist allwissend, allmächtig und alles durchdringend, das Einzige Sein. Dies weist uns darauf hin, dass das Absolute ein lebendiges Wesen, das einzige Wesen ist; dass es so etwas wie den Tod nicht gibt, dass es so etwas wie ein Ende nicht gibt; dass jedes Ding, jedes Wesen, jedes Teilchen durchgängig fortbesteht, weil das Leben ständig weitergeht. Ende oder Tod sind nur Veränderung. Jedem Gedanken, der einmal den Geist berührt hat, jedem Gefühl, das einmal das Herz durchdrungen hat, jedem Wort, das einmal gesprochen und vielleicht nie mehr gedacht wurde, jeder Handlung, die einmal getan und vergessen wurde, wurde demnach Leben geschenkt, und von da an leben sie immer weiter. Es ist wie bei einer Reisenden, die umherwandert und dabei unterwegs einige Samen aus ihrer Hand auf den Boden wirft. Wenn die Pflanzen schließlich an dieser Stelle wachsen, wird die Reisende sie nie zu Gesicht bekommen – sie hat sie nur dorthin gesät. Die Erde hat sie aufgenommen, das Wasser hat sie ernährt, die Sonne hat sie wachsen lassen, und die Luft hat ihnen geholfen zu gedeihen.

Dieses Leben ist eine Wohnstatt und darin ist alles enthalten – Gedanke, Wort, Handlung oder Gefühl. Einmal geboren, werden sie gepflegt, an- und aufgezogen und fruchtbar gemacht. Kaum jemand glaubt, dass es so ist. Wir denken: „Etwas wurde ausgesprochen und ist vergangen.“ Wir denken: „Es wurde getan und damit ist es erledigt.“ Wir denken: „Es wurde gefühlt und jetzt ist es nicht mehr da.“ Doch es wandelt sich nur – ein Wandel, dessen wir uns bewusst sind. Wir wissen von etwas, und sobald wir es nicht mehr wahrnehmen können, denken wir, dass es weg ist. Doch es ist noch da; es bleibt und folgt seinem Weg, denn es ist lebendig. In allem ist Leben, und es ist dieses Leben, das lebt; und wenn alles Leben ist, gibt es auch keinen Tod.

Zweifellos sind Geburt und Tod, Anfang und Ende, Namen für verschiedene Aspekte des selbsttätigen Wirkens des gesamten Universums. Dieses automatische Funktionieren erweckt in uns die Vorstellung, dass etwas anfängt und endet. Wenn Sie eine Glocke anschlagen, dauert dies nur einen Moment, doch die Resonanz klingt nach. Wir wissen von ihr, solange sie hörbar ist; sie geht jedoch weiter, auch wenn wir sie nicht mehr hören.

Sie lebt. Sie existiert irgendwo und dauert an. Wenn ein kleiner Kieselstein, der ins Meer geworfen wird, das Wasser bewegt, halten wir selten inne und denken darüber nach, in welchem Ausmaß sich die Schwingung auf das Meer auswirkt. Was wir sehen, sind kleine Wellen und Kreise, die der Kiesel vor uns erzeugt und die wir sehen, doch die entstandene Schwingung im Meer geht viel weiter, als wir uns das je vorstellen könnten.

Was wir Raum nennen, ist eine noch viel feinere Welt. Wenn wir ihn als Meer bezeichnen, ist es ein Meer aus feinster Flüssigkeit. Wenn wir ihn Land nennen, ist er ein unvergleichlich viel fruchtbareres Land als alles Land, als jeder Boden, den wir kennen. Er nimmt alles auf und lässt es wachsen und gedeihen. Er erlaubt dem zu wachsen, was unsere Augen nicht sehen und unsere Ohren nicht hören. Macht uns diese Vorstellung nicht verantwortlich für jede Bewegung, die wir tun, jeden Gedanken, den wir denken, jedes Gefühl, das unser Herz durchläuft? Kein Augenblick unseres Lebens geht je verloren. Wenn wir nur wüssten, wie wir unsere Aktivität hier nutzen können, unsere Gedanken lenken, wie wir jeden Augenblick in Worten ausdrücken, durch unsere Bewegungen fördern und ihn fühlen können, damit er seine eigene Atmosphäre erschafft. Was für eine Verantwortung! Diese Verantwortung hat jede und jeder Einzelne und sie ist größer als die eines Königs oder einer Königin. Offensichtlich haben wir alle ein eigenes Königreich, für das wir selbst verantwortlich sind, und dieses Königreich ist in keiner Weise kleiner als jedes uns bekannte Königreich, sondern unvergleichlich viel größer als sämtliche Königreiche der Erde.

Dies lehrt uns, nachdenklich und gewissenhaft zu sein und unsere Verantwortung bei jeder Bewegung zu spüren. Wenn die Menschen dies nicht wahrnehmen, sind sie sich nicht ihrer selbst bewusst und kennen das Geheimnis des Lebens nicht. Sie sind wie Betrunkene, die in der Stadt herumlaufen. Sie wissen nicht, was sie tun, und ob es gut oder schlecht für sie ist.

Jetzt könnten Sie die Frage stellen: „Wie kann ein Gedanke leben, in welcher Weise lebt er? Hat er einen Körper, um zu leben, hat er einen Geist, hat er einen Atem?" Ja. Das Erste, was wir wissen müssen, ist, dass ein Atemzug, der direkt aus der Quelle kommt, sich einen Körper sucht, einen Raum, durch den er sich selbst erhalten kann. Ein Gedanke ist wie ein Körper. Der Atem fließt aus der Quelle als ein Strahl jenes Geistes, der mit der Sonne verglichen werden kann. Das macht den Gedanken zu einer

Wesenheit. Er lebt als ein Wesen. Es sind diese Wesenheiten, die durch den sufischen Begriff *muwakkal* – Elementarwesen – bezeichnet werden. Sie leben, sie haben einen bestimmten Zweck zu erfüllen. Sie erhalten diesen Zweck durch die Menschen, und sie haben die Aufgabe, deren Leben zu lenken.

Stellen Sie sich vor, wie schrecklich das ist: In einem völlig aufgelösten Zustand drückt eine Person Zorn, Leidenschaft oder Hass aus. Auch ein derart geäußertes Wort wird weiterleben und seine Aufgabe ausführen. Es ist, als würde man eine Armee aus Feinden um sich selbst erschaffen. Vielleicht hat der eine Gedanke ein längeres Leben als ein anderer. Es hängt davon ab, welcher Körper ihm gegeben wurde. Je stärker der Körper, desto länger lebt er, je nach der Kraft des Geistes, von dem er ausging.

Elementarwesen werden von Menschen erschaffen. Wenn die Winde aus eigener Kraft blasen und Stürme aufkommen, die alles zerstören, betrachten wir diesen Vorgang als selbstständiges Naturgeschehen. Aber das ist nicht nur ein Naturgeschehen, vielmehr wird es von menschlichen Gefühlen ausgelöst, von sehr intensiven menschlichen Gefühlen. Diese Gefühle verwandeln sich in riesige Lebensformen, die wie eine Energiequelle hinter Stürmen, Fluten und Vulkanen wirken.

Gedanken steuern also zum Beispiel den Regen, der die Barmherzigkeit Gottes auf die Erde bringt. Im Osten wird der Regen als göttliche Barmherzigkeit bezeichnet. Die Sonne scheint, wenn der Himmel klar ist, alle anderen Segnungen der Natur und die reine Luft sind belebend. So werden auch der Frühling, gute Ernten, Früchte, Blumen, Gemüse sowie all die verschiedenen Segnungen, die wir von Erde und Himmel bekommen, durch die Kräfte gelenkt, die hinter unseren Gedanken und Gefühlen stehen. So wie der Dampf durch physikalische Kräfte zum Himmel steigt und, nachdem er sich gesammelt hat, als Regen wieder herabfällt, so stecken auch hinter den Gedanken, Gefühlen und Worten physikalische Kräfte; die gleichen Wirkkräfte lenken auch die mechanischen Bewegungen des Universums. Dies zeigt uns, dass es nicht nur das physikalische Wirken der Natur gibt, sondern dass die unwillkürlich wirkende menschliche Intelligenz das ganze Wirken der Natur steuert. Das gibt uns eine Vorstellung davon, dass die menschliche Verantwortung größer ist als die jedes anderen Wesens auf der Welt. Im Koran lesen wir: „Wir haben unser Vertrauen in die Berge gesetzt, doch sie konnten die Last nicht tragen; so haben wir unser Vertrauen auf die

Bäume gerichtet, doch sie konnten unser Vertrauen nicht auf sich nehmen. Schließlich haben wir unser Vertrauen in die Menschheit gesetzt, und die Menschheit hat es auf sich genommen."[2]

Dieses Vertrauen ist unsere Verantwortung – nicht nur unsere Verantwortung gegenüber den Menschen um uns herum oder denen, die wir in unserem Alltagsleben oder bei unserer Arbeit treffen, oder gegenüber dem, was uns im Leben interessiert, sondern der ganzen Schöpfung gegenüber, damit wir zu dieser Schöpfung etwas Gutes beitragen und erfreuliche Lebensbedingungen in unserer Umgebung, auf der Welt, sowie harmonische Zustände auf dieser Erde schaffen. Wenn wir das tun, kennen wir unsere Verantwortung. Wenn wir uns ihrer nicht bewusst sind, haben wir den Zweck, zu dem wir hier sind, noch nicht erkannt. In der Kindheit weiß das Kind noch nichts. Durch seine Neugierde und Launen zerstört es wertvolle und schöne Dinge. Wenn das Kind erwachsen ist, beginnt die Person, Verantwortung zu übernehmen. Das Gefühl der Verantwortlichkeit ist ein Merkmal von Reife, und wenn eine Seele reift, beginnt sie, ihre Verantwortung zu fühlen. Von diesem Moment an beginnen wir unser Leben. In diesem Moment wird die Seele wiedergeboren. Solange eine Seele nicht wiedergeboren ist, wird sie nicht in das Reich Gottes eingehen.[3] Das Reich Gottes ist hier. Solange wir uns unserer Verantwortung nicht bewusst sind, kennen wir das Reich Gottes nicht. Es ist das Wissen um diese Verantwortung, die den Menschen für das Reich Gottes erweckt und in dem die Geburt der Seele liegt.

Darüber hinaus möchte ich zur Unterstützung dieser Idee den Begriff erwähnen, der für gottbewusste Menschen auf Sanskrit verwendet wird – das Wort heißt Brahma. Brahma bedeutet Schöpfer. Kaum hat eine Seele die Idee erkannt, von der hier gesprochen wurde, so beginnt die Person zu wissen, dass jeder Moment ihres Lebens entweder automatisch oder absichtlich kreativ ist. Wenn wir also für unsere Schöpfung verantwortlich sind, sind wir auch für jeden Moment unseres Lebens verantwortlich, dass nichts verschwendet wird. Wie hilflos und unglücklich unsere Situation auch sein mag, unser Leben ist dennoch nicht vergeblich. Diese kreative Kraft wirkt in jeder Bewegung, die wir tun, in jedem Gedanken, den wir denken, in jedem Gefühl, das wir haben. Wir tun immer etwas. Es gibt noch ein anderes Wort aus dem Sanskrit: *dwija,* was so viel bedeutet

2 Koran 33:72
3 Johannesevangelium 3:5

wie „die Seele, die wiedergeboren wurde". Die Seele wird in dem Moment wiedergeboren, in dem sie dies erkannt hat, denn dann wird das Leben anders wahrgenommen, der eigene Lebensplan, das eigene Handeln verändern sich.

Um noch ein bisschen weiterzugehen: Es gibt Seelen, die manchmal nichts zu tun scheinen, und die Menschen denken: „Ja, das sind wahrscheinlich höchst spirituelle Menschen. Aber was tun sie?" Denn was wir über das Tun wissen, ist, hin- und herzuhetzen, wie unwichtig es auch ist, Hauptsache, etwas wird getan. Doch wenn eine Person gereift ist, so tut sie innerlich etwas, auch wenn sie äußerlich nichts zu tun scheint, und sie kann viel größere Arbeit verrichten als äußerlich wahrnehmbar ist.

Es gibt diese Geschichte von einem *majzub*. Als *majzub* wird eine spirituelle Person bezeichnet, die nicht aktiv in der Welt ist. Viele meinen, dass ein majzub nicht ganz da ist. Im Osten gibt es einige Menschen, die über sie Bescheid wissen, und sie haben große Achtung vor ihnen. Vor einigen Jahrhunderten gab es einen majzub in Kaschmir, und der Maharadscha erlaubte ihm, überall im Palast und im Garten herumzuwandern, wie er wollte. Er erhielt einen ruhigen Ort, wo er wohnen konnte, und von wo aus er in jeden Winkel des Gartens des Maharadschas spazieren ging. Im Kanal des Gartens lag eine Miniaturspielzeugpistole, und manchmal machte es diesem majzub Spaß, mit ihr herumzuspielen. Er nahm die Pistole und drehte sich nach Süden oder Norden und machte dabei alle möglichen Gesten. Und nach diesen Gesten war er ganz entzückt. Es sah aus, als würde er kämpfen, und nach diesen Kämpfen sah es so aus, als wäre er ganz siegreich gewesen. Zu jener Zeit gab der Maharadscha seiner Armee häufig den Befehl, in den Kampf zu ziehen, und sie war jeweils erfolgreich. Manchmal waren die Schlachten vielleicht über viele Jahre nur langsam vorangekommen, ohne dass viel passierte. Doch nachdem der majzub dies getan hatte, waren sie erfolgreich.

Ich habe diese Person selbst in Hyderabad gesehen, einen majzub, dessen Angewohnheit es war, jeden zu beleidigen, der zu ihm kam; die Menschen zu erschrecken und sie so zu beschimpfen, dass sie von ihm weggingen. Ein Mann wagte trotz all der Beschimpfungen, zu ihm zu gehen. Der majzub fragte: „Was willst du?", und der Mann antwortete: „Mein Fall wird in fünf Tagen vor Gericht verhandelt werden. Aber ich habe kein Geld, keine Mittel. Was soll ich tun?" – „Aha, aber sag mir doch, worum es geht? Doch sage mir die Wahrheit." – „Ja!", antwortete der Mann und erzählte alles. Dieser majzub hörte ihm zu und schrieb anschließend auf den Boden: „Dieser Fall scheint keine Grundlage zu haben, deshalb muss er fallen gelassen werden." Dann sagte er: „Geh, es ist erledigt." Der Mann ging zum Gericht. Von der Gegenseite wurden Anwälte über Anwälte aufgeboten; auf seiner Seite war niemand, denn er war ein sehr armer Mann. Der Richter hörte sich den Fall an und schrieb dann dieselben Worte, die dieser majzub geschrieben hatte.

Was bedeutet das? Es erklärt uns nur die Worte, die Christus gesagt hat: „Tritt ein in das Reich Gottes."[4] Jede Seele trägt das Reich Gottes in sich. Sich dieses Geheimnisses des Lebens bewusst zu werden heißt, die Augen für das Reich Gottes zu öffnen, und dann hat alles, was man tut, einen Sinn, es hat einen Einfluss. Es ist nie verloren. Wenn es nicht verwirklicht wird, spielt es keine Rolle, es wird vergeistigt. Nichts ist weg, nichts ist je verloren. Wenn es nicht in dieser Ebene fertiggestellt wird, wird es auf einer anderen Ebene erzeugt, denn jede Aktion erzeugt eine Reaktion. Es bedeutet nur, dass das, was wir tun, in dieser Ebene verwirklicht wird. Wenn es nicht materialisiert wird, wird es sich auf einer anderen Ebene zeigen und von dort aus wieder materialisiert. Das ist alles nur eine Frage der Zeit. Wenn ein Mensch denkt: „Ich habe über ein bestimmtes Thema nachgedacht und nachgedacht, und doch ist es nicht wahr geworden, nicht verwirklicht worden", heißt das, dass die Zeit und die Bedingungen nicht zugelassen haben, dass es sich verwirklicht. Aber es muss verwirklicht werden, und so wird das Thema zurückkommen.

4 Johannesevangelium 3:5

DENKEN UND VORSTELLUNGSKRAFT

Der denkende und fühlende Geist hat fünf verschiedene Aspekte. Der bekannteste Aspekt ist der, den wir Verstand nennen könnten. Mit Verstand wird der Schöpfer von Gedanken, die Schöpferin von Vorstellungen bezeichnet. Der Verstand ist der Boden, auf dem Pflanzen in Form von Gedanken und Vorstellungen wachsen. Sie leben dort, doch während ständig neue Pflanzen auftauchen, sind die früher entstandenen Pflanzen und Bäume den Augen verborgen und nur die neu hervorgebrachten Pflanzen sind uns im Bewusstsein. Dort werden die Gedanken und Vorstellungen auch vergessen – weder denken wir ständig an sie, noch sind sie uns präsent. Wollen wir jedoch finden, was einst gedacht wurde, können wir es im Unterbewusstsein sofort finden, denn es lebt dort. Der Teil, den das Bewusstsein nicht unmittelbar sieht, wird Unterbewusstsein genannt. Er wird Unterbewusstsein genannt, weil das Bewusstsein an der Oberfläche bleibt und uns den Anteil unserer Gedanken und Vorstellungen sichtbar macht, die wir gerade gedacht haben und mit denen wir uns beschäftigen. Dennoch leben Vorstellungen oder Gedanken weiter, nachdem wir sie einmal gedacht haben.

Wir könnten fragen: „In welcher Form existieren sie?" Die Antwort ist: „In der Form, die der Verstand ihnen gegeben hat." Die Seele nimmt in dieser physischen Welt eine Gestalt an, eine Form, die von dieser Welt übernommen wird; genauso nimmt auch der Gedanke eine Gestalt an, die von der Welt des Geistes übernommen wird. Ein klarer Verstand kann daher einem Gedanken einen unverwechselbaren Körper, eine klare Form geben. Ein unklarer Geist erzeugt undeutliche Gedanken. Wir können diese Tatsache an den Träumen erkennen. Die Träume eines klaren Geistes sind klar und deutlich; die Träume von Menschen, deren Geist nicht klar ist, sind verwirrend. Es ist außerdem sehr interessant zu beobachten, dass die Träume von Künstlerinnen, Dichtern und Musikerinnen, die in Schönheit leben und an Schönheit denken, schön sind. Träume von Menschen, deren Geist voller Zweifel und Angst ist, sind von entsprechender Art. Das beweist uns, dass der Verstand dem Gedanken einen Körper gibt. Der Verstand stellt jedem Gedanken eine Form zur Verfügung und in dieser Gestalt ist der Gedanke in der Lage, zu existieren. Die Gedankenform ist nicht nur der Person bekannt, die denkt, sondern auch denen, die diese Gedanken reflektieren, in deren Herzen sie sich widerspiegeln. Es gibt also eine stille Kommunikation zwischen den Menschen: Gedankenformen der einen Person spiegeln sich im Geist einer anderen wider. Diese Gedankenformen sind mächtiger und klarer als Worte. Denn die Sprache ist eingeschränkt – Gedanken haben einen größeren Wirkungskreis.

Jemand fragte mich, wie Elementarwesen aussehen. Ich antwortete: „Elementarwesen sehen genau aus wie Ihre Gedanken." Wenn Sie an Menschen denken, haben die Elementarwesen menschliche Form. Wenn Ihre Gedanken Vögel beinhalten, haben sie die Form von Vögeln. Wenn Sie an Tiere denken, sehen sie wie Tiere aus, denn die Elementarwesen werden durch Ihre Gedanken gestaltet.

Es gibt noch einen weiteren interessanten Aspekt beim Studium der Natur des Geistes: Jeder Geist zieht Gedanken der eigenen Art an und reflektiert sie. So wie ein Bereich der Erde besser für das Wachstum von Blumen, ein anderer Bereich besser für das Wachstum von Früchten geeignet ist, und in wieder einem anderen Bereich der Erde Unkraut wächst. Genauso trifft die Reflexion, die von einem Geist zum anderen stattfindet, nur auf einen Geist, der sie anzieht. Gleiches wird also von Gleichem angezogen. Wenn ein Räuber oder Dieb nach Paris geht, wird er sicherlich dort einen Dieb treffen. Er wird leicht herausfinden, wo der Dieb wohnt. Er wird ihn sofort erkennen, denn der Geist wurde zu einem Gefäß für die gleiche Art von Gedanken. Sobald sich ihre Blicke treffen, findet eine Kommunikation statt, ihre Gedanken sind gleichartig.

Wir können im Alltag erkennen, wie Gleiches Gleiches anzieht. Dem liegt zugrunde, dass der Geist eine bestimmte Wesensart ausgebildet hat, und nur die Gedankenbilder dieser bestimmten Art sind attraktiv für ihn. Für Menschen, die dieses Phänomen im Alltag beobachten, ist das so interessant, dass sie nicht einen Augenblick an dessen Wahrheit zweifeln. Hochgesinnte werden nur übergeordnete Gedanken anziehen. Woher sie auch immer kommen, sie kommen zu ihnen, denn sie werden von diesem Boden, diesem Geist angezogen. Ein gewöhnlicher Geist wird von gewöhnlichen Gedanken angezogen. Zum Beispiel haben diejenigen, die die Gewohnheit haben, Menschen zu kritisieren, großes Interesse daran, ihre Ohren für Kritik zu öffnen, da dies ein Thema ist, das sie interessiert, darin besteht ihr Vergnügen. Sie können der Versuchung nicht widerstehen, Schlechtes von anderen zu hören, denn weil sie es selbst tun, liegt es ihnen am Herzen. Für die Ohren derer, denen solche Gedanken nicht zu eigen sind, sind sie ein fremder Ton. Sie wollen das nicht hören. Ihre Herzen finden daran kein Vergnügen, und sie wollen alles abschütteln, was unharmonisch ist. So ist also die Gedankenwelt unser eigenes Königreich, unser Anwesen; was wir säen, ernten wir. Wir produzieren das, wofür wir unser Anwesen bereitstellen.

Wenn wir nun tiefer in die Metaphysik einsteigen – was formt dann diese Gedankenbilder? Das ist eine sehr subtile Frage. Naturwissenschaftler würden sagen, dass es Gedankenatome gibt, die diese Formen bilden; sie verbinden sich und bilden die Gedankenform. Naturwissenschaftler, die es noch objektiver haben wollen, sagen, dass es im Gehirn kleine Gedankenbilder gibt, genau wie bewegte Bilder. Diese bewegen sich automatisch und gestalten einen Gedanken, den die Person dann erkennt, denn die Menschen sehen nicht weiter, als ihre eigenen Körper reichen. Deshalb wollen sie das ganze Mysterium in ihrem Körper und in der physischen Welt finden. In Wirklichkeit ist das Gehirn nur ein Instrument, um Gedanken klarer zu machen. Gedanken sind größer, weiter, tiefer und höher als das Gehirn.

Ein Gedankenbild wird durch die Eindrücke des Geistes erzeugt. Zweifellos wären die Gedanken nicht klar, wenn der Verstand keine Eindrücke bekäme. Zum Beispiel wird ein blinder Mensch, der noch nie im Leben einen Elefanten gesehen hat, nicht in der Lage sein, sich eine Vorstellung von einem Elefanten zu machen, denn der Verstand dieses Menschen hat keine Form, die er auf Befehl des Willens zusammensetzen kann. Der Verstand muss zuerst etwas kennen, um etwas gestalten zu können. Er ist also ein Lagerhaus aller Formen, die eine Person jemals gesehen hat. Wir könnten fragen: „Kann eine Form dann nicht auf den Geist eines blinden Menschen reflektiert werden?" Doch, aber sie wird unvollständig bleiben. Wird ein Gedanke auf eine blinde Person projiziert, so übernimmt sie die eine Hälfte, doch den Teil, der aus eigenem Antrieb gegeben werden muss, besitzt die blinde Person nicht. Blinde Menschen ergreifen nur die Reflexion, die auf sie projiziert wird, und bekommen daher eine vage Vorstellung von der Sache; sie können sie sich jedoch selbst nicht vollständig klar machen, weil ihr Verstand diese Vorstellung noch nicht gebildet hat.

Die Gedankenform, die der Verstand in sich trägt, wird auf das Gehirn reflektiert und dem inneren Sinn verständlich gemacht. Mit innerem Sinn meine ich den inneren Anteil der fünf Sinne, denn äußerlich sind es diese fünf Organe, die in uns die Vorstellung von fünf Sinnen erwecken. Es gibt nur einen Sinn. Durch die fünf verschiedenen äußeren Organe erfahren wir verschiedene Dinge, und sie vermitteln uns den Anschein, es gebe fünf Sinne.

Es gibt visionäre Menschen, die verschiedene Farben, Gedanken, Vorstellungen und Gefühle wahrnehmen und unterschiedliche Bilder von Gedanken und Gefühlen haben. Natürlich sind dies eher symbolische als tatsächliche Erscheinungsformen. Sie deuten auf Gedanken in Form von Farbe oder Linie hin, dieser symbolische Ausdruck verweist somit auf die dahinterliegende Bedeutung. Sollte es eine natürliche Farbe für einen Gedanken geben, so ist es die Farbe, die das Gemüt ihm zuweist. Sie zeigt das Element, zu dem der Gedanke gehört, ob der Gedanke zum Feuerelement, zum Wasserelement oder zum Erdelement gehört, d.h. es ist das Gefühl, das hinter einem Gedanken steht und das um den Gedanken die Farbe als eine ihn umgebende Atmosphäre erzeugt. Einige hellsichtige Menschen nehmen Gedankenformen als Farbe wahr, welche die Energieschwingung der Gedanken darstellt und ihrem gedanklichen Inhalt entspricht. Doch auch die Form des Gedankens hat eine Wirkung auf Gestalt und Ausdruck des Menschen. Denn ein Gedanke hat eine bestimmte Sprache, die sich als eine Art Schrift manifestiert, die wir gegebenenfalls lesen könnten. Diese Sprache kann im Gesicht und in der Gestalt der Person gelesen werden. Jeder Mensch liest so etwas bis zu einem gewissen Grad, doch es ist schwierig, die Buchstaben, das Alphabet dieser Sprache zu definieren.

Es gibt ein Geheimnis, das eine Tür zur Gedankensprache öffnet, dies sind die Schwingungen und die Richtung, die die Schwingungen nehmen. Ein Gedanke wirkt auf und um die Gestalt einer Person herum und manifestiert sich auf diese Weise für die Augen im sichtbaren Wesen dieser Person. Er verhält sich nach einem bestimmten Gesetz, das seine Wirkung bestimmt, und dies ist das Gesetz der Richtung. Es ist die Richtung der Gedankenschwingungen, die das Bild erzeugt, also die Kräfte, die nach rechts oder links, nach oben oder unten gehen.

Seher und Seherinnen können dieses Bild so deutlich sehen wie einen Schriftzug. Zweifellos ist es für sie nicht notwendig, das aus der sichtbaren Form eines Menschen zu lesen, denn wir könnten keine Sehenden sein, wenn wir nicht offen für die Reflexionen wären, in denen sich jeder Gedanke in uns widerspiegelt und die Dinge noch klarer macht. Außerdem müssen Sehende das Bild des Gedankens in seiner sichtbaren Form nicht sehen, um ihn zu erkennen; den Sehenden wird er durch die Atmosphäre vermittelt. Der Gedanke selbst ruft: „Ich bin dieser Gedanke", was auch immer es ist, denn der Gedanke hat eine Zunge, der Gedanke hat eine Stimme, der Gedanke hat einen Atem, und der Gedanke hat Leben.

* * *

Frage: Was ist Imagination?

Antwort: Imagination ist ein unkontrollierter Gedanke.

Frage: Ist es gut, eine starke Vorstellungskraft zu haben?

Antwort: Ich denke, es ist gut, selbst stark zu sein. Wenn wir Kraft haben, dann ist unsere Vorstellungskraft stark, unser Denken stark, dann sind wir selbst stark. Darüber hinaus bedeutet eine starke Vorstellungskraft eine Kraft, die von uns ausgeht, die allerdings ohne unser Zutun ausstrahlt. Deshalb ist eine starke Vorstellungskraft nicht immer erfolgversprechend. Wünschenswert hingegen ist die Kraft des Denkens. Denn was sind Gedanken? Gedanken sind kontrollierte Vorstellungen.

Frage: Würden Sie genauer erklären, welche Rolle das Gehirn beim Denken spielt?

Antwort: Das Gehirn wird mit einer fotografischen Platte verglichen. Der Gedanke wird auf das Gehirn übertragen, genau wie die Reflexion auf die fotografische Platte. Sie fragen sich vielleicht: „Der eigene oder der Gedanke eines anderen?" Beide. Aber es gibt noch einen anderen Prozess, und dieser Prozess ist, dass ein Gedanke auf der fotografischen Platte entwickelt wird. Und womit wird er entwickelt? Gibt es nicht bestimmte Lösungen, in die die fotografische Platte getaucht werden muss? Ja, und das ist die Intelligenz: Durch die eigene Intelligenz wird sie entwickelt und sichtbar gemacht.

Frage: Ist ein Element dem anderen überlegen? Ist zum Beispiel ein durch das Feuerelement gefärbter Gedanke einem durch ein anderes Element gefärbten überlegen?

Antwort: Nein. Es gibt keine Überlegenheit im Hinblick auf das Element. Die Überlegenheit des Denkens entspricht der Einstellung des Geistes. Zum Beispiel sieht jemand, der auf dem Boden steht, einen Horizont vor sich; das ist die eine Perspektive. Eine andere Person, die auf der Spitze eines Turms steht, schaut von dort aus auf den weiten Horizont, die Perspektive dieser Person ist anders. Gemäß der Perspektive ist der Gedanke überlegen oder untergeordnet. Außerdem kann niemand einen Gedanken, ein Gedankenbild vor sich selbst aufstellen und sagen: „Das ist ein unbedeutender oder übergeordneter Gedanke.“ Ein Gedanke ist keine irdische Münze, die überlegen oder unterlegen ist. Was ihn überlegen oder unterlegen macht, ist das Motiv dahinter.

Frage: Wenn der Gedanke einen Körper hat, ist er dann an einen Ort gebunden oder verbreitet er sich gleichmäßig im ganzen Universum?

Antwort: Das ist eine delikate Frage. Zunächst möchte ich dazu fragen: Ist eine Person in einem Gefängnis, ist ihr Verstand dann immer im Gefängnis oder kann er aus dem Gefängnis heraus noch weiter reichen? Sicherlich kann er das. Es ist der Körper, der sich im Gefängnis befindet. Das Denken kann überall hingelangen.

Nun kann aber ein einmal geschaffener Gedanke Gefangener seines eigenen Ziels oder Motivs, seiner Ursache oder Anwendung in der Umgebung, des Horizonts sein, wo er seine Bestimmung erfüllt. Gleichwohl ist der Gedanke in der Lage, jeden Teil des Universums in einem Augenblick zu erreichen.

Frage: Wie kann man unerwünschte Gedanken zerstören? Muss dies immer von demjenigen getan werden, der sie geschaffen hat?

Antwort: Ja, es ist der Schöpfer des Gedankens, der ihn zerstören muss, doch es liegt nicht in der Macht eines jeden Menschen, ihn zu zerstören. Nur der Geist, der Meisterschaft erreicht hat, der Geist, der erschaffen kann, wie er will, ein solcher Geist kann ihn zerstören.

Frage: Was sind die vorherrschenden Merkmale im Zusammenhang mit den fünf Elementen?

Antwort: Ein Gedanke, der mit irdischem Nutzen verbunden ist, ist sicherlich irdisch. Ein Gedanke der Liebe und Zuneigung stellt das Wasserelement dar und verbreitet Mitgefühl. Ein Gedanke der Rache und Zerstörung, des Schadens und der Verletzung stellt Feuer dar. Ein Gedanke der Begeisterung, des Mutes, der Hoffnung, der Inspiration repräsentiert die Luft. Ein Gedanke des Rückzugs, der Einsamkeit, der Ruhe und des Friedens repräsentiert den Äther.

GEDÄCHTNIS

Das Gedächtnis ist eine mentale Fähigkeit, die genauso ausgeprägt ist wie der Verstand, ein Aufzeichnungsmechanismus, der alles aufzeichnet, was ihm durch einen der fünf Sinne zugetragen wird. Was wir sehen, hören, riechen, berühren oder schmecken, wird in der Erinnerung bewahrt. Manchmal bleiben die Umrisse eines Bildes, ein einmal gesehenes Bild, lebenslang im Gedächtnis, wenn es vollständig von diesem Speicher aufgezeichnet wurde. Im Leben der Welt hören wir täglich viele Worte, doch nur einige der vom Gedächtnis aufgezeichneten Worte bleiben das ganze Leben hindurch so lebendig wie eh und je. So auch die Musik. Sobald wir einmal wunderbare Musik gehört haben und das Gedächtnis sie aufgezeichnet hat, bleibt sie uns für immer und ewig erhalten. Das Instrument des Gedächtnisses ist so lebendig, dass es die Musik jederzeit reproduzieren kann. Es ist alles da. Wir erinnern uns an ein gutes Parfüm, das wir einmal gerochen haben. Auch ein Geschmack bleibt im Gedächtnis, genau wie das Gefühl einer Berührung. Alles ist im Gedächtnis besser bewahrt als in einem Notizbuch, denn da ein Notizbuch tot ist, ist auch alles tot, was darin bewahrt wird. Die Erinnerung jedoch lebt, und so bleibt auch alles, was in ihr aufgezeichnet wird, lebendig; es bleibt ein lebendiger Sinneseindruck.

Eine freudvolle Aufzeichnung des Gedächtnisses ist manchmal so kostbar, dass wir ihr gern diese ganze objektive Welt opfern würden. Einst berührte mich die Begegnung mit einer Witwe sehr, deren Verwandte mich gebeten hatten, mit ihr zu sprechen, damit sie wieder in die Gesellschaft gehen, sich unter die Leute mischen und am Leben teilnehmen würde. Ich ging zu ihr, um sie in dieser Angelegenheit zu beraten, aber als sie mir sanft erzählte: „All die Erfahrungen des Lebens in der Welt, wie angenehm sie auch sein mögen, bereiten mir keine Freude. Meine einzige Freude ist die Erinnerung an meinen Geliebten. Alles andere macht mich unglücklich, andere Dinge machen mich traurig. Glück finde ich nur, wenn ich an meinen Geliebten denke“, – konnte ich kein Wort mehr sagen, um ihre Einstellung zu ändern. Es wäre mir wie eine Sünde vorgekommen, sie ihrer Freude zu berauben. Wäre ihre Erinnerung für sie traurig gewesen, hätte ich ihr anders zugesprochen, doch sie machte sie glücklich, sie war ihr einziges Glück. Ich sah in ihr eine lebende *sati*[1]. So empfand ich große Achtung vor ihr und konnte kein einziges Wort mehr sagen, denn in der Erinnerung finden wir das Geheimnis von Himmel und Hölle, wie Omar Khayyam es in seinem Rubaiyyat ausdrückt: „Der Himmel ist die Vision der erfüllten Sehnsucht. Die Hölle ist der Schatten einer Seele, die brennt."[2] Was sind sie? Wo sind sie? Sie existieren nur im Gedächtnis. Daher ist das Gedächtnis nichts Geringes. Es ist nichts, was sich im Gehirn verbirgt. Es ist lebendig und von solcher Größe, wie es sich ein begrenzter Geist nicht vorstellen kann. Es ist eine Welt für sich.

Dann aber fragen die Leute: „Was bedeutet es, wenn jemand das Gedächtnis verloren hat? Wird das durch eine Störung des Gehirns verursacht?" Zunächst einmal verliert niemand jemals das Gedächtnis. Wir können das Gedächtnis verlieren, aber das Gedächtnis verliert uns nicht, weil das Gedächtnis unser eigenes Wesen ist. Was passiert, ist, dass eine Störung des Gehirns dieses unfähig macht, klar zu sehen, was das Gedächtnis enthält. Wer zu Lebzeiten aufgrund einer Hirnstörung das Gedächtnis verloren hat, besitzt trotzdem ein Gedächtnis. Die Erinnerungen werden nach dem Tod wieder klarer werden. Die Menschen würden ihr Gedächtnis intakt vorfinden, könnten sie sich von ihrem objektiven Wesen lösen. Es ist nur so, dass das Gedächtnis in einem Gehirn, das außer Betrieb ist, nicht funktionieren kann.

Ein gutes Gedächtnis zu haben, ist nicht nur eine gute Sache, es ist Glückseligkeit. Es ist ein Zeichen für Spiritualität, denn es weist darauf hin, dass das Licht der Intelligenz hell brennt und jedes kleinste Teilchen des Gehirns beleuchtet. Ein gutes Gedächtnis ist das Merkmal großer Seelen. Außerdem ist das Gedächtnis die Schatzkammer, in der das eigene Wissen gespeichert ist. Können wir das angesammelte Wissen nicht mehr aus unserem Gedächtnis holen, ist unsere Abhängigkeit von Büchern wenig wert. Wie ich Ihnen einmal erzählt habe, begann mein Murshid sechs Monate, nachdem ich von ihm als sein Schüler aufgenommen worden war, über Metaphysik zu sprechen. Da ich selbst eine metaphysische Neigung besitze, war ich sofort überglücklich. Sie sollten aber wissen, dass ich während dieser sechs Monate niemals ungeduldig war. Ich hatte nie den Wunsch gezeigt, mehr zu erfahren, als ich wissen durfte. Ich war zu den

1 Sati bezieht sich auf die inzwischen aufgegebene und illegale Praxis einer indischen Witwe, die sich auf den Scheiterhaufen ihres verstorbenen Mannes stürzt.
2 Omar Khayyam, Rubaiyyat, 67

Füßen des Meisters sehr zufrieden; das war mein ein und alles. Gleichwohl inspirierte es meinen Geist sehr, von Murshid etwas aus der Metaphysik zu hören. Doch sobald ich mein Notizbuch aus der Tasche genommen hatte, beendete mein Murshid das Thema. Er sagte nichts, aber ich habe an diesem Tag eine Lektion gelernt: Damit meinte er, dass mein Notizbuch nicht der Aufbewahrungsort für mein Wissen sein darf. Es gibt ein lebendiges Notizbuch – meine Erinnerung, ein Notizbuch, das ich das ganze Leben hindurch und noch im Jenseits mit mir führen werde.

Zweifellos schreiben wir Dinge, die die Erde betreffen, immer auf Papier, in Zahlen wie zehn, zwanzig, hundert; Themen, die sich auf die geistige Ordnung der Dinge, auf das göttliche Gesetz beziehen, sind jedoch von weitaus größerer Bedeutung. Ein Notizbuch kann sie nicht aufnehmen, es ist nicht für sie gedacht. Diese Dinge müssen in der Erinnerung aufbewahrt werden. Denn das Gedächtnis ist nicht nur eine Aufzeichnungsmaschine, sondern auch ein fruchtbares Erdreich; was dort niedergelegt wird, ist unablässig schöpferisch tätig und am Werk. Somit wird es dort nicht nur aufbewahrt, es verfolgt dort auch sein Eigeninteresse.

Manchmal wird das Gedächtnis durch heftige Anstrengungen geschwächt. Wenn wir uns bemühen, uns zu erinnern, übt das ganz natürlicherweise Druck aus. Es ist natürlich, sich zu erinnern, auch wenn wir es danach vergessen werden, aus dem einfachen Grund, weil wir die Erinnerung angestrengt haben. Wir dürfen unser Denken nicht stärker unter Druck setzen, als es ihm natürlich ist. Unsere Aufmerksamkeit ist völlig ausreichend. Wir sollten keine Willenskraft einsetzen, um uns an Dinge zu erinnern, und es ist eine falsche Methode, die die Menschen derzeit anwenden, wenn sie behaupten, dass wir unseren Willen bemühen müssen, um uns zu erinnern. Wenn wir wollen, schwächen wir das Gedächtnis. Zudem ist ein Gleichgewicht zwischen Aktivität und Ruhe notwendig.

Erinnerungen gehen nie verloren. Wenn der Verstand aufgeregt ist, verschwimmt allerdings die Erinnerung, denn erst die Stille des Gemüts versetzt uns in die Lage, alles zu erkennen, was das eigene Gedächtnis enthält. Wenn das Gemüt aufgewühlt ist, wenn eine Person nicht ruhig ist, dann ist sie nicht auf natürliche Weise in der Lage, all die Aufzeichnungen zu lesen, die der Gedächtnisspeicher enthält. Es ist nicht wahr, dass das Gedächtnis das, was darin gespeichert ist, verliert. Wir verlieren nur den Rhythmus unseres eigenen Lebens durch Übererregung, Nervosität, Nervenschwäche, Ängstlichkeit, Sorge, Furcht und Verwirrung; auf diese

Weise kommt es zu einer Art Aufruhr im Kopf, und wir können die Dinge, die einmal im Gedächtnis aufgezeichnet wurden, nicht mehr eindeutig finden. Wir sollten also mit dem Erinnerungsvermögen nicht arbeiten, um es klar zu bekommen. Um die Erinnerung deutlich und klar werden zu lassen, gilt es, ruhig, rhythmisch und friedlich zu werden.

* * *

Frage: Werden die Eindrücke während der Zeit, wenn jemand sein Gedächtnis verloren hat, in dieser Zeit für später aufgezeichnet?

Antwort: Nein, denn während dieser Zeit nimmt das Gedächtnis die Geschehnisse nicht aktiv auf.

Frage: Es ist also nicht notwendig, das Gehirn zu benutzen, wenn wir versuchen, uns an etwas zu erinnern? Sind Assoziationen von Ideen nicht hilfreich?

Antwort: Ja, es ist nicht notwendig, das Gehirn zu benutzen, wenn wir versuchen, uns an etwas zu erinnern, denn wenn wir das Gehirn benutzen, belasten wir es nur. Das Gedächtnis steht uns zur Verfügung. Wenn wir etwas wissen wollen, muss es sofort, ohne das Gehirn zu belasten, da sein. Es funktioniert automatisch. Alles, was Sie wünschen, muss es sofort von selbst hervorbringen. Wenn es das nicht tut, stimmt etwas nicht. Assoziationen helfen sicherlich. Es ist, als hätten wir den Gedanken „Pferd“ im Kopf verloren; „Stall“ erinnert uns daran.

Frage: Besteht nicht die Gefahr, sich in Erinnerungen an das, was hinter uns liegt, zu verlieren?

Antwort: Es gibt eine Antwort darauf im Gayan. Dort steht: „Wenn du in der Vergangenheit leben willst, dann träume weiter. Wenn du in der Gegenwart leben möchtest, geh weiter. Aber wenn du die Zukunft vorbereiten willst, musst du alles tun, um sie vorzubereiten.“

Frage: Was kann ein Mensch, der nicht auswendig lernen kann, tun, um diesen Zustand zu verbessern?

Antwort: Wir müssen unseren Geist zur Ruhe bringen. Das ist das Wichtigste, das ist die mentale Herangehensweise, um das Gedächtnis zu verbessern. Eine physische Möglichkeit, das Gedächtnis zu verbessern, besteht jedoch darin, weniger zu essen und normal zu schlafen, nicht zu viel zu arbeiten, sich nicht sehr zu sorgen und alle Ängste und Furcht fernzuhalten.

Frage: Durch welches Medium funktioniert das Gedächtnis nach dem Tod?

Antwort: Der Geist unterscheidet sich deutlich vom Körper, was bedeutet, dass der Geist etwas Eigenständiges ist, das unabhängig vom Körper agiert. Der Geist ist abhängig vom Körper, um die äußeren Wahrnehmungen zu erfassen, die er durch die Sinne erfährt. Doch der Geist ist unabhängig vom Körper, um seine Schätze, die er durch die äußere Welt gesammelt hat, zu bewahren und zu pflegen. Wir sind es gewohnt, alles durch das Medium dieses Körpers zu erleben, sogar unsere Gefühle – was uns für einige Zeit vom Körper abhängig macht. Das bedeutet jedoch nicht, dass wir nicht alles, was den Geist betrifft, auch ohne die Hilfe des Körpers erleben können.

Frage: Ist Intuition eine Hilfe oder ein Aspekt?

Antwort: Sie ist beides, denn alle Aspekte sind eine Hilfe. Intuition ist eine Hilfe, sie ist sogar sehr hilfreich.

Frage: Ich kenne eine Person, die nach einer Überdosis von Drogen fünfzehn Tage lang geschlafen hat und danach ihr Gedächtnis verloren hatte. Was sollte sie tun, um es wiederzuerlangen?

Antwort: Sie muss eine weitere Dosis nehmen.

Frage: Wenn es eine lebendige Erinnerung an etwas aus der Vergangenheit gibt, wie kann man es aus der Aufzeichnung löschen?

Antwort: Das ist das, was wir auf dem Sufiweg lernen. Das ist die Arbeit, die wir durch Konzentration und Kontemplation leisten. Es ist keine leichte Sache. Es ist das Schwierigste, aber auch das Wertvollste, was es gibt. Deshalb halten wir unsere Lehre frei von Spekulationen und Überzeugungen, denn wir glauben an die tatsächliche Arbeit mit unserem Selbst. Was geschieht, wenn ich Ihnen etwas erzählen würde, und am nächsten Tag zweifeln Sie daran und sagen: „Ich verstehe nicht.“ Wenn ich behaupten würde: „Es gibt ein Haus im siebten Himmel und einen Palast im sechsten Himmel“, was ändert das für Sie? Es wird nur Ihre Neugierde befriedigen. Es wird Sie nirgendwo hinführen. Wir erreichen durch Meditation, dass wir aus dem Gedächtnis löschen können, was wir wollen, und was wir behalten wollen, können wir im Gedächtnis behalten. Auf diese Weise können wir unseren Himmel selbst gestalten. Das ganze Geheimnis der Esoterik besteht darin, den Geist zu kontrollieren, indem wir mit ihm arbeiten, wie Künstler auf ihrer Leinwand arbeiten – erschaffen, was immer wir wollen, und löschen, was immer wir wollen. Dadurch erlangen wir jene Meisterschaft, nach der sich unsere Seele sehnt. Das erfüllt den Zweck, für den wir hier sind; so werden wir zu Meistern und Meisterinnen unseres Schicksals. Es geht um Veredelung, um das Ziel, das wir als Ziel des Lebens erkennen.

DER WILLE

Der Wille ist nicht eine Macht, sondern alle Macht, die es gibt. Wenn man mich fragt, wodurch Gott die Welt erschaffen hat, so sage ich: durch den göttlichen Willen. Somit ist das, was wir in uns Willenskraft nennen, in Wirklichkeit eine Gotteskraft. Wenn wir das Wirkungsvermögen dieser Kraft erkennen, wächst sie und erweist sich als das größte Wunder des Lebens. Wenn wir hinter der rätselhaften Erscheinungswelt ein geheimnisvolles Wirken erkennen können, so ist es die Willenskraft; die Willenskraft vollbringt alles, was wir körperlich oder geistig tun. Mit unseren perfekt funktionierenden Händen könnten wir, ohne die Unterstützung der Willenskraft, nicht einmal ein Glas Wasser halten.

Eine Person mag gesund sein, doch ohne Willenskraft ist sie nicht in der Lage zu stehen. Nicht der Körper lässt uns aufrecht stehen, es ist unsere Willenskraft. Nicht die Kraft des Körpers lässt uns umhergehen, es ist die Willenskraft, die unseren Körper hält und in Bewegung setzt. Vögel fliegen daher in Wirklichkeit auch nicht mit den Flügeln, sondern mit Willenskraft. Fische schwimmen nicht mit ihren Körpern, sie schwimmen mit ihrer Willenskraft. Und Menschen, die schwimmen wollen, schwimmen wie ein Fisch. Der Mensch vermag durch Willenskraft Gewaltiges zu erreichen; Erfolg und Misserfolg sind ihre Erscheinungsformen. Nur das Phänomen des Willens führt uns zum Erfolg, und wenn die Willenskraft versagt, versagen wir, wie qualifiziert und intelligent wir auch sein mögen. Sie ist also keine menschliche, sondern eine göttliche Kraft in uns.

Ihre Wirkung auf den Verstand ist noch stärker, denn niemand kann einen Gedanken auch nur für einen Augenblick bewahren, würde die Willenskraft ihn nicht halten. Wenn wir uns nicht konzentrieren, unsere Gedanken nicht für einen Moment stillhalten können, heißt das, dass uns die Willenskraft im Stich lässt, denn nur der Wille hält einen Gedanken fest.

Nun ist die Frage, woraus Willenskraft besteht. Poetisch ausgedrückt, ist Willenskraft Liebe. Metaphysisch gesehen, ist Liebe Willenskraft. Wenn wir also sagen, dass Gott Liebe ist, heißt das eigentlich, dass Gott Wille ist. Denn die Liebe Gottes offenbarte sich erst in Folge der Schöpfung, der Wille Gottes jedoch brachte die Schöpfung hervor. Also ist die Urform der

Liebe der Wille. Wenn wir sagen: „Ich tue es gern", so heißt das: „Ich will es tun." – „Ich will es tun" ist stärker, als es gern tun zu wollen. Die Person, die es liebt, etwas zu tun, sagt eigentlich: „Ich werde es tun."

Der Koran erklärt: „Wir sprachen: ‚Sei', und es wurde."[1] Dies ist ein solch wichtiger Schlüssel zur Erscheinungswelt, zu der sich entwickelnden Welt, zum fortgeschrittenen Denken – es ist der Schlüssel, der zeigt, wie die Welt entstand. Sie entstand als Antwort auf den Willen, der sich selbst im „‚Sei', und es wurde" ausdrückte. Und das ist nicht nur beim Ursprung aller Dinge so. Es betrifft das ganze Sein der Dinge, den gesamten Prozess der Manifestation.

Die Menschen von heute sind bereit, die ganze Schöpfung als Mechanismus anzusehen. Doch wir hören dabei nicht auf, wir überlegen: „Wie kann ein Mechanismus ohne Ingenieur existieren?" Denn was ist ein Mechanismus anderes als der Willensausdruck der Ingenieure, die ihn aus Gründen der Zweckmäßigkeit entwickelt haben? Da wir die Ingenieure aber nicht sehen, sondern nur den Mechanismus, befassen wir uns mit den Gesetzen dieses Mechanismus und vergessen den Ingenieur, auf dessen Befehl hin der ganze Mechanismus läuft. Wie Rumi, der große Vordenker und Philosoph, in seinem Masnavi sagt, erscheinen uns Erde, Wasser, Feuer und Luft als Dinge, als Objekte; für Gott aber sind sie lebendige Wesen. Sie sind Gottes gehorsame Diener und erfüllen den göttlichen Willen.

Ein Teil dieses Willens ist unser göttliches Erbe, und sind wir uns dessen bewusst, nimmt er zu. Sind wir uns seiner nicht bewusst, wird er kleiner. Eine optimistische Lebenseinstellung entwickelt den Willen. Eine pessimistische Einstellung schwächt ihn und raubt ihm seine große Kraft. Wenn es also etwas gibt, das unseren Fortschritt im Leben behindert, dann unser eigenes Ich. Es hat sich erwiesen, dass niemand auf der Welt uns ein schlimmerer Feind sein kann als wir selbst, denn nach jedem Misserfolg stellen wir fest, dass wir uns selbst im Licht gestanden haben.

Die Erde bewahrt einen Samen – was dazu führt, dass eine Pflanze aus ihm sprießt und Frucht trägt. So verhält es sich auch beim Herzen, das den Samen des Denkens in sich bewahrt. Auch ihm entspringt eine Pflanze und bringt die Frucht der Erfüllung hervor. Doch nicht nur der Gedanke ist von großer Bedeutung, sondern auch die Kraft, diesen Gedanken zu halten. Die Fähigkeit des Herzens, einen Gedanken zu bewahren, ist daher

1 Koran 2:117

von höchster Wichtigkeit für die Erfüllung des Lebenszwecks. Oft sagen die Leute: „Ich versuche mein Möglichstes, aber ich kann meinen Geist nicht fokussieren; ich kann meinen Geist nicht zur Ruhe bringen." Die Tatsache ist wahr, aber es ist nicht wahr, dass sie ihr Möglichstes versuchen; das „Möglichste" endet damit nicht. Das Möglichste bringt die Aufgabe unweigerlich zur Vollendung.

Der Verstand ist wie ein unruhiges Pferd. Bringt ein wildes Pferd und spannt es vor eine Kutsche. Das ist für das Pferd eine solch beängstigende Erfahrung, dass es treten, bocken, davonrennen und versuchen wird, den Wagen zu zerstören. In gleicher Weise nimmt der Geist eine Last auf sich, wenn wir ihm auftragen, einen Gedanken aufzunehmen und eine Weile zu halten. Genau dann wird der Geist ruhelos, weil er nicht an Disziplin gewöhnt ist. Oh ja, der Verstand selbst kann einen Gedanken festhalten. Gedanken voller Enttäuschung, Schmerz, Trauer, Sorge oder Misserfolg wird er so fest halten, dass wir dem Geist gar nicht entreißen können, was er von ganz alleine festhält. Doch wenn wir von ihm verlangen, einen bestimmten Gedanken festzuhalten, wird er das nicht tun. Er sagt: „Ich bin nicht Ihr Diener, werter Herr, werte Dame!" Sobald wir unseren Verstand durch Konzentration und Willenskraft gebändigt haben, wird er zu unserem Diener. Und wenn der Verstand erst einmal unser Diener wurde, was können wir uns noch mehr wünschen? Dann haben wir uns die Welt zu eigen gemacht.

Wir sind Könige und Königinnen unseres Königreiches, sobald der Verstand auf uns hört. „Ja, schon", könnte jemand sagen. „Doch warum sollten wir unserem Verstand nicht die Freiheit lassen, so wie wir selbst frei sind?" Der Verstand und wir sind jedoch nicht zwei verschiedene Dinge. Es ist, als würden wir sagen: „Lasst das Pferd und auch den Reiter frei sein." Dann wird das Pferd nach Norden und der Reiter nach Süden gehen. Und was sind wir dann? Wir sind nichts.

Disziplin hat einen Stellenwert im menschlichen Leben. Und Selbstdisziplin, wie schwierig und tyrannisch sie uns auch am Anfang erscheinen mag, ist doch das, was am Ende die Seele zur Meisterin des Selbst macht. Nicht umsonst lebten die Weisen und Adepten ein asketisches Leben. Darin lag ein Sinn. Wir brauchen ihrem Beispiel nicht zu folgen, doch wir sollten verstehen, welchen Nutzen sie daraus zogen, was sie damit erreichten. Es war Selbstdisziplin. Es war die Entwicklung der Willenskraft. Jede Unzulänglichkeit im Leben beruht auf einem Mangel an Willenskraft und aller Segen kommt durch Willenskraft zu uns.

* * *

Frage: Was ist die beste Weise, um Willenskraft systematisch zu entwickeln?

Antwort: Die Willenskraft wird von den Sufis systematisch entwickelt, indem zunächst der Körper geschult wird. Er muss in der Haltung sitzen, die ihm vorgeschrieben wird. Er muss an dem Ort stehen, an dem er aufgefordert wird zu stehen. Der Körper darf durch das, was von ihm gefordert wird, nicht ruhelos, müde oder erschöpft werden. Erst wenn wir beginnen, unseren Körper zu disziplinieren, erkennen wir, wie ungehorsam dieser Körper schon immer gewesen ist. Wir entdecken dann: „Dieser Körper, den ich ‚meinen' oder ‚mich selbst' genannt habe, und für dessen Bequemlichkeit ich alles Erdenkliche getan habe: Ich habe ihm Bequemlichkeit, Ruhe und Nahrung gegeben und meine Augen vor allem anderen verschlossen – dieser Verräter hier scheint höchst treulos und ungehorsam zu sein." Der Körper wird nun durch körperliche Übungen und durch Sitzen, Stehen oder Gehen trainiert. Dabei muss er Dinge tun, die er gewöhnlich nicht tut, doch es dient der Verbesserung des physischen Körpers. Nun folgt die Disziplin des Denkens durch Konzentration. Wenn der Verstand an irgendetwas denkt, und Sie wollen, dass er an das denkt, was Sie sich vorgenommen haben, wird der Verstand unruhig. Er will nicht an einem Platz bleiben, denn er hat sich bislang immer ohne Zügel bewegt. Sobald wir ihn disziplinieren wollen, wird er zum Wildpferd. Menschen erzählen mir häufig, dass sie im Alltag große Schwierigkeiten haben, weil die Gedanken in dem Augenblick, da sie sich konzentrieren wollen, herumspringen oder sich wieder bewegen. Das ist richtig, denn der Verstand ist eine Wesenheit, und er wird dann unruhig und fühlt sich, wie sich ein wildes Pferd fühlt. „Warum sollte ich dir gehorchen?" Unser Verstand sollte jedoch ein folgsamer Diener sein. Unser Körper war dazu gedacht, unser Instrument zu werden, durch das wir das Leben erfahren. Wenn die beiden nicht in Ordnung sind, wenn sie nicht tun, was wir wollen, können wir nicht auf wahres Glück in dieser Welt hoffen.

Frage: Könnten Sie bitte den Unterschied zwischen Konzentration und Stille erklären?

Antwort: Konzentration ist das Festhalten eines bestimmten Gedankens. Stille ist die Entspannung von Geist und Körper. Sie ist Ruhe und Heilung.

Frage: Kann der Wille so stark werden, dass er den Körper vollständig beherrscht und ihn völlig gesund macht? Was ist dann der Tod?

Antwort: Der Tod ist von der Willenskraft nicht unterschieden. Tod und Wille sind dasselbe. Sogar der Tod wird durch Willenskraft verursacht, auch wenn wir denken, dass wir den Tod nicht einladen. Ja, wir laden ihn nicht ein, doch der Puls wird schwach, der höhere Wille überschreibt den schwachen Willen und verwandelt ihn in sich selbst, da dieser ja ohnehin dem größeren Willen angehört. Der kleinere Wille ist dem größeren Willen zu eigen. Die Sufis nennen den kleineren Willen *qadr* und den größeren Willen *qaza'*. Sie schreiben den größeren Willen Gott zu, den kleineren Willen der Menschheit. Der kleinere Wille wird schwach und der größere Wille überträgt sich auf ihn und beherrscht ihn. Der kleinere Wille nimmt unbewusst den größeren Willen an. An der Oberfläche wollen wir immer noch leben, aber am Grunde unseres Willens haben wir aufgegeben. Wenn wir nicht aufgegeben hätten, würden wir nicht sterben. Wir haben uns bereits in die Tiefe zurückgezogen, bevor uns das Leben genommen wird.

Frage: Bitte sagen Sie uns, ob Wille und Bewusstsein grundsätzlich dasselbe sind.

Antwort: Ja, es sind zwei unterschiedliche Ausdrucksformen derselben Sache. Diese Dualität entspringt der Einheit. Es ist Gottes eigenes Wesen, das im Ausdruck Wille ist und in der Antwort Bewusstsein. Anders gesagt, ist es in Aktion Wille und in der Ruhe Bewusstsein. So wie grundsätzlich Klang und Sehen ein und dasselbe sind: In einer Ausprägung sind die gleichen Schwingungen hörbar, in einer anderen erzeugt die Reibung der Schwingungen Licht. Daher sind Wesen und Charakter von Klang und Licht ein und dasselbe. Genauso ist es auch mit Wesen und Charakter von Bewusstsein und Willen; beide gehören grundsätzlich Gottes eigenem Wesen an.

Frage: Wie unterscheiden wir zwischen Konzentrationsübungen und Meditationsübungen?

Antwort: Konzentration ist der Beginn der Meditation, denn Meditation ist das Ziel der Konzentration. Eine fortgeschrittene Form der Konzentration wird Meditation genannt. Die subtilere Form der Konzentration wird Meditation genannt. Meditation ist tief greifender als Konzentration, und sobald die Konzentration ganz verwirklicht ist, wird es sehr einfach zu meditieren.

Frage: Willenskraft scheint nicht von uns selbst abzuhängen, sie wird einigen als Gnade oder Segen geschenkt.

Antwort: Sie hängt nicht von uns ab, wir sind sie. Ohne Zweifel ist sie Gnade und Segen, aber gleichzeitig finden wir sie auch in uns selbst; sie ist unser eigentliches Sein.

Frage: Ist der Wille die positive und Liebe die negative Seite Gottes in der Manifestation?

Antwort: Ja, genau so ist es.

Frage: Werden die Erlöser der Welt also geschaffen, weil geplant ist, den menschlichen Willen in Harmonie mit dem Göttlichen in Einklang zu bringen?

Antwort: Das stimmt. Die wahre Kreuzigung besteht darin, unseren menschlichen Willen dem Göttlichen zu unterwerfen; dieser Kreuzigung folgt die Auferstehung. Zunächst geht es darum, das Wohlgefallen Gottes zu erlangen; wir versuchen es und streben danach. Wenn wir einmal damit begonnen haben, ist es nicht schwer, das Wohlgefallen Gottes zu finden. Nur wenn wir nicht damit beginnen, nach Gottes Wohlgefallen zu streben, wird es schwierig. Vielleicht fragen wir das ganze Leben lang: „Woran erfreut sich Gott?", und erkennen es nicht. Wir können auch einen anderen Weg einschlagen, einen, den die Sufis schon immer eingeschlagen haben: Das Wohlgefallen unserer Mitmenschen zu erstreben. Das ist jedoch genau das, was die Menschen ablehnen. Sie sagen: „Nein, das werde ich nicht tun." Hier verweigern sie sich. Sie sind aber gern bereit, nach dem Wohlgefallen Gottes zu streben. Doch in beiden Fällen, in dem Streben nach dem Wohlgefallen Gottes oder dem der Mitmenschen, streben sie nach ein und demselben, denn meist bedeutet das, damit anzufangen, sich selbst zurückzunehmen. Wenn sie sich unterworfen haben und auf den göttlichen Willen eingestimmt sind, ist es natürlich nicht mehr notwendig, sich zurückzunehmen, denn dann wird ihr Wunsch zum göttlichen Impuls.

Frage: Sind Willenskraft und die Kraft der Seele dasselbe?

Antwort: Ja, sie ist die Kraft der Seele und des eigentlichen Wesens, und sie ist die Kraft von Menschen und von Gott – sie ist alles.

VERNUNFT[1]

Wenn wir das Wort Vernunft analysieren, öffnet sich unserem Denken ein weites Feld. Zunächst einmal haben alle Gutherzigen und alle Bösewichte einen Grund für ihr Tun. Wenn zwei Personen streiten, behaupten beide, dass sie im Recht sind, weil beide einen vernünftigen Grund haben. Für eine dritte Person mag vielleicht der Beweggrund des einen vernünftiger erscheinen als der des anderen; womöglich wird die dritte Person sagen, dass beide keine Veranlassung haben: „Ich selbst habe allen Grund." Alle Meinungsverschiedenheiten, Argumente und Auseinandersetzungen scheinen auf Vernunft zu basieren, und doch ist die Vernunft etwas, das, bevor man sie analysiert hat, nichts anderes als eine Illusion ist, die uns ständig ratlos macht. Diese Ratlosigkeit ist die Ursache aller Disharmonie, aller Meinungsverschiedenheiten. Sie entsteht, weil wir die Beweggründe des anderen nicht verstehen.

Doch was ist die Vernunft? Wo gehört sie hin? Die Vernunft gehört sowohl der Erde als auch dem Himmel an: Ihre Tiefe ist himmlisch, ihre Oberfläche irdisch. Und es ist der mittlere Bereich, der die Kluft zwischen der irdischen Form der Vernunft und der des Himmels überbrückt, der beide vereint. Deshalb kann Vernunft höchst verwirrend, aber auch höchst aufschlussreich sein. In der Sprache der Hindus wird die Vernunft *buddhi* oder *buddh* genannt, woher sich der Titel Gautama Buddha ableitet. Welche Vernunft ist hier gemeint? Die Tiefe der Vernunft; hier geht es um die himmlische Denkweise, doch es gibt auch diese andere Denkweise, die der Erde angehört.

Wenn jemand fragt: „Warum hast du den Kuchen des anderen gegessen?", ist die Antwort vielleicht: „Weil ich Hunger hatte." Das ist ein Beweggrund. Wir brauchen eine andere Denkweise, um zu erkennen: „Aber ich muss den Kuchen einer anderen Person gegessen haben. Auch wenn ich Hunger hatte – es war doch der Kuchen von jemand anderem." Das ist eine völlig andere Denkweise. Glauben Sie, dass Diebe, Räuber

1 Es geht in diesem Kapitel um das englische Wort „reason, reasoning", was mit verschiedenen deutschen Worten übersetzt werden kann und muss, z. B. „Vernunft, Grund, Beweggrund, Motiv, Begründung, Rechtfertigung, Denkweise, Logik, Sichtweise, Sinn, ..."

und große Attentäter keine Rechtfertigung haben? Mitunter haben sie sehr gute Rechtfertigungen, doch ihre Vernunft ist oberflächlich. Diebe könnten ihr Handeln so rechtfertigen: „Was bedeutet es schon für diese reichen Menschen, wenn sie so viel Geld verlieren; hier bin ich, ein armer Mensch, ich könnte es viel besser gebrauchen. Ich habe sie ja nicht um jeden Cent gebracht; ich habe nur so viel genommen, wie ich wollte. Das ist nützlich, denn ich kann damit etwas Gutes tun."

Daneben ist die Vernunft die Dienerin des Gemüts. Wenn wir in der Stimmung sind, jemanden zu loben, bringt der Verstand sofort tausend Dinge hervor, die diese Person gut erscheinen lassen. Wenn das Gemüt jemanden hassen möchte, bringt die Vernunft sofort etwa zwanzig Gründe hervor, warum diese Person hassenswert ist. So sehen wir, wie liebevolle Freunde tausend Dinge finden können, die gut und wunderbar an ihren Freunden sind. Und ein Gegner wird im besten Menschen der Welt tausend Fehler finden, und diese Gegnerschaft hat selbst ihre Gründe. Auf Französisch sagt man: „Sie haben recht."[2] Wir könnten aber auch sagen, dass alle recht haben. Es ist nicht so, dass wir manchmal recht haben; wir haben alle immer recht oder einen Grund. Es kommt nur auf die Art der Begründung an. Kommt sie aus der irdischen Logik, aus der himmlischen Logik oder aus der mittleren Logik – von welchem Standpunkt? Es ist nur natürlich, dass die himmlische Logik der irdischen Logik nicht beipflichtet.

Nun aber kommen wir zum Wesentlichen: Woher bekommen wir Vernunft? Wo lernen wir sie? Irdische Vernunft lernen wir aus irdischen Erfahrungen. Wenn wir mit jemandem streiten, sagen wir, dass dies richtig und jenes falsch sei. Wir haben jedoch erst auf der Erde gelernt, dass dies recht und jenes falsch sei. Für ein neugeborenes Kind, das noch nicht zwischen dem unterscheiden gelernt hat, was wir richtig und falsch nennen, bedeutet das nichts. Das Kind hat noch keine irdische Vernunft angenommen.

Und es gibt die Vernunft, die über die irdische Vernunft hinausgeht. Die Person, die den Kuchen einer anderen aß, hatte einen Grund. Sie war hungrig. Doch es gibt einen übergeordneten Grund, nämlich, dass der Kuchen ihr nicht gehörte. Der Mensch hätte lieber hungern sollen, als diesen Kuchen zu nehmen. Das ist eine andere Vernunft: eine Vernunft hinter der Vernunft.

2 Sie haben recht: „Vous avez raison."

Und dann ist da noch die Essenz der Vernunft, die himmlische Vernunft. Diese Vernunft verstehen nicht alle. Diese Vernunft wird von Sehern und Heiligen, von Mystikerinnen und Propheten in sich selbst entdeckt. Auf dieser Vernunft werden Religionen gegründet. Aus dem Boden dieser Vernunft entspringen die Ideen der Mystik und der Philosophie – wie Pflanzen, die Blüten und Frucht tragen. Wegen dieser himmlischen Vernunft hinter allem und weil wir wissen, dass eine Zeit im Leben kommen wird, wo die Augen für diese essenzielle Vernunft geöffnet werden, wird von Murids[3] erwartet, dem Denken der Lehrer oder Lehrerinnen zuzuhören, anstatt mit ihnen zu argumentieren. Und wie wird diese Vernunft genannt? Sie wird *„buddhi sattva"* genannt. *Buddhi* bedeutet „Vernunft, Logik" und *sattva* bedeutet „Essenz". Wir mögen uns fragen: „Wie erreichen wir diese Art der Logik?" Indem wir in den Rhythmus kommen, der sattva genannt wird. Es gibt drei Rhythmen: *Rajas, tamas* und *sattva*. Eine Person, deren Rhythmus tamas ist, kennt die irdische Vernunft. Eine Person, deren Leben rajas ist, erkennt hinter der irdischen Vernunft die dahinter verborgene Denkweise. Jene, die beginnen, den sattvischen Rhythmus zu erkennen und zu leben, fangen an, die ursächliche Logik, die umfassende Tiefe des ganzen Seins, Gottes Beweggründe zu erkennen.

Zweifellos ist in der modernen Zeit, ist heute die Erziehung ein großer Hemmschuh für Kinder. Den Kindern wird beigebracht, mit ihren Eltern alles frei zu erörtern. Durch dieses freie Argumentieren hören sie, auch wenn sie in ein bestimmtes Alter kommen, nicht auf zu diskutieren. Noch bevor sie denken, argumentieren sie und fragen: Warum nicht? Auf diese Weise erreichen sie die himmlische Vernunft niemals, denn um diese himmlische Vernunft zu erreichen, brauchen wir eine empfängliche Haltung, keine fordernde Einstellung. Heutzutage lernen die Kinder eine fordernde Haltung. Sie übertragen ihre Energie auf andere, und durch den Mangel an empfänglicher Einstellung verlieren sie die Möglichkeit, die Essenz der Vernunft, den Geist des buddhi sattva zu erspüren.

Einst ging ein Murshid[4] durch die Stadt und kam dann wieder nach Hause. Als er wieder zu Hause war, rief er: „Oh! Ich bin voller Freude. Ich bin so voller Freude! Es war so erhebend in der Gegenwart des Geliebten!" Der Murid dachte, dass da jemand wäre, ein Geliebter. „Dann sollte ich auch

---

3 Murid: Schüler oder Schülerin auf dem spirituellen Weg
4 Murshid: Spiritueller Lehrer

gehen." Der Murid ging in die Stadt und wandte sich hierhin und dorthin. Er kam zurück und sagte: „Schrecklich, eine grauenvolle Welt! Alle scheinen einander an die Gurgel zu gehen. Das ist, was ich sah. Ich war nur bedrückt, als würde mein ganzes Wesen in Stücke zerrissen." „Ja", antwortete der Murshid, „Sie haben recht." So fragte der Murid: „Woran liegt das? Warum waren Sie so erhoben und mich hat es so zerrissen? Ich kann das nicht aushalten, es ist fürchterlich." „Nun", antwortete der Murshid, „Sie sind nicht im gleichen Rhythmus durch die Stadt gegangen wie ich." Und das meinte nicht nur das langsame Gehen, sondern den Rhythmus des Gemüts, in dem sich der Geist bewegt, den Rhythmus der Beobachtung, durch den wir wahrnehmen. Darin unterscheidet sich die Sichtweise der Menschen. Ein Mensch, der sagt: „Ich werde deinen Ausführungen nicht zuhören", hat zweifellos einen Grund, wie jeder einen Grund hat. Doch wenn wir fähig wären zuzuhören und das Denken der anderen zu verstehen, könnten wir noch größere Vernunft erlangen.

Der Rhythmus unseres denkenden und fühlenden Geistes ist so, als würde er Runden drehen. Der Geist einer Person macht eine Umrundung in einer Minute, der Geist einer anderen macht die Runde in fünf Minuten. Ihre Denkart ist verschieden. Der Geist noch einer anderen Person braucht vielleicht fünfzehn Minuten für eine Umrundung. Je länger es dauert, desto weiter wird der Horizont und umso klarer der Blick auf das Leben. Nachdenken ist also wie eine Leiter. Auf dieser Leiter können wir auf- und absteigen. Wenn wir uns durch unsere Vernunft nicht erheben, hilft die Leiter uns auch abzusteigen, denn genauso wie jeder Schritt, den wir aufsteigen, so hat auch jeder Schritt abwärts einen Grund.

Um die drei verschiedenen Aspekte der Vernunft zu verstehen, müssen wir sie wohl aufteilen. In Wirklichkeit gibt es nur eine Vernunft. Wir können den menschlichen Körper in verschiedene Teile aufteilen; doch gleichzeitig ist es nur ein Körper, ein Mensch. Auf jeden Fall ist die Vernunft ein großer Faktor, der alle Möglichkeiten des Unheils und des Segens enthält.

***

Frage: Was nennen wir den mittleren Teil der Vernunft? Ist es das Gespür für die Unterschiede?

Antwort: Ja, die Vernunft ist mit dem Impuls und mit dem Denken verbunden. Vernunft, die an das Denken gebunden ist, ist der mittlere

Anteil der Vernunft. Vernunft, die an den Impuls gebunden ist, ist der untere Mittelteil der Vernunft. Vernunft, die sich in sich selbst offenbart, ist himmlische Vernunft. In dieser Vernunft entfaltet sich das göttliche Licht. Wenn wir für diese Vernunft wach werden, erleben wir uns als im göttlichen Herzen lebend.

Es wird erzählt, wie Moses auf Khidr[5] traf. Khidr war der spirituelle Lehrer, der Moses auf sein Prophetentum vorbereitete. Er brachte Moses die Disziplin bei, unter allen Umständen zu schweigen. Als Lehrer und Schüler durch die Schönheit der Natur wanderten, blieben beide still. Der Lehrer war erhoben vom Anblick der Schönheit der Natur, und auch der Schüler war von ihr erfüllt, und so kamen sie an ein Flussufer, wo Moses ein kleines Kind ertrinken sah. Seine Mutter schrie laut, weil sie nicht helfen konnte. Und Moses konnte seine Lippen nicht geschlossen halten. Er musste seine Disziplin aufgeben und bat: „Meister, hilf ihm, er ertrinkt!" Der Meister antwortete: „Still!", aber Moses konnte nicht ruhig bleiben. Er war völlig verzweifelt, dabei zusehen zu müssen, wie ein unschuldiges Kind ertrank. Er konnte seine Lippen nicht geschlossen halten. Der Meister sagte: „Still." Moses war still, aber sein Herz blieb ruhelos. Er wusste nicht, was er denken sollte. War dieser Meister so rücksichtslos, grausam, gedankenlos oder machtlos? Er konnte es nicht verstehen. Er wagte nicht, noch etwas zu sagen, doch es war ihm sehr unwohl.

Als sie weitergingen, sahen sie ein Boot, das gerade sank, und Moses sagte: „Meister, Meister, das Boot sinkt. Es geht unter!" Der Meister gab ihm wieder den Befehl zu schweigen. Daraufhin war Moses still, aber ihm war noch unwohler zumute. Als sie zu Hause ankamen, fragte er: „Meister, ich dachte, du würdest dieses kleine, unschuldige Kind vor dem Ertrinken retten und du würdest das Boot vor dem Untergang bewahren, aber du hast nichts getan. Das kann ich nicht verstehen. Ich hätte gern eine Erklärung dafür." Der Meister antwortete: „Du hast gesehen und ich habe gesehen. Wir sahen es beide, es gab also keinen Grund, es mir zu sagen. Ich kann sehen; du musst mir nicht sagen, was passiert. Wenn ich gedacht hätte, dass sie gerettet werden sollten, hätte ich das ohne deine Hinweise getan. Warum hast du dir die Mühe gemacht, es auszusprechen und damit dein Schweigegelübde zu brechen?" Er redete weiter: „Das Kind, das ertrank, hätte dereinst einen Konflikt zwischen verschiedenen Nationen hervor-

5 Khidr: Al-hidr oder al-hadir, „der Grüne" (arabisch): sagenhafte Gestalt im islamischen Raum, die nur wenigen als geistiger Führer erscheint.

gerufen, wobei Millionen und Abermillionen von Leben zerstört worden wären. Indem es ertrank, wurde eine aufkommende Gefahr verhindert." Moses schaute sehr überrascht. Dann fuhr Khidr fort: „Das sinkende Boot, das du gesehen hast, war ein Boot voller Räuber, die gerade hinausgesegelten, um ein einlaufendes, großes Schiff voller Pilger anzugreifen. Die Piraten wollten das Boot aufbringen, und was im Boot zurückgeblieben wäre, hätten sie sich genommen und nach Hause gebracht. Denkst du, Moses, dass du oder ich das beurteilen können? Der große Richter ist im Hintergrund und weiß, was er tut, er allein kennt die Arbeit des großen Richters. Als dir befohlen wurde, still zu bleiben, war deine einzige Arbeit, die Lippen geschlossen zu halten und alles so anzuschauen, wie ich es sehe, still und ehrerbietig. Vielleicht fragst du mich: „Müssen wir alle die gleiche Haltung einnehmen? Wenn jemand Probleme hat oder in Schwierigkeiten steckt, müssen wir ihm dann nicht helfen?" „Ja", sage ich, „ja." Doch wenn eine spirituelle Person nicht zu tun scheint, was du von ihr erwarten würdest, dann musst du dir nichts dabei denken, sondern du solltest wissen, dass sie einen Grund hat. Das ist nicht dein Problem. Denn deine Vernunft wird anders, je weiter du dich entwickelst. Von daher hat niemand die Macht, jemand anderen zu beurteilen, aber wir haben die Macht, selbst unser Bestes zu tun.

***

Frage: Wurden deshalb die Großen falsch eingeschätzt? Weil die Kleinen versucht haben, sie zu beurteilen?

Antwort: Was wurde aus Jesus Christus? Auf der einen Seite war die irdische Vernunft, auf der anderen Seite die himmlische. Ich werde Ihnen eine Geschichte über meine Anmaßung erzählen, die Sie sicher interessant finden.. Einmal schaute ich meinen Murshid an und in meinem ruhelosen Geist tauchte ein unverschämter Gedanke auf: „Warum muss eine große Seele, wie sie mein Murshid ist, goldbestickte Schuhe tragen?" Doch ich überprüfte mich sofort, und es blieb nur ein Gedanke, der nicht meinen Lippen entfloh. Er wurde dennoch erkannt. Ich konnte meine Unverschämtheit nicht mit meinen Lippen verbergen. Mein Herz war jedoch ein offenes Buch. Wissen Sie, welche Antwort mein Murshid gab? Er sagte: „Die Schätze der Welt liegen mir, als Gold auf meinen Schuhen, zu Füßen."

DAS EGO

Wenn wir darüber nachdenken, welche Empfindung, welches Gefühl oder welche Einstellung wir mit dem Wort „Ich" benennen, ist es schwierig, genau zu erklären, worin sein Wesen besteht, denn das übersteigt das menschliche Verständnis. Sogar wenn wir es uns selbst erklären wollen, zeigen wir auf das ihm Nächstliegende und sagen: „Dies ist derjenige oder diejenige, die ich ‚Ich' nenne." So kommt es, dass jede Seele sich sozusagen zuallererst mit dem Körper identifiziert, mit dem eigenen Körper, denn dieser ist das, was wir als das uns unmittelbar Nahe spüren und wahrnehmen, und er ist uns als das eigene Selbst nachvollziehbar. Was wir von uns kennen, ist also unser Körper. Zunächst nennen wir unseren Körper unser Selbst. Wir identifizieren uns mit dem Körper. Wenn wir Kinder zum Beispiel fragen: „Wo ist das Kind?", zeigen sie auf ihren Körper. Er ist das, was sie von sich selbst sehen, was sie sich von ihrem eigenen Selbst vorstellen können.

So formt sich in der Seele eine Vorstellung. Diese Wahrnehmung prägt sich tief in die Seele ein, denn nach dieser Wahrnehmung werden alle anderen Dinge, Personen, Lebewesen, Farben oder Formen mit anderen Namen benannt, die die Seele nicht als ihr Selbst wahrnimmt. Die Seele hat ja bereits eine Wahrnehmung ihrer selbst, den Körper, den sie zuallererst als sich selbst wahrgenommen oder sich vorgestellt hat. Alles andere sieht sie durch dieses körperliche Werkzeug und benennt es als etwas, das neben ihr selbst ist, etwas Getrenntes, etwas anderes. So wird die Natur der Dualität erzeugt. Daraus ergibt sich das „Ich" und das „Du".

Da das „Ich" die erste Wahrnehmung der Seele ist, ist diese voll und ganz damit beschäftigt; alles andere interessiert sie nur teilweise. Alles außerhalb dieses Körpers, den sie als ihr eigenes Wesen wahrnimmt, beschäftigt sie nur in seiner Beziehung zu diesem. Sie stellt diese Beziehung her, indem sie „mein" nennt, was zwischen dem „Ich" und dem „Du" liegt. Du bist mein Bruder, meine Schwester oder mein Freund. So entsteht Beziehung, und entsprechend dieser Beziehung stehen Personen oder Objekte der Seele näher oder ferner.

All die anderen Erlebnisse, die die Seele in der physischen Welt, in den mentalen Bereichen macht, werden zu einer Art Mauer um sie herum.

Mitten in dieser Welt lebt die Seele. Doch sie hat nicht einen Moment lang das Gefühl, dass die anderen Dinge ihr „Ich“ seien. Dieses „Ich“ hat sie sich für nur eine Sache vorbehalten, ihren Körper, und darin hält sie es gefangen. Alles andere nimmt die Seele als etwas anderes, von ihr Verschiedenes wahr. Es ist mir vertraut, ich schätze es, es ist mir nah, weil es mit mir verbunden ist: Es ist „mein“, aber es ist nicht „Ich“. Das „Ich“ bleibt eine eigenständige Einheit, die alles, was sie braucht, um ihre eigene Welt zu schaffen, in sich zusammenfasst, es anzieht und sammelt.

Diese Vorstellung des „Ich“ wird umso umfangreicher, je wacher wir im Leben werden. Sie wird umfassender, indem wir erkennen, dass ich nicht nur der Körper bin, sondern auch die Gedanken, die ich denke, meine Gedanken sind. Die Vorstellungen sind meine Vorstellungen, sie entspringen aus mir selbst. Auch meine Gefühle gehören dazu. Also bin ich nicht nur mein Körper, sondern auch mein denkender und fühlender Geist. Bei diesem nächsten Schritt der Seele auf dem Pfad der Erkenntnis fängt die Seele an zu fühlen, dass „ich nicht nur ein physischer Körper, sondern auch ein denkender und fühlender Geist bin“. Sobald wir dies in vollem Umfang erkennen, erklären wir: „Ich bin Geist, und das bedeutet: Ich identifiziere mich mit der Gesamtheit aus meinem Körper, meinem Gemüt und der Intelligenz.“ Das ist das Ego. Später auf dem Pfad der Erkenntnis finden wir heraus: Ja, da gibt es etwas, das sich gern „Ich“ nennt, das ein Gefühl der Ichheit hat. Doch gleichzeitig ist alles, womit es sich identifiziert, nicht es selbst. Von dem Tag an, an dem diese Idee im menschlichen Herzen auftaucht, hat unsere Reise auf dem Weg zur wahren Wirklichkeit begonnen.

Nun beginnt das Analysieren und wir finden heraus: „Dies ist mein Tisch und dies mein Stuhl; alles, was ich ‚mein‘ nennen kann, gehört zu mir; es ist nicht unbedingt ich selbst.“ Wir beginnen zu erkennen: „Ich identifiziere mich mit diesem Körper, aber aber es ist nur mein Körper. Genauso wie ich sage, dass dies mein Tisch oder mein Stuhl ist, so ist dies mein Körper.“ Das Wesen in uns, das „Ich“ sagt, ist davon getrennt. Es ist etwas, das selbst diesen Körper nur für sich verwendet. Dieser Körper ist nur ein Instrument. Und wir denken: „Wenn es nicht dieser Körper ist, den ich ‚Ich‘ nennen kann, was ist es dann? Sollte ich mich mit meiner Vorstellung identifizieren?“ Aber wir nennen selbst das „meine Vorstellung, meinen Gedanken oder mein Gefühl“. Also ist nicht einmal mein Gedanke, meine Vorstellung oder mein Gefühl das wahre „Ich“, was klarmacht, dass das „Ich“ immer dasselbe bleibt, selbst nachdem es die falsche Identität entdeckt hat.

Sie lesen in den „Zehn Sufi-Gedanken“[1], dass Vollkommenheit durch die Auflösung des falschen Egos erreicht wird. Das falsche Ego ist das, was nicht zum Ego gehört, und das das Ego fälschlicherweise als sein eigenes Selbst wahrgenommen hat. Wenn wir dies durch bessere Kenntnis des Lebens voneinander trennen, lösen wir das falsche Ego auf. Um diesen Körper oder dieses Denken und Fühlen aufzulösen, müssen wir uns selbst analysieren und herausfinden, wo das „Ich“ ist. Ist es ein fernes, exklusives Wesen? Wenn es ein fernes und exklusives Wesen ist, müssen wir es finden. Die Frage ist: Wie finden wir es? Der ganze spirituelle Prozess geht darum, dies herauszufinden. Ist das einmal erkannt, ist die Arbeit des spirituellen Weges erfüllt, sie ist vollendet.

Damit die Augen sich selbst sehen können, müssen wir einen Spiegel anfertigen, um das Spiegelbild der Augen zu sehen. Damit also das wahre Wesen, das vollständige Wesen manifestiert werden kann, wurde dieser Körper und dieses Gemüt als Spiegel geschaffen, damit sich das wahre Wesen in diesem Spiegel selbst sehen und sich als unabhängiges Wesen erkennen kann. Auf dem Einweihungsweg geht es darum, durch unsere Meditation und spirituelle Erkenntnis die Fähigkeit zu erwerben, ein vollkommener Spiegel zu werden.

Zur Veranschaulichung dieser Idee erzählen Fakire und Derwische folgende Geschichte: Ein Löwenjunges zog mit Schafen herum und war bei ihnen ganz glücklich. Eines Tages kam ein Löwe in den Wald. Der Löwe vergaß seinen Hunger, als er das Löwenjunge mit den Schafen im Wald herumrennen sah. Er rannte dem Löwenjungen nach, doch das Junge begann zu zittern und rannte weg. Die Schafe rannten davon. Aber der Löwe folgte nicht ihnen, sondern dem Kleinen und fing es ein.

Das Löwenjunge zitterte. Der Löwe fragte: „Was bist du, mein Sohn?“ – „Ich bin ein Schaf; ich zittere.“ Der Löwe erwiderte: „Es gibt keinen Grund, Angst vor mir zu haben, ich bin ein Löwe wie du“ – „Nein, ich bin ein Schaf.“ – „Mitnichten, ich weiß, dass du ein Löwe bist.“ – „ Nein, nein, ich schreie und ich weine und ich zittere. Lass mich mit den Schafen gehen.“ – „Nein, ich werde dich nicht mit den Schafen gehen lassen. Ich nehme dich mit mir, denn ich will dich davon überzeugen, dass du ein Löwe bist.“ Gegen den Willen des Jungen nahm der Löwe ihn mit, brachte

1 Siehe Band 1 dieser Buchreihe: „Das innere Leben“, Der Weg der Erleuchtung, S. 28

ihn an eine Wasserstelle und forderte ihn auf: „Nun schau ins Wasser und finde heraus, ob du nicht doch ein Löwe bist." Der Löwe sah sich selbst in der Wasserpfütze und verstand: „Ich war gar kein Schaf, ich bin ein Löwe."

Unsere ganze Wanderung auf dem spirituellen Weg lehrt uns, unser falsches Ego von seiner Illusion zu befreien. Die Auflösung des falschen Egos besteht in seiner Desillusionierung. Wenn es erst einmal von seinem Wahn befreit ist, erkennt das wirkliche Ego seinen wahren Wert. Durch diese Erkenntnis betritt die Seele das Reich Gottes. In dieser Erkenntnis wird die Seele neu geboren, was ihr die Himmelstür öffnet.

* * *

Frage: Braucht das wahre Selbst das Denken und Fühlen und den Körper, um sich seiner selbst bewusst zu sein? Wie ist es, wenn das wahre Selbst im Tod Körper und Verstand und Gefühl aufgibt?

Antwort: Das wahre Selbst braucht das Denken und Fühlen und den Körper – aber nicht, um zu existieren. Um zu leben und zu existieren, hängt es nicht von Gemüt und Körper ab, so wie Augen nicht von einem Spiegel abhängig sind, um zu existieren. Sie brauchen den Spiegel nur, um sich darin zu reflektieren. Die Augen brauchen den Spiegel, um ihr Abbild darin zu sehen; wenn das nicht wäre, würden die Augen zwar alle Dinge sehen, doch nie sich selbst. Ein anderes Beispiel ist die Intelligenz. Intelligenz kann sich selbst nicht erkennen, außer sie hat etwas Verstehbares vor sich; nur dann erkennt die Intelligenz sich selbst. Menschen mit poetischer Gabe halten sich selbst nie für Poeten, bis sie ihre Ideen zu Papier gebracht und ihre Verse eine Saite in ihrem eigenen Herzen zum Klingen gebracht haben. Wenn sie nun ihre eigene Poesie anerkennen können, fangen sie an zu denken: „Ich bin ein Dichter. Ich bin eine Dichterin." Bis dahin war die dichterische Gabe zwar in ihnen, aber sie wussten es nicht. Augen werden nicht stärker, wenn sie in einen Spiegel schauen; Augen wissen nur, wie sie aussehen, wenn sie ihre Spiegelung sehen. Die Freude liegt darin, die eigenen Fähigkeiten und Gaben, alles, was wir haben, zu erkennen. Das ist Erkenntnis. Wir erkennen, worin der Wert besteht. Natürlich wäre es sehr schade, wenn die Augen dächten, sie seien so tot wie der Spiegel, oder wenn sie beim Schauen in den Spiegel dächten: „Wir existieren nur in diesem Spiegel." Das falsche Ego ist also die größte Einschränkung.

Frage: Wie ist es, wenn das wahre Selbst Gemüt und Körper im Tod aufgibt?

Antwort: Wenn wir während unseres Lebens depressive, sorgenvolle und enttäuschte Gedanken nicht abweisen können, ist es für das wahre Selbst nicht leicht, das Denken und Fühlen oder den Körper aufzugeben. Wir bewahren die Eindrücke von Glück und vergangenen Kümmernissen im eigenen Herzen. Wir bewahren Vorurteile und Hass, Liebe und Hingabe, wenn sie uns tief beeindruckt haben. In diesem Fall kann selbst der Tod sie uns nicht nehmen. Wenn das Ego das es umgebende Gefängnis aufrechterhält, nimmt es dieses mit; es gibt nur einen Weg, von ihm befreit zu werden: durch Selbsterkenntnis.

Frage: Ist unser Murshid unser Spiegel?

Antwort: Nein, der Murshid nimmt den Platz des Löwen in der Fabel ein. Aber die Wasserstelle ist notwendig.

Frage: Auch wenn sich die Seele von den anderen Körpern getrennt fühlt, fühlt sie sich denn nicht eins mit Gott?

Antwort: Nicht einmal mit Gott. Wie könnte sie? Wie sollte eine Seele, die in einer falschen Wahrnehmung gefangen ist, eine Seele, die die Schranke zwischen sich und ihren Nächsten nicht heben kann, wie sollte diese Seele ihre Abgrenzung zu Gott, den sie noch nicht einmal kennengelernt hat, aufgeben? Denn alle Seelen glauben an eine Vorstellung von Gott, die sie von einem Priester gelehrt bekamen, die in einer Schrift niedergeschrieben steht oder weil ihre Eltern ihnen beibrachten, dass es einen Gott gibt. Das ist alles, denn jede Seele weiß, dass es irgendwo einen Gott gibt. Die Seele verändert jedoch ihren Glauben ständig, und unglücklicherweise entfernt sie sich von diesem Glauben immer weiter, je weiter sie fortschreitet. Mit einem Glauben, den die reine Intelligenz nicht dauerhaft bewahren kann, kommt ein Mensch nicht weit. Das Ziel des Lebens wird erreicht, indem wir diesen Glauben vertiefen. Im Gayan steht: „Die Seele enthüllen, heißt Gott entdecken.“[2]

2 Der Satz: „Die Entdeckung der Seele ist die Enthüllung Gottes“ steht tatsächlich in Band 1 dieser Buchreihe, „Das innere Leben“, Die Seele woher und wohin, S. 302

Frage: Identifizieren wir uns direkt nach dem Tod mit unserem mentalen Körper oder mit dem toten Körper?

Antwort: Mit unserem toten Körper. Der mentale Körper entspricht genau dem toten Körper. Da gibt es keinen Unterschied, denn das eine ist auf der Reflexion des anderen aufgebaut. Im Normalzustand unseres Denkens nehmen wir uns auch während des Traums nicht als etwas anderes wahr. Wenn das Denken nicht normal ist, können wir uns als Kuh oder Pferd oder sonst etwas wahrnehmen. Doch wenn der Verstand normal arbeitet, können wir uns selbst nicht als etwas anderes wahrnehmen als das, was wir über uns selbst wissen. Also ist unser mentales Wesen genau so, wie wir uns im Traum wahrnehmen. Im Traum nehmen wir die physischen Gesetze des Körpers nicht wahr, wir rennen, essen und genießen im Traum und machen alle möglichen Erfahrungen. Wir fühlen nicht, dass unser physischer Körper nicht da ist, da fehlt nichts. Genauso ist es im Jenseits: Im Jenseits brauchen wir keinen physischen Körper, um die volle Lebenserfahrung zu machen. Der Bereich ist in sich selbst vollständig und das Leben wird voll und ganz erlebt.

Frage: Was geschieht mit dem wahren Selbst bei Besetzungen?

Antwort: Die Wahrnehmung des eigenen falschen Selbst ist eine Hülle, die Besetzung fügt der Seele noch eine zweite Hülle dazu. Anstelle einer Hülle hat sie dann zwei Hüllen.

Frage: Wird das falsche Ego durch dessen Auflösung ganz und für immer zerstört oder muss es in der Gedankenwelt noch weiter existieren?

Antwort: Das Ego wird niemals zerstört. Es ist das, was lebt, und ein Merkmal des ewigen Lebens. In der Kenntnis des Egos liegt das Geheimnis der Unsterblichkeit. Wenn wir im Gayan lesen: „Der Tod stirbt, das Leben lebt“[3], ist das Ego das Leben und die falsche Vorstellung der Tod. Alles Falsche verschwindet eines Tages, alles Wirkliche wird immer bleiben, so ist es auch schon im Leben. Das wahre Lebewesen ist das Ego. Es lebt. Alles, was es sonst aus den verschiedenen Ebenen geliehen hat, um es zu gebrauchen, und das verloren ging, wird weggenommen. Erkennen wir das nicht an unserem eigenen Körper? Dinge, die dort nicht hingehören,

3 Der Satz: „Das Leben lebt, der Tod stirbt,“ findet sich tatsächlich in Band 1 dieser Buchreihe, „Das innere Leben“, Die Seele, woher und wohin, S. 301

bleiben nicht in ihm; nicht im Blut, nicht in den Adern, nirgendwo – der Körper behält sie nicht. Er stößt sie aus. So ist es auf allen Ebenen. Sie behalten nicht, was nicht zu ihnen gehört. Alles, was außen ist, wird außen gehalten. Was zur Erde gehört, bleibt auf der Erde; die Seele stößt es ab. Das Ego auflösen ist nur ein Ausdruck. Es wird nicht zerstört, es wird entdeckt. Menschen haben oft Angst, in buddhistischen Büchern zu lesen, wo das Wort *nirvana* als „Vernichtung" erklärt wird. Niemand will vernichtet werden, und die Menschen haben große Angst, wenn sie „Vernichtung" lesen. Doch es ist nur das Wort – in Sanskrit ist das gleiche Wort wunderschön, genau wie das Wort *„fana"*[4] bei den Sufis. Ins Englische wird es mit „annihilation" – auf Deutsch „Vernichtung" – übersetzt, doch wenn wir es richtig begreifen, ist es ein „Hindurchgehen"; es heißt eigentlich, durch etwas hindurchgehen. Und durch was gehen wir hindurch? Durch die falsche Vorstellung. Das ist notwendig, bevor wir zu wahrer Erkenntnis gelangen.

4 Pir Zia Inayat-Khan übersetzte „fana" mit: „sich in Schönheit auflösen" – "disolve in beauty", April 2018

HERZ UND VERSTAND

Es gibt diese vier Aspekte – Wille, Vernunft, Gedächtnis und Denken –, die zusammen mit dem fünften und wichtigsten Aspekt, dem Ego, das Herz ausmachen. Diese fünf Dinge können als das Herz bezeichnet werden. Um die verschiedenen Bereiche zu definieren, nennen wir die Oberfläche den Verstand und die Tiefe das Herz. Wenn wir uns das Herz als Lampe vorstellen, wird es durch das Licht in der Lampe zum Geist. Wenn wir nicht an das Licht denken, nennen wir es Lampe. Mit Licht jedoch vergessen wir das Wort Lampe; dann nennen wir sie Licht. Wenn wir es Geist nennen, ist es nicht der Geist ohne Herz, so wie wir nicht das Licht ohne die Lampe meinen, sondern das Licht in der Lampe. Auch wenn das Wort Geist richtigerweise nur für die Essenz aller Dinge gebraucht wird – Geist ist das essenzielle Leben und Licht, aus dem alles hervorging –, so gebrauchen wir das Wort Geist doch auch in seinem begrenzten Sinn. So wie „Licht“ sowohl das Licht der Sonne, der alles durchdringenden Sonne bezeichnet, als auch das Licht in der Lampe, was wir genauso als Licht bezeichnen.

Die Menschen bezeichnen auch eine Partie ihrer Brust als Herz. Grund dafür ist, dass es einen Teil in diesem fleischlichen Körper gibt, der höchst sensitiv für Gefühle ist. Und natürlich können wir die Idee des Herzens nicht außerhalb des Körpers begreifen, wir nehmen diese Vorstellung als Teil unseres physischen Körpers wahr. Das Ego steht außerhalb der oben genannten vier Fähigkeiten: Wille, Vernunft, Gedächtnis und Denken. Es ist wie bei den vier Fingern und dem Daumen. Warum ist der Daumen kein Finger? Weil der Daumen die ganze Hand ist. Jene vier Fähigkeiten sind Fähigkeiten, doch das Ego ist eine Realität. Es enthält und bewahrt die oben genannten vier Fähigkeiten in sich. Um es von diesen vier Fähigkeiten zu unterscheiden, nennen wir es Ego. Wie wir die Oberfläche des Herzens durch ihre Vorstellungen und Gedanken wahrnehmen, so erkennen wir das Herz an seinen Gefühlen. Der Unterschied zwischen Gedanken und Imagination ist, dass die Imagination im Geist automatisch abläuft. Wenn der Geist subtil ist, entsteht feine Imagination. Ist der Geist grob, entsteht grobe Imagination; in einer schönen Denkwelt entstehen schöne Imaginationen. Doch alle Imaginationen entspringen dem automatischen

Wirken des Geistes. Auch der Gedanke ist eine Imagination, doch eine Imagination, die durch den Willen gehalten, kontrolliert und ausgerichtet wird. Wenn wir also sagen: „Dies ist eine bedachte Person“, heißt das, dass diese Person nicht aus einem Impuls heraus spricht oder handelt, sondern dass hinter allem, was sie tut, Willenskraft steht, die kontrolliert und lenkt.

Wenden wir uns nun den Gefühlen zu. Es gibt im Prinzip neun unterscheidbare Gefühle: Freude, Trauer, Wut, Leidenschaft, Mitgefühl, Fixiertsein, Angst, Ratlosigkeit und Gleichgültigkeit. Die Gefühle lassen sich nicht auf diese neun beschränken, doch wenn wir die zahlreichen Gefühle einordnen, kommen wir zu neun klar voneinander verschiedenen Gefühlen, die wir im Leben erfahren können. Außerdem gibt es sechs Krankheiten des Herzens: Leidenschaft, Wut, Anhaftung, Eitelkeit, Eifersucht, Habgier und Lüsternheit.

Je mehr wir über das Herz nachdenken, desto klarer erkennen wir: Wenn irgendetwas uns über unsere Persönlichkeit informieren kann, so ist es das Herz. Nur das Herz und was es enthält, empfinden oder erkennen wir als uns selbst. Sobald wir das Wesen, den Charakter und das Mysterium des Herzens verstehen, verstehen wir sozusagen die Sprache des ganzen Universums. Denn es gibt verschiedene Arten der Wahrnehmung. Eine Art der Wahrnehmung gehört zur Oberfläche des Gemüts; das ist das Denken. Das Denken manifestiert sich in unserem Gemüt in definierten Formen, Umrissen und Farben. Die andere Art der Wahrnehmung ist das Gefühl. Dieses wird von einem ganz anderen Teil des Herzens empfunden. Wir spüren es in der Tiefe des Herzens, nicht an der Oberfläche. Deshalb können wir umso besser die Gefühle anderer wahrnehmen, je wacher unsere Herzqualität ist. Eine solche Person ist sensibel; sensibel, weil ihr die Dinge klar sind, ihr werden die Gefühle der anderen deutlich. Menschen, die oberflächlich leben, nehmen Gefühle nicht deutlich wahr. Auch die Entwicklung der beiden ist verschieden: Die einen leben an der Oberfläche, die anderen in der Tiefe des Herzens. Mit anderen Worten: Die einen leben im Kopf, die anderen im Herzen.

Doch es gibt noch eine dritte Art der Wahrnehmung, die nicht einmal durch das Fühlen geschieht, sie kann als spirituelle Sprache bezeichnet werden. Diese Empfindung kommt aus der tiefsten Tiefe des Herzens; sie könnte die Stimme des eigentlichen Wesens genannt werden. Sie ist nicht diejenige der Lampe, sie ist diejenige des Lichts, doch sie wird durch die

Lampe unterscheidbar und klar. Diese Wahrnehmung können wir Intuition nennen. Es gibt keinen anderen Namen dafür. All das weist uns darauf hin, dass wir diese drei Wahrnehmungsweisen entwickeln müssen, um das Leben vollständig zu ergründen. Nur dann können wir das Leben vollständig kennenlernen, und nur dann sind wir in der Lage, uns ein Urteil darüber zu bilden.

* * *

Frage: Ist es nicht so, dass das Herz der Spiegel der Seele und der Verstand der Spiegel des Körpers ist?

Antwort: Ja, in gewisser Weise, doch die Seele erlebt durch das ganze Wesen – durch den Körper, den Geist und das Herz – in welchen Ebenen der Existenz sie sich gerade aufhält.

Frage: Entwickeln wir Intuition, indem wir die Symbole erforschen?

Antwort: Nein, überhaupt nicht. Durch die Intuition entwickeln wir Einsichten in den Symbolismus.

Frage: Ist es das vage Verständnis dieser Wahrheit, das die Katholiken dazu bringt, sich dem heiligen Herzen Jesu zu verschreiben?

Antwort: Natürlich, das Herz. Das Herz ist das Heiligtum Gottes. Wenn wir Gott irgendwo finden können, dann im menschlichen Herzen, ganz besonders im Herzen eines Menschen, in dem sich das Göttliche manifestiert.

Frage: Ist also das Herz einer der Körper der Seele, der, der die Seele auf ihrer ganzen Reise zurück zur Quelle trägt?

Antwort: Natürlich tut es das. Das Herz ist einer der Körper der Seele, ihr feinster Körper, der mit der Seele einen weiten Weg zurücklegt, sogar auf der Rückreise.

Frage: Ist das Herz das Zuhause der Seele?

Antwort: Ja, wir können das Herz das Zuhause der Seele nennen, ich würde es jedoch eher als temporäres Hotel bezeichnen.

Frage: Können Sie bitte Gleichgültigkeit[1] erklären?

Antwort: Das ist ein Wort, bei dem mir die Erklärung immer schwerfällt, denn ich habe schon viele Menschen verärgert, wenn ich über Gleichgültigkeit gesprochen habe. Wenn ich ihnen die Gleichgültigkeit in ihren besten Eigenschaften erkläre, sagen die Leute: „Wo ist die Liebe, die Sie uns predigen wollen? Das ist im direkten Gegensatz zur Liebe, zur Botschaft, zur Lehre." Und auch wenn die Menschen im Buddhismus oder Yoga über Entsagung, *nirvana, vairagya* oder, in den Sufiworten der persischen Dichter, *fana'* lesen, stellen sie diese Frage: „Haben alle eine derartige Grausamkeit gelehrt, gleichgültig zu werden? Was ist das?"

Schauen wir aber anders darauf, wird es auch etwas ganz anderes. Gleichgültigkeit ist nicht Lieblosigkeit, noch ist es ein Mangel an Mitgefühl. Gleichgültigkeit ist sehr nützlich. Aber wann? Wenn eine Seele zu jener Sensibilität erwacht ist, wo jede Kleinigkeit wehtut, dann hilft nur Gleichgültigkeit. Es ist das Einzige, was sie dann am Leben erhält und ihr Stabilität gibt. Wir könnten sagen, dass es nicht gut sei, sensibel zu sein. Das stimmt, doch ohne Sensibilität können wir uns nicht entwickeln. Sensibilität ist ein Zeichen dafür, dass wir uns entwickeln. Ohne Sensibilität können wir uns nicht in unsere Mitmenschen hineinfühlen. Und wenn wir die Gefühle unserer Mitmenschen nicht fühlen, sind wir noch nicht zum Leben erwacht. Wir müssen also die Sensibilität ausbauen oder wenigstens erst einmal sensibel werden, um normale Menschen zu werden. Doch wenn wir sensibel sind, wird es schwer, dieses Leben zu leben. Je sensibler wir werden, desto mehr Dornen finden wir auf unserem Weg. Bei jeder Bewegung, jeder Wendung, jedem Schritt verletzt uns etwas. Da gibt es nur eine Einstellung, die wir entwickeln können, ohne die Liebe und das Mitgefühl füreinander zu verlieren: den Geist der Gleichgültigkeit. Das ist wahre Gleichgültigkeit. Jemandem zu sagen: „Ich kümmere mich nicht um dich, weil du gedankenlos warst", ist nicht die richtige Art der Gleichgültigkeit. Das ist nicht die Gleichgültigkeit, der Gleichmut, die Mystiker als *vairagya* bezeichnen. Mystische Gleichgültigkeit bedeutet, dass unsere Liebe selbst auf die Gedankenlosigkeit einer Person mit Verge-

1 Das Wort „Gleichgültigkeit, Interesselosigkeit" wird im englischen Lexikon mit dem hier benutzten Wort „indifference" übersetzt. „Gleichmut" ist dort „equanimity", aber auch „indifference". Vairagya ist jedenfalls Gleichmut. Vermutlich hat dieser feine Unterschied auch zu den Irritationen in Hazrat Inayat Khans Zuhörerschaft geführt.

bung reagiert, weil die Seele Mitgefühl entwickelt hat. Das ist Gleichgültigkeit oder Gleichmut.

Was bedeutet es, wenn wir in der Bibel die Worte Christi lesen: „Wenn dir einer auf die eine Backe schlägt, so halte ihm auch die andere hin."[2] Es ist Aufforderung zu Gleichgültigkeit oder Gleichmut. Wie könnten sensible, fühlende, spirituelle und sanftmütige Menschen in dieser Welt leben, wenn sie nicht gleichmütig wären? Eine solche Person würde nicht einen Moment überleben. Nur dies schützt vor den ständigen, schrillen Einflüssen von allen Seiten.

Frage: Warum stimmt das Wort Ungebundenheit (*unattatchment*) nicht?

Antwort: Eigentlich ist das Wort Losgelöstheit (*detachment*). Wir können nicht losgelöst sein, das sind wir niemals. Das Leben ist Einheit und niemand kann es auseinanderreißen. Losgelöstheit ist nur ein illusionärer Aspekt des Lebens. In Wahrheit gibt es keine Losgelöstheit. Wie können wir losgelöst sein, wenn das Leben Einheit ist?

Frage: Spricht denn nicht die Bhagavad Gita von Losgelöstheit?

Antwort: Das ist nicht das richtige Wort. Um es klarer zu machen, habe ich es oft Gleichmut, Gleichgültigkeit und Unabhängigkeit genannt, zwei Bedeutungen des Wortes, das dort steht. Und selbst Gleichmut oder Gleichgültigkeit erklärt es nur halb.

Frage: Steht die Welt der Gefühle höher als die Welt der Gedanken?

Antwort: Ja.

Frage: Ist das Herz vielleicht dasselbe wie der Engelskörper?

Antwort: Ja, das ist ganz richtig.

---

2 Matthäusevangelium: 5:39

INTUITION

Die Intuition steigt aus der Tiefe des menschlichen Herzens auf. Sie hat zwei Aspekte: der eine ist von einem äußeren Eindruck abhängig, der andere völlig unabhängig davon. Den ersten nennen wir Eindruck, den anderen Intuition. Die Intuition ist eine subtile, also weibliche Fähigkeit, denn sie bedarf der Empfänglichkeit, und daher sind Frauen von Natur aus intuitiver als Männer. Selbst wenn wir dafür keinen Grund nennen können, sagen wir häufig: „Dieser Mensch macht mir diesen oder jenen Eindruck." Vielleicht sind wir nicht fähig, irgendeinen Grund dafür zu finden, und doch ist der Eindruck richtig.

Einige Menschen und Völker sind von Natur aus intuitiv. Solch intuitive Menschen brauchen nicht zu warten, bis sie einen anderen sozusagen durchschaut haben; dazu genügt ein einziger Augenblick. Sobald der Blick auf den betreffenden Menschen fällt, entsteht in ihnen sofort ein Eindruck, der zu der ersten Art der Intuition gehört. Feinfühlige Menschen mit einem ruhigen Geist haben generell eine gute Intuition; für Menschen mit schwerfälligem und unstetem Geist ist sie mühsam. Die Intuition ist ein höherer, gewissermaßen ein sechster Sinn. Sie ist die Essenz aller Sinne. Wenn wir sagen, dass wir etwas fühlen, heißt das nicht, dass es objektive Gründe gibt, die beweisen, dass es so ist. Wir spüren es ohne äußeren Grund oder äußere Anzeichen.

Die von Eindrücken unabhängige Intuition ist von noch tieferer Art. Denn durch sie wissen wir, was aus etwas wird, noch bevor wir es beginnen. Noch vor der Unternehmung erahnen wir ihr Ergebnis. Manchmal ist sie eine Art innere Führung, manchmal eine innere Warnung. Wir könnten nun fragen: „Wie nimmt man sie wahr?" Als Erstes drückt sie sich in der Sprache der Gefühle aus. Dieses Gefühl, das am Horizont des Geistes auftaucht, formt sich und erzählt von seiner Idee; dann verwandelt der Verstand es in eine Form, und schließlich interpretiert die Sprache es für uns. Intuition gehört somit dem fühlenden Herzen an.

Bis sie klar zu erkennen ist, nimmt die Intuition drei verschiedene Formen an: Gefühle, Bilder und Worte. Es gibt Menschen, die fähig sind, die Intuition bereits in der ersten Phase der Entwicklung zu empfangen. Solche Menschen nehmen Eingebungen leichter wahr und dürfen als intuitiv bezeichnet werden. Andere erkennen sie, wenn sie sich in der Welt der Gedanken ausdrücken, und wieder andere erkennen die Intuition erst, wenn sie sich in Form von Worten ausdrückt. Intuitive Menschen sind freundliche, liebevolle, weichherzige, gutwillige Menschen mit reinem Herzen. Intuition hat nichts mit Gelehrsamkeit zu tun. Ungebildete Menschen können viel intuitiver sein als hochgebildete, denn es geht hier um ein ganz anderes Wissensgebiet, das aus einer völlig anderen Richtung kommt.

Intuitive Menschen machen oft Fehler beim Empfangen der richtigen Intuition, denn die Eingebung kommt aus einer Richtung, und der Verstand reagiert aus der anderen Richtung, und die Menschen wissen nicht, was was ist. Verwechseln wir die Einwirkung unseres Verstandes mit der Intuition, verlieren wir, einmal getäuscht, den Glauben an uns selbst und beachten unsere Intuition nicht mehr. Diese Fähigkeit nimmt infolgedessen täglich ab.

Es ist sehr schwierig, eine Eingebung gleich am Anfang zu erfassen. Denn sowohl die Intuition auf der einen Seite und der Verstand auf der anderen wirken innerhalb eines einzigen Augenblicks. Es ist, als würden sich die beiden Enden eines Stocks, der in der Mitte über einen anderen Stock gelegt wurde, auf und ab bewegen, ohne dass wir erkennen können, welches Ende zuerst und welches sich später nach oben bewegte. Wir müssen die Aktivität unseres Verstandes daher sehr genau beobachten. Dies erreichen wir durch sorgfältige Konzentrationsschulung. Wir müssen fähig werden, unseren Verstand wie eine Tafel vor uns zu sehen, und während wir ihn betrachten, sollten wir in der Lage sein, uns selbst vor allem anderen zu verschließen und unser Denken nur auf unser inneres Wesen zu fixieren.

Außerdem dürfen wir nicht den Mut verlieren, wenn wir einmal durch die Wahrnehmung unserer Intuition enttäuscht wurden, sondern wir sollten ihr weiter nachspüren, selbst wenn wir immer wieder falschliegen. Folgen wir ihr immer weiter, werden wir sie irgendwann richtig wahrnehmen.

Träumen ist ein weiteres Wunder, ein Phänomen unseres Geistes, denn im Traum sind nicht nur Imagination und Gedanken am Werk, sondern auch die Intuition. Intuitionen, die im Wachzustand aufsteigen, sind die gleichen wie die des Traumzustandes. Im Traum werden sie jedoch klarer, weil wir während dieser Zeit auf natürliche Weise konzentriert sind, da unsere Augen für die äußere Welt geschlossen sind. Und auch dort haben wir das gleiche Problem: Sobald die Intuition aus der Tiefe auftaucht, erhebt sich auch schon die Vorstellung von der Oberfläche und wir wissen nicht, was was ist. Aus diesem Grund sind viele Träume so wirr. Ein Teil des Traums drückt Wahrheit aus, ein anderer Teil ist verworren.

Es gibt keinen Traum, der keine Bedeutung hätte. Wenn der Traum nichts mit Intuition zu tun hat, ist er reine automatische Aktivität all dessen, was der denkende und fühlende Geist während des Tages erarbeitet hat. Das läuft dann wie ein Film einfach automatisch weiter vor uns ab. Doch selbst das hat tiefere Bedeutung, denn auf die Leinwand unseres Geistes wird nichts projiziert, was nicht im Grunde unseres Herzens Wurzeln schlägt und entsprechende Blüten und Früchte hervorbringt. Wenn die Intuition im Traum mitwirkt, bezieht sich der Traum auf etwas aus der Vergangenheit oder Gegenwart, oder auf etwas, das in der Zukunft kommen wird.

Einige Träume zeigen uns alles genau gegengleich, so wie diese Spiegel, in denen dicke Menschen dünn aussehen und dünne Menschen dick. Genauso kann das Gemüt in einen Zustand geraten, in dem sich alles genau spiegelbildlich zu seinem tatsächlichen Zustand zeigt. Dies kann als Fehlfunktion des Geistes interpretiert werden. Der Geist wurde völlig verdreht, und deshalb erscheint alles, was eine solche Person sieht, wie auf den Kopf gestellt, ganz besonders im Traumstadium. Manchmal zeigen solche Träume genau das Gegenteil von dem, was war, was ist und was sein wird. Wenn wir diese Eigenschaft des Traumes nicht verstehen, interpretieren wir ihn genau entgegengesetzt zu seiner eigentlichen Bedeutung. Zweifellos können manche Träume auch Visionen genannt werden. Solche Träume sind Spiegelungen von Menschen oder ihrer Gedankenwelt, von Welten und Daseinsebenen, auf die sich unser Geist eingestellt hat. Wenn sich unser Geist auf eine bestimmte Welt eingestellt hat, sind unsere Träume aus dieser Welt. Ist unser Denken auf eine bestimmte Person ausgerichtet, so reflektiert der Traum diese Person oder das, was diese Person ausmacht. Ist das Denken auf eine bestimmte Daseinsebene fokussiert, werden die Zustände jener Ebene im Geist reflektiert.

Je tiefer wir in dieses Thema eintauchen, umso klarer erkennen wir, dass wir das Geheimnis des ganzen Lebens begreifen, wenn wir die Träume, ihr Wesen, ihr Mysterium und ihren Charakter verstehen.

* * *

Frage: (Fehlt)

Antwort: Man sagt, dass es zwei Themen gibt, bei denen man nie zu einem Ende kommt, wenn man einmal mit ihnen begonnen hat. Das eine sind Schlangen, das andere Gespenster, denn dazu hat jeder etwas zu sagen.

Frage: Wie erklären Sie symbolische Träume?

Antwort: Symbolische Träume werden durch einen sehr subtilen Geist hervorgebracht und sie sind eine ganz wunderbare Sache. Das Symbol, in dem sich die Intuition oder der Gedanke ausdrückt, ist genauso subtil wie die Geisteshaltung, durch die es auftaucht. Dadurch ist es für Mystiker und Mystikerinnen sehr einfach, den Entwicklungsstand einer Person an deren Träumen zu erkennen. Je subtiler der Traum, umso subtiler ist die Person in ihrer Entwicklung. Es kommt jedoch nicht nur auf die Feinheit an; der Wert liegt in der Einfachheit. Poeten, Musikerinnen, Denker, Schriftstellerinnen – alle Menschen mit viel Fantasie haben wunderbare Träume, und die Herrlichkeit ihrer Träume liegt in der großartigen Symbolik.

Frage: Worin liegt der Unterschied zwischen einem Traum, den man als Vision bezeichnen kann, und einer echten Vision?

Antwort: Eine Vision ist eine Vision, und je genauer wir die Wirklichkeit kennen, desto weniger benutzen wir das Wort „echt". Die eine Vision wird im Traum gesehen, die andere erreicht uns in einem Zustand der Trance, einem Zustand zwischen Traum und Wachsein.

Frage: Ist der Zustand im Traum genauso wie der im Tod?

Antwort: Gewiss.

Frage: Wie kann jemand, dessen Intuitionen nicht klar oder echt sind, das am besten korrigieren?

Antwort: Indem wir Konzentration entwickeln und den Geist beruhigen, können wir uns auf die Frequenz einstimmen, die notwendig ist, um Intuition zu empfangen.

Frage: Sind die schönen Visionen, die nach einer Meditation auftreten, Eigenschöpfungen oder Qualitäten einer anderen Ebene?

Antwort: Das kommt darauf an. Wenn der Geist während der Meditation auf eine andere Ebene fokussiert ist, wird diese Ebene in ihm widergespiegelt. Wenn wir den Geist auf uns selbst ausrichten, erreichen uns unsere eigenen Gedanken. Darauf kommt es an.

Frage: Sind wiederkehrende Träume von Ersticken, Ertrinken und der Unfähigkeit zu laufen und zu sprechen auf Gesundheitsprobleme zurückzuführen?

Antwort: Nein, sie gehen auf Eindrücke zurück, die im Geist festgehalten werden. Es ist eine Art psychologische Störung, eine Krankheit des Gemüts. Der Geist muss von ihr geheilt werden.

Frage: Sind Träume vom Fliegen ein schlechtes Zeichen? Viele Leute behaupten das.

Antwort: Ich meine, es ist das Interessanteste auf der Welt. Wir brauchen keine Flugzeuge. Träume vom Fliegen haben viel mit der Biologie zu tun. Psychologisch gesehen sind sie außerdem der Ausdruck des ständigen Bemühens der Seele, sich über diese Einkerkerung in die Begrenzungen, die sie durch dieses Erdenleben erfährt, zu erheben. Träume vom Fliegen deuten auch auf eine zukünftige Reise hin.

Frage: Besuchen wir in unseren Träumen andere Planeten, auf denen wir möglicherweise vor diesem Leben gelebt haben?

Antwort: Gewiss.

Frage: Beweist die Intuition nicht, dass wir mehrere Leben gelebt haben?

Antwort: Wenn sie Ihnen Beweise dafür liefert, tut sie das sicherlich.

Frage: Es wird gesagt, dass es einen Unterschied zwischen Impuls und Intuition gibt. Bitte erzählen Sie uns etwas darüber.

Antwort: Impulse von intuitiven Menschen werden häufig von der Intuition geleitet. Bei Menschen, die keine Intuition haben, können die Impulse jedoch aus einer anderen Richtung kommen, nämlich von der Oberfläche. Von der Intuition gelenkte Impulse sind erstrebenswert.

Frage: Was ist mit Träumen, die durch einen Stimulus aus dem physischen Körper inspiriert sind, wie zum Beispiel ein Traum, der durch physischen Schmerz im Körper ausgelöst wird?

Antwort: Ja, der Geist reagiert auf den Körper und der Körper reagiert auf den Geist. Daher ist es natürlich, dass eine körperliche Störung ihren Schatten auf den Geist wirft und im Geist dieselbe Störung hervorrufen kann.

Frage: Père Antoinc[1], der große Heiler, rät uns, unserem ersten Gedanken zu folgen. Geht es dabei darum, dass die Intuition zuerst auftritt und sie von den darauf folgenden Gedanken getrübt wird?

Antwort: Ja, genau. Wie ich in meiner Ansprache am Nachmittag schon sagte, manifestiert sich die Intuition zunächst als Gefühl, bevor sie das Denken erreicht.

Frage: Könnten Sie uns bitte erklären, was uns dazu bringt, im Schlaf zu singen?

Antwort: Der Tanz der Seele.

Frage: Ist an der Art und Weise, wie die Psychoanalyse Träume interpretiert, etwas Wahres dran?

Antwort: Das ist, als würden Sie mich fragen: „Ist es wahr, dass Horoskope die Wahrheit über den Gesamtlebensplan sagen?" Ich sage dazu: Manche Horoskope tun das, andere nicht; das hängt vom Wissen der Person ab. Psychologie ist ein so riesiges Gebiet, so weit wie das Meer. Alles, was wir tun, Konzentration, Meditation, und so weiter – was ist all dies? In Wirklichkeit ist all das Psychologie, die Psychologie des menschlichen Wesens.

Frage: Welchen Geisteszustand haben Menschen, die beinahe niemals träumen? In welchem Geisteszustand befinden sich? Haben sie keine Fantasie?

Antwort: Ich glaube, sie sind dann viel mehr als fantasievoll, sie sind glücklich. Ihr Geist ist in einem besseren Zustand. Ja, denn in Wahrheit träumen entweder sehr fortgeschrittene Menschen nicht viel oder sehr

1 Louis Antoine (1846-1912), charismatischer Heiler aus Belgien

dichte Menschen, die ihrem Gehirn nie die Mühe auferlegen, zu denken. Solche Menschen sind sehr glücklich und zufrieden, ohne viel nachzudenken, sie haben wenig Träume. Und glauben Sie nicht, dass solche Seelen selten zu finden sind. Wir treffen sehr oft auf Menschen, für die Denken ein Problem ist. Sie sollten sich besser nicht damit abmühen.

INSPIRATION

Inspiration ist eine höhere Form der Intuition – sie bekundet sich als eine Idee, als ein vollständiges Thema mit seinen Variationen, als ein Satz, aus dem ein Gedicht hervorgeht. Inspiration ist ein Strom, ein Fluss aus Wundern und Staunen. Denn wahrhaft inspirierte Menschen, ob sie nun schreiben, dichten, komponieren, oder was auch immer sie tun, empfinden ein Gefühl der Befriedigung, wann immer sie eine Inspiration empfangen haben – nicht mit sich selbst, sondern mit dem, was zu ihnen kam. Sie ist solch eine Befreiung für die Seele, denn die Seele hatte nach etwas verlangt, und das Objekt, das sie ersehnte, hat sich nun der Seele ergeben und ihr geschenkt, worum sie bat. Inspiration könnte also die Belohnung der Seele genannt werden.

Wir werden allerdings nicht dadurch fähig, etwas zu empfangen, nur weil wir es unbedingt haben wollen. Anstrengungen des Gehirns helfen uns nicht, Gedichte zu schreiben. Ein Musikstück zu schreiben gelingt nicht durch tagelanges Abmühen. So können wir keine Inspiration empfangen. Inspiration kommt zu uns, wenn wir ganz still sind und uns nicht darum sorgen, was kommen wird. Ja, wir sehnen uns danach, etwas zu empfangen; wir sind begierig darauf, es zu begreifen. Inspiriert werden wir, indem wir den Geist, bewusst oder unbewusst, auf den göttlichen Geist ausrichten. Das Wunder ist so groß und herrlich, dass es eine Freude auslöst, die mit keiner anderen Freude auf der Welt vergleichbar ist. In dieser Freude erlebt das inspirierte Talent Ekstase, eine Freude, die nahezu unbeschreiblich ist. Sie ist erhebend; wir fühlen, wie wir von der Erde abheben, wenn wir fokussiert sind, wenn unser Geist auf den göttlichen Geist ausgerichtet ist, denn die Inspiration kommt vom göttlichen Geist. Alle großen Musikerinnen, Dichter, Denkerinnen, Philosophen, Schriftstellerinnen, Propheten – was immer sie der Welt hinterließen, ist erhebend, auch wenn nicht alle Seelen ihr Werk vollständig verstehen und es daher auch nicht vollständig genießen können. Selbst wenn wir ihre Freude über das, was durch sie kam, erahnen können, gibt es doch keine Worte dafür. In der Inspiration beginnen wir die Zeichen Gottes zu erkennen, und selbst die materialistischsten Talente fangen an, über den göttlichen Geist nachzusinnen, wenn die Inspiration einsetzt.

Wir fragen vielleicht: „Kommt sie als fertiges Bild, als geschriebener Brief?" Nein, sie kommt zu den Künstlern und Künstlerinnen, als würden ihre eigenen Hände von jemandem übernommen, als würden ihre eigenen Augen geschlossen und ihre Herzen geöffnet. Sie haben etwas gezeichnet oder gemalt und wissen nicht, wer es gemalt oder gezeichnet hat. Für Musikerinnen ist es, als würde jemand anderes spielen oder singen. Sie schreiben es nur nieder – eine vollendete Melodie, ein vollkommenes Lied. Und nachdem sie es niedergeschrieben haben, verzaubert es ihre Seele. Wenn die Inspiration kommt, schreiben Poeten etwas nieder, als würde es ihnen jemand diktieren. Sie strengen ihr Gehirn nicht an. Es gibt keinerlei Bedenken, ob sie es empfangen werden. Aus diesem Grund werfen es manche in einen Topf mit Durchsagen von Geistern. Viele Inspirierte schreiben es gern einem Geistwesen zu, weil sie wissen, dass es nicht von ihnen kam. Doch ist es nicht immer die Kommunikation mit Geistern. Natürlich werden sie durch ein Lebewesen, das jetzt auf der Erde lebt, oder durch jemanden, der schon hinübergegangen ist, ausgelöst, und doch kommen die tiefgreifendsten Inspirationen immer vom göttlichen Geist und deshalb gebührt Gott allein alle Ehre.[1] Selbst wenn die Inspiration durch den Geist einer auf Erden lebenden Person oder durch eine Seele, die auf die andere Seite hinübergegangen ist, vermittelt wurde, kam sie doch immer noch von Gott, denn alles Wissen und alle Weisheit sind bei Gott. Die Menschen machen einen Fehler, wenn sie sie einem begrenzten Lebewesen zuschreiben, das nur ein Schatten ist, der Gott verdeckt. Außerdem bauen die Menschen eine Mauer zwischen sich und Gott, wenn sie glauben, dass ein alter Ägypter aus dem Jenseits kommt, um sie zu inspirieren, oder ein amerikanischer Ureinwohner, um sie auf ihrem Weg zu führen. Anstatt direkt aus der Quelle zu empfangen, die vollkommen und vollständig ist, machen sie sich eine begrenzte Idealvorstellung und bauen damit einen Projektionsschirm zwischen sich und Gott.

Der beste Weg für ein Talent ist es also, das eigene Selbst zu einem leeren Gefäß werden zu lassen, frei von Stolz, Gelehrsamkeit oder Bildungsdünkel, unschuldig wie ein kleines Kind, das bereit ist, alles zu lernen, was ihm beigebracht wird. Es sind unsere Seelen, die zu Kindern Gottes werden und leidenschaftlich und sehnsuchtsvoll die Musik durch ihre Seelen wiedergeben. Dadurch werden sie zur göttlichen Sprudelquelle. Aus dieser Quelle erhebt

1 J. S. Bach schrieb zum Beispiel über all seine Kompositionen: SDG, Soli Deo Gloria, Gott allein die Ehre.

sich die göttliche Inspiration und vermittelt allen, die sie erkennen können, Schönheit. In einem weiteren Schritt bleiben die Menschen nicht länger Dichterinnen, Musiker oder Philosophinnen, sondern sind ausschließlich Gottes Instrumente. Nun fängt Gott an, durch alle Dinge zu diesen Menschen zu sprechen, nicht nur in Liedern oder Versen, Farben oder Umrissen. Solche Menschen beginnen mit Gott in allen Formen zu kommunizieren. Alles Wahrnehmbare, oben oder unten, rechts oder links, vorne oder hinten, himmlisch oder irdisch, kommuniziert dann. Jetzt fangen die Menschen an, mit Gott zu sprechen und dieser Schritt wird Offenbarung genannt.

In der Geschichte von Moses wird erzählt, dass Moses irgendwie nach Feuer suchte, um Brot zu backen, und da sah er ein Licht auf einem Berggipfel. Er stieg auf den Gipfel, um sich das Feuer zu holen, doch das Feuer wurde zu einem Blitz. Moses konnte diesem Blitz nicht standhalten und stürzte zu Boden. Als er erwachte, begann er mit Gott zu sprechen. Das ist allegorisch zu sehen. Der Gedanke dahinter ist, dass Moses nach Licht Ausschau hielt, um zu finden, was sein Leben nährte und trug. Dazu musste er jedoch die höchsten Ebenen erklimmen. Es war nicht möglich, das Licht auf der Erde, auf der er stand, zu finden. Er musste in die höchste Höhe aufsteigen, doch dort wurde das Licht zum Blitzstrahl, ein Licht, das Moses' Kräfte weit überstieg, und so stürzte er. Was bedeutet es, zu stürzen? Nichts zu werden, leer zu werden. Als er nun dieses Stadium erreicht hatte, begann sein Herz zu tönen und er konnte mit Gott durch alle Dinge kommunizieren. Fels, Baum, Pflanze, Stern, Sonne oder Mond, alles, was er sah, verband sich mit seiner Seele. Auf diese Weise offenbarten alle Dinge Moses ihr Wesen und ihr Geheimnis.

Im Zusammenhang mit dieser Erkenntnis sagt Sa'di: „Jedes Blatt eines Baumes wird zu einer Seite im Buch des Lebens, sobald eine Seele lesen gelernt hat."

* * *

Frage: Ich kann sehr gut verstehen, dass Inspiration direkt von Gott kommt. Würden Sie aber bitte freundlicherweise erklären, wie wir von einer Person auf dieser Erde inspiriert werden können, die wir nicht kennen, wenn ich Sie richtig verstanden habe?

Antwort: Inspiration kommt in drei Formen durch das Medium eines Lebewesens:

1. Sie sind in der Gegenwart einer Person, die inspirierend ist.
2. Sie denken an jemanden, der inspirierend ist.
3. Ihr Herz ist in einem Zustand völliger Ruhe, sodass die Inspiration, die durch das Herz eines inspirierenden Genies kommt, in Ihr Herz eindringt.

Es ist wie bei der Drahtlosübertragung. Manchmal verbinden wir uns mit einer bestimmten Maschine oder Station, von der wir die Worte empfangen. Manchmal sind wir nicht verbunden, aber das Funkgerät ist dennoch da. Alles, was hindurchgeht, durchklingt es, ohne dass unser Herz darauf ausgerichtet ist. In gleicher Weise erhalten wir Inspirationen aus diesen drei verschiedenen Quellen.

Frage: Ist es wahr, dass die höchste Daseinsebene nur Klang ist?

Antwort: Es wäre eine Verniedlichung dieser Ebenen, sie Klang zu nennen, auch wenn es in den Veden Klang genannt wird. In Wirklichkeit ist die Tiefe aller Stadien oder aller Erscheinungsformen der Materie Schwingung. Zum Beispiel sind da Haut, Knochen, Fleisch und Blut. In deren Tiefe ist der Atem und alle möglichen Arten des Atems steuern die verschiedenen Kanäle unseres Körpers. In der Tiefe dieses Atems ist die Welt der Sinne. Darunter befindet sich die Welt der Schwingungen. Die Yogis nennen das erste Stadium *karma*. Das zweite Stadium ist *wajd*. Das dritte wird *jnana* genannt und das vierte *ananda*.[2]

Frage: Könnten Sie bitte die Herkunft des Impulses erklären?

Antwort: Beim Impuls ist es wie bei einem Strohhalm auf einer Wasseroberfläche, der zum Impuls wird, wenn er von einer Welle geschubst wird. Wir werden also für einen richtigen Impuls gelobt und bei einem falschen Impuls beschimpft. Wenn wir erkennen würden, was hinter dem Impuls steht, wären wir vorsichtiger damit, eine Meinung über dieses Thema kundzutun.

Frage: Auch wenn die Inspiration ursprünglich aus dem göttlichen Geist kommt, muss sie dennoch immer durch eine Person kommen, die hinübergegangen ist oder auf der Erde lebt?

---

2 Karma: Handlung, wajd: spirituelle Ekstase, jnana: Weisheit, ananda: Glückseligkeit

Antwort: Da gibt es verschiedene Vorgehensweisen. Alles hängt davon ab, wie das Herz dieser Person mit dem göttlichen Geist verbunden ist. Die eine Person ist direkt mit dem göttlichen Geist verbunden, für eine andere ist der göttliche Geist zu komplex; deren Herz verbindet sich mit einem Zentrum, und dieses Zentrum ist mit dem göttlichen Geist verbunden. Und darüber bekommt dieser Mensch die Botschaft. Alles kommt jedoch gleichermaßen aus dem göttlichen Geist.

Frage: Können Sie uns bitte sagen, wie all die Boshaftigkeit und all das Elend der Menschheit entsteht, wenn aus dem Guten nichts Böses entstehen kann?

Antwort: Das Elend und die Bosheit der Menschheit entstehen nicht aus dem Guten, doch entstand aus Bosheit und Elend durchaus Gutes. Ohne Bosheit, Elend und Falsches würden wir nicht wissen, was gut und richtig bedeutet. Nur diese zwei Pole lassen uns beides erkennen. Indem wir sie mit zwei verschiedenen Namen benennen, können wir sie leichter unterscheiden. Viele waren schon böse mit Gott, weil er ihnen Leid in ihr Leben geschickt hat, doch wir machen immer wieder solche Erfahrungen. Die einen werden dann sehr verärgert und sagen: „Warum? Das ist nicht gerecht, das ist nicht richtig." – „Wie konnte Gott, der gerecht und gütig ist, solch ungerechte Dinge zulassen?" Doch unsere Sicht ist so begrenzt, dass unsere Wahrnehmung von Richtig und Falsch, Gut und Böse nur für uns so ist, nicht in Bezug auf den göttlichen Plan. Wenn wir es so ansehen, ist es für uns und jene, die aus unserem Blickwinkel schauen, genau so. Kommt es jedoch von Gott, verändert sich die ganze Dimension, die Sichtweise verändert sich vollständig. Deshalb haben die Weisen aller Zeitalter ihren eigenen Sinn für Gerechtigkeit bis auf Weiteres zurückgestellt, anstatt die Handlungen Gottes zu beurteilen. Sie haben nur eines gelernt: die Hingabe an den Willen Gottes. Dadurch kamen sie zu einem Verständnis, das zum größten Segen ihres Lebens wurde. Sie konnten aus dem Blickwinkel Gottes sehen, doch wenn sie das der Welt erzählt hätten, hätte die Welt sie für verrückt erklärt. Aus diesem Grund nannten sie sich selbst *muni*, was so viel bedeutet wie „Menschen, die Schweigen bewahren".

HAZRAT INAYAT KHAN KURZBIOGRAFIE

Hazrat Inayat Khan wurde 1882 in Baroda, Indien, geboren. Schon als Kind erhielt er eine Ausbildung in klassischer hindustanischer Musik und wurde schon in jungen Jahren Musikprofessor. Auf ausgedehnten Reisen durch den indischen Subkontinent gewann er große Anerkennung am Hofe der Maharajas und bekam vom Nizam von Hyderabad den Titel Tansen-uz-Zaman verliehen.

In Hyderabad wurde Hazrat Inayat Khan Schüler von Sayyid Abu Hashim Madani, der ihn in die Traditionen der Chishti-, Suhrawardi-, Qadiri- und Naqshbandi-Abstammungslinien des Sufismus einführte und ihm schließlich seinen Segen erteilte für den Auftrag, „in die Welt hinaus zu reisen".

Im Jahre 1910 begab er sich per Schiff in die Vereinigten Staaten von Amerika, begleitet von seinem Bruder Maheboob Khan und seinem Vetter Mohammed Ali Khan. Im Laufe der anschließenden sechzehn Jahre unternahm er weite Reisen durch die Vereinigten Staaten und Europa, wo er lehrte und den ersten Sufi-Orden im Westen gründete.

In London heiratete Hazrat Inayat Khan Ora Ray Baker. Sie hatten vier Kinder, die während des Ersten Weltkriegs in London und danach in Suresnes, Frankreich, aufwuchsen, wo um ihr Wohnhaus mit dem Namen Fazal Manzil herum eine kleine Sufi-Siedlung entstand.

Die Türen des Sufi-Ordens[1] standen offen für Menschen jeglichen Glaubens. Hazrat Inayat Khans Vorträge und spirituelle Anleitungen sprachen

1 Heute unter dem Namen „The Inayati Order", deutsch „Der Inayati-Orden"

stärker die eigene Erfahrung seiner Zuhörer und Zuhörerinnen an als ihre religiösen Überzeugungen. Sie beleuchteten vor allem zwei miteinander verbundene Themen: die Gegenwart Gottes in der Tiefe der menschlichen Seele und die Vernetzung aller Menschen. Zahlreiche Bücher wurden sowohl während seiner Lebenszeit als auch posthum aus seinen Lehrreden zusammengestellt.

Im September 1926 nahm Hazrat Inayat Khan Abschied von seiner Familie und seinen Anhängern und Anhängerinnen und kehrte nach Indien zurück. Am 5. Februar 1927 starb er und wurde in New Delhi begraben.

DAS HERZ MIT FLÜGELN[1]

Das Symbol des Sufi-Ordens und der Sufi-Bewegung[2] ist ein Herz mit Flügeln. Das Herz ist sowohl irdisch als auch himmlisch. Es ist ein Gefäß des göttlichen Geistes auf Erden; und indem es den göttlichen Geist in sich trägt, steigt es himmelwärts.

Die Flügel stellen dieses Emporstreben dar.

Die Mondsichel im Herzen symbolisiert die Aufnahmefähigkeit des Herzens. Nur das Herz, das den Geist Gottes aufnimmt und darauf antwortet, kann sich erheben.

Der zunehmende Mond ist ein Symbol für die Empfänglichkeit des Herzens. Je mehr sich die Mondsichel dem Sonnenlicht öffnet, desto voller wird sie.

Das Licht der Mondsichel ist das Licht der Sonne. Je empfänglicher der Mond ist, desto heller leuchtet er, und umso mehr wird er vom Licht der Sonne erfüllt.

Der Stern im Herzen der Mondsichel stellt den göttlichen Funken dar, der sich im menschlichen Herzen als Liebe widerspiegelt und der dem wachsenden Mond zu seinem ganzen Volumen verhilft.

---

1 The Sufi Message of Hazrat Inayat Khan, Vol. IX, The Unity of Religious Ideals, p. 19-20

2 Zum heutigen Zeitpunkt ist das geflügelte Herz das Symbol aller Sufi-Orden, die auf Hazrat Inayat Khan zurückgehen.

DER ÖLBAUM

„Mein Herz, hüte das Öl, das die Flamme des Lichts erhält." Hazrat Inayat Khan, Vadan

„Im Safran erstrahlt das Licht Deiner Majestät. Safran ist die Farbe Deiner königlichen Würde." Hazrat Inayat Khan, Naturmeditationen

Erkennen Sie die Olive bzw. den Ölbaum auf der Vorderseite des Buches? Diese zeigt die Konturen einer reduzierten Olivenbaum-Illustration – im Hintergrund ist sanft die Maserung von echtem Olivenholz zu erkennen. Die Farbe Safrangelb symbolisiert im Osten das Glück und wird als königliches Zeichen betrachtet.

Die Inspiration für die Covergestaltung der 13 Bände kam von der Grafikerin und Illustratorin Martina Berge: „Ich hatte beim Lesen der Gathas von Inayat Khan eine erste inhaltliche Idee für die Covergestaltung der 13 Bände – das kam sozusagen als Inspiration angeflogen. Da ging es um das Ölopfer für Hanuman. Eines meiner Lieblingsthemen, auch aus dem ten Hove Buch ‚Die Seele der Blumen':

Der Ölbaum gilt als Sinnbild für Alter, Weisheit, spirituelle Essenz. ‚Das Öl macht die Rückkehr zur Seelenwelt möglich', besänftigt das Raue der niederen Natur. Durch das Öl kann die Lampe brennen und das Licht in die Welt kommen."

Der Ölbaum besitzt eine starke religiöse Symbolik. Nicht nur in der jüdischen, christlichen und islamischen Welt, sondern auch bei den antiken Griechen und Römern wurde ihm fast magische Bedeutung zugesprochen. Unter einem Olivenbaum das Licht der Welt zu erblicken galt in der Mythologie als Zeichen göttlicher Abkunft – wie bei Artemis und Apollo oder auch Romulus und Remus. Athene, die griechische Göttin der Weisheit, pflanzte nach einem griechischen Mythos in einem Wettstreit mit Poseidon auf der Akropolis einen Ölbaum. Bis heute wächst an dieser Stelle ein Olivenbaum. Athene wurde Schutzgöttin und Namensgeberin von Athen. Früher wurden Könige und Priester mit geweihtem Olivenöl gesalbt, und bis heute hat sich der Brauch erhalten, das Öl bei wichtigen religiösen Zeremonien einzusetzen.

Der Olivenbaum verbreitete sich später auch in Nordafrika und gelangte im 7. Jh. v. Chr. nach Italien. Neben dem Getreide wurden Oliven zum wichtigsten Nahrungsmittel. Auch zu dieser Zeit wurde das Öl bei Opfergaben, als Brennöl sowie zu kosmetischen und medizinischen Zwecken verwendet. Ebenso wird Olivenöl heutzutage wieder als wirksames Heilmittel entdeckt und empfohlen. Die kräftigen und robusten Bäume mit ihren silbern raschelnden Blättern und grünen und schwarzen Früchten haben eine schier unauschlöschbare Vitalkraft.

Im Alten und Neuen Testament finden sich zahlreiche Hinweise auf die besondere Kraft des Olivenbaums. Der wohl bekannteste ist, wie die Taube einen Olivenzweig in ihrem Schnabel zu Noah in die Arche brachte. Als Zeichen der Hoffnung, Rettung und der Gnade Gottes (Genesis 8:11).

Im Buch Exodus 27:20 weist Gott durch Moses Israel an, „feinstes, kalt gepresstes Öl der Oliven für die Lampe zu bringen, damit diese ständig leuchten kann. Sie soll von abends bis morgens vor Ihm brennen. Dies ist eine unabänderliche Vorschrift für alle Generationen Israels."

Der Name Christus, „der Gesalbte" kommt vom griechischen Wort Chrisam, „mit Öl salben".

Der Olivenbaum und vor allem sein Öl haben ebenso eine große Bedeutung in der islamischen Religion. „Gott ist das Licht der Himmel und der Erde. Sein Licht ist wie eine Nische, in der eine Fackel ist. Die Fackel ist in einem Glas. Das Glas ist, als wäre es ein funkelnder Stern. Ihr Brennstoff kommt von einem gesegneten Baum. Einem Ölbaum, der weder östlich noch westlich ist, dessen Öl beinahe schon Helligkeit verbreitete, auch wenn das Feuer es nicht berührte. Licht über Licht." (Sure 24:35)

Die Olivenöl-Lampen symbolisieren gleichsam das Licht in der Welt, um die Menschen aus der Welt der Schatten ins Licht zu führen.

Der Ölzweig war und wurde im Laufe der Zeit überdies das Symbol des Friedens. Besiegte, die um Frieden baten, trugen als Zeichen ihrer friedlichen Absicht Ölzweige in den Händen.

Als allgemein anerkanntes Sinnbild des Friedens umrahmen zwei Olivenzweige den Erdkreis auf der Flagge der UNO.

Mit Freude sind wir der Inspiration unserer Grafikerin gefolgt und haben die Symbolik des Ölbaums für das Gesamtwerk von Hazrat Inayat Khan gewählt.

Der Ölbaum als Metapher und Sinnbild für Weisheit und spirituelle Essenz. Und die Botschaft der spirituellen Freiheit des Universalen Sufismus als ein interreligiöser Beitrag zum Frieden auf dieser Erde.

VERZEICHNIS DER VERWENDETEN NAMEN UND BEGRIFFE

akasha (Sanskrit): Raum, Äther, der Urgrund aller Dinge, Himmel

alghoza: eine längs geblasene Bambusflöte mit zwei Röhren in der volkstümlichen nordindischen Musik

Alif: der Name des Buchstabens *a* im arabischen Alphabet

anahad nada: (Hindi) vorewiger ursprünglicher Klang. Er existiert, ohne dass zwei Objekte zusammenstoßen. Der Klang des Kosmos, der Raum und Zeit übersteigt.

Beni Israel: Hazrat Inayat Khan meint mit Beni Israel das gesamte Volk Israel und dessen Söhne

Brahma: der Schöpfer. Hinduistischer Gott

buddhi oder buddh (Sanskrit): Vernunft, Geist

buddhi sattva (Sanskrit): wörtl.: einer, dessen Wesen (Sattva) Erkenntnis (Bodhi) ist.

Chakra (Pl. Chakras): runde, bewegte Geflechte oder Zentren von Bewusstsein und subtiler Lebensenergie. Verbindungspunkte zwischen dem physischen Körper und den subtilen Energiekörpern

Derwisch (persisch): „der über der Schwelle steht", der in der inneren und äußeren Welt gleichzeitig lebt

Deva (Sanskrit): Engelseele, Gottheit, gottähnliches Wesen, göttliche Inkarnation

Dr. Abrams: Dr. Albert Abrams, 1863-1924

Dschinn (arabisch): Wesen aus rauchlosem Feuer. Das Wort Genius stammt davon ab. Naturgeister, Dämonen, Schutzgottheiten. Dschinn-Ebene: Welt der Gedanken-, Fantasie- und Empfindungsformen; Welt der inneren Qualitäten

faqir: (arabisch) „arm" (auch das Wort „Konzentration" hat dieselbe Wurzel), in Indien für hinduistische oder muslimische meditierende Asketen, denen oft Wunderkräfte zugeschrieben wurden

farishta (persisch): Engelwesen

gopi (Sanskrit): Kuhhirtenmädchen, die der Mythologie nach mit Krishna tanzen

Guru: spirituelle/r Lehrer oder Lehrerin

Hafis: Khwaja Shams ad-Din Muhammad Hafis Shirazi (gest. 1326), persischer Sufipoet

hal (arabisch): Befindlichkeit, vorübergehender Zustand – im Gegensatz zu „Makam" – dauerhafter Zustand, Entwicklungsstufe

Hu(arabisch): „er" oder „er/sie" = Gott. Der Klang des Atems selbst

ism-i'azam (arabisch): „großer Name", ein Name Gottes

jafr (arabisch): Zeichendeuten durch Buchstaben

jalal (arabisch): Kraft, Herrlichkeit, yang

Jalal ad-Din Rumi: siehe Rumi

jamal (arabisch): Schönheit, yin

jnana (Sanskrit): Weisheit

kala (Sanskrit): Zerstörung, Zeit (Kali, die Herrin der Zeit)

Kalif (arabisch): „khalifa" Stellvertreter (und später auch die Nachfolger) von Mohammed

kamal (arabisch): „Vollendet" , Zustand ohne jegliche Aktivität

karma (Sanskrit): sowohl ausgeführte Handlung als auch die Absicht hinter dem Tun – nach dem Gesetz von Aktion und Reaktion entsprechend gleichartige Rückwirkungen auf die Ausführenden

Khidr: al-Hidr oder al-Hadir, der Grüne' (arabisch) sagenhafte Gestalt, die nur wenigen als geistiger Führer erscheint

Krishna: hinduistische Inkarnation des Gottes Vishnu

Lam: Name des Buchstabens *l* im arabischen Alphabet

las nrit (Sanskrit): ... oder lasya, weibliche Antwort Parvatis auf den Tandava-Tanz, des Zyklus der Schöpfung, Erhaltung und Auflösung des Lord Shiva

Louis Antoine: (1846-1912), charismatischer Heiler aus Belgien

Mahatma (Sanskrit): große Seele, geistig hochstehender Mensch

Mahedeva (Sanskrit): anderer Name für Shiva

majzub (persisch; arabisch: majdhub): ein von Gott berauschter Derwisch, jemand der nicht aktiv in der Welt handelt.

Mantra: heiliges Wort, dessen Bedeutung mit dem Klang vollkommen übereinstimmt

Mantra Shastra: (Sanskrit): Abhandlung über Suktas (Hymnen) und Mantras. Spirituelle Praktiken und ein Studium des Klangs, wie er erzeugt wird und welche Wirkungen er hat. Es wird gelehrt, das Bewusstsein durch Töne in Einheit mit der kosmischen Schwingung zu bringen

Maula Bakhsh: (1833-1896), Großvater von Hazrat Inayat Khan, gründete u. a. eine berühmte Musikakademie in Baroda. Siehe auch: https://wahiduddin.net/mv2/bio/Biography_3.htm

Mevlevi-Orden: Sufiorden, der auf Mevlana Jalal-u-Din Rumi zurückgeht

Mim: der Name des Buchstabens *m* im arabischen Alphabet

Muinuddin Chishti: großer Sufimystiker in Indien (1141-1230/36), kam 1193 nach Delhi und ließ sich später in Ajmer nieder. Gründer der Hauptlinie der Sufis, in die auch Hazrat Inayat Khan eingeweiht war

Murid (arabisch): „suchend“, eingeweihte/r Schüler/in auf dem spirituellen Weg

Murshid (a) (arabisch): Lehrer(in) auf dem spirituellen Weg

muwakkal (arabisch): „Ernannte Hüterin, eingesetzter Bewahrer“, ein Elemental oder Elementarwesen

Nada Brahma (Sanskrit): die Erschaffung des Universums aus Klang

Narada (Sanskrit): mythischer Weiser im Hinduismus. Zählt zu den sieben großen Rishis und den Prajapatis

Omar Khayyam: Ghiys ad-Din Abu'l Fath 'Umar al-Kayyam Nishapuri (gest. 1131), persischer Wissenschaftler und Dichter. Wichtigstes Werk Rubaiyyat

Pandavas: in der Mahabarata die fünf Söhne des Königs Pandu, der zeugungsunfähig war; deshalb wurden verschiedene Götter deren Väter, deren besondere Eigenschaften sie erbten

Prakrit: natürliche Sprache; die alte indische Sprache des Volkes, das neben Sanskrit (kultiviert) existierte, das nur für heilige Texte verwendet wurde

prakriti: Ausformung, Erscheinung, Wirkkräfte des Kosmos

prana (Sanskrit): Lebendigkeit, feiner Atem, Lebenshauch; vgl. Qi, Ruah

pungi: Einfachrohrblasinstrument speziell zur Schlangenbeschwörung, sonst auch als Borduninstrument eingesetzt

purusha: bewegungsloser Urgrund, Ursprung allen Seins

qawwal(i): spiritueller Musiker. Qawwali ist devotionale Sufimusik, ursprünglich aus Persien, heute vor allem in Punjab und Pakistan. Qaul-Allah – das Wort Gottes (offizielle Bezeichnung des Koran)

Rabindranath Tagore: * 7. Mai 1861 in Kalkutta; † 7. August 1941 ebenda), bengalischer Dichter, Philosoph, Maler, Komponist, Musiker und Brahmo-Samaj-Anhänger, erhielt 1913 den Nobelpreis für Literatur (erster asiatischer Nobelpreisträger)

rag od. raga (Hindi: rag; Sanskrit: raga, Maskulinum): melodische Grundstruktur der klassischen indischen Musik. Eine „Klangpersönlichkeit“, ähnlich der westlichen Kirchentonarten. Jeder raga (Melodietyp, der eine besondere Gestimmtheit und Vorstellung erweckt), hat seine Tonskala (mela, jati) mit entsprechenden Haupttönen (vadi).

rajas (Sanskrit): das mittlere der drei Gunas. Verkörpert Trieb, Drang, Kampfgeist

rak rhasas (Sanskrit): mythologisches Wesen

raqs (arabisch): heiliger Tanz der spirituellen Ekstase. ... steht heute oft für Bauchtanz, wird aber von Hazrat Inayat Khan für den (Dreh)Tanz der Derwische (Whirling) benutzt.

Richard Wagner: Deutscher Komponist (1813-1883)

rishi (Sanskrit): Seher, mythischer Weiser. (Das Wort Darshan ist damit verwandt.) Rishis können Priester, Asketen oder auch Dichter und Komponisten sein, die offenbarte Weisheiten weitergeben

Rumi: Jalal ad-Din Muhammad Balkhi Rumi (gest. 1273), berühmter persischer Sufi-Poet aus Konya und Gründer des Mevlevi-Ordens

Sa‘di aus Shiraz: (geb. um 1210, gest. um 1292), persischer Dichter und Mystiker. Neben lehrhaften Schriften ist er der Autor des Bustan („Duftgarten“) und des Golestan („Rosengarten“) sowie einer Sammlung von mit Versen durchsetzten Prosaerzählungen (meist „Diwan“ genannt)

sama‘ (arabisch): Hören – Sufipraxis des Zuhörens (meist in Gruppenzusammenkünften mit Gesang und Tanz)

Sangam (Sanskrit): Zusammenfluss, Gemeinschaft

saqi: der göttliche Mundschenk

Sati: bezieht sich auf die inzwischen aufgegebene und illegale Praxis einer indischen Witwe, die sich auf den Scheiterhaufen ihres verstorbenen Mannes stürzt

sattva (Sanskrit): Sattva verkörpert Reinheit und Ausgeglichenheit. Es wird als höchstes der drei Gunas betrachtet, da es einem Menschen Wahrhaftigkeit und Weisheit sowie einem Ding Reinheit verleiht

sawt-i sarmadi (persisch): abstrakter Urklang, aus dem alles entstand, Musik der Sphären

Shams-e Tabrizi: Shams ad-Din Muhammad Tabrizi (gest. 1248), spiritueller Mentor von Jalal ad-Din Rumi

Sharif: Heiliger Dichter aus Shishunal in Indien (1819-1889), der Hinduismus und Islam unentwirrbar miteinander verband

Shiva: Der Aufbauer und Zerstörer. Hinduistischer Gott

sifat: Ausformung, Erscheinung

tala (Sanskrit): Rhythmus

tamas (Sanskrit): das dichteste der drei Zustände der Urmaterie (Gunas). Verkörpert Trägheit, Verfangen sein

tambura: vier-oder fünfsaitiges Begleitinstrument aus Indien

tandav nrit (Sanskrit): Ursprünglich Tanz des Shiva. Siehe auch las nrit

Tansen: legendärer Musiker und Poet in Nordindien (1500-1586)

Trimurti (Sanskrit): „tri: drei, „murti“: Gestalt; Brahma, Vishnu und Shiva, die drei Erscheinungsweisen Gottes im Hinduismus

Vedanta (Sanskrit): „Ende des Wissens“; Name für eines der sechs philosophischen Systeme des Hinduismus, Philosophie der Upanishaden

vina: Lautenähnliches Saiteninstrument der klassischen indischen Musik

Vishnu: der Bewahrer. Hinduistischer Gott

wajd (arabisch): spirituelle Ekstase

wazifa (arabisch): mantrische Worte, die den Adepten auf dem Sufipfad zur regelmäßigen Übung aufgegeben werden – eigentlich „Aufgabe“

zat (persisch; arabisch: dhat): bewegungsloser Urgrund, Ursprung allen Seins. Das absolute, stille Leben

Zeb-un-Nisa (1638-1702): Tochter eines Großmoguls, Dichterin (auch von Sufi-Mystik) und Mäzenin, sehr gebildet und zeitweise Beraterin ihres Vaters

zikr (persisch; arabisch: dhikr), wörtlich: „Erinnerung" Die heilige Praxis der Sufis, sich gesungen oder gesprochen, mit Mantren (deren Wortbedeutung mit dem Klang identisch ist) an den Urquell, das ewige Sein zu erinnern

Zoroastrier: Anhänger der Religion Zarathustras (2.-1. Jh. v. Chr. im heutigen Iran)

QUELLENANGABEN

Nachstehend sind die Quellen für die im vorliegenden Band 2 enthaltenen Texte im englischen Original aufgeführt. Es wird angegeben, wo sie in der Buchreihe der Werkausgabe „The Complete Works of Pir O Murshid Hazrat Inayat Khan, Source Edition“[1] *zu finden sind. Die Quellen anderer Texte werden im Text direkt angegeben.*

MUSIK

Musik 1	1922 Vol.I, pp. 466-8
Musik 2	1922 Vol. II, pp. 303-8
Musik der Sphären 1	1923 Vol. I, pp. 193-7
Musik der Sphären 1	1922 Vol. II, pp. 266-71
Alte Musik	1924 Vol. I, pp. 83-90
Sama‘	1923 Vol. II, pp. 142-44
Wissenschaft und Kunst der hinduistischen Musik	1923 Vol. I, pp. 100-105
Die Vina	1926 Vol. II, pp. 233-8
Die Manifestation des Klangs auf der physischen Ebene	1926 Vol. III*
Die Wirkung von Klang auf den physischen Körper	1926 Vol. III*
Die Stimme	1926 Vol. III*
Das Geheimnis von Klang und Farbe	1923 Vol. I pp. 169-74
Die spirituelle Bedeutung von Klang und Farbe	1925 Vol. I, pp. 8-18
Die psychologische Wirkung von Musik	1923 Vol. I, pp. 117-21 1923 Vol. II, pp. 504-05, 770

1 Omega Publications, New Lebanaon, NY, www.omegapub.com. Sie können kostenlos heruntergeladen werden unter www.nekbakhtfoundation.org

* Noch unveröffentlicht zum Zeitpunkt der Erstellung des vorliegenden Bandes

Die heilende Kraft der Musik	1923 Vol. I, pp. 127-32
Spirituelle Verwirklichung mithilfe von Musik	1923 Vol. I, pp.148-52

DIE MACHT DES WORTES

Die Macht des Wortes 1	1925 Vol.II*
Die Macht des Wortes 2	1923 Vol. II, pp 825-30
Die Macht des Wortes 3	1925 Vol. II*
Die Macht des Wortes 4	1924 Vol. I, pp 144-8
Die Macht des Wortes 5	1923 Vol. II, pp. 886-9, 1926 I, pp 403-4
Die Macht des heiligen Worte	1925 Vol. I, pp 62-7
Das Wort, das verloren ging	1922 Vol. II pp. 202-12

DIE SPRACHE DES KOSMOS

Stimmen 1	1924 Vol. II, pp. 3-12
Stimmen 2	1924 Vol. II, pp. 58-65
Spuren	1924 Vol. II, pp.111-119
Der Magnetismus von Wesen und Dingen	1924 Vol. II, pp.163-172
Der Einfluss von Kunstwerken	1924 Vol. II, pp. 215-221
Das Leben der Gedanken	1924 Vol. II, pp. 263-273
Denken und Vorstellungskraft	1924 Vol. II, pp. 308-318
Gedächtnis	1924 Vol. II, pp. 355-365
Wille	1924 Vol. II, pp. 407-417
Vernunft	1924 Vol. II, pp. 472-484
Das Ego	1924 Vol. II, pp. 538-547
Herz und Verstand	1924 Vol. II, pp. 587-595
Intuition	1924 Vol. II, pp. 633-642
Inspiration	1924 Vol. II, pp. 683-690

STICHWORTVERZEICHNIS

A

B

C

D

G

H

K

N

O

P

R

S

T

U

V

Y

Z

DIE SUFI-BOTSCHAFT
DER SPIRITUELLEN FREIHEIT

Centennial Edition
Hazrat Inayat Khan
13-bändige Jubiläumsausgabe

Die Werke von Hazrat Pir-o-Murshid Inayat Khan zählen zu den großen spirituellen Schätzen dieser Welt. Sie sind tief in der Sufi-Tradition verwurzelt und zugleich absolut einmalig in ihrem Erkenntnisgehalt und Ausdruck. Hazrat Inayat Khans Lehren sind heutzutage immer noch genauso wirkungsvoll und aussagekräftig wie vor einem Jahrhundert, als er sie zuerst vermittelt hat. Diese Lehren enthalten eine Botschaft, die den Verstand und das Herz eines jeden Menschen sowie die Menschheit als Ganzes anspricht.

„Worte, die die Seele erleuchten, sind wertvoller als Juwelen."
Pir Zia Inayat-Khan

Band 1
Das Innere Leben

Die Volumes der Sufi-Botschaft sind ein kostbarer Schatz.
Der erste Band beinhaltet folgende 4 Bücher:
Das Innere Leben
Die Seele – woher und wohin
Der Sinn des Leben
Der Weg der Erleuchtung

Verlag Heilbronn 2018 | 477 Seiten | ISBN 978-3-936246-34-6

Band 2
Die Mystik des Klangs

Wer das Geheimnis des Klangs kennt,
kennt das gesamte Universum.
Der zweite Band beinhaltet folgende 4 Bücher:
Die Mystik des Klangs
Musik
Die Macht des Wortes
Die Sprache des Kosmos

Verlag Heilbronn 2019 | 323 Seiten | ISBN 978-3-936246-39-1

Es ist geplant, jährlich einen der 13 Bände herauszubringen.
Band 3 erscheint 2020 – Englischer Originaltitel: The Art of Personality.

Weitere und aktuelle Informationen finden Sie unter: www.verlag-heilbronn.de

Hazrat Inayat Khan

Aus Musik wurde das Universum erschaffen, ...

Musik

Aus mystischer Sicht

„Alle Formen der Natur, z.B. die Blumen, sind vollkommen in Form und Farbe; die Planeten, die Sterne und die Erde vermitteln uns die Vorstellung von Harmonie, von Musik. Die ganze Natur atmet ... und das Zeichen des Lebens, das diese lebende Schönheit gibt, ist Musik."

Musik und kosmische Harmonie

Aus mystischer Sicht

Sie lieben Musik? Dann haben Sie das wahrscheinlich schon erlebt: Wer Musik liebt, kann die erhabensten geistigen Ebenen des Menschseins erreichen. Durch Musik wird die Harmonie mit dem Selbst und dem Unendlichen wieder hergestellt. Musik nährt die Seele und den Geist.

Friedensgebet

In sieben Stufen den Pfad des Friedens gehen

Täglich beten unzählige Menschen in aller Welt das Friedensgebet des Sufimeisters Hazrat Inayat Khan. Die sieben Anrufungen des Friedensgebetes führen sicher auf dem Pfad des inneren Lebens. Jede Anrufung wird mit Worten aus den Weisheitsbüchern der Menschheit, mit Versen und Aphorismen beleuchtet. In diesem Miteinander spiegelt sich die Universelle Bruder- und Schwesternschaft aller Großen im Geiste.

Wanderer auf dem inneren Pfad

Der Sufi-Pfad

Wanderer auf dem geistigen Pfad: dieses Urbild taucht in den verschiedensten mystischen Richtungen auf. Hazrat Inayat Khan betrachtet das ganze äußere wie innere Leben des Menschen als eine Reise der Seele von ihrem göttlichen Ursprung – hindurch durch die Schöpfung – zurück zu ihrem göttlichen Ziel.

Weitere Informationen erhalten Sie über folgende Links

Der Inayati-Orden Deutschland e.V.
www.inayatiorden.de

Inayatiorden Österreich
www.sufiorden.at

Der Inayati Orden Schweiz
www.sufismus.ch

International Sufi Movement
www.sufimovement.org

Sufi-Bewegung Deutschland
www.sufi-bewegung.de

Sufi Ruhaniat International
www.ruhaniat.org

Sufi Ruhaniat Deutschland
www.ruhaniat.de

Tänze des Universellen Friedens
www.friedenstaenze.de

Abrahamic Reunion e.V.
www.abrahamicreunion.org

Musik für Frieden und Völkerverständigung e.V.
www.music-for-peace.net

Förderverein Sufi-Saint-School
www.sufi-saint-school-ev.de

Hope Project
www.hope-project.de

Buch und Mystik e.V.
www.buchundmystik.de

Verlag Heilbronn
www.verlag-heilbronn.de • info@verlag-heilbronn.de

Pir Zia Inayat Khan

Die Mystik des ewigen Seins

Leitfaden für die innere Reise

„Die Reise der Seele ist eine, auf die wir uns alle begeben haben. Es ist eine Reise des Wunderbaren, der Herausforderung und der Entfaltung. Es ist ein Segen, eine solche Reise in Gesellschaft großer Seelen zu unternehmen. Und genau diesen Segen vermittelt dieses Buch. Hier finden wir nicht nur die Weisheit von Hazrat Inayat Khan, sondern auch die von Pir Zía Inayat Khan. Ihre beiden Stimmen vereinigen sich in einem Reisehandbuch, das nicht nur gelesen, sondern auch genutzt und wertgeschätzt werden sollte."

– David Spangler, Autor von „journey into Fire"

Im Fluss der endlosen Seele

„Die Mystik des ewigen Seins“ (engl. Titel: Immortality) enthält 180 ausgewählte Texte von Hazrat Inayat Khan aus „Die Seele – woher und wohin“, begleitet von Pir Zia Inayat Khans Kommentaren und kontemplativen Praktiken zu jedem Thema. Dieses Buch steht für sich allein, kann aber auch als Sprungbrett für ein weitergehendes Studium von Inayat Khans Lehren über die Seele verwendet werden.

„Unsere physische Existenz ist ein vorübergehendes Intervall zwischen der Präexistenz der Seele und dem drohenden Jenseits. Für einen vorausschauenden Menschen ist es nie zu früh, die jenseitigen Welten zu betreten. Diese unsichtbaren Welten sind die verborgenen Dimensionen dessen, was hier und jetzt bereits vor uns liegt. Jeder Schritt bringt die Seele auf dem Pfad des Erwachens weiter und näher an den ewigen Geliebten.“
– Pir Zia Inayat Khan

Der Sufi-Philosoph und Musiker Hazrat Inayat Khan zeichnete 1923 während einer Vortragsreihe in Suresnes, Paris die Reise der menschlichen Seele von ihrem Ursprung zu ihrem letztendlichen Ziel nach. Seine Sicht und Erfahrung der seelischen Wanderschaft sind ein Meisterwerk der klassischen mystischen Weltliteratur und wurden später in „Die Seele - woher und wohin“ veröffentlicht.

In „Die Mystik des ewigen Seins“ macht Inayat Khans Enkel und Nachfolger Pir Zía Inayat Khan diese zeitlose Lehre für spirituell Suchende von heute auf tiefgründige und faszinierende Weise verständlich und erfahrbar.

Verlag Heilbronn 2025 | ISBN 978-3-936246-55-1 | € 29,90
380 Seiten | gebunden und mit Lesebändchen
E-Mail: info@verlag-heilbronn.de | www.verlag-heilbronn.de